[illegible] published in India [illegible]

Price: Rs. 550

ISBN: 978-81-7541-518-8

2013 Impression

Shiksha Manovigyan [illegible] Manovaigyanik Pariksha[illegible]

Published by:
SHIPRA PUBLICATIONS
LG-18-19, Pankaj Central Market, I.P. Ext.
Patparganj, Delhi 110092 Ph 22235652, 22236152
Br. Office: 4617/3, Ansari Road, Daryaganj
New Delhi 110002; Ph 6594445[illegible], 9810522[illegible]
Email: info@shiprapublications.com
Website: www.shiprapublications.com

दो शब्द

शिक्षा का एक मात्र उद्देश्य है बालक की अंतर्निहित शक्तियों को पहचान कर उनका सर्वांगीण विकास करना। बालक की अंतर्निहित क्षमताएँ क्या हैं और वह किस दिशा में सफलता प्राप्त कर सकता है, उसका समाधान शिक्षा-मनोविज्ञान प्रस्तुत करता है।

बालकों के विद्यालयी जीवन को बाहर के जीवन से जोड़ा जाना चाहिए। ज्ञान के विस्फोट ने बालकों में रटा देने की प्रवृत्ति को बढ़ावा दिया है। घर और विद्यालय के मध्य अन्तराल बना हुआ है।

आज का मानव अनेक समस्याओं से घिरा हुआ है। उसकी बुद्धि ने उसे विकास की पराकाष्ठा पर पहुँचाने का प्रयास किया है। तकनीकी साधनों ने भौतिक उन्नति के नए आयाम खोल दिए हैं। परन्तु इन उपलब्धियों के बावजूद भी उसे विकासस्वस्थ दिशा नहीं मिल पाई है।

राष्ट्रीय शिक्षा नीति (1986) में वर्णित बाल-केन्द्रित शिक्षा को साकार रूप देना होगा। आवश्यकता इस बात की है किं अध्यापक एवं अभिभावक बालकों की मन:स्थिति को समझें।

पूर्ण विकास तभी सम्भव है जब अध्यापक बालकों की मानसिक अवस्था एवं शारीरिक विकास को ध्यान में रखकर शिक्षण सामग्री का चुनाव एवं प्रस्तुतीकरण करें।

उनकी सामर्थ्य एवं सर्जनात्मक शक्ति का पूर्ण उपयोग तभी होगा जब उनको सीखने की क्रिया में भागीदार बनाया जाएं।

बालक का सामाजीकरण आवश्यक है। यदि वह समायोजन नहीं कर पाता है तो उसका मानसिक स्वास्थय बिगड़ जाता है। शिक्षा मनोविज्ञान बालक के मानसिक स्वास्थय को समझने एवं उपयुक्त शिक्षण विधियाँ प्रस्तुत करने में अध्यापक की सहायता करता है।

बाल मनोविज्ञान आधारित शिक्षा अवश्य ही बालक की आन्तरिक एवं बाह्य शक्तियों का विकास कर पाएगी। ऐसी शिक्षा बालक को ज्ञान-निष्ठ, कर्म-निष्ठ एवं समाज निष्ठ बना कर उसे उत्तरदायित्वों का भली-भाँति निर्वाह करने में समर्थ कर पाएगी।

कुछ ऐसे ही प्रयास प्रस्तुत पुस्तक में किए गए हैं। आशा है कि शिक्षक-गण, भावी शिक्षक एवं छात्र-छात्राएँ इन मनोविज्ञान आधारित शैक्षिक सिद्धान्तों का अनुसरण करेंगे तो शिक्षा जगत में एक नई चेतना आ जाएगी।

परम पिता परमात्मा की असीम अनुकम्पा के कारण ही यह पुस्तक अपना वर्तमान रूप ले पाई है। मैं अपनी माता श्रीमति सुभद्रा शर्मा एवं स्वर्गीय पिता पं. सत्य प्रकाश के

प्रति आभार प्रकट करती हूँ जिनके आर्शीवाद स्वरूप ही मैं अपने विचारों को अभिव्यक्ति दे पाई हूँ। मैं अपने सभी शिक्षकों के प्रति भी धन्यवाद प्रकट करती हूँ जिन्होंने मुझे पढ़ने लिखने के योग्य बनाया।

मेरे भाई-बहनों एवं मित्रों का प्रोत्साहन सदैव अविस्मरणीय है। मेरी पुत्री प्रगति एवं पुत्र वैभव ने भरपूर सहयोग दिया है। मेरे पति श्री सुधीर शर्मा ने मुझे लेखन कार्य में सदैव प्रोत्साहित किया है।

अन्त में उन सभी स्रोतों, विद्वानों एवं विशेषज्ञों के प्रति आभार व्यक्त करती हूँ जिनकी सहायता प्रत्यक्ष एवं परोक्ष रूप में इस पुस्तक के प्रारूप को विकसित करने में ली गई है। शिप्रा पब्लिकेशंस दिल्ली का भी धन्यवाद करती हूँ।

पाठकों के रचनात्मक सुझावों का सदैव स्वागत है।

प्रवीन शर्मा

अनुक्रम

इकाई – 1

शिक्षा मनोविज्ञान : अर्थ, प्रकृति, कार्यक्षेत्र, महत्त्व एवं विधियाँ (Meaning, Nature, Scope, Significance and Methods of Educational Psychology)

शिक्षा मनोविज्ञान का अर्थ एवं प्रकृति (Meaning and Nature of Educational Psychology)

समाज एवं राष्ट्र की उन्नति मानव पर ही निर्भर करती है। इसलिए यह आवश्यक है कि प्रत्येक मानव को उसकी क्षमतानुसार एवं स्वतंत्रतापूर्वक विकास करने की सुविधा प्राप्त हो। इसके लिए शिक्षा प्राप्त करनी अति आवश्यक है। मनोवैज्ञानिक विकास एवं अनुसन्धानों से शिक्षा के स्वरूप पर बहुत अधिक प्रभाव पड़ा है। मनोविज्ञान ने व्यक्ति की आन्तरिक शक्तियों और सामाजिक पर्यावरण को समझने में पर्याप्त सहयोग दिया है। इस विचारधारा ने एक नवीन विज्ञान 'शिक्षा मनोविज्ञान' को जन्म दिया।

शिक्षा का अर्थ (Meaning of Education)

'शिक्षा' शब्द संस्कृत भाषा की 'शिक्ष' धातु से बना है जिसका अर्थ —ज्ञान ग्रहण करना है। अंग्रेजी भाषा में शिक्षा शब्द 'Education' का हिन्दी रूपान्तर है। Education शब्द की उत्पत्ति लैटिन भाषा के तीन शब्दों से मानी गई है। (1) Educare–शिक्षित करना (2) Educate–आगे बढ़ना। (3) Educere–विकसित करना।

इन सबका अर्थ है कि शिक्षा, बालक में अन्तर्निहित शक्तियों के विकास का माध्यम है।

शिक्षा का संकुचित अर्थ—यह शिक्षा विद्यालय की चारदीवारी तक ही सीमित रहती है।

शिक्षा का व्यापक अर्थ—यह प्रक्रिया सतत् रूप से चलती रहती है।

"मनुष्य में अन्तर्निहित पूर्णता की अभिव्यक्ति करना ही शिक्षा है।"

—विवेकानन्द

मनोविज्ञान का अर्थ (Meaning of Psychology)

मनोविज्ञान को अंग्रेजी में साइकॉलोजी कहते हैं। जिसकी उत्पत्ति दो शब्दों साइकी (Psyche) तथा लोगोस (Logos) से मिलकर हुई है। साइकी शब्द का अर्थ है 'आत्मा' तथा लोगोस शब्द का अर्थ है अध्ययन। अतः अंग्रेजी शब्द साइकॉलोजी का अर्थ हुआ—

आत्मा का अध्ययन। मनोविज्ञान का शाब्दिक अर्थ हुआ—मन का विज्ञान परन्तु वर्तमान समय में मनोविज्ञान एवं साइकॉलोजी शब्दों के इन दोनों शाब्दिक अर्थों को स्वीकार नहीं किया जाता है। मनोविज्ञान के अर्थ में अनेक बार परिवर्तन आए हैं।

1. आत्मा के विज्ञान के रूप में (Psychology as a Science of Soul)

प्लेटो, अरस्तू, डेकार्टे आदि यूनानी दार्शनिकों ने मनोविज्ञान को आत्मा के विज्ञान के रूप में स्वीकार किया है। मनोविज्ञान के इस तथ्य को 16वीं शताब्दी तक स्वीकार किया गया, परन्तु बाद में आत्मा की प्रकृति के सम्बन्ध में अनेक शंकाएँ उत्पन्न होने लगीं क्योंकि दार्शनिक यह उत्तर न दे सके कि आत्मा क्या है, उसका क्या रूप व रंग है तथा उसका आकार कैसा है। और इस विचार को अस्वीकार किया जाने लगा।

2. मनोविज्ञान मस्तिष्क के विज्ञान के रूप में (Psychology as a Science of Mind)

इटली के दार्शनिक पोम्पॉन्जी ने मनोविज्ञान को 'मस्तिष्क अथवा मन का विज्ञान' बतलाया। जॉन लॉक (1632–1704) ने ब्रिटिश मनोविज्ञान की नींव डाली तथा उसके साहचर्यवाद (Associationism) ने मनोविज्ञान को शताब्दियों तक प्रभावित किया। अठारहवीं शताब्दी तक मनोविज्ञान को 'मस्तिष्क का विज्ञान' माना जाता रहा। परन्तु ये दार्शनिक भी यह उत्तर न दे सके कि मन या मस्तिष्क क्या है, कहाँ स्थित है तथा उसका क्या आकार है?

3. चेतना का विज्ञान (Science of Consciousness)

वाइव, विलियम जेम्स, विलियम वुंट, जेम्स अली आदि विद्वानों ने मनोविज्ञान को चेतना के विज्ञान के रूप में स्वीकार किया तथा कहा कि मनोविज्ञान चेतन क्रियाओं का अध्ययन करता है। इसके अतिरिक्त अचेतन तथा अर्द्धचेतन मस्तिष्क का विचार भी सामने आया। और इस तथ्य पर मनोवैज्ञानिकों में मतभेद उत्पन्न हो गए और इसे अस्वीकार कर दिया गया।

4. मनोविज्ञान व्यवहार के विज्ञान के रूप में (Psychology as a Science of Behaviour)

बीसवीं शताब्दी के प्रारम्भ में मनोविज्ञान को व्यवहार के विज्ञान के रूप में स्वीकार किया जाने लगा जे. बी. वाटसन (1878–1958) ने इसे व्यवहार का विज्ञान माना। वुडवर्थ, स्किनर आदि मनोवैज्ञानिकों ने भी इसी विचार का समर्थन किया। बाद में इसी विचार को सर्वसम्मति मिल गई।

स्पष्ट है कि मानव-जाति के ज्ञान में वृद्धि के साथ-साथ मनोविज्ञान के अर्थ में भी कई बार परिवर्तन आए। मनोविज्ञान के अर्थ की इस यात्रा को वुडवर्थ ने निम्न रूप से अभिव्यक्त किया है :

"सर्वप्रथम, मनोविज्ञान ने अपनी आत्मा का त्याग किया, फिर इसने अपने मस्तिष्क का त्याग किया, फिर इसने अपनी चेतना का त्याग किया, अब यह व्यवहार की विधि को स्वीकार करता है।" —*वुडवर्थ*

मनोविज्ञान की विभिन्न परिभाषाएँ

"मनोविज्ञान, आचरण एवं व्यवहार का यथार्थ विज्ञान है।" —*मैक्डूगल*

"मनोविज्ञान, मानव व्यवहार एवं मानव सम्बन्धों का अध्ययन है।" —*क्रो एवं को*

"आधुनिक मनोविज्ञान का सम्बन्ध व्यवहार की वैज्ञानिक खोज से है।" —*मन*

"मनोविज्ञान का सम्बन्ध प्रत्यक्ष मानव व्यवहार से है।" —*गैरिसन व अन्य*

"मनोविज्ञान को व्यवहार के धनात्मक विज्ञान के रूप में परिभाषित किया है।"

—*वाट्सन*

स्पष्ट है कि मनोविज्ञान वातावरण के विभिन्न अंगों के प्रति प्राणी के व्यवहार का अध्ययन करता है। मनोविज्ञान की अनेक शाखाएँ हैं। आइए शिक्षा मनोविज्ञान की चर्चा करें।

शिक्षा मनोविज्ञान का अर्थ (Meaning of Educational Psychology)

'शिक्षा मनोविज्ञान' दो शब्दों के योग से बना है। 'शिक्षा' एवं 'मनोविज्ञान', अत: इसका शाब्दिक अर्थ हुआ शिक्षा सम्बन्धी मनोविज्ञान। आप यूँ समझिए कि शिक्षा मनोविज्ञान; मनोविज्ञान का व्यावहारिक स्वरूप है और शिक्षा की प्रक्रिया में मानव-व्यवहार का अध्ययन करने वाला विज्ञान है। **स्किनर** के शब्दों में, "शिक्षा मनोविज्ञान अपना अर्थ शिक्षा से, जो सामाजिक प्रक्रिया है और मनोविज्ञान से, जो व्यवहार सम्बन्धी विज्ञान है, ग्रहण करता है।' आधुनिक शिक्षा मनोविज्ञान की उत्पत्ति 19वीं शताब्दी में पेस्टालाजी, हर्बर्ट, तथा फ्राबेल आदि यूरोपियन शिक्षा दार्शनिकों के प्रयासों से मानी गयी। 20वीं शताब्दी में शिक्षा मनोविज्ञान मनोविज्ञान, की एक स्पष्ट शाखा के रूप में विकसित होने लगा। थार्नडॉइक (Thorndike) को प्रथम शैक्षिक मनोवैज्ञानिक कहा जा सकता है।

शिक्षा मनोविज्ञान की विभिन्न परिभाषाएँ

"शिक्षा मनोविज्ञान, व्यक्ति के जन्म से लेकर वृद्धावस्था तक के सीखने के अनुभवों का वर्णन तथा व्याख्या करता है।" —*क्रो एवं क्रो*

"शिक्षा मनोविज्ञान, मनोविज्ञान की वह शाखा है, जो शिक्षण तथा अधिगम से सम्बान्धित होती है।" —*स्किनर*

शिक्षा मनोविज्ञान, शैक्षिक विकास का क्रमबद्ध अध्ययन है।" —*स्टीफन*

"शिक्षा मनोविज्ञान का मुख्य सम्बन्ध सीखने से है। यह मनोविज्ञान का वह अंग है, जो शिक्षा के मनोवैज्ञानिक पहलुओं की वैज्ञानिक खोज से विशेष रूप से सम्बन्धित है।" —*सारे व टेलफोर्ड*

"शिक्षा मनोविज्ञान, विज्ञान के रूप में जन्म से लेकर परिपक्वता तक विकास की विभिन्न अवस्थाओं में से गुजरते हुए विद्यार्थियों में होने वाले परिवर्तनों की व्याख्या करता है।" —*चार्ल्स, एच, जुड*

"शिक्षा मनोविज्ञान, विद्यार्थी, शिक्षण तथा अधिगम का व्यवस्थित अध्ययन करता है।" —*जॉन एफ ट्रेवर्स*

शिक्षा मनोविज्ञान की प्रकृति

शिक्षा मनोविज्ञान की प्रकृति वैज्ञानिक है। इस सन्दर्भ में निम्नलिखित तथ्य प्रस्तुत हैं :

(*i*) शिक्षा मनोविज्ञान एक विज्ञान है (Educational Pshychology is a Science)–शिक्षा मनोविज्ञान एक विज्ञान है और इसकी प्रकृति वैज्ञानिक है। इसमें विज्ञान के सभी गुण व विशेषताएँ मौजूद हैं। इसकी विधि भी वैज्ञानिक है। विज्ञान की तरह इसमें विषय-सामग्री का व्यवस्थित अध्ययन किया जाता है।

(*ii*) शिक्षा मनोविज्ञान एक व्यावहारिक विज्ञान है (Educational Psychology is an Applied Science)—मनोविज्ञान में मानव-व्यवहार का अध्ययन करने के लिए नियम, सिद्धान्त तथा विधियाँ प्रतिपादित व विकसित की गई हैं। उन सभी नियमों, सिद्धान्तों तथा विधियों को मनोविज्ञान के व्यावहारिक पहलू में शैक्षिक समस्याओं का समाधान करने के लिए उपयोग किया जाता है। जिस प्रकार भौतिक विज्ञान व रसायन विज्ञान का उपयोग इंजीनियरिंग के विभिन्न भागों में किया जाता है। उसी प्रकार मनोविज्ञान की विषय-वस्तु का उपयोग शिक्षा के क्षेत्र में समाधान करने के लिए किया जाता है। शिक्षा मनोविज्ञान व्यावहारिक मनोविज्ञान का एक भाग है जिसमें मनोविज्ञान की विषय-वस्तु का उपयोग शैक्षिक समस्याओं का समाधान करने के लिए किया जाता है। क्रो एवं क्रो ने लिखा है कि "शिक्षा मनोविज्ञान को एक व्यावहारिक विज्ञान कहा जा सकता है, क्योंकि यह मानव व्यवहार के सम्बन्ध में वैज्ञानिक विधि से निश्चित किए गए सिद्धान्तों और तथ्यों के अनुसार सीखने की व्याख्या करता है।" इस प्रकार शिक्षा मनोविज्ञान एक व्यावहारिक विज्ञान है।

(*iii*) शिक्षा मनोविज्ञान एक धनात्मक विज्ञान है (Educational Psychology is a Positive Science)—यह एक धनात्मक विज्ञान है क्योंकि यह 'क्या है' का वर्णन करता है। यह वर्तमान में विद्यार्थियों के व्यवहार का अध्ययन करता है।

(*iv*) शिक्षा मनोविज्ञान विद्यार्थियों के व्यवहार का व्यवस्थित अध्ययन करता है (Edcuational Psychology is the Systematic Study of Learners' Behaviour)—व्यवहार गतिशील व परिवर्तनशील होता है। विद्यार्थियों के व्यवहार का शैक्षिक परिस्थितियों में अध्ययन इसलिए किया जाता है जिससे कि उनमें निहित योग्यताओं का विकास हो।

(*v*) शिक्षा मनोविज्ञान में वैज्ञानिक विधियों का प्रयोग किया जाता है (Educational Psychology Use the Scientific Methods)—शिक्षा मनोविज्ञान में व्यवहार को जानने के लिए वैज्ञानिक विधियों का प्रयोग किया जाता है। जैसे निरीक्षण विधि, समाजमिति विधि, प्रयोगात्मक विधि, साक्षात्कार विधि, प्रश्नावली विधि आदि।

(*vi*) शिक्षा मनोविज्ञान तथ्यों पर आधारित होता है (Educational Psychology is a Factual Science)—यह शैक्षिक परिस्थितियों में व्यवहार का तथ्यात्मक अध्ययन करता है। इसके निष्कर्ष वास्तविक अनुसन्धानों पर आधारित होते हैं।

(*vii*) शिक्षा मनोविज्ञान के नियम व सिद्धान्त सार्वभौमिक होते हैं (The Laws, Principles and Theories of Educational Psychology are Universal)—इसके नियम सार्वभौमिक होते हैं। वे समय और परिस्थितियों के अनुसार बदलते नहीं हैं।

(*viii*) शिक्षा मनोविज्ञान एक विकासशील व प्रगतिशील विज्ञान है (Educational Phychology is a Developing and Growing Science)—नयी-नयी खोज, शोध, तथा अनुसन्धानों के कारण प्रतिवर्ष इसमें नए अध्याय जुड़ जाते हैं। इस कारण से यह विकासशील व प्रगतिशील विज्ञान है।

शिक्षा मनोविज्ञान का क्षेत्र
(Scope of Educational Psychology)

व्यावहारिक मनोविज्ञान (Applied Psychology)

शुद्ध मनोविज्ञान के ज्ञान को मानव समस्याओं के समाधान के लिए प्रयोग करना व्यावहारिक मनोविज्ञान के क्षेत्र के अन्तर्गत आता है। मानव समस्याएँ जीवन के विभिन्न क्षेत्रों से संबंधित होती है। तदनुसार व्यावहारिक मनोविज्ञान की भी कई शाखाएँ होती हैं जैसे :

(क) औद्योगिक एवं वाणिज्य मनोविज्ञान।
(ख) चिकित्सा मनोविज्ञान।
(ग) विधि मनोविज्ञान।
(घ) शिक्षा मनोविज्ञान।

आइए अब बाते करें शिक्षा मनोविज्ञान एक अलग शाखा के रूप में

शिक्षा के क्षेत्र में मनोविज्ञान का प्रयोग इतनी बहुलता से हो रहा है कि शिक्षा-मनोविज्ञान को मनोविज्ञान की एक शाखा के रूप में **स्वतंत्र विषय मान** मान लिया गया है और इसका अध्ययन एक स्वतंत्र विषय के रूप में किया जाता है। इसके अन्तर्गत शैक्षिक परिस्थितियों में बालक के व्यवहार का अध्ययन किया जाता है। बालक की शारीरिक, सामाजिक, संवेगात्मक बौद्धिक विकास का अध्ययन शिक्षा मनोविज्ञान का प्रमुख क्षेत्र है।

शिक्षा मनोविज्ञान का विषय-क्षेत्र (Scope of Educational Psychology)

शिक्षा के विषय-क्षेत्र की तरह शिक्षा मनोविज्ञान का विषय क्षेत्र भी अत्यन्त विशाल है। गेट्स एवं अन्य के विचारानुसार ''शिक्षा मनोविज्ञान की सीमाएँ अनिश्चित एवं परिवर्तनशील हैं।'' सूचना तकनीकी (Information Technology) ने शिक्षा मनोविज्ञान के विषय-क्षेत्र को बहुत प्रभावित किया है। शिक्षा मनोविज्ञान के क्षेत्र में वह सभी ज्ञान तथा प्रविधियाँ सम्मिलित हैं जो सीखने की प्रक्रिया को अधिक अच्छी प्रकार से समझने तथा अधिक निपुणता से निर्देशित करने से सम्बन्धित हैं।

इसके अन्तर्गत निम्नलिखित क्षेत्रों (समस्याओं) का अध्ययन किया जाता है :

1. विद्यार्थियों के व्यवहार का अध्ययन (To Study the Behaviour of Learners)—शिक्षा की सम्पूर्ण व्यवस्था में विद्यार्थी को सर्वोच्च स्थान प्राप्त है। शिक्षा की सभी व्यवस्थाएँ उसके इर्द-गिर्द घूमती हैं। सर्वप्रथम रूसो (Rousseu) ने विद्यार्थी का अध्ययन करने के लिए आह्वान किया। शिक्षा मनोविज्ञान में विद्यार्थियों के व्यवहार का अध्ययन शैक्षिक परिस्थितियों में किया जाता है। यह परिस्थितियों के अनुसार बदलता रहता है। शिक्षा मनोविज्ञान में यह अध्ययन किया जाता है कि विद्यार्थी किस प्रकार व्यवहार करते हैं? व्यवहार के आधार क्या हैं? उनके व्यवहार में किस प्रकार परिवर्तन किए जा सकते हैं तथा उन्हें वांछित दिशा में व्यवहार करने के लिए किस प्रकार प्रेरित किया जा सकता है? आदि। इस प्रकार शिक्षा मनोविज्ञान के क्षेत्र के अन्तर्गत विद्यार्थियों के व्यवहार का व्यवस्थित व विस्तृत अध्ययन किया जाता है।

2. व्यक्तिगत विभिन्नताओं का अध्ययन (To Study Individual Differences)—सभी बालक शारीरिक, सामाजिक एवं संवेगात्मक विकास की दृष्टि

से एक-दूसरे से भिन्न होते हैं। इन व्यक्तिगत विभिन्नताओं के कारण ही सभी छात्र एक ही विषय पढ़ने, एक जैसी गति दिखाने तथा एक जैसा व्यवसाय अपनाने में असमर्थ होते हैं। किस बालक को कौन-सा विषय कैसे पढ़ाना है ऐसी समस्याओं का अध्ययन इसके अन्तर्गत किया जाता है।

3. विकास की अवस्थाओं का अध्ययन (To Study Stages of the Development)—शिक्षा मनोविज्ञान में विद्यार्थियों की विकास की विभिन्न अवस्थाएँ : शैशवावस्था (0-5), बाल्यावस्था (6-12), किशोरावस्था (13-19 वर्ष), प्रौढ़ावस्था 20 वर्ष से अधिक। आदि का अध्ययन किया जाता है।

4. अधिगम प्रक्रिया का अध्ययन (To Study Learning Process)—अनुभव और प्रशिक्षण से व्यवहार में परिवर्तन ही अधिगम है। मुख्य बात है कि विद्यार्थी को कब, क्या और कैसे सिखाया जाए। सही विधियों का चुनाव करके, उनकी रुचियों व स्तर को ध्यान में रखकर ही अधिगम कराया जाना चाहिए।

5. पाठ्यक्रम निर्माण का अध्ययन (To Study Curriculum Development)—शिक्षा मनोविज्ञान के विकास के साथ-साथ पाठ्यक्रम निर्माण के सिद्धान्तों में भी आमूल परिवर्तन हो गए हैं। शिक्षा के क्षेत्र में आधुनिक प्रयोगों ने सिद्ध कर दिया है कि बालक की आवश्यक तथा सामाजिक उपयोगिता पर बल दिया जाना जरूरी है। फलस्वरूप पाठ्यक्रम का निर्माण बालक की आवश्यकताओं के अनुरूप बनाया जाने लगा और शिक्षण विधि भी तदनुरूप चुने जाने पर बल दिया जाने लगा। पाठ्यक्रम में इतनी विविधता भी होनी चाहिए कि छात्र अपनी रुचि के विषयों का चयन कर सकें।

6. मानसिक स्वास्थ्य का अध्ययन (To Study Mental Health)—अध्यापकों तथा छात्रों के मानसिक स्वास्थ्य का शैक्षिक दृष्टि से विशेष महत्व है। यदि अध्यापक तथा शिक्षार्थी मानसिक दृष्टि से स्वस्थ नहीं होंगे तो क्या आप प्रभावशाली अधिगम की कल्पना कर सकते हैं? शिक्षा मनोविज्ञान मानसिक स्वास्थ्य को प्रभावित करने वाले कारकों का अध्ययन करता है तथा कुसमायोजन से बचने के उपायों की खोज करता है।

7. बुद्धि का अध्ययन (To Study Intelligence)—शिक्षा मनोविज्ञान के कार्य-क्षेत्र के अन्तर्गत बुद्धि की प्रकृति, विशेषताएँ, प्रकार, सिद्धान्त, मापन आदि का अध्ययन किया जाता है। आप इसके अध्ययन से विद्यार्थियों की बुद्धि-लब्धि की जानकारी प्राप्त कर सकते हैं।

8. व्यक्तित्व का अध्ययन (To Study Personality)—इसके अन्तर्गत व्यक्तित्व की प्रकृति, व्यक्तित्व की विशेषताएं, व्यक्तित्व के प्रकार, व्यक्तित्व को प्रभावित करने वाले कारक तथा व्यक्तित्व का मूल्यांकन करने वाली विधियों का अध्ययन किया जाता है।

9. निर्देशन एवं परामर्श (To Study Guidance and Counselling)—अधिकतम सफलता के लिए छात्रों को किस पाठ्यक्रम में प्रवेश लेना चाहिए, कौन-सा व्यवसाय उपयुक्त रहेगा, आदि से सम्बन्धित समस्याओं का परामर्श एवं निर्देशन आदि का अध्ययन भी किया जाता है।

10. समूह गतिशीलता (To Study Group Dynamics)—समूह व्यवहार तथा समूह गतिशीलता का अध्ययन भी शिक्षा मनोविज्ञान की दृष्टि से अत्यन्त महत्त्वपूर्ण है क्योंकि बालक समूह में रहता है, और समूह में सीखता है।

11. मापन तथा मूल्यांकन (To Study Measurement and Evaluation)—छात्रों की विभिन्न योग्यताओं, रुचियों तथा उपलिब्धयों का मापन एवं मूल्यांकन भी इसके अन्तर्गत आता है।

12. शिक्षण विधियाँ (To Study Teaching Methods)—आप जान चुके हैं कि कक्षा में विभिन्न रुचियों एवं योग्यताओं वाले बालक होते हैं सभी को एक विधि से नहीं पढ़ाया जा सकता। शिक्षा मनोविज्ञान की सहायता से आप यह भली-भाँति जान लेंगे कि किस बालक के लिए कौन-सी शिक्षण-विधि का प्रयोग सही होगा।

13. विशिष्ट बालकों का अध्ययन (To Study Exceptional Children)—शिक्षा मनोविज्ञान के क्षेत्र में विशिष्ट बालक जैसे: प्रतिभाशाली बालक, सृजनशील बालक, पिछड़े बालक, मन्द बुद्धि बालक, समस्यात्मक बालक, बाल अपराधी और विकलांग बालकों का विस्तारपूर्वक अध्ययन किया जाता है।

प्राथमिक विद्यालय के अध्यापक के लिए शिक्षा मनोविज्ञान की उपयोगिता (Utility of Educational Psychology for a Teacher at Primary School)

शिक्षा मनोविज्ञान बदलती हुई सामाजिक व्यवस्था में कुशल आत्म-निर्देशन की योग्यता वृद्धि तथा विविध सामाजिक कार्यों में कुशलता, व्यक्तित्व का अभिवर्द्धन, बालक का सन्तुलित विकास तथा मानव-स्वभाव को समझने में अध्यापक की सहायता करता है। मानव-स्वभाव के ज्ञान के द्वारा अध्यापक बालकों को उचित निर्देशन देकर उनका पथ-प्रदर्शन कर सकता है। आइए विस्तार से जानें कि अध्यापक के लिए शिक्षा मनोविज्ञान की क्या उपयोगिता है :

1. सीखने की क्रियाएँ तथा शिक्षण-विधियाँ (Process of Learning and Teaching Methods)—शिक्षा मनोविज्ञान ने बच्चों के सीखने के बहुत से सिद्धान्त तथा विधियों को खोज निकाला है। करके सीखना, सूझ द्वारा सीखना, अनुकरण द्वारा सीखना एवं सहज-संबंध प्रतिक्रिया द्वारा सीखना आदि अनेक सीखने की विधियों का प्रतिपादन शिक्षा मनोविज्ञान ने किया है। बालक को दंड देने के स्थान पर कला-शिक्षण को आकर्षक तथा रोचक बनाने का भी प्रयास किया है।

2. व्यक्तिगत भेद (Individual Differences)—प्रत्येक बालक अपनी बुद्धि, शैक्षिक उपलब्धियों, आवश्यकताओं आदि की दृष्टि से दूसरे बालक से अलग होता है। शिक्षा मनोषिज्ञान की सहायता से आप प्रत्येक बालक के अनुसार विधि का चुनाव कर सकते हैं।

3. विकास की अवस्थाओं के अनुकूल शिक्षा (Education According to Stages of Development)—आप जान चुके हैं कि विकास की विभिन्न अवस्थाएँ होती हैं। और इन अवस्थाओं की अपनी अलग-अलग विशेषताएँ होती हैं। इन विकास अवस्थाओं की जानकारी अध्यापक की सहायता करती है कि वह विद्यार्थियों में होने वाले शारीरिक, सामाजिक, बौद्धिक एवं संवेगात्मक परिवर्तनों को ध्यान में रखकर शिक्षण-कार्य सम्पन्न करे।

4. बाल केन्द्रित शिक्षा को समझने में सहायक (Helpful in Understanding the Child Centered Education)—आज शिक्षा बाल केन्द्रित हो गई है। जिसका

उद्देश्य विद्यार्थियों की विशेषताओं, आवश्यकताओं, योग्यताओं, रुचियों तथा सीमाओं को ध्यान में रखकर बालक का सर्वांगीण विकास करना है। शिक्षा मनोविज्ञान की सहायता से अध्यापक विद्यार्थियों को समझकर शिक्षण-कार्य करता है।

5. बुद्धि को समझने में सहायक (Helpful in Understanding Intelligence)—अध्यापक विद्यार्थियों की बुद्धि एवं बुद्धि-लब्धि को समझकर उनके लिए शिक्षा के उद्देश्य निर्धारित करता है। फिर तदनुसार प्रभावशाली शिक्षण करता है।

6. मानसिक स्वास्थय को समझने में सहायक (Helpful in Understanding Mental Health)—शिक्षा मनोविज्ञान के द्वारा अध्यापक विद्यार्थियों की चिन्ताओं, तनावों या अन्य समस्याओं को समझकर अपने शिक्षण को उनकी आवश्यकताओं के अनुसार व्यवस्थित करके उनके समायोजन में मदद करता है।

7. विशिष्ट बालकों को समझने में सहायक (Helpful in Understanding Exceptional Children)—शिक्षा मनोविज्ञान विशिष्ट बालकों को समझने व उनके लिए उचित शिक्षा प्रबन्ध करने में उपयोगी है। क्योंकि अब तक आप जान चुके हैं कि विशिष्ट बालकों के शिक्षण के लिए अलग-अलग प्रावधान आवश्यक है।

8. पाठ्यक्रम बनाने में सहायक (Helpful in Designing Curriculum)—शिक्षा मनोविज्ञान की जानकारी से अध्यापक समझा सकता है कि पाठ्यक्रम बनाते समय मनोवैज्ञानिक सिद्धान्तों जैसे रुचि, ध्यान एव अभिप्रेरणा आदि को ध्यान में रखना आवश्यक है। यह भी जान सकता/सकती है कि पाठ्यक्रम समाज के लिए उपयोगी हो एवं विद्यार्थियों के व्यक्तित्व का विकास भी करे।

9. मूल्यांकन एवं मापन में सहायक (Helpful in Evaluation and Measurement)—शिक्षा मनोविज्ञान अध्यापक को मूल्यांकन एवं मापन की विधियों से परिचित करवाता है। मूल्यांकन वस्तुनिष्ठ, विश्वसनीय एवं वैध होना चाहिए। मूल्यांकन से एक ओर बालकों को अधिक पढ़ने की प्रेरणा मिलती है तो दूसरी ओर अध्यापक को शिक्षण-विधि में सुधार करने में सहायता मिलती है।

10. समूह व्यवहार को समझने में सहायक (Helpful in Understanding Group Behaviour)—शिक्षा मनोविज्ञान की सहायता से अध्यापक को जानकारी मिलती है कि समूह व्यवहार क्या है, समूह कैसे बनते हैं, समूह के कारण विद्यार्थियों के व्यवहार में परिवर्तन क्यों और कैसे होते हैं। इत्यादि फलस्वरूप अध्यापक विद्यालय में अच्छे समूहों का निर्माण कर सकता है।

11. अनुशासनहीनता की समस्या का समाधान करने में सहायक (Helpful in Solving the Problem of Indiscipline)—शिक्षा मनोविज्ञान अध्यापक को रचनात्मक अनुशासन स्थापित करने में बहुत सहायता करता है। अनुशासन सम्बन्धी समस्याएँ मूल रूप में व्यवहार सम्बन्धी समस्याएँ ही होती हैं जो कि अध्यापक एवं विद्यार्थियों के असन्तुलित व्यवहार एवं टूटते सम्बन्धों के कारण उत्पन्न होती है। छात्रों की आवश्यकताओं एवं व्यवहार से परिचित होने के कारण सम्बन्धों में मधुरता लाकर अनुशासन बनाए रखा जा सकता है।

12. निर्देशन एवं परामर्श देने में सहायक (Helpful in Providing Guidance and Counseling)—शिक्षा मनोविज्ञान की जानकारी से अध्यापक/अध्यापिका विद्यार्थियों

को शैक्षिक निर्देशन दे सकता/सकती है जिससे वे उपयुक्त पाठ्यक्रम एवं विषयों का चयन कर सकते हैं। परामर्श देकर उन्हें व्यक्तिगत रूप से सहायता प्रदान की जा सकती है ताकि वे सही दिशा में अग्रसर हों।

शिक्षा मनोविज्ञान की विधियाँ (Methods of Educational Psychology)

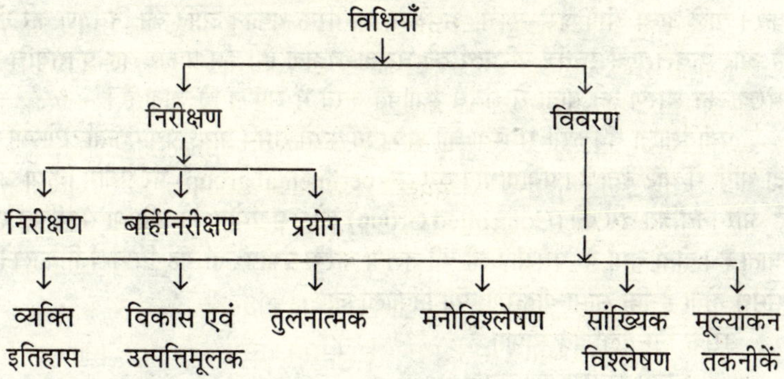

प्रयोगात्मक पद्धति (Experimental Method)

मनोविज्ञान के अध्ययन और अनुसंधान में प्रयोगात्मक पद्धति के प्रयोग के कारण ही इसे विज्ञान का दर्जा मिला है और इसी कारण शिक्षा मनोविज्ञान भी विज्ञान की श्रेणी में आता है। मनोविज्ञान के लिए प्रयोगात्मक विधि के महत्त्व को दर्शाते हुए कॉलिन्स और ड्रेवर ने संयुक्त रूप से अपना मत व्यक्त किया है—

"प्रयोगात्मक अंग रहित मनोविज्ञान एक भ्रम नाम है।" ("Psychology without an experimental part is an anachronism.")

मनोविज्ञान की समस्याओं का नियंत्रित (Controlled) एवं प्रामाणिक दशाओं (Standard Conditions) में अध्ययन की इच्छा के फलस्वरूप ही प्रयोगात्मक पद्धति का विकास हुआ है। इसी पद्धति के सफल प्रयोग हेतु विलियम वुण्ड ने सन् 1879 में पूर्वी जर्मनी के लिपज़िग स्थान पर प्रयोगात्मक मनोविज्ञान की प्रथम प्रयोगशाला स्थापित की थी।

अर्थ (Meaning): इस पद्धति में प्रयोगकर्ता पहले अपने अनुसार परिस्थितियाँ या वातावरण निर्धारित करता है, तत्पश्चात् किसी व्यक्ति के व्यवहार का निरीक्षण करता है, किसी समस्या के सम्बन्ध में तथ्य एकत्रित करता है। इस प्रकार नियंत्रित निरीक्षण (Controlled observation) ही प्रयोग कहलाता है। और नियंत्रित परिस्थितियों में किसी व्यक्ति की अनुभूति तथा व्यवहार की अध्ययन विधि को 'प्रयोगात्मक पद्धति' (Experimental Method) कहते हैं। इस पद्धति के द्वारा न केवल बालकों और व्यक्तियों के व्यवहार वरन् चूहे, बिल्लियों, कबूतरों आदि के व्यवहार का भी अध्ययन करते हैं।

प्रयोगशाला की नियंत्रित परिस्थिति में व्यवहार का निरीक्षण करना प्रयोग-विधि कहलाती है। प्रयोक्ता प्रयोज्य (Subject) के व्यवहार का अध्ययन नियंत्रित परिस्थिति में

करता है। प्रयोगशाला की सुविधा से प्रयोक्ता को परिस्थितियों के नियंत्रण करने में सरलता हो जाती है। किसी विशेष परिस्थिति में वह व्यवहारों की जितनी बार चाहे उतनी बार पुनरावृत्ति कराकर कई बार निरीक्षण कर सकता है। उदाहरण के लिए, मान लीजिए याद करने की मात्रा तथा पुनरावृत्ति की संख्या में संबंध ज्ञात करने के लिए प्रयोग करना है।

पुनरावृत्ति की संख्या स्वतंत्र परिवर्त्य (Independent Variable) है और स्मरण की मात्रा आश्रित परिवर्त्य (Dependent Variable) प्रयोगकर्त्ता स्मरण की क्रिया को प्रभावित करने वाले अन्य अंगों जैसे–रुचि, अवधान, शारीरिक थकान आदि का नियंत्रण कर लेता है और केवल एक स्वतंत्र परिवर्त्य को घटाता-बढ़ाता है। इस प्रकार वह पुनरावृत्ति की संख्या का स्मरण की मात्रा से संबंध स्थापित करने में सफल हो जाता है।

प्रयोगशाला में किसी समस्या का अध्ययन करते समय प्राय: प्रयोगकर्ता प्रयोज्यों को दो भागों में बाँट देता है। प्रयोगाधीन वर्ग (Experimental group) पर प्रयोग किया जाता है और नियंत्रित वर्ग को (Controlled Group) को उस प्रयोग की प्रक्रिया से वंचित रखा जाता है। दोनों वर्गों के परीक्षाफलों की तुलना करके प्रयोगकर्ता यह निष्कर्ष निकालने में समर्थ होता है कि सामान्यीकरण क्या निकाला जाए।

इसके निम्नलिखित सोपान हैं :

— किसी समस्या का उठना।

— समस्या के संबंध में प्रयोगकर्ता की अपनी परिकल्पना (hypotheses) बनाना।

— प्रयोग के स्वतंत्र परिवर्त्य और आश्रित परिवर्त्य को समझना।

— प्रयोज्य के व्यवहार को प्रभावित करने वाले आवश्यक कारणों तथा वातावरण की अन्य परिस्थितियों पर नियंत्रण प्राप्त करना।

— प्रयोग के आधार पर प्राप्त परीक्षाफल को सांख्यिकी की विधि से विश्लेषण करना।

— अंत में परिकल्पना की सत्यता की जाँच करके उसे सिद्धान्त के रूप में प्रतिपादित करना।

गुण (Merits)—प्रयोगात्मक पद्धति के कुछ प्रमुख गुण अग्रलिखित हैं :

1. वैज्ञानिक पद्धति (Scientific Method)—यह एक वैज्ञानिक पद्धति है, जिसके प्रयोग के कारण ही मनोविज्ञान को विज्ञान का दर्जा प्राप्त है।

2. यथार्थ निरीक्षण (Real Observation)—इस पद्धति में प्रयोगकर्ता अपनी क्षमता के अनुसार विभिन्न दशाओं को नियंत्रित कर सकता है इसलिए इसके द्वारा यथार्थ निरीक्षण करके सभी आँकड़ें और तथ्य एकत्रित किये जा सकते हैं।

3. निष्कर्षों की जाँच सम्भव (Verification)—इस पद्धति द्वारा प्राप्त निष्कर्षों को उन्हीं परिस्थितियों में प्रयोग को दोहराकर उनकी सत्यता की जाँच की जा सकती है।

4. वस्तुनिष्ठता (Objectivity)—यदि प्रयोग सावधानी से किया गया हो तो जो प्रेक्षण और परिणाम एक बार प्राप्त होते हैं कुछ हद तक वही परिणाम, उन्हीं परिस्थितियों में प्रयोग को दोहरने पर भी प्राप्त होते हैं। इस प्रकार प्रयोगात्मक पद्धति के प्रेक्षणों और परिणामों में अन्य पद्धतियों की अपेक्षा वस्तुनिष्ठता पायी जाती है।

5. विश्वसनीय निष्कर्ष (Reliable Conclusion)—इस पद्धति द्वारा प्राप्त निष्कर्ष अन्य पद्धतियों से प्राप्त निष्कर्षों की अपेक्षा विश्वसनीय (Reliable) और वैध (Valid) होते हैं।

6. उद्दीपक, प्राणी और अनुक्रिया के मध्य सम्बन्ध निर्धारित करना (Relation between Stimulus, Organism and Response)—यह पद्धति उद्दीप (Stimulus), प्राणी (Organism) और अनुक्रिया (Response) के बीच सम्बन्ध स्थापित करने में सहायक होती है, जिसके फलस्वरूप व्यवहार निर्धारित होता है। ये नियम व्यवहार को समझने, उसकी भविष्यवाणी करने और उसे नियंत्रित करने में सहायक होते हैं।

7. शिक्षा सम्बन्धी समस्याओं का समाधान (Solution of Educational Problems)—इस पद्धति की सहायता से शिक्षा सम्बन्धी अनेक समस्याओं को सुलझाया जा सकता है। जैसे शिक्षण के लिए उपयोगी विधि ज्ञात करना, पाठ्यक्रम के निर्माण में उपयोगी सिद्धान्तों का प्रयोग, कक्षा में छात्रों की अधिकतम संख्या की समस्या तथा मूल्यांकन की उत्तम पद्धति की समस्या।

दोष (Demerits)–प्रयोगात्मक पद्धति के कुछ दोष इस प्रकार हैं :

1. मूल्यवान (Costly)—किसी भी प्रयोग को करने के लिए प्रयोगशाला में उपकरणों की आवश्यकता होती है। इस प्रकार यह पद्धति अन्य पद्धतियों से मूल्यवान है।

2. कृत्रिमता (Artificial)—प्रयोगशाला का वातावरण स्वाभाविक न रहने से प्रयोज्य के व्यवहार में कृत्रिमता आ जाती है।

3. प्रयोज्य का सहयोग न मिलना (No Coperation of Subject)—साधारणत: प्रयोज्य की प्रयोग में किसी भी प्रकार की रुचि न रहने से सफलतापूर्वक प्रयोग नहीं होता।

4. सभी घटनाओं का अध्ययन असम्भव (Impossible to Study all Events)—प्रयोगशाला में विभिन्न प्रकार की सामाजिक या संवेगात्मक परिस्थितियों का निर्माण असम्भव है। इसलिए इनसे सम्बन्धित क्रियाओं का अध्ययन इस पद्धति से सम्भव नहीं है। जैसे–चुनाव आदि।

5. दशाओं के नियन्त्रण में कठिनाई (Difficulty in Controlling the Conditions)—मानव-व्यवहार जैसे तत्त्वों को नियन्त्रित करके प्रयोग करना कठिन है। इस कारण जो निष्कर्ष प्राप्त होते हैं वे पूर्णत: सत्य, प्रामाणिक, व विश्वसनीय नहीं होते हैं।

6. स्वतंत्र पद्धति का न होना (Not an Independent Method)—प्राय: इसे एक स्वतंत्र पद्धति नहीं मानते हैं। इसे अंतर्निरीक्षण, बाह्य निरीक्षण, तुलनात्मक और सांख्यिकीय पद्धतियों का समन्वित रूप मानते हैं।

निष्कर्ष (Conclusion)—इस पद्धति में कुछ दोष होते हुए भी प्राप्त परिणाम अन्य पद्धतियों से प्राप्त परिणामों की अपेक्षा सत्य, विश्वसनीय एवं वैज्ञानिक होते हैं।

चार्ल्स ई० स्किनर के अनुसार, "कुछ अनुसंधानों के लिए प्रयोगात्मक पद्धति को बहुधा सर्वोत्तम विधि समझा जाता है।"

निरीक्षण विधि (Observation Method)

निरीक्षण पद्धति को बाह्य निरीक्षण या बर्हिदर्शन पद्धति (Extrospection Method) भी कहते हैं क्योंकि इसमें व्यक्ति के बाहरी व्यवहार का निरीक्षण किया जाता है। या निरीक्षण

प्राकृतिक अवस्था में करते हैं, इसलिए इसे प्राकृतिक निरीक्षण पद्धति (Naturalistic Observation Method) भी कहते हैं। इस पद्धति में अध्ययनकर्ता अपने पूर्व ज्ञान के आधार पर किसी व्यक्ति के व्यवहार का निरीक्षण करके उसकी मानसिक दशा का ज्ञान प्राप्त करता है। निरीक्षणों को पहले से बनाए गए सूची-पत्र (Schedule) पर अंकित करते हैं। मौखिक व्याख्या होने पर टेपरिकार्डर प्रयोग किया जाता है।

अर्थ (Meaning)—सामान्यत: 'निरीक्षण' शब्द का अर्थ ध्यानपूर्वक देखना होता है। किसी व्यक्ति के व्यवहार, आचरण, क्रियाओं-प्रतिक्रियाओं आदि को ध्यानपूर्वक देखकर अपने पूर्व अनुभव के आधार पर उसकी मानसिक दशा का अनुमान लगाया जा सकता है, क्योंकि व्यक्ति के मन का अन्तर्व्यवहार (Covert Behaviour) ही प्रत्यक्ष व्यवहार (Overt Behaviour) में परिलक्षित होता है। उदाहरणार्थ, पूर्व अनुभव के आधार पर आप यह जानते हैं कि क्रोध के समय आँखें लाल हो जाती हैं, भौंहें तन जाती हैं, क्रोधित व्यक्ति जोर-जोर से बोलने लगता है और हाथों को इधर-उधर फेंकने लगता है। अत: यदि कोई व्यक्ति इस प्रकार का व्यवहार करता है तो आप यह कह सकते हैं कि वह क्रुद्ध है। अत: निरीक्षण अथवा बाह्यदर्शन पद्धति वह पद्धति है जिसमें व्यक्ति के बाह्य व्यवहार को ध्यानपूर्वक देखकर पूर्व अनुभवों के आधार पर उसके अन्तर्मन का पता लगाते हैं।

निरीक्षण दो प्रकार का होता है :

(*i*) औपचारिक (*ii*) अनौपचारिक

औपचारिक निरीक्षण नियंत्रित दशाओं में और अनौपचारिक निरीक्षण अनियंत्रित दशाओं में होता है। अनौपचारिक निरीक्षण में प्रयोज्य (Subject) को इस बात का ज्ञान नहीं होता है कि उसके व्यवहार एवं आचरण का कोई निरीक्षण कर रहा है। इस प्रकार का निरीक्षण शिक्षक के लिए काफी महत्त्वपूर्ण होता है। शिक्षक, कक्षा में अथवा कक्षा के बाहर छात्रों के व्यवहार का निरीक्षण करके, परामर्श द्वारा उनके व्यवहार में सुधार ला सकता है। औपचारिक प्रेक्षण में विशिष्ट पहलुओं का बारीकी से निरीक्षण कर सकते हैं जबकि दूसरे में यह सम्भव नहीं। यदि आप किसी खेल में खिलाड़ियों का निरीक्षण केवल नेतृत्व की भावना देखने के लिए करें तो यह कुछ सीमा तक सीमित निरीक्षण होगा परन्तु यदि आप केवल खेल को ही देखें तो यह अनौपचारिक प्रेक्षण होगा जिसमें हो सकता है आपका ध्यान नेतृत्व की भावना की ओर आकृष्ट न होकर खेल खेलने की प्राविधि की तरफ अधिक लग जाए।

अच्छे निरीक्षण/प्रेक्षण (Observation) द्वारा स्थिति के महत्त्वपूर्ण पहलुओं और अनावश्यक कारकों में अन्तर स्थापित करने की क्षमता होनी चाहिए। बार-बार प्रेक्षण करने से, प्रेक्षण की विश्वसनीयता एवं प्रामाणिकता बढ़ जाती है।

प्रेक्षण के तत्त्वों को लेखाबद्ध करने तथा उनके क्रमबद्ध विश्लेषण द्वारा वर्णन और व्याख्या को सुव्यवस्थित किया जा सकता है।

इस प्रकार निरीक्षण/प्रेक्षण विधि के निम्न सोपान हैं :

— दूसरे के प्रत्यक्ष व्यवहार का सही-सही निरीक्षण करना।

— प्रयोज्य (Subject) के व्यवहार का लेखा तैयार करना।

— प्रेक्षित व्यवहार की व्याख्या और विश्लेषण करना।

— सामान्यीकरण करना।

अत: आप यह जान लें कि प्रेक्षण द्वारा बालकों का उचित दिशा में विकास किया जा सकता है तथा उनके व्यवहार में वांछनीय परिवर्तन लाए जा सकते हैं।

गुण (Merits)

1. वैज्ञानिक पद्धति (Scientific Method)—इस पद्धति के द्वारा सही आँकड़े और तथ्य एकत्रित किए जा सकते हैं जो कि सत्य एवं विश्वसनीय होते हैं। और उसके आधार पर सामान्य नियम भी बनाए जा सकते हैं। इसी प्रकार यह पद्धति वैज्ञानिक है।

2. कम खर्चीली (Less Expensive)—एक-सी परिस्थितियों में एक साथ कई व्यक्तियों के व्यवहार का अध्ययन कर सकते हैं। अत: इस विधि के प्रयोग से समय तथा श्रम की बचत होती है।

3. लचीलापन (Flexibility)—यह पद्धति काफी लचीली है। इसे विभिन्न परिस्थितियों में प्रयोग किया जा सकता है। इस पद्धति के द्वारा सामूहिक रूप से व्यक्तियों की मनोदशा का अध्ययन किया जा सकता है।

4. विस्तृत क्षेत्र (Wider Scope)—इस विधि का प्रयोग बच्चों, पागलों, पशुओं आदि सभी की मानसिक स्थितियों को जानने के लिए किया जा सकता है। अतएव इस विधि के प्रयोग से मनोविज्ञान का विषय-क्षेत्र अधिक विस्तृत एवं प्रशस्त हो गया है।

5. शिक्षा के उद्देश्यों, पाठ्यक्रम आदि में परिवर्तन (Changes in Aimes of Education and Curriculum)—विद्यालय में शिक्षक, परीक्षक तथा प्रशासक समाज की दशाओं का निरीक्षण करके समय की माँग के अनुसार विद्यालय और शिक्षा के उद्देश्यों, शिक्षण-विधियों और पाठ्यक्रम में परिवर्तन करते रहते हैं।

दोष (Demerits)–निरीक्षण पद्धति के प्रमुख दोष निम्नलिखित हैं :

1. वस्तुनिष्ठता की कमी (Lack of Objectivity)—इस विधि द्वारा हम दूसरे का अध्ययन तो वस्तुनिष्ठता के साथ कर लेते हैं। परन्तु उनके व्यवहार का अर्थ लगाने में विभिन्न मनोवैज्ञानिक मत भिन्न-भिन्न हो सकते हैं। अत: आप यूँ कह सकते हैं कि इस विधि से व्यवहार का अध्ययन करने में व्यक्तिकता का दोष रहता है। मनोवैज्ञानिक अपने मानसिक स्तर तथा अपनी आत्मगत अनुभूतियों को दूसरे पर आरोपित कर देता है।

2. पक्षपात का प्रभाव (Biased)—जब कोई व्यक्ति दूसरे व्यक्ति का निरीक्षण करता है तो निरीक्षणों में पक्षपात आ जाता है। फलस्वरूप सही निरीक्षण नहीं हो पाता है। यह सामान्य अनुभव की बात है कि किसी व्यक्ति को अपने प्रियजन की न तो कमियाँ दिखाई देती हैं और न शत्रु की अच्छाईयाँ। इस प्रकार प्राप्त निष्कर्षों में आत्मनिष्ठता (Subjectivity) आ जाती है।

3. आडम्बर युक्त/अस्वाभाविक व्यवहार (Unnatural Behaviour)—जब प्रयोज्य को यह पता हो कि कोई उसे देख रहा है तो उसका व्यवहार अस्वाभाविक हो जाता है। केवल शारीरिक व्यवहार एवं बाह्य मुख-मुद्रा से व्यक्ति की वास्तविक मानसिक स्थितियों की व्याख्या करना कठिन है।

4. अस्पष्ट व्यवहार (Lack of Clarity in Behaviour)—कभी-कभी व्यवहार बहुत स्पष्ट नहीं होते हैं। किसी स्थिति में व्यक्ति प्रसन्न है अथवा दु:खी है, स्पष्ट नहीं हो पाता है। इसके अतिरिक्त एक ही व्यवहार कई मानसिक स्थितियों का कारण हो सकता है।

निष्कर्ष (Conclusion)

डागलस एवं हालैण्ड के शब्दों में, अपनी स्वाभाविक त्रुटियों के कारण वैज्ञानिक विधि के रूप में निरीक्षण विधि अविश्वसनीय है। परन्तु निरीक्षण विधि में दोष भले ही हो, पर शिक्षक और मनोवैज्ञानिक के लिए इसकी उपयोगिता पर सन्देह करना अनुचित है। क्रो व क्रो का मत है,

"सतर्कता से नियन्त्रित की गई दशाओं में भली-भाँति प्रशिक्षित और अनुभवी मनोवैज्ञानिक या शिक्षक अपने निरीक्षण से छात्र के व्यवहार के बारे में बहुत कुछ जान सकता है।"

निरीक्षणों को वस्तुनिष्ट बनाने के लिए आवश्यक है :

(*i*) निरीक्षक, प्रशिक्षित होना चाहिए।
(*ii*) निरीक्षण की निश्चित योजना पहले से तैयार कर लेनी चाहिए।
(*iii*) निरीक्षणों को या तो पूर्वनिर्धारित सूचीपत्र पर लिखते रहना चाहिए या मौखिक होने पर टेप-रिकार्डर में टेप कर लेना चाहिए।
(*iv*) व्यापक दृष्टिकोण से सावधानीपूर्वक निरीक्षण करना चाहिए।
(*v*) निरीक्षण करते समय पूर्व-धारणाओं को दूर रखना चाहिए।

व्यक्ति अध्ययन विधि (Case Study Method)

व्यक्ति इतिहास विधि को जीवन-वृत विधि कहते हैं। इस विधि का प्रयोग बालक के असामान्य व्यवहार के निदान के लिए किया जाता है। कानून के क्षेत्र में इस विधि का अधिक प्रयोग हुआ है। व्यक्तिगत विभिन्नता और मानसिक स्वास्थ्य और महत्त्वपूर्ण तथ्यों को मद्देनज़र रखते हुए व्यक्तिगत इतिहास की महत्ता को नकारा नहीं जा सकता। व्यक्ति इतिहास विधि द्वारा किसी एक व्यक्ति की विशेषताओं, व्यवहार एवं उसके मानसिक जीवन का अध्ययन किया जाता है। कोई समस्यात्मक बालक बन जाता है और समाज-विरोधी कार्य करने लगता है। मनोवैज्ञानिक के विचार से व्यक्ति का भौतिक, पारिवारिक या सामाजिक वातावरण उसमें मानसिक असंतुलन पैदा कर देता है, जिसके फलस्वरूप वह अवांछनीय कार्य करने लगता है। इसका वास्तविक कारण जानने के लिए वह व्यक्ति के पूर्व इतिहास की कड़ियों को जोड़ता है। इस उद्देश्य से वह व्यक्ति, उसके माता-पिता, शिक्षकों, सम्बन्धियों, पड़ोसियों, मित्रों आदि से भेंट करके पूछताछ करता है। इस प्रकार, वह व्यक्ति के वंशानुक्रम, पारिवारिक और सामाजिक वातावरण, रुचियों, क्रियाओं, शारीरिक स्वास्थ्य, शैक्षिक और संवेगात्मक विकास के सम्बन्ध में तथ्य एकत्र करता है। इन तथ्यों की सहायता से वह उन कारणों की खोज कर लेता है, जिनके फलस्वरूप व्यक्ति मनोविकारों का शिकार बनकर अनुचित आचरण करने लगता है। इस प्रकार इस विधि का उद्देश्य व्यक्ति के किसी विशिष्ट व्यवहार के कारण की खोज करता है।

क्रो व क्रो के अनुसार, "जीवन-इतिहास विधि का मुख्य उद्देश्य किसी कारण का निदान करना है।"

व्यक्ति इतिहास—व्यक्ति इतिहास/जीवन-वृत विधि के निम्नलिखित सोपान हैं :

(क) योजना बनाना।
(ख) बालक के असामान्य व्यवहार का निरीक्षण करना।

(ग) असामान्य व्यवहार के निदान हेतु उसके समस्त व्यक्तिगत इतिहास से संबंधित सूचनाओं को एकत्र करना। तथ्य प्राप्त करने के लिए अन्वेषक छात्रों से साक्षात्कार, प्रश्नावली, मुक्त साहचर्य व अन्य दूसरी विधियों के माध्यम से प्रयोग कर सकता है।

(घ) एकत्रित सूचनाओं के आधार पर कारणों का निदान करना।

(ङ) निदान के उपरान्त उसे पुन: सही रास्ते पर लाने के लिए उपचारात्मक शिक्षा की संस्तुति करना।

उपयोगिता एवं सीमाएँ (Utility and Limitations): इस विधि का प्रयोग शिक्षा मनोविज्ञान तथा चिकित्सा मनोविज्ञान में अधिक किया जाता है। विद्यालय में किसी बालक के असामान्य व्यवहार के निदान हेतु शिक्षा मनोवैज्ञानिक द्वारा इसका प्रयोग होता है। बालक की मानसिक अस्वस्थता, स्नायुरोगों आदि का निदान करने के लिए इस विधि का प्रयोग चिकित्सा मनोवैज्ञानिक द्वारा किया जाता है।

आवश्यक प्रदत्तों को एकत्र करने में बड़ी कठिनाई एवं असुविधा होती है। बालक अपने विषय में बहुत-सी बातें छिपाने का प्रयत्न करता है। माँ-बाप भी बहुत-सी बातों को बताने में संकोच एवं लज्जा का अनुभव करते हैं। बालक के मित्र कुछ सूचनाओं को छिपाते हैं अथवा बहुत बढ़ा-चढ़ा कर कहते हैं। सूचनाओं को एकत्रित करने के दोषों के अतिरिक्त प्राप्त सूचनाओं का अर्थ लगाने में भी मनावैज्ञानिक को कठिनाई का सामना करना पड़ता है। कुछ मनोवैज्ञानिक किसी एक पहलू को महत्त्व देते हैं दूसरे किसी अन्य कोड जैसे फ्रायड का सम्प्रदाय कामवासना सम्बन्धी बातों को ही सारे असामान्य व्यवहार का मूल मानता है।

व्यक्ति इतिहास विधि की उपयोगिता बहुत है, किन्तु इसे प्रयोग करने के लिए कुशल मनोवैज्ञानिकों की आवश्यकता होती है। अपने कार्य में दक्ष, सूझ-बूझ वाला, रचनात्मक कल्पना-शक्ति रखने वाला तथा निष्पक्ष भाव वाला मनावैज्ञानिक ही इस विधि का प्रयोग कुशलता से कर सकता है।

साक्षात्कार विधि (Interview Method)

साक्षात्कार को अंग्रेजी में Interview कहते हैं। यह शब्द Inter तथा View से मिलकर बना है। Inter का अर्थ है 'आन्तरिक' तथा View का अर्थ है 'अवलोकन'। इस प्रकार साक्षात्कार का शाब्दिक अर्थ 'आन्तरिक अवलोकन करना' है।

जॉन जी डार्ले के अनुसार साक्षात्कार एक उद्देश्यपूर्ण वार्तालाप है।

(Interview is a purposful discussion)

गुड तथा हैट ने लिखा है, ''किसी उद्देश्य से किया गया गम्भीर वार्तालाप ही साक्षात्कार है।''

इस प्रकार, इस विधि में आमने-सामने बैठकर किसी उद्देश्य को लेकर व्यक्तियों में वार्तालाप होता है।

साक्षात्कार एक प्रकार से प्रश्नावली का ही रूप है। अन्तर केवल इतना है कि प्रश्नावली लिखित होती है तथा इनका प्रशासन करने में व्यक्ति का सामने होना अनिवार्य नहीं है, किन्तु साक्षात्कार में दोनों का आमने-सामने होना अनिवार्य है।

साक्षात्कार के उद्देश्य (Purpose of Interview)

(1) पूर्व प्राप्त सूचनाओं की पुष्टि करने के लिए।

(2) व्यक्ति के विचारों, मूल्यों तथा ज्ञान प्राप्त करने के लिए।

(3) व्यक्ति के शारीरिक रूप का अवलोकन करने के लिए।

(4) व्यक्ति के अचेतन में निहित शक्तियों का पता लगाने के लिए।

(5) तनावों एवं कुंठाओं से प्रभावित व्यवहार का अध्ययन करने हेतु।

(6) व्यक्ति की प्रेरणात्मक शक्तियों एवं क्रियाओं की व्याख्या करने हेतु।

(7) व्यक्तित्व के अन्य मापकों के पूरक के रूप में रूप में प्रयोग करने हेतु।

(8) ऐसी बहुत-सी जानकारी प्राप्त करने हेतु जो चेतन पर अनेक रुकावटों के पश्चात् प्रकट होती हैं।

साक्षात्कार के प्रकार (Kinds of Interview)

***(i)* निर्देशित साक्षात्कार (Directed or Structured Interview)**—यह एक प्रकार का अमुक्त प्रश्न समूह (Closed Questionare) ही है। यह साक्षात्कार एक सुनिश्चित योजना के अनुसार होता है। साक्षात्कार की विधि, समय तथा प्रश्नों की भाषा आदि सभी का पहले से ही निश्चय कर लिया जाता है। ऐसी विधि से विभिन्न व्यक्तियों की तुलना की जा सकती है।

***(ii)* अनिर्देशित साक्षात्कार (Non-directed or Unstructured Interview)**—यह एक प्रकार का मुक्तोत्तर प्रश्न समूह है। इसके अन्य कई नाम है जैसे : गठन साक्षात्कार, निदानात्मक/केन्द्रित साक्षात्कार। प्रेरणा, प्रत्यक्षीकरण अभिवृत्ति आदि के अध्ययन के लिए इस विधि का प्रयोग किया जाता है। इसमें प्रश्नों की भाषा, विधि, समय, क्रम आदि पहले से निश्चित नहीं किए जाते। इस प्रकार के साक्षात्कार में बौद्धिक पक्ष की अपेक्षा संवेगात्मक पक्ष पर अधिक महत्त्व दिया जाता है। ध्यान रहे इसमें व्यक्तियों का तुलनात्मक अध्ययन नहीं किया जा सकता।

***(iii)* समाहारक साक्षात्कार (Eclectic Interview)**—समाहारक साक्षात्कार निदेशित एवं अनिदेशित साक्षात्कार का मिश्रित स्वरूप है। इसके अन्तर्गत प्रत्याशी भिन्न-भिन्न प्रकार की अन्तर्दृष्टियाँ विकसित करता है। इसमें प्रत्याशी को संक्षेप में अपना निष्कर्ष एवं सारांश कथन देने को कहा जाता है। यदि वह ऐसा नहीं करता तो साक्षात्कारकर्ता स्वयं सारांश प्रस्तुत कर देता है। यह साक्षात्कार की सर्वश्रेष्ठ एवं वैध विधि है क्योंकि इसमें न पूर्ण स्वतन्त्रता है और न ही पूर्ण प्रतिबन्ध।

लाभ (Utility)

(1) साक्षात्कार विधि को प्रयोग में लाना अत्यन्त सरल एवं सुविधाजनक है।

(2) इसकी प्रकृति लचीली होती है।

(3) अमूर्त तथा अदृश्य घटनाओं का अध्ययन सम्भव है।

(4) अतीत की घटनाओं का अध्ययन भी सफलतापूर्वक किया जा सकता है।

(5) साक्षात्कार का प्रारूप विभिन्न समस्याओं एवं उद्देश्यों के अनुरूप तैयार किया जा सकता है।

(6) समाज के किसी भी वर्ग पर साक्षात्कार का प्रयोग सरलता से किया जा सकता है।

(7) साक्षात्कार एक समस्या से सम्बन्धित विभिन्न पहलुओं के व्यापक अध्ययन का अन्य विधियों की अपेक्षा एक सबल और सक्षम यन्त्र है।

(8) साक्षात्कार संवेगात्मक समस्याओं के अध्ययन के लिए सर्वश्रेष्ठ विधि है।

(9) इससे व्यक्ति में अन्तर्दृष्टि उत्पन्न की जा सकती है।

(10) साक्षात्कार के माध्यम से व्यक्ति के व्यवहार के उन आयामों का भी पता चल जाता है जिन्हें प्रकट करने में लोग प्राय: संकोच करते हैं।

सीमाएँ (Limitations)

(1) यह एक आत्मनिष्ठ विधि है।

(2) प्रत्याशी साक्षात्कारकर्ता को पसन्द करने वाले उत्तर देता है जिससे इसकी विश्वसनीय एवं वैधता सन्देहपूर्ण हो जाती है।

(3) यह लम्बी एवं अपेक्षाकृत अधिक खर्चीली विधि है।

(4) प्रत्याशी स्पष्टवादिता में संकोच दिखाता है।

(5) कृत्रिम उत्तरों की अधिक संभावना रहती है।

(6) आकड़ों का भी कई बार सही संकलन न हो पाने से परिणाम दोषपूर्ण आ जाते हैं।

साक्षात्कार सम्बन्धी कुछ सावधानियाँ (Precautions)

(1) साक्षात्कारकर्ता का व्यक्तित्व प्रभावशाली होना चाहिए।

(2) ऐसी बातें नहीं पूछनी चाहिए जो प्रत्याशी के मनोभावों या संवेगों को चोट पहुँचाएँ।

(3) सटीक प्रश्न ही पूछे जाने चाहिए।

(4) समय सीमा का ध्यान रखा जाना चाहिए।

(5) साक्षात्कार एकांगी न होकर सर्वांगी होना चाहिए।

(6) साक्षात्कार पर पुरुष या महिला अभ्यर्थी (Sex-biased) होने का प्रभाव नहीं पड़ना चाहिए।

अध्येता के व्यवहार को समझने की विभिन्न विचारधाराएँ/उपागम (Approaches to Understand Learners' Behaviour)

1. संरचना से सम्बन्धित विचारधारा (Structural School of Psychology)—इसके अनुसार नाड़ी-संस्थान, मानव-अनुभव, मानसिक चेतना, आदि की संरचना के अध्ययन के आधार पर संवेदनाएँ, ज्ञान, कल्पना, स्मरण-शक्ति जैसे–मनोवैज्ञानिक विषयों की जानकारी प्राप्त की जा सकती है। मानसिक तत्त्वों की संरचना पर आधारित, मानसिक क्रियाओं के अध्ययन का मत मूलत: टिचनर (Titchner) ने प्रतिपादित किया, जिसके विचार से चेतना के मूल तत्त्व संवेदनाएँ हैं, जो अनुभव को प्रतिबिम्ब के प्रतीक होते हैं।

इस विचारधारा ने अन्त:अवलोकन (Introspection) को मानसिक क्रियाओं की जानकारी प्राप्त करने की विधि के रूप में प्रतिष्ठित किया।

2. बुद्धि के कार्य से सम्बन्धित विचारधारा (Functional School of Psychology)—कुछ मनोवैज्ञानिक जैसे–विलियम जेम्स, जान डीवी तथा एंजल ने चेतना की अपेक्षा मस्तिष्क (Mind) के कार्य-संबंध को मानसिक क्रियाओं की जानकारी प्राप्त करने का अधिक उपयुक्त साधन माना। उनके मतानुसार व्यक्ति अपनी समस्याओं का हल मस्तिष्क द्वारा ही करता है।

3. व्यावहारिक विचारधारा (Behaviouristic School of Psychology)—इसके जन्मदाता के रूप में **वाटसन** का नाम अग्रणी है। इसमें व्यवहार के अध्ययन पर जोर दिया गया है।

4. गेस्टाल्ट विचारधारा (Gestalt School of Psychology)—इस विचारधारा के प्रवर्तक वर्थीमर, कोफ्का तथा कोहलर माने जाते हैं। गेस्टाल्ट का अर्थ मनोविज्ञान में प्रारूप, नमूना, आकार, तथा ढ़ाँचे से लगाया जाता है। इस विचारधारा में सम्पूर्णता पर अधिक बल दिया जाता है।

इस विचारधारा ने ही फील्ड मनोविज्ञान, एवं टोपोलोजिकल मनोविज्ञान को जन्म दिया।

5. हारमिक विचारधारा (Harmic School of Psychology)—इसको प्रतिपादित करने का श्रेय मक्डूकल (Mac Dougall) को जाता है। इसमें मानव व्यवहार का आधार मनोरथ पूर्ति मानी गई है और मनोरथ का संबंध ऐसी प्रवृत्तियों से होता है जिनसे प्रभावित होकर व्यक्ति किसी कार्य को करने की इच्छा करता है। और अपने लक्ष्य तक पहुँचने का प्रयत्न करता है। इस मत ने मूल प्रवृत्तियों (Instincts), संवेगों (Emotions), तथा स्थायी भाव को विशिष्ट मान्यता प्रदान की।

6. मनोविश्लेषणात्मक विचारधारा (Psycho Analytic School of Psychology)—इसका प्रतिपादन फ्रॉयड एवं उसके सहयोगियों ने किया। इसमें चेतनावस्था, अर्द्ध-चेतनावस्था एवं अचेतनावस्था के बारे में बताया गया। इसके साथ ही मन की गतिशीलता को तीन अंगों (Id) ईड, (Ego) अहम् और परम् अहम् (Super ego) का भी विश्लेषण किया गया।

सारांश

1. मनोविज्ञान का सम्बन्ध प्रत्यक्ष मानव व्यवहार से है।
2. शिक्षा मनोविज्ञान, विद्यार्थी, शिक्षण तथा अधिगम का व्यवस्थित अध्ययन करना है।
3. शिक्षा मनोविज्ञान एक व्यावहारिक एवं घनात्मक विज्ञान है।
4. इसके अर्न्तगत बालक के सम्पूर्ण विकास एवं व्यवहार का अध्ययन किया जाता है।
5. बालक के स्वभाव एवं विकास की दर को जान कर अध्यापक उचित निर्देशन दे सकता है।
6. प्रयोगात्मक विधि, निरीक्षण विधि, व्यक्ति इतिहास विधि एवं साक्षात्कार विधि आदि अनेक विधियाँ बालक को जानने में लाभकारी है।

इकाई – 2

अध्येता की वृद्धि और विकास
(Growth and Development of Learner)

परिवर्तन जीवन का नियम है। एक व्यक्ति का जीवन जन्म से मृत्यु तक परिवर्तनशील रहता है। व्यक्ति के जीवन-काल में उसके आकार, आकृति, तथा मनोवैज्ञानिक गठन में परिवर्तन होते रहते हैं। परिवर्तन का यह स्वरूप प्रत्येक व्यक्ति में भिन्न-भिन्न होता है। परन्तु प्रत्येक व्यक्ति में वृद्धि और विकास के मूलभूत ढांचे कम या अधिक रूप में लगभग एक जैसे रहते हैं तथा वे एक निश्चित विकास-क्रम में ही घटित होते हैं। प्रत्येक व्यक्ति की वंशगत विशेषताएँ (आनुवंशिकता) तथा जन्म के बाद होने वाला उसका लालन-पालन, ये बातें निश्चित करती हैं कि वह अपने जीवन के वृहत् क्षेत्र में किस प्रकार बढ़ता है और उसके विकास की गति (दर) क्या है। व्यक्ति अपने जीवन-काल में आकार, आकृति, क्षमता और विकासात्मक स्थिति को इस प्रकार प्राप्त करता चलता है, जो प्रत्येक अवस्था में उसके लिए विशिष्ट होती है। कहने का तात्पर्य है, प्रत्येक अवस्था में व्यक्ति की वृद्धि एवं विकास के लक्षण विशिष्ट होते हैं।

प्राय: 'वृद्धि' शब्द का प्रयोग, व्यक्ति के शारीरिक गठन एवं मनोविज्ञान की संरचना एवं प्रकार्यों में होने वाले परिमाणात्मक परिवर्तनों के लिए किया जाता है। 'विकास' का अर्थ उन गुणात्मक परिवर्तनों से है, जिसे व्यक्ति अपने अनुभवों और परिपक्वता के परिणामस्वरूप प्राप्त करता चलता है। इस प्रकार प्रत्येक अवस्था में कुछ निश्चित विकासात्मक प्रक्रियाएँ, व्यक्ति के जीवन के विभिन्न पक्षों, शारीरिक, सामाजिक, मनोवैज्ञानिक और संवेगात्मक आदि में परिवर्तन लाती हैं। परिवर्तन की गति तो विभिन्न हो सकती है, पर यह एक निश्चित एवं पूर्वानुमानित प्रारूपों के अनुसार ही घटित होती है। प्रत्येक व्यक्ति को जीवन की विभिन्न अवस्थाओं—शैशवकाल, बाल्यकाल, किशोरावस्था, प्रौढ़ावस्था, वृद्धावस्था से गुजरना पड़ता है। इस प्रकार प्रत्येक अवस्था में वृद्धि और विकास के निश्चित सिद्धान्त हैं।

एक अध्यापक के लिए इन अवधारणाओं एवं सिद्धान्तों की जानकारी आवश्यक है। आइए अध्ययन करें कि छात्रों की वृद्धि एवं विकास में एक अध्यापक की क्या भूमिका है?

वृद्धि एवं विकास का अर्थ (Meaning of Growth and Development)

प्राय: 'वृद्धि' तथा 'विकास' शब्दों का प्रयोग एक ही अर्थ में कर लिया जाता है। परन्तु अवधारणा के स्तर पर ये परस्पर भिन्न हैं। फ्रैंक के शब्दों में शरीर और व्यवहार के किसी पहलू में जो परिवर्तन होते हैं उन्हें वृद्धि कहते हैं। आयु बढ़ने के साथ आकार, लम्बाई, भार

और आतंरिक अंगों में होने वाले परिवर्तनों को 'वृद्धि' के अन्तर्गत रखना चाहिए। सोरेन्सन के विचार में, 'वृद्धि शब्द का प्रयोग सामान्यत: शरीर और उसके अंगों के भार तथा आकार में वृद्धि के लिए किया जाता है। इस प्रकार 'वृद्धि' शारीरिक क्षेत्र में होने वाली बढ़ोत्तरी को निर्देशित करती है। इस वृद्धि को नापा और तोला जा सकता है। पर यह ध्यान रहे कि शरीर के विभिन्न अंगों में होने वाली वृद्धि की दर एक समान नहीं है। विभिन्न अंगों के बढ़ने की गति अलग-अलग होती है।

प्राय: यह भी देखने में आता है कि बालक की शारीरिक वृद्धि के अनुपात में उसकी कार्यकुशलता में प्रगति नहीं होती है। ऐसी स्थिति में यह कहा जा सकता है कि बालक की वृद्धि तो हो गई है किन्तु उसका विकास नहीं हुआ है। विकास, शारीरिक अवयवों की कार्यकुशलता की ओर इंगित करता है। इस प्रकार 'विकास' शब्द का अर्थ गुणात्मक परिवर्तनों से समझा जाना चाहिए। मनोवैज्ञानिक अर्थों में विकास केवल शारीरिक आकार और अंगों में परिवर्तन होना ही नहीं है, यह नई-नई विशेषताओं और क्षमताओं का विकसित होना है जो गर्भावस्था से आरम्भ होकर परिपक्वावस्था तक चलता रहता है।

हरलॉक के शब्दों में, "विकास, वृद्धि तक ही सीमित नहीं है। इसके बजाय, इसमें परिपक्वता के लक्ष्य की ओर परिवर्तनों का प्रगतिशील क्रम निहित रहता है। विकास के परिणामस्वरूप व्यक्ति में नवीन विशेषताएँ और नवीन योग्यताएँ प्रकट होती हैं।"

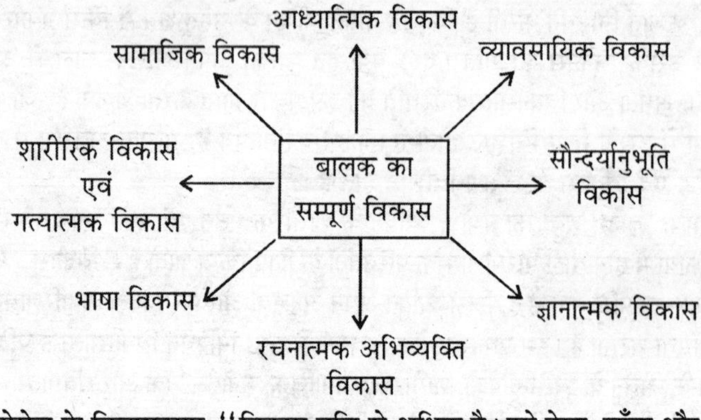

गेसेल के विचारानुसार, "विकास वृद्धि से अधिक है। इसे देखा, जाँचा और किसी सीमा तक तीन प्रमुख दिशाओं — शरीर अंक विश्लेषण, शरीर ज्ञान तथा व्यवहारात्मक में मापा जा सकता है... इस सब में व्यावहारिक संकेत ही सबसे अधिक विकासात्मक स्तर और विकासात्मक शक्तियों को व्यक्त करने का माध्यम है।"

वृद्धि एवं विकास में अन्तर (Difference in Growth and Development)

वृद्धि (Growth)	*विकास (Development)*
1. वृद्धि विकास का केवल शारीरिक पहलू है।	1. विकास एक समग्र प्रक्रिया है।
2. वृद्धि से अभिप्राय शरीर, उसके विभिन्न अंग, भार, कद ऊँचाई, लम्बाई में बढ़ोत्तरी से होता है।	2. विकास से अभिप्राय समय की दृष्टि से व्यक्ति में होने वाले परिवर्तनों से है।

वृद्धि (Growth)	विकास (Development)
3. वृद्धि का स्वरूप बाह्य होता है।	3. विकास आन्तरिक होता है।
4. वृद्धि का प्रयोग संकुचित अर्थ में होता है।	4. विकास शब्द का प्रयोग व्यापक अर्थ में होता है।
5. वृद्धि का कोई लक्ष्य नहीं होता है।	5. विकास का कोई-न-कोई लक्ष्य होता है।
6. वृद्धि का मापन किया जा सकता है।	6. विकास को नित्यप्रति की क्रियाओं में होने वाले परिवर्तनों में देखा जा सकता है।
7. वृद्धि की कोई निश्चित दिशा नहीं होती है।	7. विकास की एक निश्चित दिशा होती है।
8. वृद्धि कुछ समय के बाद रुक जाती है।	8. विकास जीवन-पर्यन्त चलता रहता है।
9. वृद्धि के साथ यह आवश्यक नहीं कि विकास भी हो। उदाहरणार्थ, यदि कोई बालक मोटा हो जाता है, तो उसके मोटापे से उसकी कार्य-कुशलता विकसित नहीं हो सकती। अत: वृद्धि विकास को साथ लेकर नहीं चलती।	9. इस प्रकार विकास भी वृद्धि के बिना हो सकता है। उदाहरणार्थ, कई बालक शारीरिक रूप से नहीं बढ़ते, लेकिन मानसिक, सामाजिक, तथा संवेगात्मक रूप से वे अधिक परिपक्व दिखाई देते हैं।

वृद्धि और विकास के सिद्धान्तों की आवश्यकता एवं महत्व (Need and Importance)

बच्चे का विकास-क्रम प्रकृति एवं वातावरण दोनों द्वारा निर्धारित होता है। वृद्धि एवं विकास के ढ़ाँचों में एकरूपता होते हुए भी भिन्नता के कारक तत्व विद्यमान रहते हैं। मानव-विकास के प्रारूपों की जानकारी मूलत: इस बात के लिए सहायक है कि आपको एक बच्चे से क्या अपेक्षा करनी चाहिए। इससे यह भी पता लगता है कि लगभग किस अवस्था में, बच्चों में कौन-से व्यवहारगत परिवर्तन होने लगते हैं।

'वृद्धि' एवं 'विकास' के सिद्धान्तों की जानकारी द्वारा मनोवैज्ञानिक, अध्यापक, तथा अभिभावक सभी बच्चे की शारीरिक वृद्धि, उनकी व्यावहारिक क्षमता का मूल्यांकन कुशलतापूर्वक कर सकते हैं।

इस प्रकार विकास के प्रारूपों की जानकारी द्वारा अध्यापक एवं अभिभावक बच्चे में अधिगम की क्षमता का सही विकास कर सकते हैं। अर्थात् वृद्धि एवं विकास की जानकारी द्वारा अध्यापक एवं अभिभावक यह समझ लेते हैं कि किस बालक को कब, क्या और कैसे सिखाया जाए। सही अवस्था में सीखने का आवश्यक प्रशिक्षण या मार्गदर्शन न मिलने पर बच्चों में स्वाभाविक विकास की गति धीमी पड़ जाती है। बच्चे में विकास के प्रारूप जब स्वाभाविक रूप से पैदा होते हैं तो उनका सम्पूर्ण विकास भी समुचित ढंग से होता है।

विकास के सिद्धान्त (Principles of Development)

मानव में आयु के साथ-साथ विभिन्न प्रकार के परिवर्तन होते रहते हैं। व्यक्ति में होने वाले इन्हीं परिवर्तनों के लिए विकास शब्द का प्रयोग किया जाता है। परिपक्वता विकास की स्वाभाविक प्रक्रिया है। मानव का 'अधिगम' उसकी परिपक्वता पर भी निर्भर करता है। सीखने की प्रक्रिया में व्यक्ति अपने वातावरण के अनुसार विशेष स्थितियों के लिए विशेष प्रकार की अनुक्रियाओं के चुनाव के लिए तत्पर रहता है। और यह तत्परता की स्थिति व्यक्ति में परिपक्वता को दर्शाती है।

''मानव विकास' निश्चित सिद्धांतों पर आधारित है। कुछ प्रमुख सिद्धांत निम्नलिखित हैं:

1. समान प्रतिमान का सिद्धान्त (Principle of Uniform Pattern)—समान प्रजाति में विकास की गति समान प्रतिमानों से प्रवाहित होती है। मनुष्य चाहे अमेरिका में पैदा हो या भारत में, उसका शारीरिक, मानसिक, संवेगात्मक, भाषा आदि का विकास समान रूप से होता है। हरलॉक के अनुसार, ''प्रत्येक जाति, चाहे वह पशु हो या मानव-जाति, अपनी ही जाति के अनुसार, विकास के प्रतिमान का अनुगमन करती है।'' यथा विश्व के समस्त भागों में हिरणी के शावकों का विकास का प्रतिमान एक ही है।

2. विकास-क्रम का सिद्धान्त (Principle of Development Sequence)—एक जाति के जीवों में विकास का एक क्रम पाया जाता है। एक सुनिर्धारित क्रम में ही बालक का विकास होता है अथवा बालक विकास की ओर क्रमबद्ध रूप से अग्रसर होता है। उदाहरण के लिए भाषा का विकास — बालक जन्म के समय मात्र रोना जानता है, कुछ समय पश्चात वह ब, म, व, अ इत्यादि अक्षर बोलने लगता है तथा दो वर्ष की आयु होने पर लगभग 372 शब्दों को बोलने में समर्थ हो जाता है।

3. सामान्य से विशिष्ट का सिद्धान्त (Priniciple of General to Specific)—बालक का विकास सामान्य क्रियाओं से विशिष्टता की ओर होता है। बालक के विकास के सभी क्षेत्रों में सर्वप्रथम सामान्य प्रतिक्रिया होती है। उसके बाद वह विशिष्ट रूप धारण करती है। आरम्भ में बालक पूरे हाथ का संचालन करता है। धीरे-धीरे वह अंगुलियों पर भी नियन्त्रण कर लेता है।

4. मस्तकोधमुखी सिद्धान्त (Principle of Cephaulocandal)—विकास की क्रिया का आरम्भ सिर से होता है। भ्रूणावस्था में भी पहले सिर का ही विकास होता है। सिर के पश्चात् धड़ एवं टांगों आदि का विकास होता है। जन्म के पश्चात् भी पहले बालक अपने सिर को इधर-उधर घुमाता है तथा उसे ऊपर उठाने का प्रयत्न करता है। बैठने तथा चलने की क्रिया वह बाद में करता है।

5. सतत् विकास या निरन्तरता का सिद्धान्त—(Principle of Continuous Growth)—इसके अनुसार विकास की प्रक्रिया सतत् रूप से आजीवन चलती रहती है। लेकिन इसकी गति में अन्तर होता है। कभी विकास की गति मन्द होती है तो कभी तेज। यह प्रक्रिया मानव में परिपक्वता आने के बाद भी रुकती नहीं है। व्यक्ति की विभिन्न अवस्थाओं में विकास होता रहता है। परिणामस्वरूप व्यक्ति में कोई भी परिवर्तन आकस्मिक नहीं होता। स्किनर के अनुसार, ''विकास प्रक्रियाओं की निरन्तरता का सिद्धान्त, मात्र इस तथ्य पर बल देता है कि व्यक्ति में कोई परिवर्तन आकस्मिक नहीं होता है।''

उदाहरण के लिए लगभग 6 माह की आयु पर शिशु के दूध के दाँत निकलने पर अनुभव होता है कि ये दाँत एकाएक प्रकट हुए हैं। जबकि वास्तविकता यह है कि दाँतों का विकास 5 माह की भ्रूणावस्था से प्रारम्भ हो जाता है, किन्तु ये जन्म के बाद 6 माह की आयु में मसूड़ों से बाहर निकलना प्रारम्भ होते हैं।

6. निकट-दूर का सिद्धान्त (Principle of Proximodigital)—विकास का केन्द्र बिन्दु स्नायुमण्डल होता है। पहले स्नायुमण्डल का विकास होता है, इसके पश्चात् स्नायुमण्डल के निकट के भागों का विकास होता है जैसे–हृदय, छाती, कुहनी आदि। इसके पश्चात् उंगलियों आदि का विकास होता है।

7. परस्पर सम्बन्ध का सिद्धान्त (Principle of Inter-Relationship)—इस सिद्धान्त से तात्पर्य है कि बालक के विभिन्न गुण परस्पर सम्बन्धित होते हैं। एक गुण का विकास जिस प्रकार हो रहा है, अन्य गुण भी उसी अनुपात में विकसित होंगे। उदाहरण के लिए, तीव्र बुद्धि वाले बालक के मानसिक विकास के साथ ही उसका शारीरिक और सामाजिक विकास भी तीव्र गति से होता है। इसके विपरीत मन्द बुद्धि बालकों का शारीरिक एवं सामाजिक विकास भी मन्द होता है।

8. भिन्नता का सिद्धान्त (Principle of Variation)—विकास का क्रम समान होता है, परन्तु गति समान नहीं होती। यह गति जीवन भर चलती रहती है परन्तु इसके स्वरूप भिन्न-भिन्न होते हैं। विकास की गति शैशव अवस्था में तीव्र होती है, बाल्यावस्था में गति धीमी होती है और किशोरावस्था में यह फिर तीव्र हो जाती है और पूर्णता प्राप्त करती है। लड़कों तथा लड़कियों का विकास भी समान ढंग से नहीं होता। उसमें भी भिन्नता पाई जाती है।

9. व्यक्तिगत विभिन्नताओं का सिद्धान्त (Principle of Individual Differences)—प्रत्येक बालक वैयक्तिक दृष्टि से भिन्न होता है। वैयक्तिक भिन्नता के कारण ही समस्त बालकों के विकास की गति एवं स्वरूप में भी भिन्नता पाई जाती है। विकास में अनन्तर, बालक की लम्बाई, रंग, बुद्धि इत्यादि में भी वैयक्तिक भिन्नता के कारण परिवर्तन नहीं हो पाता है। यही कारण है कि समान आयु के दो बालकों में विकास की दृष्टि से अन्तर पाया जाता है। स्किनर के अनुसार, ''विकास के स्वरूपों में व्यापक व्यक्तिगत विभिन्नताएँ होती हैं।''

10. शरीर के विभिन्न अंगों के विकास की गति में भिन्नता का सिद्धान्त (Principle of different Rate of Growth)—शरीर के सभी अंगों का विकास एक गति से नहीं होता है। इनके विकास की गति में भिन्नता पाई जाती है। शरीर के कुछ अंग तेज गति से विकसति होते हैं और कुछ मन्द गति से। उदाहरण के लिए 6 वर्ष की आयु तक मस्तिष्क विकसित होकर लगभग पूर्ण आकार प्राप्त कर लेता है, जबकि व्यक्ति के हाथ-पैर, नाक-मुँह का विकास किशोरावस्था तक पूरा हो जाता है। यह सिद्धान्त शारीरिक पक्ष के साथ-साथ मानसिक पक्ष पर भी लागू होता है। बालक में सामान्य बुद्धि का विकास 14 या 15 वर्ष की आयु में पूर्ण हो जाता है, किन्तु तर्क-शक्ति मन्द गति से विकसित होती रहती है।

विकास को प्रभावित करने वाले कारक (Factors Affecting Development)

विकास को प्रभावित करने वाले अनेक तत्त्व होते हैं। इन तत्त्वों द्वारा विकास को गति प्राप्त होती है तथा ये तत्त्व विकास को नियन्त्रित भी रखते हैं।

1. वंशानुक्रम (Heredity)—बालक का विकास वंशानुक्रम से उपलब्ध गुण एवं क्षमताओं पर निर्भर करता है। गर्भधारण करने के साथ ही बालक में पैतृक कोषों का आरम्भ हो जाता है तथा यहीं से बालक की बुद्धि एवं विकास की सीमाएँ सुनिश्चित हो जाती हैं। ये पैतृक गुण पीढ़ी-दर-पीढ़ी हस्तातन्तरित हो जाते हैं। वुडवर्थ के अनुसार, वंशानुक्रम में वे सभी बातें आ जाती हैं जो जीवन का प्रारम्भ करते समय, जन्म के समय नहीं, बल्कि गर्भधारण के समय, जन्म से लगभग नौ मास पूर्व व्यक्ति में उपस्थित थी।"

2. वातावरण (Environment)—वातावरण के प्रभावस्वरूप व्यक्ति में अनेक विशेषताओं का विकास होता है। शैशवावस्था से ही वातावरण का प्रभाव बालक पर पड़ने लगता है। विद्यालय, समाज, पड़ोस तथा परिवार का प्रभाव बालक के जीवन-दर्शन एवं शैली पर पड़ता है। धीरे-धीरे बालक उस अवस्था तक पहुँच जाता है, जिसमें वह अपनी योग्यता एवं क्षमता के अनुसार वातावरण पर प्रभाव डालने में सक्षम होता है।

3. जन्म-क्रम (Birth-order)—बालक का जन्म-क्रम उसके विकास को प्रभवित करता है। अध्ययनों से पता चलता है कि परिवार में जन्म लेने वाले पहले बालक की अपेक्षा दूसरे या तीसरे बालक का विकास तेज गति से होता है। इसका कारण यह है कि बाद के बालक अपने पूर्व जन्मे बालकों से अनुकरण द्वारा अनेक बातें सीख लेते हैं।

4. बुद्धि (Intelligence)—कुशाग्र बुद्धि वाले बालकों का शारीरिक एवं मानसिक विकास मन्द बुद्धि वाले बालकों की अपेक्षा तेज गति से होता है। कुशाग्र बुद्धि बालक शीघ्र बोलने एवं चलने लगता है। प्रतिभाशाली बालक 11 माह में, सामान्य बुद्धि बालक 16 माह में और मन्द बुद्धि बालक 24 माह की आयु में बोलना सीखता है।

5. लिंग (Sex)—बालकों के शारीरिक एवं मानसिक विकास में लिंग-भेद का प्रभाव भी पड़ता है। जन्म के समय बालकों का आकर बड़ा होता है, किन्तु बाद में बालिकाओं में शारीरिक विकास की गति तीव्र होती है। इसी प्रकार बालिकाओं में मानसिक एवं यौन परिपक्वता बालकों से पहले आ जाती है।

6. अन्तःस्रावी ग्रन्थियाँ (Endoctrine Glands)—बालक के शरीर में अनेक अन्तःस्रावी ग्रन्थियाँ होती हैं जिनमें से विशेष प्रकार के रस का स्राव होता है। यही रस बालक के विकास को प्रभावित करता है। यदि ये ग्रन्थियाँ रस का स्राव ठीक प्रकार से न करें, तो बालक का विकास अवरुद्ध हो जाता है। उदाहरण के लिए गल-ग्रन्थि (Thyroid Gland) से स्रावित रस पाईरॉक्सिन बालक के कद को प्रभावित करता है। इसके स्रावित न होने पर बालक बौना रह जाता है।

7. पोषाहार (Nutrition)—सन्तुलित एवं पोषक आहार से बालक का विकास उत्तम होता है जबकि कुपोषण से बालकों का विकास अवरुद्ध हो जाता है।

8. भयंकर रोग एवं चोट (Serious Diseases and Injuries)—भयंकर रोग एवं चोट बालक के विकास में बाधा पैदा करते हैं। लम्बी बीमारियों के कारण बालक का

शारीरिक विकास अवरुद्ध हो जाता है। इसी प्रकार बालक के सिर पर भारी चोट लगने से भी विकास में बाधा पहुँचती है।

9. शुद्ध वायु एवं प्रकाश (Pure Air and Light)—शुद्ध वायु एवं प्रकाश न मिलने पर बालक अनेक रोगों का शिकार बन जाता है और इसके परिणामस्वरूप उसके विकास में अवधान पैदा हो जाता है।

10. प्रजाति (Race)—प्रजातीय प्रभाव के कारण बालकों के विकास में विभिन्नताएँ पाई जाती हैं। शोध से पता चलता है कि उत्तरी यूरोप की अपेक्षा भूमध्यसागरीय बच्चों का विकास तेज गति से होता है।

वृद्धि और विकास के सिद्धान्तों का शैक्षिक महत्त्व (Educational Importance of Principles of Development)

वृद्धि और विकास के सिद्धान्तों का ज्ञान माता-पिता, अध्यापकों तथा शिक्षाशास्त्रियों सभी के लिए लाभदायक है। ये सिद्धान्त अध्यापक के लिए विद्यार्थियों की रुचि, कार्य-शैली के अनुरूप सहायता करते हैं। इन सिद्धान्तों के शैक्षणिक लाभ निम्नलिखित हैं :

1. शिक्षक, बालक के विकास के सिद्धान्तों की जानकारी से यह पता लगा देता है कि उसे बालक से कब क्या अपेक्षा करनी चाहिए। बालक से यदि पूर्ण मनुष्य के व्यवहार की अपेक्षा करेंगे तो बालक का विकास अवरुद्ध हो जाएगा।

2. बालक में किस आयु में किस प्रकार के परिवर्तन हो रहे हैं, इस जानकारी से उन्हें विकास की सही दिशा प्रदान की जा सकती है। उचित वातावरण द्वारा उनका विकास किया जा सकता है।

3. विकास के विभिन्न स्वरूपों को देखकर शिक्षक तथा अभिभावक यह निर्णय कर सकते हैं कि उनके विकास का भावी स्वरूप क्या हो?

4. ये अध्यापक की विद्यालय के कार्यक्रम में विधियों तथा उद्देश्यों को बच्चों के विकास के स्तर-अनुसार ढालने में सहायता करते हैं। इसलिए उनका शिक्षण श्रेणी में प्रभावशाली बन सकता है।

5. इनके ज्ञान से व्यक्तिगत अंतरों को समझकर उचित पथ-प्रदर्शन किया जा सकता है।

6. ये नियम अध्यापक की पाठ-योजना बनाने में सहायता करते हैं।

7. इन नियमों से विद्यार्थियों पर वंशानुक्रम एवं वातावरण के प्रभाव को जाना जा सकता है और वातावरण में सुधार कर विद्यार्थी के व्यवहार में परिवर्तन लाया जा सकता है।

8. मनोवैज्ञानिकों द्वारा बालक के विकास में अवस्थानुसार भार, लंबाई, मानसिक, सामाजिक तथा मनोवैज्ञानिक विकास के पैमाने निश्चित किए गए हैं। इसी के अनुसार बालक का विकास होना चाहिए। बच्चों के विकास में जहाँ कहीं इस प्रकार नियत स्वाभाविक विकास में असंगति मिलती है उनके कारणों को समझा जा सकता है।

9. इनकी जानकारी के द्वारा अध्यापक एवं अभिभावक बच्चे में अधिगम की क्षमता का सही विकास कर सकते हैं। इसका प्रयोग अवस्थानुसार विकास के प्रारूपों को जानने के पश्चात् ही हो सकेगा। उदाहरण के लिए एक बच्चे को चलना तभी सिखाया जाए, जब वह चलने की अवस्था का हो चुका हो, अन्यथा इसके परिणाम विपरीत हो सकते हैं। सही अवस्था में सीखने का आवश्यक प्रशिक्षण अथवा मार्गदर्शन न मिलने के कारण बच्चों में

स्वाभाविक विकास की गति धीमी हो जाती है। बच्चों के सामाजिक विकास के लिए, उनसे यह अपेक्षा की जाती है वे अपने समान उम्र वाले बच्चों के साथ सामाजिक रूप से समायोजन करना सीखते चलें। उन्हें समयानुसार ऐसे अवसर प्रदान होने चाहिए। बच्चों को यदि समय से सीखने के अवसर नहीं दिए जाते तो वे आगे चलकर, अगली अवस्था में आवश्यक कौशल को सीखने के लिए तत्पर नहीं होते। उनमें अवस्थानुसार विशेषताएँ जन्म नहीं ले पातीं। बच्चों में विकास के प्रारूप जब स्वाभाविक रूप से पैदा होते हैं, तो उनका सम्पूर्ण विकास भी समुचित एक अवस्था उन्हें अगली अवस्था में प्रवेश के लिए प्रभावशाली ढंग से तत्पर ही नहीं बनाती बल्कि उचित मार्गदर्शन भी करती है। इसीलिए एक अभिभावक एवं अध्यापक के लिए विकास के प्रारूपों को जानना अति आवश्यक है।

विकास की अवस्थाएँ (Stages of Development)

शिक्षा मानव विकास की महत्त्वपूर्ण प्रक्रिया है। बालक के विभिन्न पक्षों का क्रमिक, समन्वित, सर्वांगीण एवं सतत् विकास इस प्रक्रिया के द्वारा सम्भव है। इस प्रक्रिया की सफलता के लिए यह आवश्यक है कि शिक्षा के स्तर को बालक की आयुपूर्व, अधिगम, बुद्धि, रुचि तथा आवश्यकता आदि से अनुरूप ही निर्धारित किया जाए। यह तभी सम्भव है जब इन पक्षों के सम्बन्ध में शिक्षक को पर्याप्त जानकारी हो। विकास की अवस्थाओं की जानकारी का इस दृष्टि से विशेष महत्त्व है।

विकास की विभिन्न अवस्थाएँ निम्न हैं :

1. गर्भावस्था (Pre-natal Stage) गर्भ धारण से जन्म लेने तक की अवस्था गर्भावस्था कहलाती है। इसे तीन भाँगों में बाँटा जा सकता है :

(*i*) भ्रूणिक (Germinal) 0 से 2 सप्ताह तक की अवस्था को कहते हैं।

(*ii*) भ्रूणीय (Exbroynic) 2 से 10 सप्ताह तक की अवस्था को कहते हैं।

(*iii*) भ्रूण (Foetal) 10 सप्ताह से जन्म तक की अवस्था को कहते हैं।

2. शैशवकाल (Infancy Period)–जन्म से दो साल तक समय शिशुकाल कहलाता है। इसमें बालक के अंग-प्रत्यंग का विकास, बोलना इत्यादि तीव्र गति से बढ़ता दिखाई पड़ता है। गत्यात्मक योग्यताओं के माध्यम से बच्चा अपने शरीर पर नियन्त्रण तथा व्यवस्थित रूप से अपने शारीरिक अंगों का प्रयोग करना सीखता है। अभ्यास का गत्यात्म्क विकास में महत्त्वपूर्ण स्थान है।

3. बाल्यकाल (Childhood)–बाल्यकाल में दो अवस्थाओं में बालक का विकास दिखलाई पड़ता है।

(*i*) पूर्व-बाल्यावस्था (Pre-childhood Stage)—तीसरे वर्ष से छठे वर्ष के इस काल में बच्चे अपने व्यवहार क्षेत्र का विस्तार करने लगते हैं। उनके अंदर अब तक सीखे गए विभिन्न कौशलों का परिष्करण तो होता ही है, इसके साथ ही व्यक्तित्व में अनेक बातें जुड़ने लगती हैं। इस काल में भाषायी क्षमता का विकास भी उल्लेखनीय है। कार्य-कारण का चिंतन, प्रत्यक्षीकरण, समस्या-समाधान जैसी बौद्धिक योग्यताएं अधिक परिपक्व रूप से क्रियाशील होने लगती हैं।

(*ii*) उत्तर-बाल्यावस्था (Post-childhood Stage)—सातवें वर्ष से 12 वर्ष तक के इस काल में शुरू-शुरू में शारीरिक वृद्धि की गति धीमी हो जाती है, पर बच्चे में बौद्धिक,

नैतिक तथा सामाजिक विकास में विशेष अभिवृद्धि दिखने लगती है। उत्तर बाल्यकाल में स्मृति की क्षमता अभूतपूर्व होती है। इस काल में बच्चे सम लैंगिक व्यक्ति को ही अपना मित्र बनाते हैं। बच्चे समूह में रहना अधिक पसन्द करते हैं। अत: इस काल को समूह में रहने की अवस्था भी कहा जाता है।

4. किशोरावस्था (Adolescence)—13 से 19 वर्ष की अवस्था को कहते हैं। यह बाल्यकाल से प्रौढ़वस्था की ओर बढ़ने के क्रम में बीच का काल है। यह विकास की एक जटिल अवस्था है। इस अवस्था में जैविक, शारीरिक, सामाजिक, संज्ञानात्मक सभी प्रकार के परिवर्तन प्रगट होते हैं। उत्तर बाल्यकाल के 11वें वर्ष में पूर्व किशोरावस्था प्रारम्भ होकर 13वें वर्ष तक चलती हैं अर्थात 11-13 वर्ष की अवस्था को पूर्व किशोरावस्था कह सकते हैं।

5. प्रौढ़ावस्था (Adulthood)—20 वर्ष से लेकर 60 वर्ष तक की इस अवस्था को दो भागों में बाँटा है।

युवा प्रौढ़ावस्था एवं परिपक्व प्रौढ़ावस्था—युवा प्रौढ़ावस्था आने तक व्यक्ति अपने दायित्वों को भली प्रकार समझने लगता है। अपने कैरियर और जीवनसाथी का चुनाव आदि महत्त्वपूर्ण निर्णय लेने में युवा प्रौढ़ सक्षम होता है। चालीस वर्ष की अवस्था आने तक परिपक्व प्रौढ़ अनेक प्रकार की असन्तुष्टियों से घिरने लगता है। कुल मिलाकर व्यक्ति का यौवन समाप्त होने लगता हे। वह बुढ़ापे की ओर बढ़ने लगता है।

6. वृद्धावस्था (Old-Age)—साठ-वर्ष पार करते-करते व्यक्ति में शारीरिक क्षमता समाप्त होने लगती है। इस अवस्था में व्यवित अपने स्वास्थ्य तथा मृत्यु को लेकर अधिक चिंतित दिखते हैं। व्यक्ति में आध्यात्मिक विकास प्रारंभ हो जाता है।

अब तक आप बालक के विकास की विभिन्न अवस्थाओं से परिचित हो चुके हैं। इन अवस्थाओं में बालक का व्यक्तित्व अनेक प्रकार से विकसित होता है। विकास की प्रक्रिया का स्वरूप अपने में शारीरिक, संवेगात्मक तथा सामाजिक तत्त्वों को संजोये है।

बाल्यकाल एवं विकास के विभिन्न स्वरूप

यह समय 3 वर्ष से 12 वर्ष का होता है। यह विद्यालय में प्रवेश होने से यौवन के आरंभ होने तक का काल है। इस काल में बहुत से शारीरिक, बौद्धिक, संवेगात्मक तथा सामाजिक परिवर्तन होते हैं। इस अवस्था में बालक में अनोखे परिवर्तन होने के कारण इसे "अनोखा काल" कहा गया है। इस अवस्था को समझना कठिन होता है।

बाल्यकाल गें शारीरिक विकारा
(Physical Development During Childhood)

12 वर्ष तक की आयु में शरीर की लम्बाई तीव्र गति से होती है। बाल्यावस्था में लड़कियों की लम्बाई तथा भार लड़कों की अपेक्षा कम होता है। 10 वर्ष की अवस्था में मस्तिष्क का भार शरीर का 1/8 हो जाता है। तौल की दृष्टि से बाल्यावस्था में मस्तिष्क पूर्णता प्राप्त कर लेता है।

1. कद (Height)—जन्म के समय बालक की लम्बाई लगभग 20 इंच होती है। लड़कों की लम्बाई लड़कियों की अपेक्षा जन्म के समय आधा इंच अधिक होती है। आजकल हड्डियों तथा कलाई के एक्सरे के अध्ययन से बालक की सम्भावित ऊँचाई की

घोषणा की जा सकती है। कद की वृद्धि में लड़के-लड़कियों में वैयक्तिक भिन्नता पाई जाती है। 12वें वर्ष में लड़कियाँ, लड़कों से लम्बी लगती हैं। वैसे लगभग ऊँचाई 56 इंच होती है। 21वें वर्ष में लड़कों की ऊँचाई अधिकतम सीमा तक बढ़ जाती है।

2. भार (Weight)—जन्म के समय बालक का भार 3 पौंड तक होता है। भार में वृद्धि का समय लगभग सभी बालकों में समान रहता है। पहले वर्ष के अन्त में बालक का भार उसके जन्म के भार से दुगुना हो जाता है। पाँच वर्ष की अवस्था में बालक का भार जन्म के भार का पाँच गुना होता है। 12 वर्ष की आयु में बालक का भार लगभग 85 पौंड होता है।

3. शारीरिक अनुपात (Bodily Proportions)—इस काल में शारीरिक अनुपात काफी बदल जाते हैं और बच्चे का समूचा आकार बदल देते हैं। नाक बड़ी हो जाती है, निचला जबड़ा आकार में बढ़ जाता है भुजाओं, टाँगों तथा धड़ की लम्बाई बढ़ जाती है तथा पतला लगने से कुछ भद्दा-सा नज़र आने लगता है।

4. दाँत (Teeth)—इस काल में बच्चे के बचपन के दाँत गिर जाते हैं और उनके स्थान पर स्थायी दाँत निकल आते हैं। अस्थायी दाँतों की संख्या 20 तथा अस्थायी दाँतों की संख्या 32 होती है।

5. माँसपेशियां (Muscles)—इस काल में बालक की माँसपेशियां तथा प्रेरक क्रियाएँ सुधर जाती हैं।

6. नाड़ी संस्थान (Nervous System)—शिशु काल में नाड़ी संस्थान का विकास तुलनात्मक तौर पर तीव्र गति से होता है परन्तु इस काल में उसकी गति मंद पड़ जाती है। नाड़ी की गति बचपन में 120–140 प्रति मिनट होती है, प्रौढ़ावस्था में नाड़ी की गति 72 प्रति मिनट होती है।

बाल्यावस्था के विकास की विशेषताएँ (Characteristics)

यह अवस्था 6 वर्ष के उपरान्त से 12 वर्ष तक चलती है। शैशवावस्था की अपेक्षा इस अवस्था में विकास की गति धीमी होती है। बच्चा अपने वातावरण से परिचय प्राप्त कर चुका होता है। उसकी चंचलता समाप्त हो जाती है। बहुत कुछ अर्थों में वह प्रौढ़ों का-सा व्यवहार करता दिखाई पड़ता है। इस अवस्था की विशेषताएँ निम्नलिखित हैं :

1. आभासी प्रौढ़ता का काल (Pseudo Maturity Period)—बाल्यावस्था में विकास की गति में मंथरता आ जाती है। शैशवावस्था में हुए विकास पर वह इस अवस्था में काबू पाने का प्रयत्न करता है। यह परिपाक (Consolidation) का काल कहा जा सकता है। वातावरण से परिचित होकर बच्चे समायोजन-सा करने लगते हैं।

2. सामाजिकता का विकास (Development Sociability) —अब उसे अकेले नहीं बल्कि समूह के बीच रहना अच्छा लगता है। साथियों के साथ लगाव अधिक होने पर भी परमार्थ तथा आत्म-बलिदान की भावना तीव्र नहीं होती है। इस अवस्था के बच्चों का व्यवहार प्रशंसा तथा निंदा पर आधारित होता है।

3. नैतिकता का विकास (Development of Morality) —बाल्यकाल में दलगत नैतिकता (Group Morality) का विकास होता है। बालक अपने दल के नियमों, दल के आदेशों तथा दल के प्रति स्वामीभक्ति को अत्यधिक महत्त्व देता है। दल के निर्देशों पर चलना अपना कर्त्तव्य समझते हैं।

पियाजे (Piagct) महोदय के स्व-अध्ययन से पता चलता है कि 7-8 वर्ष के बालक को विधि निषेध (सही और गलत) का ज्ञान अपने बड़ों की मान्यताओं के आधार पर हो जाता है।

4. मूल प्रवृत्तियों की प्रबलता (Excess of Basic Instincts)—बाल्यकाल में जिज्ञासा, सामाजिकता तथा संग्रह करने की प्रवृत्तियां प्रबल होती हैं। वह प्रत्येक बात जानना चाहती है और वह यह भी जानना चाहता है कि अमुक बात ऐसी क्यों है।

5. संवेगात्मक विकास (Emotional Development)—इस अवस्था में बालक अच्छे-बुरे कार्यों में अन्तर करना सीख जाता है। वह उन संवेगों का दमन करता है, जिन्हें उनके माता-पिता या बड़े बुरा समझते हैं। इस अवस्था में बालक में काम प्रवृत्ति की न्यूनता रहती है।

6. रचनात्मक शक्ति का विकास (Development of Creative Ability)—इस अवस्था में बालक कोई-न-कोई रचनात्मक कार्य अवश्य करने लगता है जैसे-बागवानी, सीना, पिरोना, मिट्टी से खिलौने बनाना आदि।

7. भ्रमण प्रवृत्ति (Tendency to Wander) —इस अवस्था में बालक बिना उद्देश्य के इधर-उधर घूमने लगता है। विद्यालय से छुट्टी करके नवीन स्थानों को देखने की प्रवृत्ति उसमें प्रबल होती है।

बाल्यकाल की विशेषताएँ (Characteristics of Childhood)

बाल्यकाल की मुख्य विशेषताएँ निम्नलिखित हैं :

1. शारीरिक स्थिरता (Physical Stability)—छ: या सात वर्ष की आयु के बाद बालक के सामान्य विकास की गति धीमी पड़ जाती है। उसकी शारीरिक शक्तियों में दृढ़ता आ जाती है। परिपक्वता के कारण वह वयस्क-सा दिखाई पड़ता है।

2. मानसिक स्थिरता (Mental Stability)—छ: या सात वर्ष की आयु के पश्चात् बालक के मानसिक विकास में भी स्थिरता आ जाती है। रॉस ने कहा है, मानसिक एवं शारीरिक स्थिरता बाल्यकाल की सबसे महत्त्वपूर्ण विशेषताएँ हैं।

4. खेल की प्रवृत्ति (Playing Tendency)—इस अवस्था में बालकों में सामाजिक खेलों में भाग लेने की प्रवृत्ति बहुत अधिक विकसित हो जाती है। दोनों लिंगों के बच्चों के खेलों में भी अन्तर स्पष्ट हो जाता है। बालक साहस तथा भाग-दौड़ के खेलों में भाग लेते हैं तथा बालिकाएं कौशल प्रदर्शन के खेल खेलना अधिक पसन्द करती हैं।

5. बाल्यावस्था की प्रेम भावना (Feeling of Love) मनोविश्लेषणवाद के अनुसार इस अवस्था में बच्चों में समलिंगी प्रेम का उदय होता है। अपनी अवस्था से अधिक अवस्था के बच्चों के साथ खेलने तथा घूमने-फिरने का अवसर नहीं देना चाहिए

बाल्यकाल: सामाजिक विकास (Childhood: Social Development)

सामाजिक विकास का अर्थ (Meaning)—वृद्धि और विकास के अन्य पहलुओं की तरह ही सामाजिक गुण भी बच्चे में धीरे-धीरे पनपते हैं। अपने परिवार के सदस्यों, अपने समूह के साथियों, अपने समाज की संस्थाओं और परम्पराओं एवं अपनी स्वयं की रुचियों और इच्छाओं से प्रभावित होकर वह अपने सामाजिक व्यवहार का निर्माण और

अपना सामाजिक विकास करता है। इन गुणों के विकास की प्रक्रिया जो बच्चे के सामाजिक व्यवहार में वांछनीय परिवर्तन लाने का कार्य संपन्न करती है सामाजिक विकास अथवा सामाजीकरण के नाम से जानी जाती है।

श्रीमती हरलॉक (Mrs. Hurlock) के शब्दों में, ''सामाजिक विकास से अभिप्राय सामाजिक सम्बन्धों में परिपक्वता प्राप्त करने से है।''

सारे व टेलफोर्ड ने लिखा है, ''समाजीकरण की प्रक्रिया (Sawrey & Telford) दूसरे व्यक्तियों के साथ शिशु के प्रथम सम्पर्क से आरंभ होती है और आजीवन चलती रहती है।''

अत: कहा जा सकता है कि सामाजिक विकास वह प्रक्रिया है जो—

- व्यक्ति को सामाजिक गुणों और विशेषताओं को सीखने तथा अर्जन करने में सहायता करती है।
- दूसरे व्यक्तियों के सम्पर्क में आने के साथ-साथ ही शुरू हो जाती है और जीवन-पर्यन्त चलती रहती है।
- सामाजिक परिवेश से सम्बन्धित शक्तियाँ व्यक्ति के सामाजिक व्यवहार के अनुकूल परिवर्तन लाती रहती है।

बाल्यकाल में सामाजिक विकास (Social Development in Child-hood)— बाल्यावस्था में प्रवेश करने के साथ-साथ अधिकांश बच्चे विद्यालय में जाना प्रारंभ कर देते हैं और अब उनका सामाजिक दायरा बहुत विस्तृत बनता चला जाता है। इस अवस्था में उनके सामाजिक व्यवहार में कुछ निम्न परिवर्तन दृष्टिगोचर होते हैं :

(1) 6 या 7 वर्ष की आयु में बच्चा छोटे-छोटे दलों में चलता है। वह अपने साथी चुनता है और अपना अधिक समय उनके साथ व्यतीत करता है।

(2) 11 या 12 वर्ष की आयु में वह टीमों में भाग लेता है।

(3) इस काल में दल अधिक महत्त्वपूर्ण बन जाता है।

(4) वह विद्यालय में एक नए वातावरण में अनुकूलन करना व सामाजिक कार्यों में भाग लेना सीख जाता है।

(5) अनुकूलन करने के पश्चात् बालक में स्वतंत्रता, सहायता और उत्तरदायित्व के गुणों का विकास होने लगता है।

(6) क्रो एवं क्रो के अनुसार ''इस अवस्था में बालक अपने शिक्षक का सम्मान तो करता है, पर उसका परिहास करने की अपनी प्रवृत्ति का दमन नहीं कर पाता है।

(7) शैशवास्था के आरम्भ में लड़के और लड़कियाँ इकट्ठे खेलते हैं। परन्तु 8 से 10 वर्ष की आयु में लिंगों में विभाजन शुरू हो जाता है। वे इकट्ठा खेलने से इन्कार कर देते हैं। बालक और बालिकाएं अपने समूह अलग-अलग बनाते हैं। यह प्रवृत्ति किशोरावस्था तक चलती रहती है और फिर बदल जाती है।

(8) बाल्यावस्था में बालकों को अपने प्रिय कार्यों में बहुत अधिक रुचि हो जाती है परन्तु बालकों और बालिकाओं में इन कार्यों में स्पष्ट अन्तर दिखाई देने लगता है। उदाहरणार्थ बालकों को जीवनियाँ पढ़ने और बालिकाओं को वाद्य यंत्र बजाने में रुचि होती है।

(9) बाल्यावस्था में बालक में सामाजिक स्वीकृति एवं प्रशंसा पाने की तीव्र प्रवृत्ति नज़र आने लगती है। उसे सदा इस बात का ध्यान रहता है कि विद्यालय तथा बाहर के लोग उसे कैसा समझते हैं। जिन बालकों को प्रशंसा मिलती है वे अच्छे कार्यों में मन लगाते है और उपेक्षित बालक विद्रोही बन जाते हैं। ऐसे बालकों का व्यवहार सबके लिए चिन्ताजनक बन जाता है।

(10) बाल्यावस्था में बालकों में नेता बनने की भावना भी जन्म लेने लगती है।

(11)बाल्यावस्था में बालक कल्पना जगत का त्याग करके वास्तविक जगत में प्रवेश करता है।

(12) जहाँ बच्चों में अपने दल के सदस्यों के प्रति सुझाव ग्राहिता बढ़ती है, वहाँ उनकी विपरीत सुझाव-ग्राहिता भी बढ़ती है। बच्चा अपने बड़ों की मत्रंणा के विरुद्ध बगावत करता है।

बाल्यकाल : संवेगात्मक विकास (Childhood: Emotional Development)

संवेगात्मक विकास मानव-वृद्धि और विकास का एक महत्त्वपूर्ण पहलू है। मनुष्य के लगभग सभी व्यवहारों का पथ-प्रदर्शन संवेगों द्वारा होता है। ये विचार तथा व्यवहार के मुख्य चालक होते हैं।

संवेग का अर्थ (Meaning of Emotion)

संवेग शब्द अंग्रेजी के इमोशन (Emotion) शब्द का हिन्दी रूपान्तर है। शब्द व्युत्पत्ति के अनुसार Emotion शब्द की उत्पत्ति लैटिन भाषा के शब्द Emovere से मानी जाती है जो 'उत्तेजित करने' हलचल मचाने' उथल-पुथल या क्रान्ति उत्पन्न करने जैसे अर्थों में प्रयुक्त होता है। गेट्स व अन्य शब्दों में, ''बालक का संवेगात्मक व्यवहार उसके विकास के अन्य पहलुओं के अनुरूप होता है और उनसे उसका अन्त: सम्बन्ध होता है।''

क्रो व क्रो के अनुसार ''संवेग वह भावात्मक अनुभूति है जो व्यक्ति की मानसिक और शारीरिक उत्तेजनापूर्ण अवस्था तथा सामान्यीकृत आंतरिक समायोजन के साथ जुड़ी होती है। और जिसकी अभिव्यक्ति ऊपरी व्यवहार के द्वारा होती है।

बाल्यावस्था में संवेगात्मक विकास (Emotional Development During Childhood) जैसा कि आप अब तक जान चुके हैं कि बाल्यावस्था प्रारम्भ काल तक बच्चे में सभी संबेगों का जन्म हो चुका होता है। अत: बाल्यावस्था में कोई नवीन संवेगों की उत्पत्ति न होकर संवेग जाग्रत करने वाले परिस्थितियों और उद्धीपकों की प्रकृति और संवेगों को अभिव्यक्त करने के ढंग में परिवर्तन होते रहते हैं। इस प्रकार से बाल्यकाल में बच्चे में निम्न परिवर्तन दिखाई देते हैं :

(1) बालक के संवेग निश्चित हो जाते हैं। वे बालक को शैशवावस्था के समान उत्तेजित नहीं कर पाते।

(2) बालक के संवेगों में शिष्टता आ जाती है और उसमें उनको दमन करने की क्षमता उत्पन्न हो जाती है। अत: वह अपने माता-पिता, शिक्षक और बड़ों के सामने उन संवेगों को प्रकट नहीं होने देता है, जिनको वे पसन्द नहीं करते हैं।

(3) बालक के संवेगात्मक विकास पर विद्यालय के वातावरण का व्यापक प्रभाव पड़ता है, उदाहरणार्थ–आदर्श, स्वतंत्र और स्वस्थ वातावरण उसके संवेगों का परिष्कार करता है, जबकि भय, आतंक और कठोरता के वातावरण में ऐसा होना असम्भव है।

(4) बाल्यावस्था में बालक विभिन्न समूहों का सदस्य होता है। इन समूहों में साधारणतः पारस्परिक घृणा, द्वेष और ईर्ष्या पायी जाती है। बालक इन अवांछनीय संवेगों से प्रभावित हुए बिना नहीं रहता। अतः वह दूसरे बालकों के प्रति अपने व्यवहार में इन संवेगों को व्यक्त करने लगता है।

(5) बालक के संवेगात्मक विकास में शिक्षक का अति महत्त्वपूर्ण योगदान है। शिक्षक का कठोर अनुशासन बालक के संवेगात्मक विकास को नकारात्मक मोड़ देता है।

(6) बालक अपने से भाग्यशाली बच्चों को देखकर ईर्ष्यालु बन जाता है। उसे लगता है कि परिवार के सदस्य उसके भावों को समझ नहीं रहे हैं।

(7) अब बालक की अभिव्यक्ति का ढंग बदल जाता है। और उसे बात-बात में रोना या गुस्सा नहीं आता क्योंकि उसमें बुद्धि का पर्याप्त विकास हो जाने के कारण संवेगात्मक नियन्त्रण की सामर्थ्य आ जाती है।

(8) उसकी रुचियों और अनुभवों का क्षेत्र भी विकसित हो जाता है।

भाषीय विकास (Language Development)

जन्म के समय बालक केवल चीख सकता है। वही ध्वनि उत्पन्न करने की उसमें मात्र क्षमता होती है। एक माह का होने पर वह विभिन्न प्रकार से विभिन्न कारणों पर चीखना प्रारंभ कर देता है। माता उसके चीखने को समझने लगती है जैसे ही बालक कुछ महीनों का होता है, वह बा-बा, दा-दा, माँ-माँ आदि ध्वनियों का उच्चारण करने लगता है। प्रथम दो-तीन वर्षों में भाषा का विकास जितनी तीव्रता से होता है उतनी तीव्रता से भाषा विकास किसी अवस्था में नहीं होता है। शैशवावस्था में तो भाषा विकास पर घर की आर्थिक, सामाजिक तथा सांस्कृतिक पृष्ठभूमि का बहुत प्रभाव पड़ता है।

स्मिथ ने भाषा विकास का परिणाम इस प्रकार व्यक्त किया है :

अवस्था	*शब्द ज्ञान*	*अवस्था*	*शब्द ज्ञान*
0 से 8	0	1 वर्ष 9 मास	118
1 मास	1	2 वर्ष	272
1 वर्ष	3	4 वर्ष	1540
1 वर्ष 3 मास	19	5 वर्ष	2072
1 वर्ष 6 मास	22	6 वर्ष	2562

बाल्यावस्था में भाषा विकास

सीशोर ने 5 वर्ष से 10 वर्ष के बालकों का अध्ययन करके उनके भाषा विकारण के सम्बन्ध में निम्नलिखित परिणाम निकाले हैं :

अवस्था	*शब्द ज्ञान*	*अवस्था*	*शब्द ज्ञान*
4	5600	7	21200
5	9600	8	26300
6	14700	9	34300

भाषीय विकास

ICT के प्रभाव से आज बालक का विकास चहुमुखी रूप से प्रभावित हुआ है तो आप इस बात को भी ध्यान में रखेंगे कि ये शोध पहले हुए हैं और तकनीकी ने विकास के हर पहलू को प्रभावित किया है। भाषा विकास की विशेषताएँ निम्नलिखित हैं :

1. जिज्ञासु प्रवृत्ति (Curious)—बाल्यकाल में सर्वप्रथम पहले चरण में बालक का दायरा अपने परिवार तक ही सीमित रहता है और उसके शब्दों का उच्चारण परिवार तक सम्बन्धित होता है और माँ को पुकारना, बुलाना, या अपनी आवश्यकता की वस्तु की मांग की अभिव्यक्ति करना। परन्तु समय के परिवर्तन के साथ आज बालक 3 वर्ष की आयु में विद्यालय जाने लग जाता है। तो भाषा विकास भी बढ़ना स्वाभाविक है। इस प्रकार बच्चे की भाषा की जरूरत पूरी करने के लिए न रहकर उसकी अधिक जानकारी प्राप्त करने वाले शब्दों में बदल जाती है।

2. शब्द उच्चारण (Pronunciation)—धीरे-धीरे अस्पष्ट उच्चारण और छोटे-छोटे वाक्यों का उच्चारण करने लगता है।

3. लिखित भाषा का प्रयोग (Written Language)—बाल्यावस्था से ही बालक भाषा को पूर्ण रूप से वाक्य बनाकर लिखना प्रारंभ कर देता है।

4. सक्रिय शब्दावली का प्रयोग (Active Vocabulary)—सक्रिय शब्दावली में ऐसे शब्दों का प्रयोग होता है जिसे बालक प्रयोग करता है वह आशय भी समझता है।

5. तुलनात्मक विकास (Comparative Development)—भाषा के विकास में लड़कों से अच्छा सन्तुलन लड़कियों का होता है जिनमें वे स्पष्ट रूप से शब्दावली एवं भाषा का प्रयोग कर सकती है।

6. निरुत्तर कर देना (No Answer)—बाल्यावस्था की उत्तर अवस्था में बालक के प्रश्नों का उत्तर देना कठिन ही नहीं, अपितु असमंजस में डाल देता है।

यहाँ यह स्पष्ट कर देना आवश्यक है कि बहुत-सी अशुद्ध धारणाओं का मूल कारण व्यक्ति के द्वारा शब्द बोलने में शब्दों का अशुद्ध प्रयोग होता है।

भाषा-कौशल एवं बुद्धि में सम्बन्ध है। वह बालक जिसमें उच्च बुद्धि होती है, भाषा-कौशल में भी उत्तम होते हैं। जिन बालकों की बुद्धि कम होती है, वे भाषा में भी पिछड़े होते हैं।

नियंत्रित निरीक्षण से यह भी पता चला कि व्यक्ति का वातावरण में समायोजन और उसके शब्द-भण्डार का धनात्मक सह-सम्बन्ध है। इसका तात्पर्य है कि जिस व्यबित का शब्द-भण्डार अधिक होगा, वह वातावरण में समायोजन भी अच्छी प्रकार से कर पायेगा। ऐसा इसलिए होता है कि अधिक शब्द-भण्डार उसे वातावरण को अधिक अच्छे ढंग से समझने में सहायता देता है।

अध्ययनों से यह भी पता चला है कि शब्द-भण्डार व्यक्ति की व्यावसायिक और सामाजिक स्थिति के निर्धारण में भी महत्त्वपूर्ण होता है।

भाषा विकास अभिप्रेरणा, अनुबंधन तथा अनुकरण पर निर्भर करता है। इसलिए आवश्यक है कि शिक्षण देने में व्यक्तिगत आवश्यकताओं को ध्यान में रखा जाए।

किशोरावस्था काल की निम्न अवस्थाएँ :

↓

↓	↓
प्रारंभिक किशोरावस्था	अन्तिम किशोरावस्था
13 से 14 वर्ष	15 से 19 वर्ष

अब आप इस बात पर ध्यान दें कि पूर्व किशोरावस्था क्या है। जैसा कि पहले चर्चा की जा चुकी है कि बाल्यकाल 3–12 वर्ष की अवस्था है।

बाल्यकाल

↓

↓	↓
प्रारम्भिक बाल्यकाल	उत्तर बाल्यकाल
3 – 6	7 – 12

वृद्धि एवं विकास

पूर्व किशोरावस्था : शारीरिक, संवेगात्मक, सामाजिक एवं भाषीय विकास (Pre-adolescence Stage : Physical, Emotional, Social and Language Development)

किशोरावस्था शब्द लैटिन भाषा के क्रियां पद 'adolescere' से लिया गया है जिसका अर्थ है 'प्रौढ़ अवस्था को प्राप्त करना। बचपन और यौवन के बीच यह एक द्विलिंगी तबादला है। किशोर किसे कहें, आरम्भ और अन्त कब माना जाए, इस बारे में विद्वानों में काफी मतभेद हैं। किसी बालक या बालिका में यौन-सम्बन्धी परिपक्वता आ जाने पर उसे किशोर कहा जा सकता है। गर्म और ठंडी जलवायु, सामाजिक व सांस्कृतिक परिस्थितियाँ जैसे जल्दी अथवा देर से विवाह होना, यौन के प्रति दृष्टिकोण, विभिन्न आयु-स्तर पर बालकों के प्रति समाज का व्यवहार आदि अनेक ऐसी बातें हैं जिनका किशोरावस्था के प्रारंभ होने तथा समाप्त होने दोनों पर प्रभाव पड़ता है।

साधारणतया 13 से 19 वर्ष की आयु को किशोरावस्था कहा जा सकता है। मनोवैज्ञानिकों ने इस काल को तूफान एवं परेशानी का काल कहा है। (Stanley Hall) स्टेनले हॉल के शब्दों में यह दबाव तथा अकड़ और तूफान तथा संघर्ष का समय होता है।

यौन दृष्टि से इस काल में अनेक परिवर्तन होते हैं। पश्चिमी विद्वानों ने इसे 'टीन एज़' (Teen Age) भी कहा है। यह विकास की सबसे जटिल अवस्था मानी जाती है। उत्तर बाल्यकाल के अन्तिम चरण अर्थात् 11वें 12वें वर्ष में बालक किशोरावस्था की ओर चलने लगता है। आप 11 से 13 वर्ष की आयु को पूर्व किशोरवस्था का नाम दे सकते हैं।

क्योंकि अन्य बहुत से कारक किशोरावस्था के आगमन को प्रभावित करते हैं। जैसे– भोजन, मीडिया, स्वास्थ्य, जलवायु एवं अन्य वातावरणीय कारक। तो कई बार यह अवस्था 11वें वर्ष में ही प्रारंभ हो जाती है।

आइए पूर्व किशोरावस्था 11-13 वर्ष के काल के कुछ विकासात्मक पहलुओं पर चर्चा करें।

शारीरिक विकास (Physical Development)

कद (Height)—11 से 13 वर्ष की इस पूर्व किशोरावस्था में लड़कियों का विकास तेजी से होता है।

हड्डियाँ (Bones)—पूर्व किशोरावस्था के आगमन से हड्डियाँ सुदृढ़ होने लगती हैं।

भार (Weight)—इस अवस्था में लड़कियों की अपेक्षा लड़कों के भार में अधिक वृद्धि होती है।

सिर एवं मस्तिष्क (Head and Brain)—इस अवस्था में सिर एवं मस्तिष्क का विकास सतत् रूप से होता रहता है।

नारीत्व (Womanhood)—लड़कियों में नारीत्व के संकेत दिखाई देने लगते हैं। लड़कों के चेहरे पर बाल आ जाते हैं।

कामुकता (Sex)—पूर्व किशोरावस्था में लिंगी चेतना प्रकट होने लगती है।

अप्राकृतिक व्यवहार (Unnatural Behaviour)—एक-दूसरे के समक्ष लड़कों एवं लड़कियों का व्यवहार अनिश्चित एवं अप्राकृतिक होता है।

आवाज़ (Voice)—लड़कों की आवाज़ भारी तथा लड़कियों की मधुर हो जाती है।

पूर्व किशोरावस्था: संवेगात्मक विकास (Pre-Adolescence: Emotional Development)

1. संवेगों का उत्थान (Emotions)—शारीरिक तथा लैंगिक विकास के कारण किशोर संवेगात्मक बेचैनी का अनुभव करते हैं।

2. मानसिक स्थिति में उतार-चढ़ाव (Mental Condition)—उनका बाल्यपन पूरी तरह से समाप्त नहीं होता और किशोरावस्था की भी शुरुआत होती है तो उनकी मन:स्थिति बदलती रहती है।

अनियन्त्रित संवेग (Uncontrolled Emotions)

प्यार, क्रोध, ईर्ष्या, डर, चिन्ता, घृणा, श्रद्धा, उल्लास एवं दया आदि संवेग अनियन्त्रित रहते हैं। पूर्व किशोरावस्था के समय लड़के लड़कों के साथ एवं लड़की लड़कियों के साथ समय बिताना पसन्द करते हैं।

संवेगात्मक विकास को प्रभावित करने वाले कारक

↓

- स्वास्थ्य एवं शारीरिक शिक्षा
- बुद्धि
- पारिवारिक वातावरण एवं आपसी सम्बन्ध
- विद्यालीय वातावरण
- सामुदायिक प्रभाव
- मित्र मंडली

पूर्व किशोरावस्था एवं सामाजिक विकास (Pre-Adolescence: Social Development)

(1) बालक और बालिकाएं दोनों ही अपने-अपने समूहों का निर्माण करते हैं जिसका मुख्य उद्देश्य होता है मनोरंजन।

(2) वे अपने-आपको बड़ा समझने लगते हैं और समूह के प्रति वफादारी की भावना उत्पन्न होने लगती है।

(3) उन्हें लगता है कि वे अब बालक नहीं रहे तो नैतिक आदर्शों एवं मूल्यों या अन्य विषयों पर माता-पिता से विचारात्मक भेद होने लग जाते हैं।

(4) अब उनकी आदतों, रुचियों एव जीवन-चर्या में परिवर्तन होने लगता है।

(5) देशभक्ति व समाज-सेवा की भावना।

सामाजिक विकास पर प्रभाव डालने वाले कारक →

- शारीरिक विकास का स्तर
- भावनात्मक विकास का स्तर
- बौद्धिक विकार का स्तर
- लिंग
- सांस्कृतिक कारक
- पारिवारिक कारक
- विद्यालयी कारक
- आनुवंशिकी कारक
- अध्यापक का व्यवहार

पूर्व किशोरावस्था एवं भाषीय विकास (Pre-Adolescence: Language Development)

उत्तर बाल्यकाल के 11वें वर्ष में पूर्व किशोरावस्था का प्रारम्भ हो जाता है। विभिन्न शारीरिक परिवर्तनों के कारण संवेगों में परिवर्तन स्वाभाविक है। जिनका भाषा के विकास पर भी प्रभाव पड़ता है।

1. इस अवस्था तक शब्द कोश पूर्णतया विकसित व शब्दावली भी बढ़ जाती है।
2. भाषा के विकास का चिन्तन पर भी प्रभाव पड़ता है।
3. इस आयु-वर्ग के बालक अपनी नई कल्पनाएँ बनाते हैं और गुप्त एवं सांकेतिक भाषा का भी प्रयोग करते हैं।
4. इनकी साहित्य पढ़ने में रुचि बढ़ने लगती है।

मानसिक/ज्ञानात्मक/बौद्धिक विकास (Mental/Cognitive/Intellectual Development)

मानसिक विकास के बिना उपयुक्त सामाजिक विकास सम्भव नहीं। मानसिक विकास से तात्पर्य समझने की शक्ति, स्मरण करने की शक्ति, तर्क करने की शक्ति, प्रत्यय ज्ञान आदि से है।

बालक जैसे-जैसे बड़ा होता है उसकी मानसिक शक्तियों में भी वृद्धि होती है। यह वृद्धि अग्रलिखित आधारों पर होती है :

(1) सांसारिक वस्तुओं के प्रति उसका दृष्टिकोण विस्तृत होता जाता है।

(2) उसमें कलानुभूति की भावना का विकास होता जाता है।

(3) बड़ा होने पर बालक भविष्य के लिए कार्य और योजनाएँ बनाने लगते हैं।

किन्तु आप यह समझ लें कि ये सभी परिवर्तन एकदम नहीं होते और न ही एक प्रकार के होते हैं। ये परिवर्तन जो मानसिक हैं, निश्चय ही परिपक्वता के बढ़ने की ओर संकेत हैं किन्तु मानसिक विकास के स्तर भी अलग-अलग नहीं देखे जा सकते।

वास्तव में संवेदना (Sensation), प्रत्यक्षीकरण (Perception) कल्पना (Imagination), स्मरण-शक्ति, तर्क-शक्ति, विचार-शक्ति निरीक्षण, परीक्षण और सामान्यीकरण शक्ति, बुद्धि और भाषा सम्बन्धी योग्यताएँ, समस्या समाधान योग्यता (Problem Solving Ability) और निर्णय लेने की क्षमता आदि सभी प्रकार की मानसिक और बौद्धिक शक्तियाँ, योग्यताएँ और क्षमताएँ हमारी मानसिक वृद्धि और विकास की प्रक्रिया द्वारा ही नियन्त्रित होती हैं। ये सभी मानसिक शक्तियाँ अथवा योग्यताएँ एक-दूसरे से बहुत सम्बन्धित हैं। इनमें से किसी का भी अपने आग में अकेले होना, किसी दूसरे को प्रभावित किए हुए विकसित होना संभव नहीं है। इसलिए जब भी किसी स्तर पर किसी बालक के मानसिक विकास की बात करते हैं तो उस समय हमारा तात्पर्य इन सभी योग्यताओं, क्षमताओं और शक्तियों के समन्वित विकास से ही होता है।

मानसिक विकास के विभिन्न पहलू इस प्रकार हैं :

(*i*) संवेदना और प्रत्यक्षीकरण (Sensation and Perception)—आँख, कान, नाक, जीभ और त्वचा आदि ज्ञानेन्द्रियों के द्वारा हमें जो कुछ भी अनुभूति होती है उसे संवेदना (Sensation) कहा जाता है। जब संवेदनाओं से कोई अर्थ निकालने की चेष्टा की जाती है उसे (Perception) प्रत्यक्षीकरण कहते हैं।

(*ii*) सम्बोध या प्रत्यय निर्माण (Concept Formation)—जब बच्चा कुछ और बड़ा होने लगता है तो उसमें स्थूल तथा प्रत्यक्ष अनुभवों के द्वारा भी संप्रत्ययों का निर्माण होने लगता है।

(*iii*) भाषा विकास (Language Development)—व्यक्ति की मानसिक वृद्धि और विकास में भाषा का विकास भी महत्त्वपूर्ण योगदान देता है। आयु बढ़ने के साथ-साथ अच्छे शिक्षण एवं अनुभव से भाषा का विकास बढ़ने लगता है।

(*iv*) स्मरण शक्ति का विकास (Development of Memory)—आयु में वृद्धि होने पर परिपक्वता और अनुभवों के माध्यम से इसका धीरे-धीरे विकास होने लगता है।

(*vi*) समस्या समाधान योग्यता का विकास (Development of Problem Solving Ability)—सोचने, विचारने और तर्क करने की शक्ति 3 वर्ष की आयु से ही विकसित होने लगती है।

जीन पियाजे के अनुसार बौद्धिक विकास की अवस्थाएँ और शिक्षक के लिए इनका लाभ (Stages of Cognitive Development According to Jean Piaget and their Utility)

जीन पियाजे (Jean Piaget) स्विटज़रलैण्ड निवासी एक मनोवैज्ञानिक थे। उन्होंने बालक की मानसिक विकास सम्बन्धी क्रियाओं का बड़ी बारीकी से अध्ययन किया। उनके विचारों को संज्ञानात्मक विकास के सिद्धान्त के नाम से जाना जाता है।

अंतर्निहित मानसिक प्रक्रिया (Internal Mental Process)

पियाजे के ज्ञानात्मक विकास की प्रक्रियाओं को और विस्तार से जानने के लिए आप इस तथ्य को समझ लें कि सभी ज्ञान दो प्रक्रियाओं से विकसित होता है।

- आत्मसातकरण, जिसका अर्थ होता है स्वीकार करना अर्थात् उद्दीपकों और सूचनाओं को वातावरण से लेकर आत्मसात करना।
- समंजन, अर्थात् प्राप्त होने वाले उद्दीपकों और सूचनाओं के लिए स्थान देना या उन्हें समायोजित करना।

ये युग्म प्रकियाएँ एक साथ अनुकूलन में सहायक हैं। अनुकूलन निरंतर गतिशील एक ऐसी प्रक्रिया है जो व्यक्ति को उस चीज़ को आत्मसात करने में या उसको संग्रह में मदद करती है। जिसे वह ग्रहण करना चाहता है। तब वह योजनाओं का निर्माण अथवा मानसिक निरूपणों का निर्माण करता है।

संज्ञानात्मक विकास के सोपान : (Stages)

आयु सोपान	*चिंतन प्रकार*	*प्रमुख उपलब्धियाँ*
संवेदी प्रेरक सोपान 0–2 वर्ष पर्यत	संवेदी प्रेरक	पूर्व वाचिक अवस्था गतियों की आवृत्ति जनजातीय दोष युक्त व्यवहार, लक्ष्योन्मुख व्यवहार का उद्भव, निर्देशित व्यवहार, वस्तु स्थायित्व, जीवत्वारोपण
क्रियात्मक स्थिति से पूर्व सोपान 2–7 वर्ष तक)	चिंतन अंत:प्रज्ञा विचार	आत्मकेन्द्रिता, अनुकरण प्रत्यक्ष बोध, तर्कना, काल्पनिक खेल केन्द्रण असंगत आकस्मिक तर्कना
मूर्त क्रिया अवस्था (7–11 वर्ष तक)	आगनात्मक चिंतन	विकेन्द्रण आत्म-ह्रासोन्मुख केन्द्रिकता, व्याख्या, परिरक्षण, क्रमबद्धता आदि निर्माण रूपांतरण वर्गीकरण अयथार्थ कल्पना इत्यादि
अकारिक प्रक्रियाओं का सोपान (11 वर्ष से आगे)	निगनात्मक चिंतन	तर्क करता है अनुमान करता है वाचिक प्राक्कल्पना, आदर्शवादी चिन्तन दूसरों के साथ सहयोग, अनुपातिक संभाव्यता-परक तथा समन्वयात्मक तर्कमूलक चिंतन, आकस्मिक संबंध

जीवन के प्रांरभ में (0–2 वर्ष पर्यंत) शिशु स्पर्श और संवेदना-जन्य अनुभव द्वारा सीखता है। आपने यह देखा होगा कि छोटे शिशु अपनी मनचाही वस्तुओं को पकड़कर अपने मुँह में रख लेते हैं। इसे संवेदी क्रियात्मक अवस्था कहते हैं। कुछ और बड़ा होने पर वह तर्क करना सीख लेता है, यह पूर्व संक्रियात्मक अवस्था होती है। मूर्त क्रिया अवस्था में बालक जिसका भी प्रेक्षण करता है उसमें पर्याप्त रूपांतरण करना सीख लेता है। उसकी कल्पनाशक्ति उसे आकारिक संक्रियात्मक अवस्था तक ले जाने हेतु सक्रिय होती है। इस

अवस्था में वह तर्क का उपयोग प्राक्कल्पना करने, संबंध स्थापित करने और संबंधों से अभिप्राय जानने में करता है।

प्रथम इन्द्रिय जनित गामक/संवेदी (Sensory Stage) में बालक भाषा के अभाव में अपने चारों ओर के वातावरण को अपनी इन्द्रिय जनित गामक क्रियाओं और अनुभवों के माध्यम से ही जानते हैं। किसी भी वस्तु का अस्तित्व बच्चे के सामने तक का होता है, जब तक वह उसकी आँखों के सामने रहे।

—द्वितीय पूर्व सक्रियात्मक (Pre-operational Stage) अवस्था में भाषा का विकास ठीक प्रकार प्रारंभ हो जाता है। बालक अपने परिवेश को पहचानने और उनमें भेद करना प्रारंभ कर देते हैं। उनमें संप्रत्यय निर्माण की प्रक्रिया शुरू हो जाती है। बालक आत्मकेन्द्रित रहते हैं। कल्पनाशील होते हैं परन्तु तर्क-शक्ति का अभाव होता है।

—मूर्त संक्रियात्मक अवस्था (Concrete Operational Stage) में बालकों में वस्तुओं को पहचानने, उनका विभेदीकरण करने, वर्गीकरण करने तथा उपयुक्त नाम या वर्गीकरण द्वारा संभलने और व्यक्त करने की क्षमता विकसित हो जाती है। उनका चिन्तन अब अधिक क्रमबद्ध तर्कसंगत होना प्रारंभ हो जाता है। परन्तु इस अवस्था में उनकी सभी प्रकार की मानसिक क्रियाओं में वस्तुओं का प्राय: मूर्त या स्थूल रूप ही प्रयोग में लाया जाता है।

— अमूर्त संक्रियात्मक अवस्था (Formal Operational Stage) में बालकों में सभी प्रकार के संप्रत्ययों का समुचित विकास हो जाता है। भाषा सम्बन्धी योग्यता तथा संप्रेषणशीलता का विकास अपनी ऊँचाई को छूने लगता है। कल्पना शक्ति को सृजन कार्य में अच्छी तरह उपयोग में लाया जा सकता है। संश्लेषण, विश्लेषण, नियमीकरण तथा सूक्ष्म सिद्धान्तों की स्थापना सम्बन्धी उच्च मानसिक क्षमताओं का समुचित विकास हो जाता है।

मानसिक वृद्धि और विकास को प्रभावित करने वाले कारक (Factors Affecting Mental Growth and Development)—वंशानुक्रम और वातावरण दोनों ही मानसिक वृद्धि और विकास को अधिक-से-अधिक प्रभावित करने की चेष्टा करते हैं। वंशानुक्रम प्राप्त योग्यताओं को आयुवृद्धि के साथ-साथ अपने भौतिक, सामाजिक, और शैक्षिक वातावरण के सहारे मानसिक वृद्धि को प्राप्त करता है।

शिक्षा (Education)

(1) विभिन्न आयु-स्तरों पर पाठ्यक्रम सम्बन्धी और सहगामी क्रियाओं द्वारा अनुभवों के चयन और नियोजन में इससे सहायता मिल सकती है।

(2) किस विधि और तरीके से पढ़ाया जाए, सहायक सामग्री तथा शिक्षण साधन किस प्रकार प्रयोग में लाए जाएं, शैक्षिक वातावरण किस प्रकार का हो, यह सब निश्चित करने में भी अध्यापक को इससे सहायता मिलती है।

(3) विभिन्न-अवस्थाओं और आयु स्तर पर बच्चों की मानसिक वृद्धि और विकास को ध्यान में रखते हुए उपयुक्त पाठ्य-पुस्तकें तैयार करने में भी इससे सहायता मिल सकती है।

(4) इसकी सहायता से अध्यापक को यह ज्ञात हो जाता है कि एक विशेष प्रकार की पढ़ाई और कार्य जिन्हें करने के लिए कुछ विशेष विकसित मानसिक शक्तियों की आवश्यकता होती है, उपयुक्त समय पर उन शक्तियों के विकसित होने पर ही अमुक कार्य करने चाहिए। अनावश्यक शीघ्रता और विलम्ब दोनों ही इस अवस्था में हानिकारक सिद्ध हो सकती है।

(5) इस प्रकार के ज्ञान द्वारा अध्यापक अपने शिष्यों की मानसिक शक्तियों और क्षमताओं के पूर्ण विकास में पूर्ण सहयोग प्रदान कर सकता है। वह उन्हें समाधान और सृजनात्मक अभिव्यक्ति के लिए पर्याप्त प्रशिक्षण दे सकता है। उनकी तर्क शक्ति को विकसित करने में उनकी सहायता कर सकता है। उनके निरीक्षण, प्रत्यक्षीकरण सामान्यीकरण सम्बन्धी योग्यता को विकसित करने में भी उनकी मानसिक शक्तियों की वृद्धि और विकास के स्तर को ध्यान में रखते हुए उनकी पूरी सहायता कर सकता है। इस तरह से अध्यापक मानसिक वृद्धि और विकास के सभी पहलुओं और उनके विभिन्न स्तरों पर होने वाले सामान्य और विशिष्ट परिवर्तन को ध्यान में रखते हुए अपने शिष्यों को वृद्धि और विकास के पथ पर अच्छी तरह से अग्रसर कर सकता है।

खेल : सामान्य गतिविधियाँ एवं वृद्धि और विकास में उनकी भूमिका (Common Play Activities of Children and Their Role in Growth and Development)

खेल न केवल मनोरंजन के साधन हैं वरन् उनसे मानसिक, संवेगात्मक तथा शारीरिक स्वस्थता भी प्राप्त कर सकते हैं। खेलने की प्रवृत्ति सभी जीवों में होती है। बच्चों में यह प्रवृत्ति अधिक पाई जाती है। आधुनिक शिक्षा में खेलों को महत्त्वपूर्ण स्थान दिया गया है। आधुनिक शिक्षा की बहुत सी प्रणालियां खेल पर आधारित हैं। वृद्धि और विकास में खेलों का योगदान बहुत महत्त्वपूर्ण माना गया है। खेलों द्वारा बच्चों में सामाजिक अन्त:क्रिया का विकास होता है।

खेल का अर्थ—खेल जन्म-जात प्रवृत्ति होती है, और यह एक साधारण-सी प्रवृत्ति मानी गई है। खेल द्वारा बच्चा अपने मनोरंजन की खोज करता है।

थामसन के अनुसार—"खेल का तात्पर्य स्वाभाविक कार्य करने की प्रवृत्ति से है।"

गुड के शब्दों में, "खेल एक आनन्ददायी प्रवृत्ति है जो स्वयं के लिए की जाती है। इसमें भविष्य के सन्तोष का कोई सन्दर्भ नहीं होता।"

ग्लूक के अनुसार, "खेल वह है जो हम करते हैं जब हम कुछ करने को स्वतंन्त्र होते हैं।"

परसीनन के शब्दों में, "खेल रचनात्मक क्रियाओं की अभिव्यक्ति होती है।"

खेल

उपर्युक्त भाषाओं के आधार पर आप कह सकते हैं कि :

— खेल मूल प्रवृत्तियों पर आधारित होते हैं।
— खेल में आनन्द प्राप्त होता है।
— खेल एक क्रिया है।

— खेल रोचक होते हैं।
— खेल गंभीरता रहित क्रिया है।
— खेल रचनात्मक प्रवृत्ति है।
— खेलों में अभिप्रेरणा और उद्दीपन कार्य करते हैं।
— खेल सांस्कृतिक क्रियाओं का दर्पण होते हैं।

खेल और कार्य में अन्तर

कार्य करने के पीछे मनोरथ होता है जबकि खेल ऐच्छिक होते हैं। कार्य में व्यक्ति थकान तथा ऊब का अनुभव करता है जबकि खेल में शारीरिक अथवा मानसिक परिश्रम करने के बाद भी व्यक्ति में स्फूर्ति बनी रहती है। कार्य से अर्जित गुण तथा खेल से प्राकृतिक प्रवृत्ति का बोध होता है। कार्य का सम्बन्ध वास्तविक जगत से है, जबकि खेल काल्पनिक जगत की संरचना करते हैं। कार्य से उत्पादन होता है, जबकि खेल से उत्पादन नहीं होता।

इन अन्तरों के होते हुए भी छात्रों में विद्यालय कार्य को करने के लिए कार्य को खेल के रूप में लेने से अधिगम अधिक सफल होगा।

खेल के प्रकार

खेल प्रयोगात्मक, लड़ाई से सम्बधित, बौद्धिक, प्रत्यात्मक, संवेगात्मक एवं संकल्पनात्मक हो सकते हैं। इनमें से प्रत्येक का अपना महत्त्व है।

बाल्यकाल के खेल—हरलॉक के अनुसार बाल्यकाल के खेल निम्न प्रकार के होते हैं :

(*i*) व्यक्तिगत खेल—पाँच वर्ष की आयु तक तो बच्चा अपने कौशलों के परीक्षण हेतु खेल खेलता है। गेंद खेलता है, कूदता है आदि।

(*ii*) पड़ौस के खेल—ऐसे खेलों में चाहे जितने बच्चे भाग लें। इन खेलों के नियम भी साधारण होते हैं। जैसे, छिपने का खेल, चोर-सिपाही का खेल।

(*iii*) टीम खेल—टीम खेलों में रुचि 8-10 वर्ष की आयु में उत्पन्न होती है। ये खेल पूर्ण रूप से संगठित एवं कड़े नियमों वाले होते हैं और इन खेलों में कड़ी स्पर्धा होती है। जैसे-फुटबाल, हॉकी आदि।

(*iv*) रचनात्मक खेल—इस प्रकार के खेलों में बालक कुछ-न-कुछ बनाने का प्रयास करते हैं जैसे-मिट्टी के खिलौने व घर बनाना आदि।

(*v*) बन्द कमरे में खेलना (Indoor Games)—बन्द कमरे के खेलों में थकान कम होती है। इनमें भी कठोर नियम होते हैं। प्रतिस्पर्धा होती है। जैसे-ताश, कैरम आदि।

खेलों की विशेषताएँ

- खेल परम्पराओं से प्रभावित होता है।
- खेल विकास की भविष्यवाणी-प्रणाली का अनुकरण करता है।
- खेल क्रियाएं आयु के साथ कम होती हैं।
- आयु के साथ विशिष्ट क्रियाओं में अधिक समय लगाया जाता है।

- आयु के साथ खेल-साथी कम होते हैं।
- बाल्यकाल के खेल अनौपचारिक से औपचारिक में परिवर्तित हो जाते हैं।
- बच्चों के खेल में विभिन्नता पाई जाती है।

बच्चों के खेल को प्रभावित करने वाले कारक (Factors Affecting Play Activities)

स्वास्थ्य (Health)—यदि बालक अधिक स्वस्थ होगा तो उसमें सक्रिय खेल खेलने के लिए अधिक शक्ति होगी। जिन बच्चों में शक्ति कम होती है, वे निष्क्रिय खेल पसन्द करते हैं।

बुद्धि (Intelligence)—विकास की प्रत्येक अवस्था पर, प्रतिभाशाली बालक अन्य प्रतिभा विहीन बालकों की अपेक्षा अधिक सक्रिय होते हैं।

लिंग (Sex)—लड़के अधिक थकानपूर्ण खेल खेलना पसन्द करते हैं और लड़कियाँ हल्के-फुल्के खेल।

वातावरण (Environment)—अस्वस्थता, खेल सामग्री तथा समय की कमी बालकों के खेल की रुचि को कम कर देते हैं।

सामाजिक-आर्थिक स्तर (Socio-Economic Status)—उच्च सामाजिक-आर्थिक स्तर से आये बच्चे उन खेलों को पसन्द करते हैं जो अधिक कीमती होते हैं।

खाली समय (Leisure Time)—बच्चे के पास पर्याप्त समय का होना या न होना खेल को प्रभावित करता है।

खेलों की भूमिका (Role of Play Activities)

बच्चों की विकास-प्रक्रिया में खेलों का अत्यधिक महत्त्व है। खेल बच्चों के विकास की एक विधि कही जा सकती है। खेलों का प्रभाव बहुपक्षीय है। इनसे बच्चे समायोजन करना सीखते हैं। खेलों द्वारा बच्चों की शारीरिक, मानसिक, तथा संवेगात्मक आवश्यकताओं की पूर्ति होती है।

(क) शारीरिक विकास में सहायता (Helpful in Physical Development)—खेलों से बालकों के सारे अंगों तथा माँस-पेशियों का व्यायाम हो जाता है और शारीरिक विकास बेहतर होता है।

(ख) संवेगों की अभिव्यक्ति (Expression of Emotions)—खेलों द्वारा संवेगों की अभिव्यक्ति होती है और तनाव दूर होता है।

(ग) कौशल का विकास (Development of Skill)—खेल के द्वारा बच्चों में मूलभूत गत्यात्मक कौशलों का विकास होता है। जैसे–साईकिल चलाना, तैरना आदि।

(घ) प्रतिभा और सृजनात्मकता (Talent and Creativity)—विद्यालय में बहुत-सी खेल क्रियाएँ होती हैं। 4-5 वर्ष की आयु तक बच्चे खिलौने से खेलते हैं। इन बच्चों में संगीत, नाटक क्राफ्ट आदि की सृजनात्मक अभिव्यक्तियों का विकास होने लगता है। बड़े होने पर बच्चे कलात्मक कार्यों में रुचि लेने लगते हैं जैसे–पेंटिग आदि।

(ङ) सामाजिक विकास (Social Development)—खेलों के द्वारा बच्चों में सहयोग व सहानुभूति की भावना का विकास होता है। जिससे सामाजिक विकास सम्भव हो पाता है।

(च) बौद्धिक विकास (Intellectual Development)—खेल के मैदान में बच्चे की मानसिक शक्तियाँ जैसे–कल्पना शक्ति, सोचने की शक्ति, निर्णय लेने की शक्ति आदि का विकास होता है।

(छ) व्यक्तिगत महत्त्व (Individual Significance)—खेलों के द्वारा बच्चे व्यावहारिक ज्ञान प्राप्त करते हैं जो कि बच्चों के व्यक्तित्व की तथा उनकी योग्यताओं, क्षमताओं आदि की अभिव्यक्ति होती है।

(त) अभिक्षमता का ज्ञान (Knowledge of Aptitude)—खेलों के द्वारा बालक की अभिक्षमता (Aptitude) का ज्ञान प्राप्त करके उसके भविष्य की योजना बनाई जा सकती है।

सारांश

1. वृद्धि विकास का शारीरिक पहलू है, जबकि विकास एक समग्र प्रक्रिया है।
2. वृद्धि एवं विकास के प्रारूपों की जानकारी द्वारा अध्यापक एवं अभिभावक बालक में अधिगम की क्षमता का उचित विकास कर सकते हैं।
3. मानव विकास के निश्चित सिद्धान्तों एवं उनको प्रभावित करने वाले कारकों का ज्ञान अध्यापक के लिए आवश्यक है।
4. बाल्यकाल एवं पूर्व किशोरावस्था में शारीरिक, सामाजिक, संवेगात्मक एवं भाषीय विकास की गति विभिन्न प्रकार से होती है।
5. विकास की इस गति के ज्ञान से ही बालकों के विभिन्न पक्षों की क्रमिक, समन्वित, सर्वांगीण एवं सतत उन्नति सम्भव है।

इकाई – 3

व्यक्तित्व का विकास एवं समायोजन
(Development of Personality and Adjustment)

व्यक्तित्व (Personality)

व्यक्तित्व केवल जीवन के विभिन्न पक्षों का सम्मिश्रण मात्र नही है। इसके विकास या गठन का क्रम अत्यन्त व्यापक तथा जटिल है। स्त्री-पुरुष के व्यक्तित्व के विश्लेषण तथा परिभाषित करने के विभिन्न मनोवैज्ञानिकों के अलग-अलग दृष्टिकोण हैं।

अवधारणा (Concept)

पर्सनैलिटी शब्द के लिए लैटिन भाषा का मूल शब्द "पर्सोना" है। इस शब्द का अर्थ है वह मुखौटा जिसे कोई पात्र या अभिनेता किसी चरित्र विशेष का चित्रण करते समय अभिनय के रूप में पहनता था। इसके अनुसार व्यक्तित्व का अर्थ मनुष्य के व्यवहार की वह शैली है जिसे वह अपने आन्तरिक तथा बाह्य गुणों के आधार पर प्रकट करता है। व्यक्ति के बाह्य गुणों का प्रकाशन उसकी पोशाक, वार्ता का ढंग, आंगिक अभिनय, मुद्राएँ आदत तथा अन्य अभिव्यक्तियाँ हैं। मनुष्य के आन्तरिक गुण है उसकी अन्तः प्रेरणा या उद्देश्य, संवेग, प्रत्यक्ष तथा इरादा या इच्छा आदि। इस प्रकार व्यक्तित्व में व्यक्ति की आन्तरिक और बाह्य दोनों प्रकार की क्रियाओं का संगठन है।

व्यक्तित्व की कुछ परिभाषाएँ इस प्रकार है—

वारेन—"व्यक्तित्व व्यक्ति का समग्र मानसिक संगठन है जो उसके विकास की किसी भी अवस्था में होता है।"

मोर्टन प्रिंस—"व्यक्तित्व व्यक्ति की सभी जन्मजात तथा अर्जित प्रवृत्तियों, इच्छाओं और भावनाओं का संग्रह है।"

मन—"व्यक्तित्व एक व्यक्ति के गठन, व्यवहार के तरीकों, रुचियों, दृष्टिकोणों, क्षमताओं, योग्यताओं और अभिक्षमताओं का सबसे विशिष्ट संगठन है।"

आईजैन्क— "व्यक्तित्व व्यक्ति के चरित्र, स्वभाव,बुद्धि और शारीरिक आकार का कुछ ऐसा स्थाई और स्थिर संगठन है जो वातावरण के साथ उसके अपूर्व समायोजन का निर्धारण करता है।"

बी. आर. कैटल— "व्यक्तित्व वह है जिसके द्वारा हम यह भविष्यवाणी कर सकते हैं कि कोई व्यक्ति किसी विशेष परिस्थिति में क्या करेगा।"

वुडवर्थ—"व्यक्ति के व्यवहार का समूचा स्तर ही उसका व्यक्तित्व होता है।"

बिगी व हण्ट—''व्यक्तित्व एक व्यक्ति के सम्पूर्ण व्यवहार-प्रतिमान और इसकी विशेषताओं के योग का उल्लेख करता है।''

काज एवं शैंक—''व्यक्तित्व एक ऐसा प्रत्यय है जिसके अन्तर्गत व्यक्ति की सभी विचारात्मक, संवेगात्मक प्रतिक्रियाएँ तथा इन प्रतिक्रियाओं का संगठन सम्मिलित है।''

आलपोर्ट—''व्यक्तित्व व्यक्ति के मनोदैहिक गुणों का वह गत्यात्मक संगठन है जो पर्यावरण के प्रति होने वाले उसके अपूर्व अभियोजनों का निर्धारण करता है।''

व्यक्तित्व की विशेषताएँ (Characteristics of Personality)

व्यक्ति जिस प्रकार का व्यवहार करता है उसमें उसके गुणों की अभिव्यक्ति होती है। ये गुण ही एक व्यक्ति को दूसरे से भिन्न बनाते हैं। ये इस प्रकार हैं—

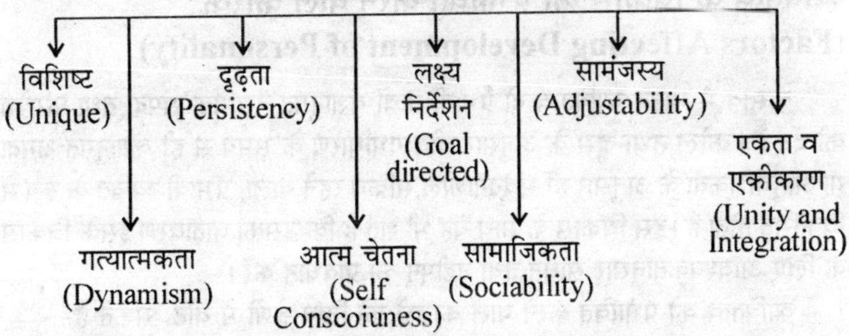

1. विशिष्ट (Unique)—प्रत्येक व्यक्ति का व्यवहार अपने आप में विशिष्ट होता है। किन्हीं भी दो व्यक्तियों का व्यवहार एक समान नहीं होता। एडलर के शब्दों में, ''प्रत्येक व्यक्ति का व्यवहार तथा व्यक्तित्व विशिष्ट होता है।''

2. गत्यात्मकता (Dynamism)—व्यक्तित्व को गत्यात्मक माना गया है क्योंकि यह विकसित और परिवर्तित होता रहता है। व्यक्ति को अपने वातावरण के साथ समायोजन करना पड़ता है जिससे उसके व्यक्तित्व में परिवर्तन आता रहता है।

3. दृढ़ता (Persistency)—व्यक्तित्व की एक विशेषता दृढ़ता है। दृढ़ता के कारण मनुष्य सफलता प्राप्त करता है और इसके अभाव में असफलता प्राप्त करता है।

4. आत्म चेतना (Self Consciousness)—आत्म चेतना के कारण ही कोई व्यक्ति व्यक्तित्व रखता है। बड़ा होने के साथ-साथ व्यक्ति में वस्तुनिष्ठता आती है।

5. लक्ष्य निर्देशित (Goal directed)—मानव के व्यवहार का सदैव एक लक्ष्य होता है और वह सदैव किसी न किसी लक्ष्य की प्राप्ति के लिए बढ़ता रहता है। उसके लक्ष्य की जानकारी उसके व्यक्तित्व को दर्शाती है। भाटिया के शब्दों में ''व्यक्ति या व्यक्तित्व को समझाने के लिए हमें इस बात पर विचार करना आवश्यक हो जाता है कि उसके लक्ष्य क्या हैं और उसे उनका कितना ज्ञान है।''

6. सामाजिकता (Sociability)—समाज से पृथक मानव और उसके व्यक्तित्व की कल्पना नहीं की जा सकती है। मानव में आत्म-चेतना का विकास तभी होता है, जब वह समाज के अन्य व्यक्तियों के सम्पर्क में आ कर क्रिया और अन्त:क्रिया करता है। इन्हीं क्रियाओं के फलस्वरूप उसके व्यक्तित्व का विकास होता है। अत: व्यक्तित्व में सामाजिकता की विशेषता होनी अनिवार्य है।

7. सामंजस्य (Adjustability)—व्यक्ति को न केवल बाह्य वातावरण से, वरन् अपने स्वयं के आन्तरिक जीवन से भी सामंजस्य करना पड़ता है, जिससे उसके व्यवहार में परिवर्तन आता है। यही गुण है जो एक मनुष्य को दूसरे मनुष्य से भिन्न करती है। अत: आप कह सकते हैं कि मनुष्य को अपने व्यक्तित्व को अपनी दशाओं, वातावरण, परिस्थितियों आदि के अनुकूल बनाना पड़ता है।

8. एकता एवं एकीकरण (Unity and Integration): जिस प्रकार व्यक्ति के शरीर का कोई अंग अकेला कार्य नहीं कर सकता, उसी प्रकार व्यक्तित्व का कोई तत्व अकेला कार्य नहीं कर सकता है। ये तत्व हैं– शारीरिक, मानसिक, नैतिक, सामाजिक, संवेगात्मक आदि। व्यक्तित्व के इन सभी तत्वों में एकता या एकीकरण होता है।

व्यक्तित्व के विकास को प्रभावित करने वाले कारक (Factors Affecting Development of Personality)

वास्तव में मानव व्यक्तित्व दो प्रभावी तत्वों वंशानुगत नैसर्गिक संपदा तथा परिवेश की देन है। **कोल तथा ब्रूस** के अनुसार जीव गर्भाधारण के समय से ही वंशानुगत क्षमता या आनुवंशिकता के अनुसार ही संवेदनाशील,सक्रिय रहने वाला, प्रभावी व्यक्ति के रूप में विकसित होता है। इस विकास के साथ यह भी शर्त है कि उसका वातावरण इसके विकास के लिए आवश्यकतानुसार साधन तथा उद्दीपन का प्रावधान करें।

व्यक्तित्व को प्रभावित करने वाले कारकों को निम्न श्रेणी में बाँट सकते हैं—

(क) वंशानुक्रम सम्बन्धी कारक या जैविक कारक (Hereditary or Biological factors)

(ख) वातावरणीय कारक (Environmental factors)

(ग) मनोवैज्ञानिक कारक (Psychological factors)

(क) वंशानुक्रम संबंधी कारक

वंशानुक्रम से व्यक्ति को क्षमताओं का भरपूर खजाना मिलता है, जो किसी सीमा तक उसके व्यक्तित्व के स्वरूप को निर्धारित करता है। साथ ही उसे कुछ जैविक दशाएँ भी मिलती हैं। ये दशाएँ उन सीमाओं का निर्धारण करती हैं, जिसकी परिधि से बाहर जाने पर व्यक्ति का विकास सम्भव नहीं होता चाहे उसका परिवेश/वातावरण कितना ही समृद्ध क्यों न हो। अध्यापक के लिए यह जानकारी अति आवश्यक है। ये कारक इस प्रकार हैं—

(i) शरीर रचना (Physique)—शरीर रचना के अन्तर्गत शरीर की लम्बाई, वजन, भिन्न-भिन्न अंगों के अनुपात, मुखाकृति, स्वास्थ्य और रंग आदि आते हैं। इन सबको मिलाकर व्यक्ति का बाहरी व्यक्तित्व बनता है। जिस व्यक्ति की शारीरिक रचना बहुत सुन्दर है। सभी उसकी प्रशंसा करेंगे जिससे उसमें आत्म विश्वास उत्पन्न होता है। जिसकी बनावट सुन्दर नहीं दिखेगी, वह स्वयं को हीन समझने लगता है। जिससे वह असामाजिक, सुस्त एवं दब्बू बन जाता है।

(ii) बुद्धि (Intelligence)—बुद्धि तथा व्यक्तित्व के बीच सकारात्मक सम्बन्ध है। वे व्यक्ति जो मेधावी होते हैं, अपने आपको, घर, विद्यालय तथा समाज में कम बुद्धि वाले व्यक्तियों की अपेक्षा अच्छी तरह ढ़ाल लेते हैं।

(*iii*) *नाड़ी संस्थान* (*Nervous System*)—व्यक्तित्व के विकास में नाड़ी संस्थान/स्नायु संस्थान का विशेष योगदान होता है क्योंकि यह शरीर के सभी अंगों तथा क्रियाओं को संचालित करता है। यह तीन प्रकार की है:

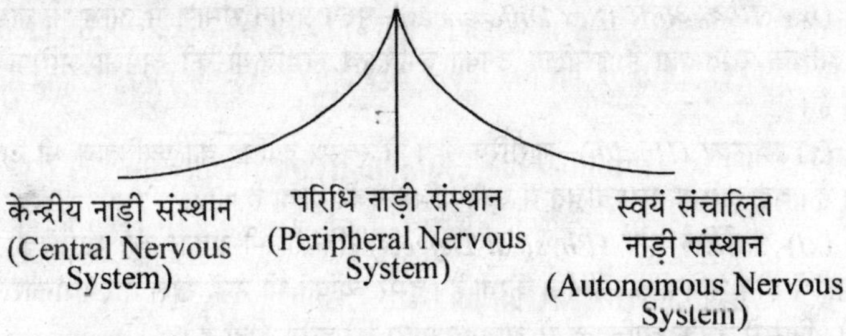

(अ) केन्द्रीय नाड़ी संस्थान–यह उच्च मानसिक क्रियाओं का केन्द्र होता है। सोचना, समझना, निर्णय लेना, उठना, बैठना आदि क्रियाएँ यहीं से संचालित होती हैं।

(ब) परिधि नाड़ी संस्थान–इसमें व्यक्ति की इच्छा शक्ति से सम्बन्धित क्रियाएँ आती हैं जैसे वस्तु को पकड़ना आदि।

(स) स्वयं संचालित नाड़ी संस्थान–इसमें अनैच्छिक क्रियाएँ आती हैं, जिनका मस्तिष्क से कोई सम्बन्ध नहीं होता जैसे पलकों का झपकना, मिठाई देखकर मुँह में पानी आना।

(*iv*) *अन्त:स्रावी ग्रन्थियाँ* (*Endoctrineor Ductless Glands*)—इन नलिका विहीन ग्रन्थियों से निकलने वाला स्राव (हारमोन) समुचित मात्रा में रक्त में नहीं मिल पाता तो व्यक्ति में क्रियात्मक दोष आ जाते हैं। ये ग्रन्थियाँ व्यक्ति के शारीरिक बौद्धिक व सामाजिक विकास में महत्वपूर्ण भूमिका निभाती हैं। ये निम्न प्रकार की हैं—

—पोषक ग्रन्थि (Pituatary Glands)
—थायराईड ग्रन्थि (Thyroid Glands)
—पैराथायराईड़ ग्रन्थि (Para Thyroid Glands)
—एडरीनल ग्रन्थियाँ (Adrenal Glands)
—यौन ग्रन्थियाँ (Sex Glands)

(*v*) *परिवार का आकार* (*Size of the Family*)–यदि परिवार में अधिक सदस्य हैं और प्रत्येक की आवश्यकताओं की पूर्ति नहीं हो पाती तो बालकों का व्यक्तित्व तनावपूर्ण रहता है।

(*vi*) *जन्मक्रम* (*Birth Order*)–इकलौते बच्चे को अधिक प्यार मिलने से वह बिगड़ जाता है या फिर बड़ा होने पर उसमें ईर्ष्या की भावना आ जाती है। जब परिवार में दूसरा बालक पैदा हो जाए। यदि बालक सबसे छोटा है तो भी परावलम्बी बनने की सम्भावना रहती है। इस प्रकार जन्म क्रम एवं बालक के व्यक्तित्व का गहरा सम्बन्ध है।

(*vii*) *परिवार की सामाजिक आर्थिक स्थिति* (*Socio-Economic Status of the Family*)–उच्च सामाजिक आर्थिक स्थिति में पले बालकों का व्यक्तित्व सुदृढ़ होता है। दूसरी ओर आप ने देखा होगा कि निर्धन परिवार में पले बालकों में हीन भावना रहती है। कई बार वह अनैतिक कार्यों में भी लग जाता है।

(*viii*) *पास-पड़ोस* (*Neighbourhood*)–पास-पड़ोस के व्यवहार, आदतों एवं चरित्र का बालक के व्यक्तित्व पर बहुत प्रभाव पड़ता है। यदि उनका चरित्र बुरा है तो बालक पर बुरा प्रभाव पड़ने की सम्भावना रहती है।

(*ix*) *लैंगिक अन्तर* (*Sex Differences*)–पुरुष प्रधान समाज में आज भी लड़कों की अधिक स्वतन्त्रता है इसलिए उनका व्यक्तित्व लड़कियों की अपेक्षा अधिक दृढ़ होता है।

(*x*) *स्वास्थ्य* (*Health*)–शारीरिक रूप से स्वस्थ व्यक्ति का व्यक्तित्व भी अच्छा होता है। वह अधिक प्रसन्नचित व समायोजित नज़र आता है।

(*xi*) *शारीरिक दोष* (*Physical Defects*)–किसी भी प्रकार का शारीरिक दोष व्यक्ति में हीन भावना को उत्पन्न करता है। दूसरे व्यक्ति भी उन्हें खुल कर स्वीकार नहीं करते। जिससे उनके व्यक्तित्व में आत्मविश्वास की कमी होती है।

(ख) वातावरणीय कारक (Environmental Factors)

इन कारकों का सम्बन्ध बाहरी वातावरण से होता है। इनका उल्लेख इस प्रकार है—

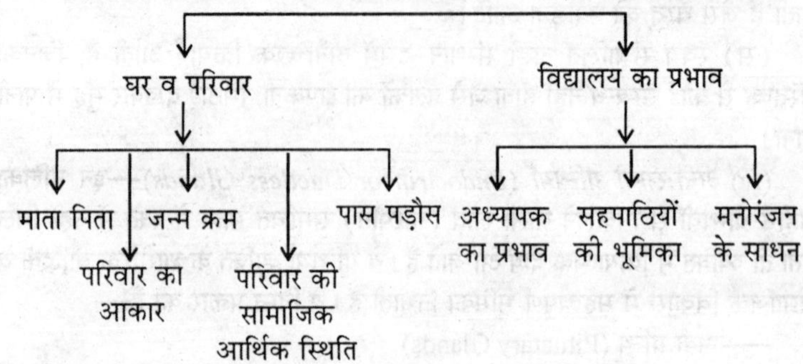

(अ) घर व परिवार (Home and Family)–घर व परिवार बालक के व्यक्तित्व को दिशा प्रदान करते हैं जैसे—

(*i*) *माता-पिता* (*Parents*)–माता-पिता व्यवहार, उनकी शिक्षा, रुचि, अभिरुचि, उनका शिक्षा के प्रति दृष्टिकोण, निर्णय लेने में बालक की राय लेना, बालक से समुचित प्रेम आदि उसके व्यक्तित्व के निर्धारक तत्व हैं।

(ब) विद्यालय का प्रभाव–बालक अपने चार-पाँच वर्षों को व्यतीत करने के बाद विद्यालय में आता है। विद्यालय अपने विभिन्न अंगों और विविध क्रियाओं द्वारा बालक के विकासोन्मुख व्यक्तित्व को प्रभावित करता है। शैक्षिक एवं प्रजातान्त्रिक वातावरण में बालक का व्यक्तित्व बेहतर बनता है। उचित पाठ्यक्रम, स्वस्थ प्रतियोगिताएँ एवं उचित परीक्षा पद्धति बालक के व्यक्तित्व को प्रभावित करती है। विद्यालय के दो प्रमुख अंग हैं—

(*i*) *शिक्षक*–बालक अध्यापक को आदर्श रूप में देखता है। वह अध्यापक से अच्छे गुण, आदतें एवं व्यवहार करने का ढंग सीखता है। अध्यापक बालकों के सामने जैसी शिक्षा, लक्ष्य, आदर्श एवं व्यवहार प्रस्तुत करता है, बालकों का व्यक्तित्व वैसा ही बन जाता है।

(*ii*) *सहयोगियों की भूमिका* (*Role of Class-Mates*)–यदि सहपाठियों में ईर्ष्याद्वेष आदि भावनाएँ अधिक होंगी तो बालक की वैसी ही प्रवृत्ति बन जाएगी। दूसरी ओर वह अनुशासनप्रिय परिश्रमी एवं विनम्र बालकों के साथ रहता है तो वैसा ही व्यक्तित्व बन जाता है।

(*iii*) *मनोरंजन के साधन* (*Sources of Entertainment*)–जैसे रेडियो, क्लब, सिनेमा, टी. वी., मेगजीन आदि भी बालक के व्यक्तित्व में महत्वपूर्ण भूमिका निभाते हैं।

(ग) मनोवैज्ञानिक कारक (Psychological Factors)

आशय, अर्जित रुचियाँ, अभिवृत्तियाँ, आचरण, बुद्धि, तर्क कल्पना तथा निर्णय करने की क्षमता आदि योग्यताएँ बालक के व्यक्तित्व पर प्रभाव ड़ालती हैं।

1. *बुद्धि और मानसिक विकास* (*Intelligence and Mental Functioning*)–बालक की बुद्धि और मानसिक विकास का उसके व्यक्तित्व के निर्धारण में महत्वपूर्ण हाथ रहता है। व्यक्ति की अधिगम प्रक्रिया, सफलता, ज्ञान, कौशल, समायोजन सभी बौद्धिक विकास पर निर्भर करता है। इस प्रकार आप समझ लीजिए कि व्यक्ति का व्यवहार उसकी बुद्धि और मानसिक विकास पर निर्भर करता है।

2. *रुचियाँ एवं दृष्टिकोण* (*Interest and Attitude*)–व्यक्ति की रुचियाँ और दृष्टिकोण उसके व्यवहार को दिशा प्रदान करते हैं। जैसे जिस कार्य में आपकी रुचि होगी, आपका व्यवहार उसी दिशा में अग्रसर होगा।

3. *महत्वाकांक्षा का स्तर एवं उपलब्धि अभिप्रेरणा* (*Level of Aspiration and Achievement Motivation*)–यदि बालक महत्वाकांक्षी होगा और उपलब्धि अभिप्रेरणा का स्तर भी ऊँचा होगा तो वह निश्चित दिशा में व्यवहार करेगा और उसे पाने का हर सम्भव प्रयास करेगा।

आदतों का निर्माण (Formation of Habits)

चरित्र को आदतों का पुंज भी कहा गया है। जिसकी अच्छी आदतें होती हैं वह उतना ही चरित्रवान होता है। जिस कार्य को व्यक्ति बार-बार करता है यह उसकी आदत का रूप धारण कर लेता है। पहले कोई कार्य इच्छावश किया जाता है, फिर उसे उस इच्छा के कारण बार-बार करने से आदत पड़ जाती है। इस प्रकार आदत एक अर्जित व्यवहार है। कुछ परिभाषाएँ इस प्रकार हैं—

मरसेल के अनुसार, "आदतें, व्यवहार करने की और परिस्थितियों एवं सागरयाओं का सामना करने की निश्चित विधियां होती हैं।"

लैडेल के शब्दों में, "आदत, कार्य का वह रूप है, जो आरम्भ में स्वेच्छा से जान-बूझ कर किया जाता है, पर जो बार-बार किए जाने के कारण स्वत: होता है।"

मार्गेन और गिलिलैण्ड, "अनुभव के द्वारा जो व्यवहार परिवर्तन अर्जित किए जाते हैं वे आदत कहलाते हैं। ये व्यवहार-परिवर्तन सीखने की क्रिया से अर्जित किए जाते हैं।"

कार्टर वी.गुड के शब्दों में, "आदत वह कार्य, गति अथवा व्यवहार का प्रतिरूप है जो अभ्यास और प्रशिक्षण से सरल, परिचित तथा द्रुत हो गया है और जो बिना विचार हिचक अथवा अवधान के सम्पन्न किया जा सकता है।"

गेस्टाल्ट विचार, "क्रियाओं के प्रतिरूप का प्रकार जो व्यक्तियों अथवा दशाओं की निरंतरता के कारण प्रभावी एवं नियत प्रकार का हो जाता है, आदत कहलाता है।"

आदतों के प्रकार (Kinds of Habits)

—यान्त्रिक आदत
—शारीरिक-अभिलाषा सम्बन्धी आदतें
—नाड़ी मण्डल सम्बन्धी आदतें
—भाषा सम्बन्धी आदतें
—विचार सम्बन्धी आदतें
—भावना सम्बन्धी आदतें
—नैतिक आदतें

आदतों की उपयोगिता (Use of Habits)

आदतों की जीवन में अत्याधिक आवश्यकता होती है। आदतों की उपयोगिताएँ निम्नलिखित हैं—

1. समय की बचत—आदतों के कारण हमारा बहुत सा समय बच जाता है। छोटे-मोटे या रोजमर्रा के कार्य समय पर उचित विधि से करने की आदत होने पर समय की बचत होती है।

2. थकान से बचत—आदतजन्य कार्य यांत्रिक ढंग से सहज क्रिया की भाँति किए जाते हैं। अतएव इन कार्यों के करने से थकान कम होती है।

3. दक्षता की प्राप्ति—किसी भी काम में दक्षता तब प्राप्त होती है जब उसका सरल एवं शीघ्र अभ्यास होता रहे, जो कार्य व्यक्ति की आदत बन जाता है, उसमें उसे दक्षता प्राप्त होती है।

4. एकरूपता—आदत एक प्रकार की अर्जित सहज-क्रिया होती है। आदतजन्य कार्यों में एकरूपता पाई जाती है। सुलेख लिखने की आदत या सही उच्चारण की आदत होने पर उसके कार्य में एकरूपता आ जाती है।

5. अधिक शुद्धता—आदतजन्य कार्य अधिक शुद्धता से किए जाते हैं। किसी कार्य की आदत डालने में पहले परिश्रम करना पड़ता है और प्रारम्भ में भूलें भी होती हैं, किन्तु आदत पक्की हो जाने पर कार्य में शुद्धता आ जाती है।

6. कार्यक्षेत्र—आदत का कार्यक्षेत्र केवल क्रियाओं तक ही सीमित नहीं रहता अपितु विचारों एवं भावनाओं की भी सकारात्मक आदत पड़ जाती है।

7. परिवर्तन में विरोध—जब कभी आदत में परिवर्तन की आवश्यकता अनुभव होती है तो उसे बदलने में काफी कठिनाई का सामना करना पड़ता है। जैसे किसी व्यक्ति को कुछ सुविधाएँ देकर हटा ली जाएं तो उसे उन सुविधाओं के बिना कार्य करने में कष्ट होगा, क्योंकि उन सुविधाओं की उसे आदत हो चुकी होती है।

इस प्रकार आपने देखा कि आदतजन्य कार्यों में शीघ्रता, शुद्धता, दक्षता, सरलता आदि आ जाती है। आदतों के सम्बन्ध में ड्यूक ऑफ बेलिंगटन का कथन है कि, "आदत केवल द्वितीय प्रकृति नहीं है, प्रत्युत यह प्रकृति की दस गुनी होती है।"

इसका अर्थ यह है कि प्राणी का व्यवहार जितना उसकी प्रकृति निर्धारित करती है, उससे कही अधिक उसके व्यवहार को नियंत्रित करती हैं। हम बहुत प्रयास करके किसी आदत को डालते हैं, बाद में यही आदतें हमारे व्यक्तित्व को निर्धारित करती हैं तथा हमारे चरित्र को व्यक्त करती हैं। ठीक ही कहा है, पहले हम आदतों को बनाते हैं और फिर आदतें हमें बनाती हैं।

आदतों का निर्माण (Formation of Habits)

1. संकल्प (Resolution)—कोई आदत बनाने के लिए हमें दृढ़-संकल्प करना होगा। जैसे हमें प्रतिदिन दो घन्टे पढ़ना है तो दृढ़ संकल्प लेना होगा तभी आदत बनेगी। जेम्स के अनुसार, "हमें नए कार्य को अधिक से अधिक सम्भव दृढ़ता और निश्चय से आरम्भ करना चाहिए।"

2. निरन्तरता (Continuity)—जिस कार्य को निरन्तर किया जाए उसकी आदत का निर्माण हो जाता है। उसमें विराम की जगह नहीं है। जब तक आदत आपके जीवन में पूर्णरूप से स्थायी न हो जाए, तब तक उसमें किसी प्रकार का अपवाद नहीं होने देना चाहिए।

3. अभ्यास (Exercise)—प्रतिदिन अभ्यास करने से आदत बन जाती है। अतः जिस आदत को हम विकसित करना चाहते हैं, उसका अभ्यास आवश्यक है। जेम्स के शब्दों में, "प्रतिदिन थोड़े से ऐच्छिक अभ्यास के द्वारा करने की शक्ति को जीवित रखिए।" पुरानी कहावत है कि, "करत-करत अभ्यास के, जडमति होत सुजान।"

4. क्रियाशीलता (Activity)—हम जिस कार्य को करने की आदत डालना चाहते हैं उसके लिए संकल्प ही पर्याप्त नही है। संकल्प को क्रियात्मक रूप भी देना होगा। जो संकल्प आप करें, उसे पहले अवसर पर ही पूर्ण कीजिए।

5. अच्छे उदाहरण (Good Examples)—उपदेश देने की अपेक्षा अच्छे उदाहरण देख कर आदतों का निर्माण शीघ्र होता है।

6. पुरस्कार एवं प्रोत्साहन (Reward and Motivation)—उचित व्यवहार को पुरस्कार एवं प्रशंसा दिए जाने पर वही काम करना, बालकों को अच्छा लगता है जिससे उनमें वांछनीय आदतों का निर्माण होने लगता है।

गुणों का निर्माण (Formation Traits)

किसी मनुष्य के व्यक्तित्व का सही चित्र, या वर्णन करना बड़ा जटिल है। व्यक्तित्व के कुछ गुण हैं जैसे–दयालु, कठोर, मूर्ख या बुद्धिमान आदि। गुणों या लक्षणों को योग्यता या क्षमता का पर्यायवाची नहीं समझना चाहिए। उदाहरणार्थ तबला बजाना किसी की योग्यता पर वह कैसा बजाता है यह उसका गुण है।

गैरट के शब्दों में, "व्यक्तित्व के गुण, व्यवहार करने की निश्चित विधियाँ हैं जो प्रत्येक व्यक्ति में बहुत कुछ स्थायी होते हैं। व्यक्तित्व के गुण, व्यवहार के बहुसंख्यक स्वरूपों का वर्णन करने की स्पष्ट और संक्षिप्त विधियाँ हैं।"

व्यक्तित्व गुण इस प्रकार से व्यक्तित्व को परिभाषित करने, उनकी एक पहचान तथा छवि बनाने तथा एक व्यक्तित्व को दूसरों से पृथक कराने के कार्य में अच्छी तरह सहयोगी होते हैं।

व्यक्तित्व गुणों की संख्या (The Number of Personality traits)

गुणों की संख्या के बारे में मनोवैज्ञानिकों में एकमत नहीं हैं। सर्वप्रथम 1936 में ऑलपोर्ट ने 17,953 शब्दों की एक सूची बनाई जिससे मानव गुणों को प्रकट किया जा सकता था। बाद में 1956 में कैटल ने 16 व्यक्तित्व कारकों की सूची प्रस्तुत की।

कैटल के 16 व्यक्तित्व गुणों की सूची

क्रमांक Factors	व्यक्तित्व गुण Traits	परस्पर विरोधी व्यक्तित्व गुण Opposite Traits
1.	भावुक/संवेगात्मक रूप से अस्थिर	शांत/संवेगात्मक रूप से स्थिर
2.	विवेकशील	अविवेकपूर्ण
3.	स्वयं में सीमित/ मित्रता रहित	मेलजोल वाला/ मित्रतापूर्ण
4.	दृढांग अधिकार जमाने वाला	दृढ़ता का अभाव/नम्र
5.	सादा एवं संयमी/गंभीर	मस्तमौला
6.	अन्तरात्मा से प्रेरित	स्वहित के प्रेरित
7.	शर्मीला/डरपोक	साहसी
8.	नाजुक	सख्त
9.	शंकालु	विश्वास करने वाला
10.	व्यवहारशील	कल्पनाशील
11.	चालाक/हेरा-फेरी वाला	सीधा/बिना हेराफेरी वाला
12.	आत्मविश्वासी/संतोषी	शंकित
13.	रूढ़िवादी	प्रगतिशील
14.	दूसरों पर निर्भर	आत्मनिर्भर
15.	अनुशासनहीन	स्वअनुशासित
16.	चिंतामुक्त	चिंतित/बेचैन

बाद में (1981)में गोल्ड बार्ग (1991) में कोस्त ने व्यक्तित्व कारकों की संख्या 5 तक सीमित कर दी।

पाँच कारक व्यक्तित्व गुण सूची

क्रमांक	व्यक्तित्व कारक	व्यक्तित्व गुण
1.	बहिमुखी (Extraversion)	बातूनी, मेलजोल वाला, साहसी
2.	सहमति या समझौतावादी प्रकृति (Agreeableness)	भलापन, सहयोगी, दूसरों के द्वारा पसन्द
3.	अन्तरात्मा की आवाज़ (Conscientiousness)	जिम्मेदारी निभाना, पवित्र आचरण, कार्य के प्रति सजगता
4.	संवेगात्मक स्थिरता (Emotional Stability)	शांत, धैर्यवान तथा स्थिर
5.	संस्कृति (Culture)	बुद्धिमान, कलादर्शन तथा साहित्यिक विषयों में पारंगत

गुण (Traits)

गुणों की विशेषताएँ—

* गुण अर्जित व्यवहार है।
* सीखने की प्रक्रिया से गुण प्रभावित होते हैं।
* गुणों के आधार पर भविष्यवाणी भी की जा सकती है।
* वंशानुक्रम भी गुणों का निर्धारण करते हैं।
* व्यक्ति में अच्छे एवं बुरे दोनों ही गुण होते हैं।

आप यह अवश्य जान लें कि आदतें बदलना कठिन है, परन्तु गुणों में परिवर्तन होता रहता है।

गुणों का निर्माण

1. अभ्यास : वांछनीय गुणों का अभ्यास कराया जाए।

2. वातावरण : उचित वातावरण गुणों के निर्माण में सहायक होता है।

3. इच्छा शक्ति : गुणों के निर्माण के लिए इच्छा शक्ति का होना भी आवश्यक है।

आत्म संप्रत्यय (Self Concept)

जब पूर्ण अर्थ किसी शब्द के साथ एकाकार हो जाता है या उससे निकाल लिया जाता है तथा व्यक्ति को उसका ज्ञान हो जाता है तो उसके प्रति एक संप्रत्यय या एक सामान्यीकरण का निर्माण हो जाता है। संप्रत्यय को हम नमूनों, योजनाओं या मानसिक श्रेणियों के रूप में ले सकते हैं जो हमारे विचार की, वस्तु की–चाहे वह प्रत्यक्षीकरण के रूप में हो या कल्पना के रूप में अर्थ प्रदान करने के योग्य बनाते हैं।

आत्म संप्रत्यय का अर्थ आप इस प्रकार समझ सकते हैं कि, "कोई भी व्यक्ति जिस प्रकार से प्रत्यक्षीकरण करता है जिस प्रकार स्वयं को देखता है, वही उस व्यक्ति का आत्म संप्रत्यय कहलाएगा।"

रॉस के शब्दों में, "प्रत्यय देखी हुई वस्तु का मन में नमूना या प्रतिमान (Pattern in Mind) है।"

कार्ल रोज़र के अनुसार, "आत्म संप्रत्यय का अर्थ है कि व्यक्ति स्वयं को दूसरों से अलग ही देखना प्रारंभ नहीं करता अपितु परिचित चेहरों, वस्तुओं और घटनाओं को भी पहचानना सीख लेता है।"

जेम्स के अनुसार, "आत्म या स्वयं की तीन दिशाएं (Constituents) होती है।"

पदार्थ आत्म (Material Self)

सामाजिक आत्म (Social Self)

आध्यात्मिक आत्म (Spiritual Self)

कोम्ब एवं स्निग (Comb and Snygg) के अनुसार, "आत्म संप्रत्यय व्यक्ति अपना प्रत्यक्षीकरण या स्वयं के बारे में धारणा है।"

आत्म संप्रत्यय में व्यक्ति का उसकी शारीरिक योग्यताओं, बाहरी रूप, बौद्धिक क्षमताओं, सामाजिक कौशल, मनोवैज्ञानिक स्वरूप (Self image) आत्म विश्वास, आत्म सम्मान एवं आत्म पूर्णता (adequacy) के बारे में (abstraction) एवं मूल्यांकन है। इस

प्रकार आत्म संप्रत्यय का सम्बन्ध व्यक्ति के आत्म प्रत्यक्षीकरण से है। एक व्यक्ति का आत्म प्रत्यक्षीकरण बदले में उसके सामाजिक (Interaction)—आकांक्षा का स्तर मनोवैज्ञानिक स्वास्थ्य, विद्यालयी उपलब्धि को प्रत्यय रूप में एवं उसकी लोकप्रियता और लोगों द्वारा स्वीकृति (approval) को प्रभावित करता है।

आत्म संप्रत्यय के घटक (Dimension/ Components of Self Concept)

1. प्रत्यक्षीकरण घटक (Perceptual Component)—इस घटक का अर्थ है व्यक्ति की वह (image) प्रतिमा जो वह सोचता है कि दूसरे पर छोड़ता है।

2. प्रत्यात्मक घटक (Conceptual Component)—प्रत्यात्मक घटक व्यक्ति की वह धारणा (Conception) है जो वह अपनी विशिष्ट विशेषताओं, योग्यताओं और अयोग्यताओं, पृष्ठभूमि, (Origin)— और अपने भविष्य के बारे में बनाता है। इसे व्यक्ति का मनोवैज्ञानिक आत्म संप्रत्यय भी कहते हैं।

3. दृष्टिकोणीय घटक (Attitudinal Component)— इससे अभिप्राय है व्यक्ति की वे भावनाएँ जो वह अपने बारे में अपने दृष्टिकोण के बारे में वर्तमान (status) या भावी (prospects) अपनी भावनाओं, योग्यताओं (self esteem– self approach) गर्व या शर्म के बारें में रखता है।

एरीकसन के अनुसार प्रत्येक व्यक्ति मनोवैज्ञानिक सामाजिक विकास की आठ अवस्थाओं से गुजरता है—

1. विश्वास (Trust)/ अविश्वास (Distrust)
2. स्वतंत्रता (Autonomy)/ सन्देह (Doubt)
3. Initiative/ guilt दोषिता
4. उद्योग (Industry) / (Interiority)
5. समानता (Identity) / (role diffusion)
6. आत्मीयता (Intimacy) / विच्छेद करना (Isolation)
7. (Generativity)/ स्थिरता (Stagnation)
8. अहम पूर्णता (Ego integrity)/ निराश होना (Despair)

आत्म प्रत्यय को प्रभावित करने वाले कारक
(Factors Affecting Development of Self Concept)

शारीरिक स्वास्थ, बुद्धि, स्वस्थ दृष्टिकोण, प्रेम एवं स्नेह, सुख की भावना, प्रशंसा एवं प्रोत्साहन, परिवार का सामाजिक आर्थिक स्तर, उद्देश्य एवं इच्छाएँ अवसरों का उपलब्ध होना, योग्य निर्देशकों का मिलना।

1. शारीरिक स्वास्थ्य—किसी भी क्षेत्र में दक्षता एवं अच्छे निष्पादन के लिए उत्तम स्वास्थ्य का होना आवश्यक है। अच्छा शारीरिक स्वास्थ्य अच्छे मानसिक स्वास्थ्य की पहचान है। उत्तम शारीरिक एवं मानसिक स्वास्थ्य व्यक्ति के व्यक्तित्व पर सकारात्मक प्रभाव डालती है जिससे उसका आत्म संप्रत्यय भी सकारात्मक बनता है।

2. बुद्धि—किसी व्यक्ति की सफलता या असफलता में उसकी बुद्धि महत्वपूर्ण भूमिका निभाती है। बुद्धिमान बालक की सभी प्रशंसा करेंगे, जिससे उसका मन और कार्य करने को करेगा और आत्म प्रतिभा बढ़ेगी।

3. स्वस्थ दृष्टिकोण—आत्म संप्रत्यय का स्वस्थ दृष्टिकोण से सीधा सम्बन्ध है। जैसे आशावादी बालक का आत्म संप्रत्यय सकारात्मक होगा जबकि निराशावादी बालक में हीन भावना व नकारात्मक भावों की प्रधानता रहेगी।

4. प्रेम एवं स्नेह—प्रत्येक व्यक्ति में प्रेम एवं स्नेह की मनोवैज्ञानिक आवश्यकताएँ निहित हैं, सकारात्मक आत्म संप्रत्यय के लिए इनकी पूर्ति आवश्यक है। जिस बालक को स्नेहपूर्ण वातावरण मिलता है, वह प्रगतिशील रहता है और उसका आत्म संप्रत्यय भी अच्छा होगा।

5. सुरक्षा की भावना—जब किसी बालक में सुरक्षा की भावना हो तो उसका आत्म संप्रत्यय भी अच्छा होगा। असुरक्षा की भावना से बालक में तनाव एवं कुण्ठा उत्पन्न हो जाती है। जिससे उसका आत्म संप्रत्यय निम्न हो जाता है।

6. प्रशंसा एवं प्रोत्साहन—उत्तम निष्पादन के लिए बालकों की प्रशंसा की जाए, उन्हें प्रोत्साहन दिया जाए। दूसरी ओर डाँट-फटकार एवं दण्ड से उनका मनोबल घट जाएगा।

7. परिवार का सामाजिक आर्थिक स्तर—उच्च आर्थिक एवं सामाजिक स्तर वाले परिवार का बालक खुश दीखेगा, क्योंकि उसकी सारी आवश्यकताएँ पूरी हो जाती हैं तो वह स्वयं को दूसरों से बेहतर समझता है, और उसका आत्म संप्रत्यय सकारात्मक होता है।

8. उद्देश्य एवं आकांक्षाएँ—असफलता से व्यक्ति में हीन भावना जन्म ले लेती है। इसलिए बालकों के उद्देश्य ऐसे हो जो प्राप्त हो सकें। ताकि उनका आत्म सम्मान उनकी दृष्टि में बना रहे।

आत्म संप्रत्यय निर्माण में अध्यापक की भूमिका
(Role of Teacher in Developing Self Concept)

1. स्वस्थ दृष्टिकोण बनाने में सहायता।
2. आपसी विश्वास एवं आदर बनाएं रखें।
3. विद्यार्थियों के दृष्टिकोण एवं विचारों को स्वीकार करें।
4. उपहास या व्यंग्यात्मक टिप्पणी न करें।
5. शारीरिक दण्ड़ न दें।
6. व्यक्तिगत ध्यान दें।
7. निहित सामर्थ्य का विकास करें।
8. सहगामी क्रियाओं का आयोजन करें।
9. प्रभावशाली परामर्श एवं निर्देशन दें।

रुचियाँ (Interest)

रुचि व्यक्ति के सम्पूर्ण व्यक्तित्व की एक महत्वपूर्ण विधा है। रुचि को अंग्रेजी में (Interest) कहते हैं। जो मूलत: लैटिन भाषा का शब्द है जिसका अर्थ होता है: "it matters or it concerns" इस प्रकार रुचि उसी वस्तु में होती है जो हमसे किसी न किसी प्रकार का संबंध रखती है। जिस वस्तु या बात से बालक का संबंध नही होगा, वह उसमें रुचि भी नहीं रखेगा। आप कह सकते हैं कि रुचि का कारण प्रयोजन होता है। जिस वस्तु से हमारा कोई प्रयोजन होता है उसमें हमारी रुचि उत्पन्न हो जाती है और उसे हम अपने

चेतना केन्द्र में ले आते हैं। जैसे बालक को खाने-पीने की चीज़ अच्छी लगती है तो उन वस्तुओं में उसकी रुचि हो जाती है। रुचि के अर्थ के सम्बन्ध में कुछ परिभाषाएँ—

क्रो एवं क्रो, "रुचि वह अभिप्रेरक शक्ति है जो हमें किसी व्यक्ति, वस्तु या क्रिया की ओर ध्यान देने के लिए मजबूर करती है अथवा यह एक प्रभावात्मक अनुभूति है जो स्वयं क्रिया द्वारा अभिप्रेरित होती है।"

बिंघम, "रुचि किसी अनुभव में संविलीन होने व इसमें संलग्न रहने की प्रवृत्ति है, जबकि विरक्ति उससे दूर हो जाने की प्रवृत्ति है।"

गिलफोर्ड, "रुचि किसी क्रिया, वस्तु या व्यक्ति पर ध्यान देने, उसके द्वारा आकर्षित होने उसे पसन्द करने तथा उससे सन्तुष्टि पाने की प्रवृत्ति है।"

ड्रेवर, "रुचि अपने गतिशील रूप में एक संस्कार है।"

स्टाऊट, "रुचि अनुभवों का भावात्मक इच्छात्मक पक्ष है।"

बी.एन. झा, "रुचि वह स्थिर मानसिक संस्थान है जो कार्य चालू रख कर 'ध्यान' बराबर बनाए रखता है।"

रॉस, "जो वस्तु हमसे सम्बन्धित होती है अथवा प्रयोजन रखती है, हमारी रुचि उसी में होती है।"

रुचि की प्रकृति और विशेषताएँ (Nature and Characteristics of interest)

1. रुचि एक अभिप्रेरक शक्ति है जो व्यक्ति को ज्ञानात्मक क्रियात्मक या भावात्मक व्यवहार की ओर ले जाती है।
2. रुचि और ध्यान का परस्पर गहरा सम्बन्ध है।
3. हमारी रुचियाँ हमारी आवश्यकताओं इच्छाओं तथा लक्ष्यों से बहुत अधिक प्रभावित होती हैं।
4. रुचियाँ जन्म जात भी होती हैं और अर्जित भी।
5. रुचि के अनुसार कार्य करने पर सन्तुष्टि मिलती हैं।
6. रुचि के आधार पर सीखने से मार्ग की रूकावटें आसानी से दूर हो जाती हैं।
7. रुचियाँ परिवर्तनशील होती हैं।
8. रुचि किसी भी वस्तु को व्यक्तिगत अर्थ प्रदान करती है।
9. परिपक्वता के साथ-साथ रुचियों में विभिन्नताएँ कम होती जाती हैं।
10. रुचियाँ वर्तमान से सम्बन्ध होती हैं।

रुचियों के प्रकार
(Types of Interest)

जन्मजात (Inborn) अर्जित (Acquired)

जन्मजात रुचि—व्यक्ति की जन्मजात रुचि उसकी मूल प्रवृत्तियों के विषय से संबंधित होती हैं। जैसे बच्चे की रुचि खिलौनों व टॉफी में होती है तो किशोरों की रुचि सजने संवरने या काम विषयक साहित्य में होती है।

अर्जित रुचि—ये वे रुचियाँ होती हैं जो आदतों, मनोभावों हीन भावों, आचरण तथा आदर्शों द्वारा ग्रहण की जाती हैं। इस प्रकार की रुचियाँ भी जन्मजात रुचियों के माध्यम से ही उत्पन्न की जाती है। उदाहरण के लिए जिस वस्तु का कोई प्रयोजन होता है उसमें रुचि उत्पन्न की जाती हैं।

रुचि मापन की विधियाँ
(Techniques of Interest Measurement)

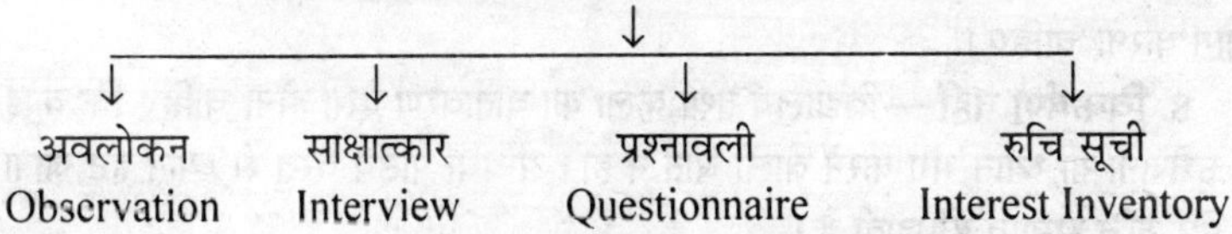

बालकों में रुचि का विकास (Development of Interest among Children)

शैक्षिक सम्प्राप्ति रुचि पर ही निर्भर होती है। बिंघम के शब्दों में, ''यदि इच्छा को मापन करने का कोई यंत्र होता, तो सम्प्राप्ति का पूर्व कथन भी संभव हो जाता।''

सीखने की प्रक्रिया को रुचिकर बनाने के लिए निम्न बातों पर ध्यान देना आवश्यक है।

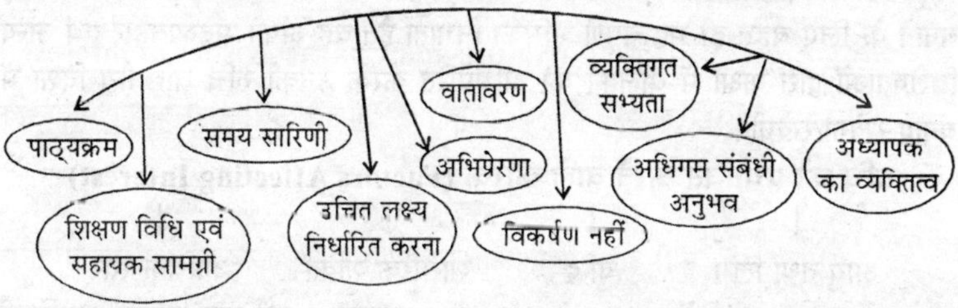

1. पाठ्यक्रम—पाठ्यक्रम का बच्चों के दैनिक जीवन से संबंध होना चाहिए। पाठ्यक्रम की उपयोगिता तथा उसके अध्ययन का प्रयोजन छात्रों को स्पष्ट होना चाहिए। विषयवस्तु का स्तर छात्रों के बौद्धिक स्तर तथा उनकी प्राकृतिक रुचियों से संबंधित होना चाहिए।

2. शिक्षण विधि एवं सहायक सामग्री—शिक्षण विधि ही किसी पाठ को रोचक या अरोचक बनाती है। अध्यापक को पाठ पढ़ाते समय कुशल तथा प्रभावशाली विधियों का प्रयोग करना चाहिए। पढ़ाते समय सहायक सामग्री विधि विद्यार्थियों की रुचि को आकर्षित करती हैं।

3. उचित लक्ष्य निर्धारित करना—किसी विशिष्ट पाठ को पढ़ाने से पहले उचित लक्ष्य निर्धारित किया जाए एवं छात्रों को भी उनसे अवगत किया जाए।

4. समय सारिणी—समय सारिणी का निर्माण शैक्षिक सिद्धांतों के अनुकूल करना चाहिए। विषय परिवर्तन, लिखने, पढ़ने आदि क्रियाओं का परिवर्तन, बीच-बीच में अवकाश आदि की उपयुक्त व्यवस्था होनी चाहिए।

5. व्यक्तिगत सहायता—छात्रों की व्यक्तिगत विभिन्नताओं का ध्यान रखकर उनकी व्यक्तिगत सहायता करनी चाहिए और उनकी कठिनाईयों को दूर करना चाहिए। कठिनाईयों के होने से रुचि समाप्त हो जाती हैं। सफलता मिलने से रुचि बढ़ने लगती है।

6. वातावरण—अध्यापक को उचित वातावरण के निर्माण की ओर विशेष ध्यान देना चाहिए। कक्षा का फर्नीचर, वायु और प्रकाश, बैठने की व्यवस्था, छात्रों व शिक्षक की मानसिक स्थिति सभी का सीखने में योगदान होता है। अत: इनकी ओर ध्यान दिया जाना चाहिए।

7. अभिप्रेरणा—बालकों की सफलता के लिए उनकी प्रशंसा की जानी चाहिए। प्रोत्साहन से रुचि बढ़ती है। शिक्षण में अभिप्रेरणा प्रदान करने की सभी तकनीकों का प्रयोग करना चाहिए।

8. विकर्षण नहीं—विद्यालय तथा कला का वातावरण ऐसा होना चाहिए कि कोई भी उत्तेजना या ध्यान भंग करने वाली बात न हो। अन्यथा पाठ्य वस्तु से ध्यान हट जाता है और रुचि समाप्त हो जाती है।

9. अधिगम सम्बन्धी अनुभवों का उचित चुनाव एवं गठन—विषय वस्तु की अनुचित व्यवस्थाओं के कारण बच्चों में उस पाठ के प्रति रुचि उत्पन्न नहीं होती। अत: अध्यापक को सभी मनोवैज्ञानिक सिद्धांतों का सम्मुख रखते हुए विषय वस्तु का चुनाव एवं गठन करना चाहिए कि बालकों की रुचि बनी रहे।

10. अध्यापक का व्यक्तित्व—अध्यापक का व्यक्तित्व पाठ में बालकों की रुचि बनाने के लिए बहुत ही महत्वपूर्ण भूमिका निभाता है। वह अपने सद्व्यवहार एवं अन्य विशेषताओं द्वारा कक्षा में बालकों को अभिप्रेरित करके उनकी रुचि वांछनीय दिशा में बनाए रखेगा/रखेगी।

रुचि को प्रभावित करने वाले कारक (Factors Affecting Interest)

↓	↓	↓	↓
आयु तथा लिंग	बुद्धि	शारीरिक शक्ति	आर्थिक स्तर

(*i*) आयु तथा लिंग (Age and Sex)—लगभग 6 वर्ष तक लड़के-लड़कियाँ मिलकर खेलते हैं परन्तु उसके बाद रुचियाँ बदलने लगती हैं। लड़कियाँ परियों की कहानी सुनने में रुचि लेती हैं, लड़के साहसिक कामों में रुचि लेने लगते हैं। इस प्रकार आयु और लिंग के अनुसार बालकों की रुचियाँ बदलती रहती है।

(*ii*) बुद्धि (Intelligence)—बुद्धिमान बालक की रुचियां भी सकारात्मक होंगी।

(*iii*) शारीरिक शक्ति (Physical Strength)—ताकतवर बच्चा क्रिकेट फुटबाल आदि खेलों में रुचि लेता है जबकि एक कमजोर बालक फोटोग्राफी, पेन्टिंग टिकट इकट्ठा करना आदि कार्यों में रुचि लेता है।

(*iv*) आर्थिक स्तर (Economic Status)—आर्थिक स्तर और रुचि का गहरा सम्बन्ध है। उच्च आर्थिक स्तर का बालक अपनी वांछनीय गति में सरलता से बढ़ सकता है।

मूल्य (Values)

मानव अपने भौतिक तथा सामाजिक वातावरण के साथ समायोजन की प्रक्रिया में तरह-तरह के अनुभव प्राप्त करता है तथा अपने इन विभिन्न प्रकार के अनुभवों के आधार पर जीवन के कुछ सामान्य सिद्धांत विकसित करता है। व्यक्ति द्वारा अपने लिए निर्धारित जीवन के इन सामान्य सिद्धांतों को ही मूल्य के नाम से पुकारा जाता है। मूल्य वास्तव में

मानव के व्यक्तित्व का एक अत्यन्त महत्वपूर्ण पक्ष प्रतिबिम्बित करते हैं। व्यक्ति के मूल्यों को जानकर उसको एवं उसके व्यवहार को समझना अत्यधिक सरल हो जाता है।

मूल्यों की प्रकृति (Nature of Values)

साधारणत: मूल्य शब्द का प्रयोग व्यक्ति की पसन्द-नापसन्द अथवा प्राथमिकताओं के निर्धारण के लिए किया जाता है। व्यक्ति अपने मूल्यों के अनुरूप ही कार्य करता है।

परिभाषाएँ (Definitions)

ननली के अनुसार, ''मूल्य जीवन के लक्ष्यों तथा जीवन शैली से सम्बन्धित होते हैं।''

ऑलपोर्ट के अनुसार, ''मूल्य वे विश्वास हैं जिन पर व्यक्ति प्राथमिकता से कार्य करता है।''

पिपर ने मूल्यों को रुचियों, आनन्दों, पसन्दों, प्राथमिकताओं, कर्तव्यों, नैतिक दायित्वों, इच्छाओं, आवश्यकताओं, मांगों आकर्षणों तथा चयनित अभिमुखता के अनेक प्रकारों के रूप में परिभाषित किया है।

उपरोक्त परिभाषाओं के आधार पर आप कह सकते हैं कि मूल्य व्यक्ति के वे निर्देशन-सिद्धांत हैं जो उसके सम्पूर्ण जीवन दर्शन व व्यवहार शैली को निर्धारित करते हैं।

महान् मनोवैज्ञानिक स्प्रेंजर (Spranger) ने मूल्य को छ: वर्गों में विभक्त किया था।

मूल्य

सैद्धांतिक मूल्य | आर्थिक मूल्य | सौन्दर्यात्मक मूल्य | सामाजिक मूल्य | राजनैतिक मूल्य | धार्मिक मूल्य

मूल्यों का मापन (Measurement of Values)

मूल्यों का मापन अपने आप में एक जटिल प्रक्रिया है। मूल्य मापन की निम्न विधियाँ प्रमुख हैं:—

→ अवलोकन (Observation)
→ साक्षात्कार (Interview)
→ प्रश्नावली (Questionnaire)
→ निर्धारण मापनी (Rating scale)
→ प्रक्षेपण (Projection)

1. अवलोकन—किसी व्यक्ति के शाब्दिक व अशाब्दिक बाह्य व्यवहार हो देखकर वर्णन करना ही 'अवलोकन' है। यह विधि तभी वैद्य एवं विश्वसनीय होगी जब अवलोकनकर्ता यथार्थ व वस्तुनिष्ठता का पालन करे। कई बार व्यक्ति सामाजिक दबाव के कारण अनेक दृष्टिकोणों को खुलकर बनाता व लिखता नहीं है। अत: अवलोकनकर्ता को बारीकी से देखना होगा।

2. साक्षात्कार—इस विधि में प्रयोज्य को सामने बैठा कर उससे प्रश्न पूछे जाते हैं और उसके उत्तरों के आधार पर उसके मूल्यों का अनुमान लगाया जाता है।

3. प्रश्नावली—यह वास्तव में प्रश्नों का एक संकलन है जिसे उत्तरदाता के सम्मुख लिखित या मुद्रित रूप में प्रस्तुत किया जाता है। उत्तरदाता भी अपना उत्तर लिखित रूप में देता है। इससे एक की समय में अनेक व्यक्तियों से प्रश्न पूछे जा सकते हैं।

4. निर्धारण मापनी—इसकी सहायता से किसी व्यक्ति की पसन्द या नापसन्द की सीमा तथा गहनता को जानकर उसके मूल्यों का मापन करने का प्रयास किया जाता है।

5. प्रक्षेपण—इससे व्यक्ति के मूल्यों, दृष्टिकोणों, पसन्द आदि को परोक्ष रूप से जाना जाता है। व्यक्ति के द्वारा अभिव्यक्त प्रतिक्रियाओं के विश्लेषण से उसके मूल्यों को ज्ञात किया जा सकता है।

मूल्यों का विकास (Development of Values)

1. बालक को नियमित रूप से नैतिक शिक्षा देनी चाहिए।
2. बालक के अच्छे विचारों, इच्छाओं और प्रवृत्तियों को प्रोत्साहित करना चाहिए।
3. बालक को उत्तम वातावरण में रख कर उसमें नैतिक गुणों का विकास करना चाहिए।
4. बालक को ऐसे वातावरण में रखना चाहिए, जिससे उसमें भय, घृणा, क्रोध आदि के समान अवांछनीय स्थायी भाव न उत्पन्न हो।
5. बालक की मूलप्रवृतियों का शोधन, रूप परिवर्तन और प्रशिक्षण करके उसमें उत्तम आदर्शों, सद्‌गुणों और अमूर्त्त स्थायीभावों का निर्माण करना चाहिए।

आप यह जान लें कि बालक में नैतिक, सामाजिक एवं धार्मिक मूल्यों का वांछनीय समावेश होना चाहिए। यह कोई एक दिन में सम्पन्न होने वाली क्रिया नहीं है। जीवन के मूल्यों का विकास और निर्माण परिवार से प्रारम्भ होता है और फिर विद्यालय एवं समाज में रहते हुए उसके इन मूल्यों का संशोधन होता है। अतः सभी को मिलकर बालक के मूल्यों का निर्माण एवं विकास करना है। स्वस्थ मूल्य ही स्वस्थ बालक एवं सुदृढ़ राष्ट्र का निर्माण करेंगे।

अभिवृत्तियाँ (Attitudes)

अभिवृत्ति व्यक्ति के मनोभावों या विश्वासों को इंगित करती है। ये बताती है कि व्यक्ति क्या महसूस करता है अथवा उसके पूर्व विश्वास क्या हैं। आप यूँ भी कह सकते हैं कि अभिवृत्ति व्यक्ति के व्यक्तित्व की वे प्रवृत्तियाँ हैं, जो उसे किसी वस्तु, व्यक्ति आदि के संबंध में किसी विशिष्ट प्रकार के व्यवहार को प्रदर्शित करने का निर्णय लेने के लिए प्रेरित करती हैं। अभिवृत्ति के निर्माण में व्यक्ति के व्यवहार के प्रत्यक्षात्मक संवेगात्मक तथा क्रियात्मक पक्ष निहित रहते हैं।

परिभाषाएँ—

गुड् के शब्दों में, "अभिवृत्ति किसी परिस्थिति, व्यक्ति या वस्तु के प्रति किसी विशेष ढंग से किसी विशेष सघनता से प्रतिक्रिया करने की तत्परता है।"

फ्रीमैन के अनुसार, "अभिवृत्ति किन्हीं परिस्थितियों, व्यक्तियों या वस्तुओं के प्रति सतत् ढंग से प्रतिक्रिया करने की स्वाभाविक तत्परता है, जिसे सीख लिया गया है तथा जो व्यक्ति विशेष के द्वारा प्रतिक्रिया करने का विशेष ढंग बन गया है।"

रैमर्स, गेज़ तथा रूमेल के शब्दों में, "अभिवृत्ति किसी मनोवैज्ञानिक वस्तु के प्रति, अनुभवों के द्वारा संगठित, धनात्मक या ऋणात्मक प्रतिक्रिया करने की संवेगात्मक प्रवृत्ति है।"

इलियट तथा मैरिल, "अभिवृत्तियाँ वे प्रवृत्तियाँ हैं जिनके द्वारा एक विशेष प्रकार की परिस्थिति होने पर एक विशेष ढंग से कार्य किया जाता है।"

ऑलपोर्ट, "अभिवृत्ति अनुभवों के माध्यम से संगठित मानसिक तथा स्नायुयिक (Neural) तत्परता की दशा है जो सम्बन्धित वस्तुओं तथा परिस्थितियों के प्रति व्यक्ति की अनुक्रिया को निर्देशित या प्रभावित करती है।"

अभिवृत्ति की विशेषताएँ

1. अभिवृत्ति का संबंध किसी वस्तु, व्यक्ति, परिस्थिति, योजना आदि से होता है।
2. अभिवृत्ति धनात्मक और नकारात्मक दोनों ही प्रकार की हो सकती हैं।
3. अभिवृत्ति केवल जन्मजात न होकर वातारण से अर्जित भी की जा सकती है।
4. अभिवृत्ति व्यक्ति के व्यवहार को सार्थक रूप से प्रभावित करती है।
5. अभिवृत्ति व्यक्ति के व्यक्तित्व के विभिन्न पक्षों से संबंध रखती है।
6. व्यक्ति की अभिवृत्ति उसे दिए गए उद्दीपन पर निर्भर करती है।
7. अभिवृत्ति के विकास में प्रत्यक्षीकरण तथा संवेगात्मक कारकों की महत्वपूर्ण भूमिका होती है।

अभिवृति तथा अन्य प्रत्ययों में अन्तर
(Difference between Attitude and other Similar Concepts)

अभिवृत्ति तथा अभिप्रेरणा (Attitude and Motivation)—अभिप्रेरणा किसी परिस्थिति विशेष में उत्पन्न होती है, जबकि अभिवृत्ति लम्बे समय तक रहती है और व्यक्ति के स्वयं के अनुभवों पर आधारित होती है। आवश्यकता पूरी होने पर अभिप्रेरणा समाप्त हो जाती है, दूसरी ओर आवश्यकता पूरी होने या न होने का अभिवृत्ति पर कोई प्रभाव नहीं पड़ता।

अभिवृति एवं मूल्य (Attitude and Value)—अभिवृत्ति आत्मगत होती है जबकि मूल्य वस्तुगत होते हैं। अभिवृत्ति के निर्धारण में व्यक्ति के 'स्व' का अधिक महत्व होता है जबकि मूल्य के निर्धारण में संबंधित वस्तु या व्यक्ति का अधिक महत्व होता है।

अभिवृत्ति एवं विश्वास (Attitude and Belief)—विश्वास वास्तव में अभिवृत्ति का ही एक स्थायी रूप है।

अभिवृत्ति एवं रुचि (Attitude and Interest)—अभिवृत्ति धनात्मक तथा ऋणात्मक दोनों हो सकती है जबकि रुचि केवल धनात्मक होती है। स्पष्ट है कि अभिवृत्ति रुचि से व्यापक है।

अभिवृत्ति एवं अभिक्षमता (Attitude and Aptitude)—अभिवृत्ति व्यक्ति का किसी वस्तु, व्यक्ति का परिस्थिति के प्रति एक विशिष्ट प्रकार का दृष्टिकोण है, इसके

विपरीत अभिक्षमता, व्यक्ति की वह मानसिक योग्यता है जो किसी विशिष्ट क्षेत्र में उसकी सम्भावित सफलता की ओर संकेत करती है।

अभिवृत्तियों का मापन (Measurement of Attitude)

इसके मापन की तीन मुख्य विधियाँ हैं:

1. प्रत्यक्ष प्रश्न विधि (Method of Direct Questioning)
2. प्रत्यक्ष अवलोकन विधि (Method of Direct Observation)
3. स्केलिंग विधि (Scaling Method)

अभिवृत्ति और शिक्षा (Attitude and Education)—व्यक्ति की अभिवृतियाँ उसके व्यवहार की उत्प्रेरक होती है। शिक्षा का उद्देश्य छात्रों में उत्तम सामाजिक और नैतिक अभिवृत्तियों का विकास करना है। आत्म सम्मान के भाव विकसित करके बच्चों में वांछित अभिवृत्ति का विकास किया जा सकता है। उसके विचारों, अच्छे भावों को साहित्य एवं इतिहास के शिक्षण के माध्यम से प्रस्तुत करना चाहिए। विद्यालय का वातावरण अच्छा होना चाहिए। बालक अध्यापक का अनुसरण करते हैं। अतएव उपयुक्त उत्तेजना प्रस्तुत करके बालकों की अवांछनीय अभिवृत्तियों को वांछित दिशा में परिवर्तित किया जा सकता है। बालकों में कार्य के प्रति, निष्ठा उत्पन्न की जाए ताकि देश की उत्पादकता बढ़े। अपने उदाहरण के द्वारा शिक्षक बालकों में उच्च चरित्र का आदर्श उपस्थित करें। शिक्षा का मुख्य उद्देश्य बालक में नैतिक गुणों, सामाजिक गुण, ईमानदारी, शिष्टाचार सहयोग की भावना आदि अभिवृतियों का निर्माण करना है। अध्यापक पर निर्भर करता है कि वह किस प्रकार कक्षा में ऐसा वातावरण उत्पन्न करे कि इन अभिवृत्तियों का बालकों में समुचित विकास हो सके।

अध्यापक और छात्र के मध्य जितने अच्छे सम्बन्ध स्थापित होंगे उतनी ही सम्भावना अधिक होगी कि वह बालकों में वांछनीय अभिवृतियों का विकास कर सकें।

समायोजन
(Adjustment)

"समायोजन के फलस्वरूप प्रसन्नता होती है, क्योंकि इससे संवेगात्मक द्वन्द और तनाव दूर हो जाते हैं।"

— कुप्पूस्वामी

एक व्यक्ति को व्यस्कता प्राप्त होने से पूर्व वृद्धि तथा विकास के विभिन्न स्तरों से गुजरना पड़ता है। यह निरपवाद है कि व्यक्ति को अपने जीवन के प्रत्येक स्तर पर अपनी जैविक, मनोवैज्ञानिक और सामाजिक आवश्यकताओं की पूर्ति करने के लिए कठिन परिश्रम करना होता है। समाज की तत्कालीन आवश्यकताओं की पूर्ति के लिए उसे तैयार होना पड़ता है। मनुष्य जिस वातावरण तथा जिन सांस्कृतिक और भौगोलिक परिस्थिति के बीच रहता है। उसका प्रभाव उसकी शारीरिक बनावट पर पड़ता है। उसे अपने वातावरण से समायोजन करना पड़ता है।

आईये समायोजन की परिभाषाओं का उल्लेख करें—

बोरिंग, लैगफील्ड एवं बैल्ड़ के शब्दों में, "समायोजन वह प्रक्रिया है जिसके द्वारा

प्राणी अपनी आवश्यकताओं और इन आवश्यकताओं की पूर्ति को प्रभावित करने वाली परिस्थितियों से सन्तुलन रखता है।''

कुण्डु एवं टूटू के शब्दों में, ''समायोजन से अभिप्राय व्यक्ति और वातावरण के मधुर सम्बन्धों का होना है।''

गेट्स एवं अन्य के अनुसार, ''समायोजन निरन्तर चलाने वाली प्रक्रिया है, जिसके द्वारा व्यक्ति अपने और अपने वातावरण के बीच संतुलित सम्बन्ध रखने के लिए अपने व्यवहार में परिवर्तन करता है।''

समायोजन की संकल्पना जीव-विज्ञान के अनुकूलन शब्द से उत्पन्न हुई है। जीववैज्ञानिक अनुकूलन शब्द का प्रयोग सुनिश्चित रूप से पर्यावरण सम्बन्धी भौतिक आवश्यकताओं के लिए करती है किन्तु मनोवैज्ञानिक अनुकूलन शब्द का उपयोग समाज में व्याप्त सामाजिक अथवा अंतर वैयक्तिक सम्बन्धों की विभिन्न परिस्थितियों के लिए करते हैं। उनके अनुसार समायोजन एक उपलब्धि भी है और एक प्रक्रिया भी।

समायोजन एक उपलब्धि : उपलब्धि के रूप में समायोजन का तात्पर्य यह है कि एक व्यक्ति विभिन्न परिस्थितियों में कितनी दक्षता के साथ अपने कर्तव्यों का पालन करता है। जब हम समायोजन को एक उपलब्धि मानते हैं तो हम समायोजन की गुणवत्ता के मूल्यांकन के लिए कुछ मापदंड निर्धारित करते हैं। ऐसे कुछ सार्वभौमिक मापदंड निर्धारित नहीं किए जा सकते जो हर समय अथवा प्रत्येक स्थिति में काम आ सकें, क्योंकि मापदंड में मूल्य निर्णयन सम्मिलित होते हैं जो एक ही संस्कृति में, एक संस्कृति से इसी की संस्कृति में तथा एक पीढ़ी से दूसरी पीढ़ी में अलग-अलग होते हैं। मनोवैज्ञानिकों द्वारा चार मापदंड का विकास किया गया है जो समायोजन के औचित्य का मूल्यांकन करते हैं।

1. शारीरिक स्वास्थ्य
2. मनोवैज्ञानिक सुख
3. कार्यकुशलता
4. सामाजिक स्वीकरण (प्रतिग्रहण)

प्रक्रिया के रूप में समायोजन अध्यापकों के लिए महत्वपूर्ण होता है। विद्यार्थियों का समायोजन व्यापक रूप से जिस वातावरण में वे रहते हैं, उससे प्रभावित होता है। वे सदैव इसके अनुकूल समायोजन का प्रयत्न करते हैं। पियाजे ने समायोजन प्रक्रिया का विभिन्न दृष्टिकोणों से अध्ययन किया। वे समावेशन/ आत्मसातकरण तथा समंजन शब्दों का प्रयोग करते हैं जो व्यक्ति अथवा वातावरण को समायोजन साधन के रूप में निरूपित करते हैं। एक व्यक्ति जो अपने मूल्यों तथा आचरणों के मानकों को बिना किसी परिवर्तन के धारण करता है तथा समाज में पर्याप्त परिवर्तन होने पर भी उन्हें जारी रखता है, उसे समावेशक कहते हैं। वह व्यक्ति जो अपने मानकों को सामाजिक संदर्भों से ग्रहण करता है और अपने विश्वासों को समाज के परिवर्तन मूल्यों के साथ बदलता रहता है उसे समंजक कहते हैं। समाज में सफलतापूर्वक समायोजित होने के लिए एक व्यक्ति को दोनों युक्तियों, समावेशन तथा समंजन का सहारा लेना होता है। समस्या तब उत्पन्न होती है जब सामाजिक मनोविज्ञान की आवश्यकताओं की पूर्ति नहीं हो पाती है जिसके फलस्वरूप प्राय: कुसमायोजित व्यवहार होता है। जब इन आवश्यकताओं की पूर्ति रूपेण हो जाती है तो जीव में संतुलन की एक अस्थायी स्थिति हो जाती है और उस लक्ष्य की ओर से क्रियाशीलता समाप्त हो जाती है।

इस प्रकार स्वस्थ समायोजन एक प्रक्रिया है जिसके द्वारा एक व्यक्ति अपनी जैविक मनावैज्ञानिक तथा सामाजिक आवश्यकताओं की सफलतापूर्वक पूर्ति करता है और उचित व्यवहारगत अनुक्रियाओं द्वारा समाज की बाह्य अपेक्षाएं तथा स्वयं की आंतरिक आवश्यकताओं के बीच संतुलन स्थापित करता है।

एक सुसमायोजित व्यक्ति की विशेषताएँ—

1. चिंतन में परिपक्वता।
2. भावात्मक संतुलन।
3. दूसरों के प्रति संवेदी समझ।
4. दैनिक घटनाओं द्वारा जनित तनाव से मुक्ति।
5. स्वतंत्र निर्णय लेने में सक्षम।
6. स्पष्ट उद्देश्य।
7. सामाजिकता की भावना।
8. उत्तरदायित्व की भावना।
9. औरों को कष्ट नहीं पहुँचाना।

विद्यालय में समायोजन

शिक्षा का प्राथमिक उद्देश्य है कि विद्यार्थियों को उनके सामाजिक जीवन में सफल होने का प्रशिक्षण देना। जीवन के स्वाभाविक उद्देश्यों के अनुसार छात्रों के व्यक्तित्व का निर्माण और परिष्कार करने में अध्यापकों की प्रमुख भूमिका है।

अध्यापक को छात्र के व्यक्तित्व के सामंजस्यपूर्ण विकास पर बल देना होगा। आपका व्यवहार ही उनके लिए समायोजन को सुगम बना सकता है। कुछ मुख्य तत्व इस प्रकार हैं—

1. अध्यापकों का उपयुक्त प्रशिक्षण—जो अध्यापक अपने प्रशिक्षण में मनोविज्ञान का आधार लेते हैं वे छात्रों को समझ कर उन्हें समायोजन करने में सहायता कर सकते हैं। लोकतान्त्रिक दृष्टिकोण उन्हें समायोजन प्रक्रिया की ओर अग्रसर करता है।

2. उपयुक्त पाठ्यक्रम—पाठ्यक्रम इस प्रकार से नियोजित और क्रियान्वित होना चाहिए कि यह छात्रों की सामाजिक और मनोवैज्ञानिक आवश्यकताओं की पूर्ति हो सके। आवश्यकताओं की पूर्ति से समायोजन अच्छा होता है।

3. मनोरंजन की उपयुक्त सुविधाएँ—खेलकूद, पुस्तकालय वाद-विवाद, परिभ्रमण जैसी सुविधाएँ छात्रों को समायोजन करने में मदद कर सकती है। विद्यालय में हम उन्हें मनोरंजन की उचित सुविधाएँ प्रदान करें।

4. कक्षा का वातावरण—यदि कक्षा का वातावरण वात्सल्यपूर्ण तथा पर्याप्त सहयोगपूर्ण है तो इससे छात्रों में अच्छा समायोजन किया जा सकेगा।

5. प्रशासन के मध्य उचित सम्बन्ध—प्रधानाचार्य और अध्यापकों के मध्य, अध्यापक-अध्यापक के मध्य, अध्यापक और कार्यालय के मध्य मधुर सम्बन्ध होंगे तो वातावरण स्वस्थ रहेगा और सामंजस्य बना रहेगा।

6. मूल्यांकन प्रणाली—मूल्यांकन कठोर एवं लचीला दोनों प्रकार का होना चाहिए। अत्याधिक व्यक्तिनिष्ठता और अविश्वसनीयता दूर होनी चाहिए। संख्यात्मक अंकन को

दूर कर छात्रों को ग्रेड देने चाहिए। कम अंक पाने से छात्र अपने जीवन में विश्वास खो बैठता है जिसके परिणामस्वरूप उसका मानसिक स्वास्थ्य प्रभावित होता है। अध्यापकों द्वारा अनुतीर्ण शब्द का प्रयोग नहीं करना चाहिए।

अतः समायोजन एक ऐसी युक्ति है जिसमें अवरोधों को दूर करना, लक्ष्यों की उपलब्धि, प्रेरकों की सन्तुष्टि, कुण्ठाओं से मुक्ति तथा संतुलन संस्थापक की स्वाभाविक विधियाँ आदि सम्मिलित हैं। छात्रों को अपनी भावनाएँ एवं समस्याएँ अभिव्यक्त करने के लिए प्रोत्साहित किया जाना चाहिए। छात्रों के लिए निर्देशन सेवा का आयोजन किया जाए। छात्रों की व्यक्तिगत आवश्यकताओं को भी ध्यान में रखा जाना चाहिए।

सारांश

1. व्यक्तित्व मनुष्य के आन्तरिक एवं बाह्य गुणों का योग है।
2. वंशानुक्रम, वातावरण एवं मनोवैज्ञानिक कारकों से व्यक्तित्व प्रभावित होता है।
3. बालक में वांछनीय आदतों का निर्माण आवश्यक है।
4. सीखने की प्रक्रिया से गुण प्रभावित होते हैं।
5. जिस प्रकार व्यक्ति स्वयं को देखता है वही उसका आत्म संप्रत्यय कहलाएगा।
6. रुचि एक अभिप्रेरक शक्ति है।
7. मूल्य वे विश्वास हैं जिन पर व्यक्ति प्राथमिकता से कार्य करता है।
8. अभिवृत्ति के निर्माण में व्यक्ति के व्यवहार के प्रत्यक्षात्मक, संवेगात्मक तथा क्रियात्मक पक्ष निहित रहते हैं।
9. समायोजन का अभिप्राय व्यक्ति और वातावरण के मध्य मधुर सम्बन्ध है।

इकाई – 4

व्यक्तिगत विभिन्नताएँ एवं अध्येता
(Individual Differences and Learners)

व्यक्तिगत विभिन्नता का अर्थ
(Meaning of Individual Differences)

प्रकृति का नियम है कि सम्पूर्ण संसार में कोई भी दो व्यक्ति पूर्णतया एक जैसे नहीं हो सकते। उनमें कुछ-न-कुछ भिन्नता अवश्य होगी। विश्व का प्रत्येक प्राणी, दूसरे प्राणी से भिन्न होता है। व्यक्तियों में यह व्यक्तिगत विभिन्नता, विभिन्न दृष्टियों से परिलक्षित होती है। यहाँ तक कि जुड़वां बच्चे शक्ल-सूरत से तो हू-ब-हू एक दिख सकते हैं, लेकिन उनके स्वभाव, बुद्धि, शारीरिक, मानसिक तथा संवेगात्मक विकास में पर्याप्त भिन्नता होती है। व्यक्ति का सर्वांगीण विकास इन्हीं पहलुओं पर आधारित होता है। व्यक्ति के समुचित विकास के लिए वैयक्तिक भिन्नता का ज्ञान होना परम आवश्यक है। प्राचीन समय में, शैक्षिक क्षेत्र में, व्यत्रिगत विभिन्नता का आधार छात्र की आयु, बुद्धि एवं उपलब्धि को ही माना जाता था, लेकिन मनोवैज्ञानिकों ने शारीरिक, भावात्मक तथा संवेगात्मक पहलुओं से सम्बन्धित अनेक भिन्नताओं की तथा उनके वस्तुनिष्ठ मापन एवं मूल्यांकन हेतु विभिन्न प्रविधियों एवं परीक्षणों को भी विकसित किया। कुछ प्रमुख परिभाषाएँ इस प्रकार हैं :

जेम्स ड्रेवर, "औसत समूह से मानसिक या शारीरिक विशिष्टताओं के सन्दर्भ में, समूह के सदस्य के रूप में भिन्नताओं को व्यक्तिगत विभिन्नता कहते हैं।"

टायलर, "शरीर के आकार एवं स्वरूप, शारीरिक कार्यों, गति सम्बन्धी क्षमताओं, बुद्धि-लब्धि, ज्ञान, रुचियों, अभिवृत्तियों और व्यक्तित्व के लक्षणों में माप की सकने वाली भिन्नताओं की उपस्थिति सिद्ध की जा सकती है।"

स्किनर, "आज व्यक्तिगत भिन्नताओं से हमारा तात्पर्य व्यक्तित्व के किसी भी उस पहलू से सम्बन्धित है जिसका मापन व मूल्यांकन किया जा सकता है।"

उपर्युक्त परिभाषाओं के आधार पर आप कह सकते हैं कि व्यक्तिगत भिन्नता को बुद्धि, रुचि, शारीरिक रूप-रंग इत्यादि आधार प्रदान करते हैं।

व्यक्तिगत भिन्नता का आधार (Basis of Individual Differences)

व्यक्तिगत भिन्नताओं के अनेक आधार क्षेत्र हो सकते हैं जैसे : स्वभाव, रुचि, अधिगम, व्यक्तित्व, चरित्र, अभिक्षमता, उपलब्धि, विशेष योग्यताएँ एवं अयोग्यताएँ आदि।

(1) चारित्रिक दृष्टि से प्रत्येक व्यक्ति दूसरे से भिन्न होता है। जैसे–किसी का चरित्र उत्तम है तो किसी का निकृष्ट। इस प्रकार चारित्रिक विशेषताएँ व्यक्ति में भिन्नता उत्पन्न करती हैं।

(2) विचारों की दृष्टि से भी प्रत्येक व्यक्ति में अन्तर होता है। जैसे–धार्मिक विचारवाले, अधार्मिक विचारवाले, संकीर्ण विचारवाले, व्यापक विचारवाले आदि।

(3) भावात्मक दृष्टि से देखें तो किसी को शीघ्र क्रोध आता है, कोई क्षमा कर देता है। अतः संवेगात्मक भिन्नता, व्यक्तित्व समायोजन को प्रभावित करती है।

(4) गत्यात्मक योग्यता की दृष्टि से भी व्यक्तियों में भिन्नता पाई जाती है। जिसके कारण एक व्यक्ति किसी कार्य को शीघ्र एवं कुशलतापूर्वक कर लेता है तो दूसरा नहीं कर पाता।

(5) मानसिक दृष्टि से भी व्यक्तियों में अन्तर पाया जाता है जैसे–मन्द बुद्धि, औसत बुद्धि एवं प्रतिभाशाली आदि।

(6) प्रत्येक व्यक्ति के दृष्टिकोण में भी भिन्नता पाई जाती है। किसी भी समस्या को प्रत्येक व्यक्ति अलग-अलग ढंग से देखता एवं समझता है।

(7) शारीरिक रचना की दृष्टि से भी व्यक्तियों में अन्तर पाया जाता है जैसे–पतला, लम्बा, छोटा, गोरा, काला इत्यादि।

व्यक्तिगत विभिन्नता के प्रकार (Types of Individual Differences)

टॉयलर के अनुसार, ''एक व्यक्ति का दूसरे व्यक्ति से अन्तर एक सार्वभौमिक घटना जान पड़ती है।''

व्यक्तियों में पाई जाने वाली विभिन्नताओं के कारण किन्हीं दो व्यक्तियों को एक-दूसरे का प्रतिरूप नहीं कहा जा सकता।

1. शारीरिक विकास में विभिन्नता (Differences in Physical Development)—शारीरिक दृष्टि से व्यक्तियों में अनेक प्रकार की विभिन्नताएँ देखने को मिलती हैं। यह भिन्नता रंग, रूप, भार, कद, शारीरिक गठन, यौन भेद, शारीरिक परिपक्वता आदि के कारण होती है। कुछ व्यक्ति काले, गोरे, लम्बे, नाटे, सुन्दर या कुरूप होते हैं।

2. मानसिक विभिन्नता (Mental Differences)—मानसिक दृष्टि से व्यक्तियों में विभिन्नताओं के दर्शन होते हैं। कोई मन्द बुद्धि, औसत बुद्धि, या प्रतिभाशाली होता है। इतना ही नहीं, एक ही व्यक्ति में शैशबावस्था, किशोरावस्था और अन्य अवस्थाओं में विभिन्न मानसिक योग्यता पाई जाती है। इस योग्यता की जाँच करने के लिए बुद्धि परीक्षाओं का निर्माण किया गया है।

3. उपलब्धि में विभिन्नता (Difference in Achievement)—उपलब्धि परीक्षाएँ इस बात का संकेत करती हैं कि बालकों की ज्ञानोपार्जन क्षमता में भी विभिन्नता पाई जाती है। बुद्धि का स्तर समान होने पर भी उपलब्धि में भिन्नता देखी जाती है। रुचि की कमी या संवेगात्मक समस्याओं के कारण ऐसा सम्भव हो जाता है।

4. संवेगात्मक विभिन्नता (Emotional Differences)—संवेगात्मक दृष्टि से भी व्यक्तियों में विभिन्नता देखने को मिलती है। इस कारण ही आप देखेंगे कि कुछ व्यक्ति कठोर हृदय, सरल हृदय, खिन्न या प्रसन्न मिलते हैं।

5. अभिवृत्ति में विभिन्नता (Difference in Attitude)—घर के वातावरण, माता-पिता की रुचि एवं उसका बालक पर प्रभाव, उनकी शिक्षा इत्यादि, बालकों की अभिवृत्ति का निर्माण करने में योगदान देते हैं। कई बार बाल्यकाल में ही अभिवृत्ति गलत या सही बन जाती है।

6. सीखने में विभिन्नता (Difference in Learning)—एक ही आयु के बालकों में सीखने की गति में भिन्नता देखने को मिलती है। उनकी परिपक्वता की गति, शारीरिक बनावट, माता-पिता का प्रभाव इत्यादि के कारण ऐसी विभिन्नता आ जाती है।

7. चरित्र में विभिन्नता (Difference in Character)—शिक्षा, परिवार, पड़ोस, रुचि, इत्यादि व्यक्ति के चरित्र में विभिन्नता लाते हैं। दुर्जन या सज्जन होना इसी का कारण है।

8. गत्यात्मक योग्यताओं में विभिन्नता (Difference in Motor Activities)—आप देखेंगे कि गत्यात्मक योग्यताओं की विभिन्नता के कारण कुछ व्यक्ति किसी कार्य को प्रभावशाली विधि से करते हैं तो अन्य नहीं।

9. विशिष्ट योग्यताओं में विभिन्नता (Difference in Special Ability)—सभी व्यक्तियों में अलग प्रकार की योग्यताएँ होती हैं और इनकी मात्रा में अन्तर भी देखने को मिलता है न तो सब गायक एक स्तर के होते हैं न कलाकार या खिलाड़ी।

10. व्यक्तित्व विभिन्नता (Personality Differences)—प्रत्येक व्यक्ति का भिन्न व्यक्तित्व होता है। कुछ लोग अन्तर्मुखी होते हैं तो कुछ बहिर्मुखी। एक व्यक्ति दूसरे व्यक्ति से मिलने पर उसकी योग्यता से प्रभावित हो या न हो किन्तु उसके व्यक्तित्व से प्रभावित हुए बिना नहीं रहता। टायलर के शब्दों में, "सम्भवत: व्यक्ति, योग्यता की विभिन्नताओं के बाजाय व्यक्तित्व की विभिन्नताओं से अधिक प्रभावित होता है।"

11. सामाजिक विभिन्नता (Social Differences)—कुछ बालक डरपोक होते हैं तो कुछ मिलनसार, पारिवारिक वातावरण एवं अनुभव सामाजिक विभिन्नता को जन्म देते हैं। परिवार का सामाजिक-आर्थिक स्तर भी सामाजिक विभिन्नता को जन्म देता है।

व्यक्तिगत विभिन्नता के कारण (Causes of Individual Differences)

व्यक्तिगत विभिन्नता के अनेक कारण हैं जो इस प्रकार हैं :

वंशानुक्रम (Heredity), वातावरण (Environment), जाति-प्रजाति एवं देश (Caste, Race and Country), आयु व बुद्धि (Age and Intelligence), परिपक्वता (Maturity), लिंग-भेद (Sex-differences)।

1. वंशानुक्रम (Heredity)—व्यक्तिगत विभिन्नताओं का पहला आधारभूत कारण है—वंशानुक्रम। गर्भाधारण के समय ही वंशानुक्रम विशेषताएँ बच्चे में प्रवेश कर लेती हैं। अच्छे माँ-बाप की सन्तान अच्छी एवं चरित्रहीन माँ-बाप की सन्तान चरित्रहीन ही पैदा होती है। **मनोवैज्ञानिक मन** ने भी वंशानुक्रम को व्यक्तिगत विभिन्नताओं को कारक माना है। उनके विचार में, "हमारा सबका जीदन एक ही प्रकार आरम्भ होता है फिर इसका क्या कारण है कि जैसे-जैसे हम बड़े होते जाते हैं, इसमें अन्तर होता जाता है ? इसका कारण है भिन्न वंशानुक्रम।

2. वातावरण (Environment)—व्यक्ति जैसे वातावरण में रहता है, उसका व्यवहार, रहन-सहन, आचार-विचार वैसे ही बन जाते हैं। भौतिक और सांस्कृतिक वातावरण का भी प्रभाव पड़ता है जैसे ठंडे प्रदेश के निवासी बलवान और परिश्रमी होते हैं तथा गर्म प्रदेश के निवासी निर्बल और आलसी होते हैं। सांस्कृतिक वातावरण के प्रभाव से ही विभिन्न धर्मों के लोगों में विभिन्नताएँ देखने को मिलती हैं।

3. जाति, प्रजाति व देश (Caste, Race and Country)—ब्राह्मण जाति के लोग अध्ययनशील एवं क्षत्रिय जाति के लोग युद्धप्रिय होते हैं। नीग्रो प्रजाति की अपेक्षा श्वेत प्रजाति अधिक बुद्धिमान और कार्य-कुशल होती है। व्यक्तिगत विभिन्नताओं के कारण आप विभिन्न देशों के व्यक्तियों का स्वभाव जान सकते हैं।

4. आयु व बुद्धि (Age and Intelligence)—बालक की आयु में वृद्धि होने के साथ-साथ उसका शारीरिक, मानसिक तथा संवेगात्मक विकास भी होता रहता है। इसी विकास के कारण उनमें व्यक्तिगत विभिन्नता आती रहती है। इसलिए विभिन्न आयु के बालकों में अन्तर दिखाई देता है। बुद्धि के कारण भी बालकों में अन्तर होता है। कुछ बालक मन्द बुद्धि के होते हैं तो कुछ तेज बुद्धि के।

5. परिपक्वता (Maturity)—सीखने का आधार परिपक्वता ही है। मनोवैज्ञानिकों के अनुसार, "एक बालक तब तक नहीं सीख सकता जब तक वह सीखने के लिए तैयार न हो अथवा परिपक्व न हो।" इस परिपक्वता में भी भिन्नता हो सकती है क्योंकि कुछ बालकों में परिपक्वता जल्दी आ जाती है तथा कुछ में देर से आती है।

6. लिंग भेद (Sex-Differences)—लिंग भेद के कारण बालकों और बालिकाओं की शारीरिक बनावट, संवेगात्मक विकास की कार्यक्षमता में अन्तर मिलता है। स्किनर के विचार में, "बालकों में शारीरिक कार्य करने की क्षमता अधिक होती है। जबकि बालिकाओं में स्मृति की योग्यता अधिक होती है। बालक, गणित और विज्ञान में बालिकाओं से आगे होते हैं, जबकि बालिकाएँ भाषा और सुन्दर हस्तलेख में बालकों से आगे होती हैं। जहां बालक साहसी कहानियों में रुचि लेते हैं, बालिकाएँ प्रेम कहानियों एवं दिवास्वप्नों में रुचि लेती हैं।

कुछ अन्य कारण जैसे–प्रेरणा, बुद्धि, परिपक्वता, पर्यावरण सम्बन्धी उद्दीपन की विभिन्नता भी हो सकते हैं।

व्यक्तिगत विभिन्नताओं का शैक्षिक महत्व
(Educational Implications of Individual Differences)

व्यक्तिगत विभिन्नताओं का ज्ञान प्राप्त करके अध्यापक अपने छात्रों का हित कर सकता है और शिक्षा के परम्परागत स्वरूप में क्रान्तिकारी परिवर्तन करके उसे बालकों की वास्तविक आवश्यकताओं के अनुकूल बना सकता है।

- कक्षा का आकार
- कक्षा का वर्गीकरण
- व्यक्तिगत शिक्षण
- गृह-कार्य की नवीन धारणा
- बालकों में विशेष रुचियों का विकास
- शारीरिक दोषों के प्रति ध्यान
- पाठ्यक्रम
- निर्देशन

1. कक्षा का आकार (Size of Class)—कक्षा में बहुत अधिक संख्या में छात्र

होने पर सभी छात्रों पर ध्यान नहीं दिया जा सकता। जिससे उनकी व्यक्तिगत समस्याएं हल नहीं हो पाती हैं। अत: कक्षा में छात्रों की संख्या कम रखी जाए ताकि अध्यापक प्रत्येक छात्र का पूरा ध्यान रख सके। एक कक्षा में 30 से अधिक छात्र नहीं होने चाहिए।

2. कक्षा का वर्गीकरण (Classification of Class)—बालकों का सेक्शन उनकी योग्यता के आधार पर बनाया जाये तो उनका सामाजीकरण बेहतर हो सकेगा। मुख्य तीन वर्ग बनाए जा सकते हैं :

(क) तेज बुद्धि के बालक (ख) सामान्य बुद्धि के बालक (ग) मन्द बुद्धि के बालक। पिछली कक्षाओं के परिणाम के आधार पर ऐसे वर्ग बनाए जा सकते हैं।

3. व्यक्तिगत शिक्षण (Individual Teaching)—मानसिक योग्यताओं की विभिन्नताओं के कारण सामूहिक शिक्षण प्रभावशाली नहीं रहता। अत: व्यक्तिगत शिक्षण की व्यवस्था आवश्यक हो जाती है। इसके लिए डाल्टन योजना एवं विनेटका योजना। इसी प्रकार की व्यक्तिगत शिक्षण की योजना प्रत्येक विद्यालय में कार्यान्वित की जानी चाहिए। इस सन्दर्भ में क्रो एवं क्रो के विचार, "विद्यालय का यह कर्त्तव्य है कि वह प्रत्येक बालक के लिए उपयुक्त शिक्षा की व्यवस्था करे, भले ही वह अन्य बालकों से कितना ही भिन्न क्यों न हो।"

4. गृह-कार्य की नवीन धारणा (New Concept of Home-Work)—आप जान गए हैं कि प्रत्येक बालक एक दूसरे से भिन्न है। अत: एक जैसा गृह-कार्य देना अनुचित है। गृह-कार्य देते समय अध्याधक के रूप में आपका कर्त्तव्य बनता है कि उनकी क्षमताओं और योग्यताओं का पूर्ण ध्यान रखा जाए।

5. बालकों में विशेष रुचियों का विकास (Development of Special Interest among Children)—यदि सब नहीं तो कुछ बालक ऐसे अवश्य होते हैं जिनमें कुछ विशेष रुचियाँ होती हैं। इन रुचियों का विकास करके उनका और उनके द्वारा समाज एवं देश का हित किया जा सकता है। अत: शिक्षक का कर्त्तव्य है कि बालकों की विशेष रुचियों का ज्ञान प्राप्त करके उनका अधिकतम विकास करने का प्रयत्न करें।

6. शारीरिक दोषों के प्रति ध्यान (Attention to Physical Defects)—शिक्षण करते हुए छात्रों के शारीरिक दोषों का ध्यान रखना चाहिए। जैसे–जो छात्र कम सुनते हैं, जिनकी दृष्टि कमजोर है या कद छोटा है, उन्हें आगे बैठाना चाहिए। प्रत्येक विद्यार्थी का नियमित रूप से मेडीकल चैकअप होना चाहिए। कमजोर तथा अत्यन्त गरीब बालकों के लिए विश्राम के घंटे तथा नाश्ते की व्यवस्था की जानी चाहिए।

7. पाठ्यक्रम (Curriculum)—लचीला पाठ्यक्रम होना चाहिए और न ही विषयों की इतनी भरमार होनी चाहिए ताकि वे अपनी रुचि के विषयों को पढ़ सकें। ऐसा न होने पर मन्द बुद्धि बालक पिछड़ जाते हैं और मेधावी बालक उद्दण्ड बन जाते हैं।

8. निर्देशन (Guidance)—विद्यालय में प्रवेश लेने से पूर्व तथा विद्यालय छोड़ने के बाद बालक के सामने अनेक प्रकार की शैक्षिक, व्यायसायिक तथा व्यक्तिगत समस्याएँ आती हैं जिनका समाधान निर्देशन के माध्यम से किया जा सकता है।

9. आर्थिक व सामाजिक दशाओं के अनुसार शिक्षा (Education according to Socio-Economic Status)—बालकों के परिवारों की आर्थिक और सामाजिक

दशायें उनके विचारों, दृष्टिकोणों, आवश्यकताओं आदि में भेद उत्पन्न कर देती हैं। उनके इस भेद को ध्यान में रखकर ही उनके लिए उपयुक्त प्रकार की शिक्षा की व्यवस्था की जा सकती है।

उपर्युक्त विवेचना से आपको स्पष्ट हो गया होगा कि शिक्षा में व्यक्तिगत विभिन्नताओं का महत्त्वपूर्ण स्थान है। व्यक्तिगत विभिन्नताओं को ध्यान में रखकर शिक्षा की व्यवस्था की जाए तो बालकों के व्यक्तित्त्व का सर्वांगीण विकास किया जा सकता है।

उपलब्धि-परीक्षण (Achievement Tests)

विद्यालय की विभिन्न कक्षाओं में अनेक प्रकार के छात्र शिक्षा ग्रहण करने के लिए आते हैं। अलग मानसिक योग्यता के कारण वे समय की एक ही अवधि में विभिन्न विषयों और कुशलताओं में विभिन्न सीमाओं तक प्रगति करते हैं। उनकी इस प्रगति, प्राप्ति या उपलब्धि का मापन/मूल्यांकन करने के लिए उपलब्धि-परीक्षाओं का निर्माण किया गया है। अत: आप कह सकते हैं कि 'उपलब्धि-परीक्षाएँ वे परीक्षाएँ हैं, जिनकी सहायता से विद्यालय में पढ़ाये जाने वाले विषयों और सिखाई जाने वाली कुशलताओं में छात्रों की सफलता या उपलब्धि का ज्ञान किया जाता है।

गैरीसन एवं अन्य के अनुसार, "उपलब्धि परीक्षा, बालक की वर्तमान योग्यता या किसी विशिष्ट विषय के क्षेत्र में उसके ज्ञान की सीमा का मूल्यांकन करती है।"

प्रेसी, राबिन्सन व हॉरक्स के शब्दों में, "उपलब्धि-परीक्षाओं का निर्माण मुख्य रूप से छात्रों के सीखने के स्वरूप और सीमा का माप करने के लिए किया जाता है।"

फ्रीमैन के अनुसार, "उपलब्धि-परीक्षण किसी एक विषय या विषयों के व्यक्तियों द्वारा अर्जित ज्ञान, सूझ-बूझ तथा कौशल का मापन कहते हैं।"

उपलब्धि परीक्षाओं के प्रकार (Types)

- उपलब्धि परीक्षाएँ (Achievement Tests)
  - प्रमाणित परीक्षण (Standardized Tests)
  - शिक्षक निर्मित परीक्षण (Teacher-Made Tests)
    - आत्मनिष्ठ परीक्षण (Subjective Tests)
      - मौखिक परीक्षण (Oral Tests)
      - निबन्धात्मक परीक्षण (Essay Type Tests)
    - वस्तुनिष्ठ परीक्षण (Objective Tests)

प्रमाणित परीक्षण (Standardized Tests)

ये टेस्ट/परीक्षण एक विशेषज्ञ या विशेषज्ञों के समूह द्वारा निर्मित किए जाते हैं। ये निश्चित नियमों और सिद्धान्तों पर आधारित होते हैं। इनमें दिए गए प्रश्नों को निश्चित निर्देशों के अनुसार निश्चित समय के अन्दर करना पड़ता है। मूल्यांकन या अंक प्रदान करने के लिए भी निर्देश होते हैं।

शिक्षक-निर्मित परीक्षण (Teacher Made Tests) शिक्षक-निर्मित परीक्षण आत्म-निष्ठ एवं वस्तुनिष्ठ दोनों प्रकार के होते हैं। एक ही विषय पर दो शिक्षकों द्वारा निर्मित प्रश्नों के स्तर में अन्तर हो सकता है। इसलिए इनकी विश्वसनीयता कम रहती है। परन्तु इन्हें कम समय और कम खर्च में प्रयोग किया जा सकता है। ये परीक्षण, कक्षा में क्या पढ़ाया जाये और शैक्षिक लक्ष्यों का अनुमान लगाने में लाभकारी हैं।

आत्मनिष्ठ परीक्षण (Subjective Tests)

ये परीक्षण मौखिक भी हो सकते हैं। परन्तु लिखित परीक्षण का महत्त्व अधिक है। मौखिक परीक्षण का महत्त्व केवल निदानात्मक साधन के रूप में और उन परिस्थितियों में है, जिनमें लिखित परीक्षाओं का प्रयोग नहीं किया जा सकता है।

निबंधात्मक परीक्षा-प्रणाली में उत्तम गुणों का बाहुल्य है। जैसे ये सब विषयों के लिए उपयोगी, बालक और शिक्षक के लिए सुगम, तथ्यात्मक ज्ञान की परीक्षा आदि। परन्तु कई बार इनमें वैधता, विश्सनीयता व भविष्यवाणी का अभाव रहता है और अंकन में भी अधिक समय लगता है।

वस्तुनिष्ठ परीक्षण (Objective Tests)

वस्तुनिष्ठ परीक्षणों का विकास करने का अभिनन्दनीय कार्य जे० एम० राइस ने किया। इन परीक्षणों में विभिन्न परीक्षक स्वतंत्रतापूर्वक कार्य करने के उपरान्त अंकों के सम्बन्ध में एक ही निष्कर्ष पर पहुँचते हैं या समान उत्तरों के लिए समान अंक प्रदान करते हैं।

इनके कुछ गुण प्रकार हैं :

— वैधता
— वस्तुनिष्ठता
— विश्वसनीयता
— विभेदीकरण
— धन की बचत
— समय की बचत
— अंकों में समानता व सरलता
— ज्ञान की वास्तविक जाँच।

इनके कुछ दोष इस प्रकार हैं :

— अनुमान को प्रोत्साहन
— भाषा व शैली की दुर्बलता
— केवल तथ्यात्मक ज्ञान की जाँच
— भावाभिव्यक्ति की कमी।

उपलब्धि परीक्षण के प्रयोग
(Use of Achievement Test)

श्रेणी विभाजन (Grading)	प्रेरणा (Motivation)	व्यक्तिगत शिक्षण (Individualized Instruction)	शैक्षिक निर्देशन (Educational Guidance)	छात्रों की कठिनाई का निदान (Diagnosis Pupils's Difficulties)	अध्यापक के कार्य का परीक्षण (Test of Teacher's Performance)

1. श्रेणी विभाजन (Grading of Class)–इनका प्रयोग करके छात्रों को उनकी योग्यता के आधार पर उत्तम ढंग से श्रेणियों में विभाजित किया जा सकता है।

2. प्रेरणा (Motivation)–परीक्षाफल का ज्ञान बालकों को आगे प्रगति करने की प्रेरणा देता है।

3. व्यक्तिगत शिक्षण (Individual Teaching)–इन परीक्षणों की सहायता से बालकों को उनके स्तर के हिसाब से कार्य दिया जा सकता है कि प्रतिभाशाली बालक और मन्द बुद्धि या अन्य प्रकार के बालक को कैसे पढ़ाया जाए।

4. शैक्षिक निर्देशन (Educational Guidance)–छात्रों द्वारा प्राप्त किए गए अंकों के अभिलेखों के आधार पर उन्हें उपयुक्त विषय चुनने के लिए निर्देशन दिया जा सकता है।

5. छात्रों की कठिनाई का निदान (Removing Difficulties of Students)–छात्रों की सामान्य कठिनाइयों का ज्ञान प्राप्त करके उनका निदान किया जा सकता है।

6. अध्यापक के कार्य का परीक्षण (Assessment of Teachers Performance)–ये परीक्षाएँ एक तरह से अध्यापक के कार्य का भी लेखा-जोखा प्रस्तुत करती हैं। यदि अधिकांश छात्रों के अमुक विषय में कम नम्बर आते हैं तो अनुमान लगाया जा सकता है कि शिक्षण-विधि दोष पूर्ण रही होगी।

अभिक्षमता (Aptitude)

प्राय: देखा जाता है कि सभी व्यक्ति एक-दूसरे से भिन्न होते हैं। जीवन के विभिन्न क्षेत्रों में कई व्यक्ति ऐसे मिलेंगे जो एक ही प्रकार की स्थितियों में रहते हुए किसी विशिष्ट ज्ञान की कुशलता की प्रापि में दूसरों को मात दे जाते हैं। ऐसे व्यक्तियों में सामान्य बौद्धिक योग्यताओं के अतिरिक्त कुछ विशिष्ट योग्यताएँ या अभिक्षमताएँ होती हैं जो उन्हें विशिष्ट व्यवसायों तथा क्रियाओं में सफलता प्राप्त करने में सहायता प्रदान करती हैं।

आप कह सकते हैं कि अभिक्षमता सामान्य बौद्धिक योग्यता के अतिरिक्त एक ऐसी विशिष्ट योग्यता है जो व्यक्ति की किसी विशिष्ट क्षेत्र में वांछित स्तर की निपुणता प्राप्त करने में सहायता प्रदान करती है।

अभिक्षमता की कुछ परिभाषाएँ इस प्रकार हैं :

(1) बिंघम के शब्दों में, ''अभिक्षमता व्यक्ति के व्यवहार के उन विशिष्ट गुणों की ओर संकेत करती है जो ये बताते हैं कि वह व्यक्ति किन्हीं विशिष्ट प्रकार की समस्याओं का सामना करना और उनका समाधान करना कितनी अच्छी तरह से सीख सकता है।

(2) ट्रेक्सलर के अनुसार, ''अभिक्षमता व्यक्ति की एक स्थिति है, एक गुण या गुणों का समूह है जो इस सम्भव सीमा की ओर संकेत करता है जहाँ तक वह व्यक्ति उचित प्रशिक्षण द्वारा किसी ज्ञान, कुशलता या ज्ञान समूह को प्राप्त कर सकता है, जैसे–कला, संगीत, मशीन सम्बन्धी योग्यता, गणित सम्बन्धी योग्यता, किसी विदेशी भाषा को पढ़ने या बोलने की योग्यता आदि।''

(3) फ्रीमैन के शब्दों में, ''अभिक्षमता कुछ विशेषताओं का संग्रह है जो किसी व्यक्ति को उस क्षमता की सूचना देती है जिसके प्रशिक्षण द्वारा वह कुछ विशिष्ट ज्ञान, कौशल या कोई संगठित क्रियाएँ जैसे–भाषा बोलने की योग्यता, संगीतकार बनने की योग्यता, मशीनी कार्य करने की योग्यता का अर्जन करता है।''

(4) जॉन्स के शब्दों में, ''रुझान स्वभावी या योग्यता सम्भावना के बिना कुछ और भी होता है। इसका भाव नौकरी के लिए उचित है। हम इसे सफलता सम्भावना भी कहते हैं। बुनियादी तौर पर इसमें बुद्धि, भिन्न प्रकार की योग्यताएँ और व्यक्तित्व के कारक जो सफलता के लिए अनिवार्य होते हैं, आ जाते हैं। यह सभी के योगदान पर निर्भर करता है।''

अभिक्षमता की विशेषताएँ (Characteristics)

(1) अभिक्षमता एक अमूर्त संज्ञा है। यह किसी व्यक्ति की अमुक कार्य के प्रति योग्यता की ओर संकेत देता है।

(2) यह किसी कौशल और ज्ञान आदि में प्रवीणता प्राप्त करने की तत्परता है।

(3) यह वंशानुक्रम एवं वातावरण का संग्रह है।

(4) यह सीखने की योग्यता है। अभ्यास और प्रशिक्षण से अभिक्षमता को योग्यता में परिवर्तित किया जा सकता है।

अभिक्षमता के द्वारा इस बात की भविष्यवाणी की जा सकती है कि कोई व्यक्ति किस व्यवसाय में सफल होगा। आज राष्ट्र को हर क्षेत्र में निपुण अधिकारियों की आवश्यकता है। इसलिए अभिक्षमता परीक्षण आवश्यक हो गया है। अभिक्षमता केवल जन्मजात ही नहीं है, अपितु जन्मजात शक्तियों एवं विकसित योग्यताओं व कौशल का योग है जो बताती है कि व्यक्ति आज क्या है साथ ही आप यह भी जान लें कि उपलब्धि, योग्यता, और अभिक्षमता में पर्याप्त अन्तर है। उपलब्धि भूतकाल, और योग्यता वर्तमान काल को दर्शाती है। और अभिक्षमता भविष्य की ओर संकेत करती है।

अभिक्षमता और बुद्धि में अन्तर (Difference in Aptitude and Intelligence)

बुद्धि परीक्षाओं के द्वारा व्यक्ति की सामान्य योग्यता का ज्ञान होता है और अभिक्षमता परीक्षण के द्वारा व्यक्ति की विशिष्ट योग्यताओं का पता लगता है, जो उसकी भावी सफलता की ओर संकेत देती हैं। अत: आप कह सकते हैं कि किसी व्यक्ति की विशिष्ट क्षेत्र या कोर्स सम्बन्धी सफलता के बारे में भविष्यवाणी करने के लिए अभिक्षमता का परिचय आवश्यक है।

अभिक्षमता और रुचि में अन्तर (Difference in Aptitude and Interest)

किसी भी क्रिया में आवश्यक सफलता प्राप्त करने के लिए व्यक्ति में उसके प्रति अभिक्षमता होनी चाहिए और रुचि भी। क्योंकि यदि किसी काम में व्यक्ति रुचि ले रहा

हो, परन्तु उसके प्रति अभिक्षमता न हो तो सफलता नहीं मिलती। इस कारण हो सकता है कोई अन्य प्रलोभन, माता-पिता की आकांक्षा, आर्थिक स्थिति आदि।

अभिक्षमता परीक्षणों के उपयोग (Use of Aptitude Tests)

1. प्रयोग क्षेत्र व्यापक (Wider Scope)—ये परीक्षण निर्देश-सेवा की रीढ़ की हड्डी हैं। उन कार्यक्षेत्रों का अनुमान लगाया जा सकता है जिनसे किसी व्यक्ति के सफल होने की अत्यधिक सम्भावना है आप यूँ कह सकते हैं कि ये परीक्षाएँ अध्ययन कोर्स चुनने में विद्यार्थियों की सहायता करते हैं।

2. शिक्षात्मक तथा व्यावसायिक चुनाव में सहायक (Helpful in Educational and Professional Choice)—विभिन्न शिक्षा कोर्सों के लिए प्रत्याशियों का चुनाव करने में ये परीक्षाएँ सहायक सिद्ध होती हैं। इनकी सहायता से ऐसे व्यक्तियों का चुनाव किया जा सकता है जो उचित प्रशिक्षण प्राप्त करने पर उस कौशल में वांछित निपुणता प्राप्त कर सकते हैं।

3. योग्यताओं का विकास (Development of Abilities)—अभिरुचि/अभिक्षमता टेस्टों के द्वारा विद्यार्थियों की प्रतिभाओं तथा क्षमताओं का ज्ञान प्राप्त करके उनके विकास में सहायता की जा सकती है।

4. पाठ्यक्रम की योजना (Curriculum Planning)—इन परीक्षणों की सहायता से उचित पाठ्यक्रम का निर्माण सम्भव है।

5. भावी सफलता की भविष्यवाणी (Prediction of Future Success)—ये किसी विशेष व्यवसाय में किसी व्यक्ति की भावी सफलता की भविष्यवाणी करने में सहायक होते हैं।

अतः आप कह सकते हैं कि निर्देशन एवं परामर्श कार्यक्रमों, विशिष्ट शैक्षणिक या व्यावसायिक कोर्स की प्रवेश परीक्षाओं या विशिष्ट कार्यों के लिए क्रिया का चुनाव करते समय अभिक्षमता परीक्षण को उचित महत्त्व मिलना चाहिए। अभिक्षमता परीक्षा की रुचि प्रश्नावली व्यक्तित्व परीक्षाओं, बुद्धि परीक्षणों के परिणामों के साथ समन्वित करके व्यक्तियों को उनकी क्षमतानसुार उनके उचित स्थानों तथा कार्यक्षेत्रों में लगाकर समय, धन क्षमता की बर्बादी को रोका जा सकता है।

अभिक्षमता परीक्षाओं के दोष (Limitations of Aptitude Tests)

(1) इनमें औचित्य का अभाव होता है।

(2) अभिक्षमता परीक्षाएँ उन सभी तत्वों का माप नहीं करतीं जो सफलता के लिए अनिवार्य होते हैं।

(3) केवल विशिष्ट योग्यताओं का माप करने के कारण इनका क्षेत्र संकुचित होता है।

(4) ये परीक्षण क्षेत्रीय परिस्थितियों की भिन्नता का ध्यान नहीं करतीं।

(5) इन परीक्षणों का उपयोग करने के लिए प्रशिक्षित व्यक्तियों की आवश्यकता होती है, जिनका मिलना कठिन है।

(6) भविष्यवाणी भी बिल्कुल सटीक नहीं रहती।

(7) परीक्षणों के निष्कर्ष भिन्न-भिन्न व्यक्तियों द्वारा भिन्न-भिन्न निकाले जाते हैं।

बुद्धि, अर्थ, प्रकृति, सिद्धान्त
(Intelligence, Meaning, Nature, Theories)

बुद्धि : अर्थ (Intelligence: Meaning)

शिक्षा के ही नहीं, सामाजिक तथा भौतिक विज्ञानों के क्षेत्र में बुद्धि तथा उसकी मापन-प्रक्रिया का अत्यधिक महत्व है। किसी कार्य को विधिपूर्वक बिना किसी परेशानी के हल करना बुद्धिमता का प्रतीक समझा जाता है।

प्रश्न उठता है, बुद्धि क्या है ? इस प्रश्न का एक उत्तर नहीं है। प्रत्येक मनोवैज्ञानिक की बुद्धि तथा उसकी परिभाषा के सम्बन्ध में अलग-अलग धारणा है। कुछ परिभाषाएँ इस प्रकार हैं :

इन्हें तीन वर्गों में बाँट सकते हैं :

↓ समायोजन की योग्यता ↓ सीखने की योग्यता ↓ अमूर्त चिन्तन की योग्यता

(क) समायोजन की योग्यता (Ability to Adjust)–कुछ विद्वानों ने बुद्धि को समायोजन के लिए आवश्यक माना है। जो व्यक्ति जितना शीघ्र अपने-आपको नए वातावरण के प्रति समायोजित कर लेता है, वह उतना ही बुद्धिमान होता है। इस मत से प्रभावित विद्वानों द्वारा प्रस्तुत परिभाषाएँ इस प्रकार हैं :

(1) रॉस का विचार, " नई स्थिति में सचेत सामंजस्य बुद्धि है।"

(2) क्रूज का विचार, "बुद्धि नई और विभिन्न परिस्थितियों में अच्छी प्रकार से समायोजन की योग्यता है।"

(3) कालविन का विचार, "एक व्यक्ति उसी अनुपात में बुद्धि रखता है जिस अनुपात में वह अपने नए वातावरण में समायोजित होने की क्रिया सीख चुका है या सीख सकता है।"

(ख) अधिगम/सीखने की योग्यता (Ability to Learn)–कुछ मनावैज्ञानिक बुद्धि को अधिगम की योग्यता मानते हैं। बुद्धि के द्वारा व्यक्ति अधिगम की योग्यता तथा अनुभव ग्रहण करता है, जो व्यक्ति अपने पूर्वानुभवों द्वारा भविष्य में कुशलतापूर्वक लाभ उठाने की क्षमता रखता है वह उतना ही अधिक बुद्धिमान समझा जाता है। इस दृष्टि से बुद्धि की परिभाषाएँ इस प्रकार हैं :

(1) बकिंघम के शब्दों में, "बुद्धि सीखने की योग्यता है।"

(2) डीयरवार्भ के शब्दों में, "यह अनुभव द्वारा सीखने या लाभ प्राप्त करने की योग्यता है।"

(ग) अमूर्त चिन्तन की योग्यता (Ability to Abstract Thinking)–कई मनोवैज्ञानिक अमूर्त चिन्तन की योग्यता को बुद्धि मानते हैं। जिनके अनुसार बुद्धि की परिभाषाएँ इस प्रकार हैं :

(1) टरमैन का विचार, "बुद्धि अमूर्त विचारों के बारे में सीखने की योग्यता है।"

बुद्धि की विशेषताएँ (Characteristics of Intelligence)

1. बुद्धि एक जन्मजात शक्ति है।

2. बुद्धि व्यक्ति को अमूर्त चिन्तन की योग्यता प्रदान करती है।
3. बुद्धि व्यक्ति को समस्याओं के हल ढूँढने में सहायता प्रदान करती है।
4. बुद्धि व्यक्ति को अपने पूर्व अनुभवों से लाभ उठाने की क्षमता देती है।
5. बुद्धि का विकास जन्म से लेकर किशोरावस्था के मध्य तक होता है।
6. लिंग-भेद के कारण बुद्धि में कोई अन्तर नहीं होता।

बुद्धि के सिद्धान्त (Theories of Intelligence)

बुद्धि के प्रमुख सिद्धान्त इस प्रकार हैं :

1. इकाई सिद्धान्त (Unitary Theory or Monarchic Theory)—यह सिद्धान्त जॉनसन तथा स्टर्न की देन है। इस सिद्धान्त के अनुसार बुद्धि सर्वश्रेष्ठ, सर्व-शक्तिमान मानसिक शक्ति है जो अन्य सभी मानसिक गुणों पर शासन करती है। बुद्धि एक ऐसी केन्द्रीय शक्ति है, जो हमारी सभी मानसिक क्रियाओं का संचालन करती है। यदि कोई व्यक्ति किसी एक काम को बहुत अच्छी प्रकार से करता है, तो वह दूसरा काम भी उतनी अच्छी प्रकार से ही कर सकेगा, यह सदैव सत्य नहीं है। यदि कोई विद्यार्थी विज्ञान में निपुण है तो आवश्यक नहीं कि वह इतिहास में भी निपुण हो।

2. द्वि-तत्व सिद्धान्त (Spearman's Two Factor Theory)—यह सिद्धान्त स्पियरमैन के द्वारा दिया गया है। इस सिद्धान्त के अनुसार बुद्धि दो तत्वों से मिलकर बनी है। यह सामान्य तत्त्व (General Ability or G factor) तथा दूसरा विशेष तत्व सभी (Specify Ability or S factor) सामान्य तत्व सभी व्यक्तियों में समान होता है, जन्मजात होता है, परन्तु विशेष तत्त्व भिन्न-भिन्न व्यक्तियों में कम या अधिक होता है और वातावरण से अर्जित किया जाता है। इसका सम्बन्ध व्यक्ति के विशेष सम्मान या अभिक्षमता से होता है। स्पियरमैन के अनुसार जिस व्यक्ति में सामान्य तत्व जितना अधिक विकसित होगा, वह उतना ही उन्नति करेगा।

3. समूह कारक सिद्धान्त (Group Factor Theory/Oligarchic Theory)—इस सिद्धान्त का प्रतिपादन प्रो० थामसन ने किया था। इस सिद्धान्त के अनुसार बौद्धिक योग्यताएँ कुछ समूहों से जिनका आपसी सम्बन्ध नहीं होता, सम्बन्ध रखती हैं। परन्तु एक समूह से सम्बन्धित योग्यताओं का आपस में गहरा सम्बन्ध होता है अर्थात् उनका आपसी सम्बन्ध धनात्मक होता है। इसलिए इस सिद्धान्त के अनुसार एक बच्चा तो ज्ञान के एक समूह में बुद्धिमान है, सम्भव है कि वह दूसरे समूह में बुद्धिमान न हो, परन्तु वह उस विशेष समूहों के भिन्न-भिन्न विषयों में समान तौर पर बुद्धिमान हो सकता है। उदाहरण के लिए यदि एक बालक भौतिक विज्ञान में बुद्धिमान है तो वह विज्ञान समूह के प्रत्येक विषय जैसे—रसायन विज्ञान आदि में भी बुद्धिमान होगा। परन्तु यह आवश्यक नहीं कि वह ह्यूमैनिटीज समूह (Humanities Group) में भी बुद्धिमान हो।

4. प्रधान मानसिक योग्यताओं का सिद्धान्त (Theory of Primary Mental Abilities)—यह सिद्धान्त थरस्टन (Thurstan) की देन है। उसके विचार के अनुसार बुद्धि नौ मानसिक योग्यताओं से मिलकर बनी है। थरस्टन के अनुसार कुछ ऐसी मानसिक क्रियाएँ होती हैं जिनमें कुछ साझे तत्व होते हैं जो उन कार्यों को मनोवैज्ञानिक तथा क्रियात्मक एकता प्रदान करते हैं और उन्हें अन्य मानसिक क्रियाओं से अलग करते हैं।

उदाहरण के लिए कुछ कार्य ऐसे होते हैं जिनमें एक जैसी मानसिक बुद्धि की आवश्यकता होती है जैसे–सिविल इन्जीनियर और आर्कीटेक्ट, डॉक्टर और नर्स। ये योग्यताएँ इस प्रकार हैं :

(क) अंक योग्यता (Number Ability)–इसे N तत्व कहा जाता है। इसका सम्बन्ध सांख्यिकी या गणित सम्बन्धी योग्यता से होता है।

(ख) शाब्दिक प्रवाह (Word Fluency)–इसे 'W' तत्व कहते हैं। इसका सम्बन्ध शब्द ज्ञान तथा वाक्यांश के ज्ञान से होता है।

(ग) तर्क की योग्यता (Reasoning Ability)–इसे 'R' तत्व कहते हैं। इसका सम्बन्ध आगमन, निगमन, तर्क व चिन्तन करने की शक्ति से होता है।

(घ) देखने की योग्यता (Perceptual Ability)–इसे 'P' तत्व कहा जाता है। इसका सम्बन्ध व्यक्ति तथा स्थिति के प्रति प्रत्यक्षीकरण से होता है।

(ङ) स्थान सम्बन्धी योग्यता (Spatial Ability)–इसे 'S' तत्व कहा जाता है। इसका सम्बन्ध किसी स्थान की दूरी और आकार इत्यादि की योग्यता से होता है।

(च) याद करने की योग्यता (Memory Ability)–इसे 'M' तत्व कहा जाता है। इसका सम्बन्ध स्मृति व धारण की योग्यता से होता है।

(छ) भाषीय योग्यता (Verbal Ability)–इसे 'V' तत्व कहा जाता है। इसका सम्बन्ध भाषा तथा मौखिक विषय की योग्यता से होता है।

(ज) वियोजिक योग्यता (Problem Solving Ability)–इसे 'Ps' तत्व कहा जाता है। इसका सम्बन्ध समस्या समाधान करने की योग्यता से होता है।

(झ) अनुभव योग्यता (Realising Ability)–इसे 'Ra' तत्व कहा जाता है। इसका सम्बन्ध अनुभव तथा किसी चीज को अहसास करने की योग्यता से होता है।

5. बहुकारक सिद्धान्त (Anarchic or Multifactor Theory)–इस सिद्धान्त का प्रतिपादन थार्नडाईक ने किया था। उनके अनुसार बुद्धि विशेष तथा स्वतन्त्र मानसिक योग्यताओं से बनी होती है। इनके बीच कोई महत्वपूर्ण सम्बन्ध नहीं होता। अत: सामान्य बुद्धि नाम की कोई चीज़ नहीं होती बल्कि बुद्धि में कई स्वतन्त्र तथा विशिष्ट योग्यताएँ निहित रहती हैं जो विभिन्न कार्यों को सम्पादित करती हैं।

इस प्रकार एक कारक एवं बहुकारक सिद्धान्त अतिवादी सिद्धान्त है। जिस प्रकार यह निश्चित नहीं है कि बुद्धि की अच्छी मात्रा द्वारा जीवन के सभी क्षेत्रों में सफलता प्राप्त हो सकती है, उसी प्रकार यह भी निश्चित नहीं है कि विशिष्ट योग्यताओं से मनुष्य विशिष्ट क्षेत्रों में पूर्व सफलता प्राप्त कर सकता है और शेष क्षेत्रों में पूर्ण रूप से असफल रहता है। गार्डन मर्फी के अनुसार, "एक क्षेत्र में प्रतिभा का दूसरे क्षेत्र की प्रतिभा के साथ निश्चित सकारात्मक सम्बन्ध होता है।

बुद्धि परीक्षणों एवं बुद्धि-लब्धि के प्रकार (Types of Intelligence Test and Intelligence Quotient)

बुद्धि परीक्षणों से तात्पर्य उन परीक्षणों से है, जो बुद्धि-लब्धि (I.Q) Intelligence Quotient के रूप में अंकों के माध्यम से व्यक्ति के सामान्य बौद्धिक स्तर एवं उसमें

निहित विशिष्ट योग्यताओं की ओर संकेत करते हैं। 1912 में विलियम स्टर्न ने इस विचार को प्रतिपादित किया।

बुद्धि-लब्धि का सूत्र

$$\text{बुद्धि-लब्धि} = \frac{\text{मानसिकआयु (MA)}}{\text{वास्तविकआयु (CA)}} \times 100$$

वास्तविक आयु (C.A) Chronological Age–इसे शारीरिक आयु भी कहते हैं। इसे व्यक्ति के जन्म से गिना जाता है।

मानसिक आयु (M.A.) Mental Age–मानसिक आयु का विचार 1908 में बिने ने दिया। किसी बुद्धि परीक्षण के आधार पर जो आयु बालक को प्रदान की जाती है उसे उसकी मानसिक आयु कहते हैं। जैसे–यदि / वर्ष का बालक 10 नर्ष के बालकों वाले परीक्षण पर पूर्ण अंक प्राप्त करता है तो उस बालक की आयु 10 वर्ष होगी।

सामान्यत: बुद्धि परीक्षणों को दो भागों में बाँटा जाता है:—

बुद्धि परीक्षण

(क) व्यक्तिगत बुद्धि परीक्षण (Individual Intelligence Test)
- शाब्दिक (Verbal)
- क्रियात्मक (Non-Verbal)

(ख) सामूहिक बुद्धि परीक्षण (Group Intelligence Test)
- शाब्दिक (Verbal)
- क्रियात्मक (Non-Verbal)

(क) व्यक्तिगत बुद्धि परीक्षण (Individual Intelligence)—इस परीक्षण के अन्तर्गत बुद्धि की परीक्षा व्यक्तिगत रूप से की जाती है। इसमें एक व्यक्ति का परीक्षण होता है, इसलिए इसे व्यक्तिगत बुद्धि परीक्षण कहा जाता है। इस परीक्षण में परीक्षक और परीक्षार्थी के मध्य उचित सामंजस्य स्थापित हो जाता है जिसके परिणामस्वरूप व्यक्ति के व्यवहार का गहन अध्ययन सम्भव होता है। इन परीक्षाओं के प्रशासन में योग्य, कुशल, दक्ष एक प्रशिक्षित प्रशिक्षकों की आवश्यकता होती है। वैयक्तिक /व्यक्तिगत बुद्धि परीक्षणों का प्रयोग आजकल बहुत कम किया जाता है क्योंकि—

(1) इसमें समय और धन का व्यय अधिक होता है।

(2) इनमें बालक से सम्बन्ध स्थापित करने तथा उसमें आत्मविश्वास, रुचि एवं जिज्ञासा उत्पन्न करने में कठिनाई होती है।

(3) इसमें विशेषज्ञों एवं प्रशिक्षित व्यक्तियों की आवश्यकता होती है।

(4) इसमें वस्तुनिष्ठता बहुत कम होती है।

(5) इनके द्वारा बालक की केवल सामान्य मानसिक योग्यताओं का ही मापन किया जा सकता है; विशिष्ट योग्यताओं का मापन इनके द्वारा सम्भव नहीं है।

ये भी दो प्रकार के होते हैं:—

(अ) वाचिक वैयक्तिक/ व्यक्तिगत बुद्धि परीक्षण (Verbal Individual Intelligence Tests)

बिने साइमन बुद्धि परीक्षण

1904 में पेरिस में विद्यालयों में विद्यार्थियों की संख्या बहुत बढ़ गई थी। इसलिए पेरिस नगरपालिका ने यह निश्चय किया कि मन्द बुद्धि के विद्यार्थियों को तीव्र बुद्धि के विद्यार्थियों से अलग रखा जाए और उनकी शिक्षा की व्यवस्था अलग से की जाए। बिने और साइमन नामक मनोवैज्ञानिकों ने 1905 में एक बुद्धि मापन परीक्षण का निर्माण किया जिसे **बिने साइमन मानदण्ड** का नाम दिया गया। उन्होंने इसे 1908 और 1911 में संशोधित करके पूर्ण बनाने का प्रयत्न किया। बिने ने विभिन्न आयु के बालकों के लिए प्रश्नों का निर्माण किया। जिस आयु विशेष के 60% बालक किसी प्रश्न का सफलतापूर्वक उत्तर देते थे, उस प्रश्न को उस आयु के लिए उपयुक्त समझा जाता था अन्यथा उसको वहाँ उस श्रेणी से अलग कर दिया जाता था। कई हज़ार बालकों की परीक्षा लेने के बाद प्रश्नावलियों का निर्माण किया गया। बिने ने 3 वर्ष से लेकर 15 वर्ष तक के बालकों के लिए अलग-अलग प्रश्नावलियाँ तैयार की। इनमें छोटी आयु के बालकों के लिए सरल और बड़ी आयु के बालकों के लिए कठिन प्रश्न रखे गए। जो बालक जिस आयु के लिए निर्धारित प्रश्नों का सही उत्तर दे देता है उस बालक की मानसिक आयु उतनी ही निश्चित की जाती है। उदाहरण के लिए यदि 6 वर्ष का बालक 6 वर्ष की आयु के लिए निर्धारित प्रश्नों का सही उत्तर दे देता है तो उसकी मानसिक आयु भी 6 वर्ष होगी और वह सामान्य बुद्धि का बालक कहा जाएगा। यदि वह 12 वर्ष की आयु के लिए निर्धारित प्रश्नों के सही उत्तर दे देता है तो उसकी मानसिक आयु 12 वर्ष होगी और वह बालक तीव्र बुद्धि का बालक कहा जाएगा परन्तु इस परीक्षण का सबसे बड़ा दोष यह था कि इसके द्वारा बालक की विशेष योग्यता की जाँच करना सम्भव नहीं था। एक बालक भाषा में अच्छा लेकिन गणित में कमजोर हो सकता है। इस परीक्षण में बालक की इस विशेष योग्यता को जानने का कोई प्रयास नहीं किया जाता।

स्टैनफोर्ड-बिने मानदण्ड

अमेरिकी विद्वान टरमैन ने बिने-साइमन मान दण्ड के अनेक दोषों को दूर करके उसे एक नया रूप दिया जो स्टैनफोर्ड बिने मानदण्ड के नाम से 1916 में प्रकाशित हुआ। इस परीक्षण में 90 पद हैं जिनके द्वारा 3 वर्ष से 14 वर्ष तक की आयु वाले बालकों की बुद्धि का मापन किया जाता है। **टरमैन** ने प्रश्नों की संख्या 5 से बढ़ाकर 6 कर दी। 1937 में **टरमैन** ने अपने साथी **मैरिल** के सहयोग से स्टैनफोर्ड-बिने मानदण्ड में संशोधन किया और इस नए रूप को ''टरमैन-मैरिल नवीन संशोधित स्टैनफोर्ड परीक्षण'' के नाम से प्रकाशित किया। 1960 में पुनः इसका संशोधन किया गया। इस संशोधन के द्वारा इसमें अधिक भेदबोधक पदों का चयन किया गया जिससे अधिक विश्वसनीय निष्कर्ष प्राप्त हों सकें।

बर्ट द्वारा संशोधित बुद्धि परीक्षण

प्रसिद्ध मनोवैज्ञानिक बर्ट ने बिने साइमन बुद्धि परीक्षण को उपयोगी बनाने के लिए संशोधन किया जो 'लंदन रिवीज़न' के नाम से प्रसिद्ध है। बर्ट ने पहले बालकों का उनकी बुद्धि के अनुसार वर्गीकरण करने के लिए अध्यापकों से कहा, फिर उन बालकों को उनकी

आयु के अनुसार प्रश्न हल करने को दिए। अध्यापकों के अनुमान और प्रश्नों के उत्तरों में जितना अधिक सम्बन्ध होता, अपने प्रश्नों को बर्ट उतना ही ठीक समझता था। बर्ट ने चिन्तन और तर्क की जाँच करने वाले प्रश्नों को सबसे अच्छा समझा। बर्ट के संशोधन में कुल 65 प्रश्न है जिसने 3 वर्ष से 16 वर्ष के बालकों की बुद्धि का मापन किया जाता है। इसमें प्रश्नों की संख्या प्रत्येक आयु के लिए भिन्न है।

(ख) सामूहिक बुद्धि परीक्षण (Group Intelligence Test)— इस परीक्षण के अंतर्गत एक ही समय में बहुत से व्यक्तियों की सामूहिक बुद्धि का मापन किया जाता है। सामूहिक बुद्धि परीक्षण का जन्म प्रथम महायुद्ध के समय अमेरिका में हुआ। युद्ध काल में अमेरिका को लाखों की संख्या में ऐसे सैनिकों और अफसरों की आवश्यकता हुई जो योग्य, कुशल और तीव्र बुद्धि वाले हों। बिने का बुद्धि परीक्षण इस आवश्यकता को पूरा करने में असमर्थ रहा क्योंकि थोड़े समय में अधिक व्यक्तियों को छांटने की आवश्यकता थी इस आवश्यकता की पूर्ति के लिए ओटिसपाइल, डाईक, लाबसीन, टरमैन और पिन्टर आदि मनोवैज्ञानिकों ने दो प्रकार के सामूहिक परीक्षणों का निर्माण किया। पहला आर्मी अल्फा परीक्षण था जो अंग्रेजी पढ़े लिखे व्यक्तियों के लिए था और दूसरा आर्मी बीटा परीक्षण था, जो बिना पढ़े लिखे और विदेशियों के लिए था। इन परीक्षणों द्वारा थोड़े समय में ही लाखों सैनिकों और अफसरों की परीक्षा ली गयी। इन परीक्षाओं की उपयोगिता के सम्बन्ध में बेलार्ड ने कहा है कि, ''इस योजना में मूर्खों को निकालना, बैल तथा गधे को एक साथ न जोतना एवं योग्य व्यक्तियों को पद पर रखना सम्भव हो सका'' इसके बाद अन्य सामूहिक बुद्धि परीक्षणों का निर्माण हुआ। आधुनिक युग में व्यक्तियों का चयन एवं वर्गीकरण करने और समूह को निर्देशन प्रदान करने में ये परीक्षण बहुत ही सहायक सिद्ध हुए। इनके प्रशासन में किसी विशेषज्ञ की आवश्यकता नहीं पड़ती। इनमें वस्तुनिष्ठता भी अधिक होती है क्योंकि इनमें सभी प्रश्न पूर्व निर्धारित होते हैं।

ये परीक्षण दो प्रकार के हो सकते हैं:—

(अ) वाचिक सामूहिक बुद्धि परीक्षण (Verbal Group Intelligence Test)

(ब) अवाचिक सामूहिक बुद्धि परीक्षण (Non-Verbal Group Intelligence Test)

(अ) वाचिक सामूहिक परीक्षण (Verbal Group Intelligence Test)

1. आर्मी अल्फा परीक्षण (Army Alpha Test)—इस परीक्षण का निर्माण अमेरिका में प्रथम महायुद्ध के समय सैनिकों और सैनिक अधिकारियों का चयन करने के लिए किया गया था। यह परीक्षण उन लोगों के लिए था जिन्हें अंग्रेजी भाषा का ज्ञान था। इसमें 212 प्रश्न थे जिनको 23 मिनट 15 सैकिंड में हल करना था।

2. सेना सामान्य वर्गीकरण परीक्षण (Army General Classification Test)—इस परीक्षण का निर्माण अमेरिका में द्वितीय महायुद्ध के समय सेना के विभिन्न विभागों के लिए सैनिकों का वर्गीकरण करने के लिए किया गया था। इस परीक्षण में सैनिकों को शब्दावली, गणित और वस्तुगणना सम्बन्धी तीन प्रकार की समस्याओं का सामना करना पड़ता था।

3. प्रयाग मेहता का सामूहिक बुद्धि परीक्षण (Prayag Mehta's Samoohik Buddhi Parikshan)—इस परीक्षण का निर्माण डॉ. प्रयाग मेहता द्वारा किया गया है।

इसके द्वारा कक्षा 7 से अधिक पढ़ने वाले बारह से चौदह वर्ष के बालकों की बुद्धि का मापन किया जाता है। इस परीक्षण में दस प्रकार के छ:-छ: पद अर्थात् कुल 60 पद हैं। ये पद तार्किक चयन, संख्या, श्रृंखला, वर्गीकरण, सादृश्य, अव्यवस्थित वाक्य आदि से सम्बन्धित है। इसके प्रशासन में 18 मिनट का समय दिया जाता है।

4. जलोटा का साधारण मानसिक योग्यता परीक्षण (Jalota's Sadharan Mansik Yogyata Parikshan)—इस परीक्षण का निर्माण डॉ. एस. एस. जलोटा द्वारा किया गया है। इसके द्वारा विद्यालय में पढ़ने वाले 11 वर्ष से 16 वर्ष की आयु वाले बालकों की सामूहिक रूप से सामान्य मानसिक योग्यता का मापन किया जाता है। इस परीक्षण में 100 पद हैं। ये परीक्षण पद निम्नलिखित 7 भागों में विभक्त हैं—

(*i*) शब्द भण्डार समान (Vocabulary Similars)
(*ii*) शब्द भण्डार विपरीत (Vocabulary Opposites)
(*iii*) संख्या श्रृंखला (Number series)
(*iv*) वर्गीकरण (Classification)
(*v*) श्रेष्ठ उत्तर (Best Answer)
(*vi*) सादृश्य (Analogies)
(*vii*) अनुमान (Inference)

इसके प्रशासन में 20 मिनट का समय दिया जाता है।

(ख) अवाचिक या क्रियात्मक सामूहिक बुद्धि परीक्षण
(Non-Verbal or Performance Group Intelligence Test)

1. आर्मी बीटा परीक्षण (Army Beta Test)—इस परीक्षण का निर्माण अमेरिका में प्रथम महायुद्ध के समय सेना के विभिन्न विभागों में कार्य करने वाले व्यक्तियों का चुनाव करने के लिए किया गया था। यह परीक्षण उन लोगों के लिए बनाया गया था जिनको भाषा का ज्ञान नहीं था। इस परीक्षण में इस प्रकार के प्रश्न और कार्य थे—वस्तुओं की गणना करना, चित्र में अंकित वस्तुओं में एक-दूसरे से सम्बन्ध बनाना, चित्र में उन वस्तुओं पर चिन्ह लगाना जिसका किसी से किसी प्रकार का सम्बन्ध नहीं था।

2. शिकागो अवाचिक परीक्षण (Chicago Non-Verbal Test)— यह परीक्षण 6 वर्ष की आयु के बालकों से लेकर प्रौढ़ व्यक्तियों तक के लिए है। तेरह वर्ष के बालकों के लिए यह परीक्षण उपयोगी है। इसमें सम्मिलित पद परीक्षण इस प्रकार हैं—

* प्रतीकात्मक अंक (Symbol Digits)
* वस्तुओं का वर्गीकरण (Classification of Objects)
* समानताओं का प्रत्यक्षीकरण (Perception of Similarities)
* चित्र विन्यास (Picture Arrangements)
* आकृतियों की तुलना (Matching Figures)

3. पिज़न का अवाचिक परीक्षण (Pigeon's Non-Verbal Test) — इस परीक्षण का निर्माण इंग्लैंड के मनोवैज्ञानिक पिज़न द्वारा किया गया है। इसमें चार सहायक परीक्षण हैं। जिनमें प्रत्यक्षात्मक गति, समानताएँ, सादृश्य और आकृति क्रम के पद हैं।

4. रेवन का प्रोग्रेसिव मैट्रिसेज़ (Raven's Progressive Matrices) — इस परीक्षण के 1956 के संशोधित संस्करण के पाँच भाग हैं। प्रत्येक भाग में 12 परीक्षण पद हैं। इस प्रकार कुल 60 परीक्षण पद हैं। इसमें मैट्रिसेज़ क्रमशः एक दूसरे से अधिक कठिन होती गई है। इस प्रकार के मैट्रिसेज़ उन्नतिशील (Progressive) क्रम में रखी गई है।

उपरोक्त परीक्षणों के अतिरिक्त अवाचिक या क्रियात्मक सामूहिक बुद्धि परीक्षणों में निम्नलिखित परीक्षण उल्लेखनीय हैं— नेशनल इन्स्टीट्यूट ऑफ इन्डस्ट्रीयल साईकोलोजी, लन्दन द्वारा निर्मित NIIP 70/23 परीक्षण, केटल का कल्चर फ्री टेस्ट, डियरवार्न सामूहिक परीक्षण माला आदि।

बुद्धि-लब्धि का वर्गीकरण

बुद्धि-लब्धि (I.Q.)	वर्ग (Category)
140 से अधिक	प्रतिभाशाली (Genious/Gifted)
121 से 140	प्रखर बुद्धि (Very Superior)
111 से 120	तीव्र बुद्धि (Superior)
91 से 110	औसत बुद्धि (Average)
76 से 90	मन्द बुद्धि (Dull)
51 से 75	मूर्ख (Morons)
26 से 50	मूढ़ बुद्धि (Imbeciles)
25 से कम	जड़ बुद्धि (Idiots)

इसके साथ ही आप यह जान लें कि बुद्धि-लब्धि स्थिर रहती है। कुछ असामान्य परिस्थितियों में जैसे बीमारी या दुर्घटनाओं के कारण आयु बढ़ने पर बुद्धि-लब्धि कम हो जाती है।

बुद्धि परीक्षणों का शिक्षा में प्रयोग (Use of Intelligence Test in Education)

गिलफोर्ड के अनुसार, ''बुद्धि परीक्षणों द्वारा मापी जाने वाली सामान्य योग्यताएँ तथा प्राथमिक योग्यताएँ अलग हैं और उनका विकास आयु के साथ-साथ होता है। मध्य अवस्था होने पर उनका पतन होने लगता है। विकास चरमोत्कर्ष 20 वर्ष की आयु तक होता है। इसमें कुछ यौन भिन्नताएँ भी पाई जाती हैं, जो कुछ पुरुषों को प्रभावित करती हैं तो कुछ स्त्रियों को। सन्तुलन इस बात का प्रतीक है कि ''दोनों (पुरुष तथा स्त्री) में सामान्य योग्यता समान होती है।'' अतः समानता तथा भिन्नता के आधार पर बुद्धि परीक्षणों का विनियोग शिक्षा में होता रहा है। इसके उपयोग इस प्रकार हैं :

1. वर्गीकरण (Classification)–बच्चों का वर्गीकरण बुद्धि-लब्धि के आधार पर किया जा सकता है। जिससे कक्षा अध्यापन सम्बन्धित कई समस्याएं स्वयं ही हल हो जाएंगी। मन्द बुद्धि और प्रतिभाशाली बालक एक ही कक्षा में बैठेंगे तो उन्हें पूरा व्यक्तिगत ध्यान नहीं मिलेगा। बुद्धि परीक्षण की सहायता से इन बच्चों का अलग से शैक्षिक प्रावधान किया जा सकता है।

2. शैक्षिक निर्देशन (Educational Guidance)–बुद्धि परीक्षाओं के द्वारा छात्रों के बुद्धि स्तर को ज्ञात कर सकते हैं और मानसिक योग्यता के आधार पर उनको पाठ्य-

विषय के चुनाव में सहायता दे सकते हैं। छात्रों की विशिष्ट योग्यताओं का पता लगाकर उचित निर्देशन कर सकते हैं।

3. व्यावसायिक निर्देशन (Professional Guidance)–बुद्धि परीक्षणों के द्वारा आप छात्रों को निर्देशन दे सकते हैं कि उन्हें किस व्यवसाय में अधिक सफलता मिल सकती है। अन्यथा व्यावसायिक सन्तुलन बिगड़ने की सम्भावना रहती है।

4. अनुसन्धान (Research)–बहुत-सी विद्यालयी समस्याओं के समाधान एवं अनुसन्धान में बुद्धि मापन की आवश्यकता होती है।

5. छात्रवृत्तियाँ प्रदान करने में (Providing Scholarship)–बुद्धि परीक्षणों द्वारा बालकों को छात्रवृत्तियाँ देने के लिए निर्णय लेने में सहायता मिलती है।

6. सीखने की क्रिया का पथ-प्रदर्शन (Guidance in Learning Process)–सीखना और बुद्धि एक-दूसरे से सम्बन्धित हैं। बुद्धि सीखने की क्रिया का आधार है। यदि अध्यापक को छात्रों की बुद्धि का सामान्य स्तर ज्ञात हो जाए तो वह उनको सीखने की क्रिया में अधिक सहायता प्रदान कर सकता है। अध्यापक शैली और पाठ्य-विषय को उसी स्तर पर लाकर उनको सीखने की क्रिया में सहायता कर सकता है।

7. अध्यापक के कार्यों की जाँच (Assessment of Teachers' Performance)–अध्यापक की अध्ययन शैली कितनी प्रभावपूर्ण है यह जाँचने के लिए भी बुद्धि परीक्षणों की सहायता ली जा सकती है।

8. मनोचिकित्सा में उपयोग (Use in Psycho Treatment)–बुद्धि परीक्षणों से मनोचिकित्सकों को बहुत अधिक लाभ हुआ है। इन परीक्षणों के प्रयोग करने से कुसमायोजित अथवा बाल अपराधी विद्यार्थियों का पता लगता है और उनके पुनः व्यवस्थापन का प्रबन्ध किया जा सकता है।

9. अन्ध विश्वासों को दूर करना (Eliminating Orthodox)–लिंग-भेद के आधार पर बुद्धि-भेद अर्थात् यह मानना कि लड़कों में लड़कियों की अपेक्षा बुद्धि अधिक होती है, जातीय श्रेष्ठता आदि के विचारों को इन बुद्धि परीक्षणों ने असत्य सिद्ध कर दिया है।

10. अनुशासनहीनता की समस्याओं का अध्ययन (Studying Problems of Indiscipline)–इन परीक्षणों ने तथ्य को उजागर किया है कि शिक्षा का स्तर विद्यार्थियों की बुद्धि, रुचि व योग्यता के अनुरूप नहीं हो तो अनुशासनहीनता की समस्या उत्पन्न हो जाती है। अतः बुद्धि परीक्षणों की सहायता से समुचित शिक्षा का प्रावधान सम्भव है।

बुद्धि परीक्षणों के दोष (Demerits)

1. प्रामाणिक बुद्धि परीक्षणों की कमी (Lack of Standardized Tests)–प्रामाणिक बुद्धि परीक्षणों की बहुत कमी है। इसका परिणाम यह होता है कि बालक की शिक्षा के किसी क्षेत्र या व्यवसाय में भविष्यवाणी नहीं कर सकते।

2. ठीक नहीं होती (Not Accurate)–सीमित प्रश्न होने के कारण कई बार ये ठीक नहीं होती। बुद्धि जो बहुत-सी योग्यताओं का संग्रह है परम्परा अनुसार, बुद्धि परीक्षणों पर निर्भर करती है जो केवल कुछ योग्यताओं को ही मापती है। अन्य बहुत-सी योग्यताएँ जो बुद्धि का अनिवार्य अंग होती हैं, वे नहीं मापी जा सकती हैं।

3. विश्वसनीय नहीं (Not Reliable)–इनसे बुद्धि की ठीक-ठीक माप नहीं होती इसलिए ये अधिक विश्वंसनीय नहीं होते।

4. गति पर जोर देना (Emphasis on Speed)–बुद्धि परीक्षाएँ गति पर जोर देती हैं। वे बालक जो मौलिकता का प्रदर्शन करते हैं, उनकी अपेक्षा की जाती है।

5. मन के आन्तरिक स्तरों की जानकारी नहीं (No Knowledge of Inner Level)–इनसे केवल यही पता लगता है कि बालक क्या जानता है? परन्तु यह नहीं पता लगता कि बालक के नए विचार क्या होंगे।

6. अभ्यास का प्रभाव पड़ना (Influence of Practice)–बालकों पर बुद्धि परीक्षणों का उपयोग करने पर उनकी सही बुद्धि-लब्धि का अनुमान नहीं हो पाता। एम० डी० जेनसन ने अपने प्रयोगों में पाया कि वही परीक्षण बालक पर दोबारा लगाया जाए तो 8–10 अंक बढ़ जाते हैं। अत: बुद्धि परीक्षणों पर अभ्यास का प्रभाव पड़ता है।

7. विद्यार्थियों पर अवांछनीय प्रभाव (Undesirable Influence on Students)–ये बुद्धि परीक्षण बालकों पर बढ़िया-घटिया का लेबल लगा देते हैं जो कि उनकी प्रगति में बाधक बन जाता है।

8. बुद्धि परीक्षाएँ और अध्यापक (Intelligence Tests and Teacher)–बुद्धि-लब्धि का ज्ञान होने पर अध्यापक बालकों के बारे में एक राय बना लेते हैं। अत: ये अपनी शिक्षण-विधि की त्रुटि एवं बालकों की असफलता का दोष बुद्धि-लब्धि को बताने लग जाते हैं।

सृजनात्मकता का अर्थ एवं प्रकृति, सृजनात्मकता गुणों को उत्पन्न करने की विधियाँ (Creativity and Aesthetic Appreciation: Meaning and Nature of Creativity, Method of Nurturing Creative Talents)

सृजनात्मकता (Creativity) से अर्थ है—विचारों में नये सम्बन्ध देखना। सृजनात्मकता एक अद्भुत योग्यता है जो जटिल समस्याओं का समाधान ढूँढने तथा जीवन को सुखमय बनाने में व्यक्ति की सहायता करती है। ऐसी अद्भुत एवं मनोहारी योग्यता को ही 'सृजनात्मकता' कहा जाता है। सृजनात्मकता मानवता व राष्ट्र के इतिहास को एक नया व आकर्षक मोड़ प्रदान करती है।

आज के गतिशील युग में आप देखते हैं कि मनुष्य को पग-पग पर कोई-न-कोई निर्णय लेना पड़ता है। व्यक्ति जैसे निर्णय लेता है उससे उसका व्यक्तित्व प्रभावित होता है और सृजनात्मकता निर्णय लेने का एक मुख्य अंग है। सृजनात्मकता का विकास कैसे हो? इस पर चर्चा करने से पहले आइए विचार-विमर्श करें कि सृजनात्मकता है क्या? अन्य बहुत से शब्द (Terms) जैसे—खोज, आविष्कार, कुछ नया, सीमा से परे, असामान्य आदि सृजनात्मकता के लिए ही प्रयुक्त किए जाते हैं।

सृजनात्मकता

सामान्य रूप से यह कह दिया जाता है कुछ भी रचना या विचार, चाहे आंशिक या पूर्ण रूप से नया है तो वह सृजनशीलता है। परन्तु आप यह समझ लें, कि कोई भी विचार केवल नया है इसलिए सृजनशील नहीं है। अगर ऐसा होता तो, प्रत्येक पागल (Insane),

सृजनकारी कहलाता। कोई भी विचार सृजनशील तब कहलाएगा जब वह किसी सकारात्मक दिशा में ले जाए अथवा किसी समस्या का हल प्रस्तुत करे।

गिलफोर्ड के अनुसार लचीलापन, मौलिकता एवं प्रवाहशीलता लिए हुए बहुविध चिन्तन सृजनकारी कहलाता है। दूसरी ओर असृजनकारी विचार एक विधा चिन्तन है जिसे बुद्धि परीक्षणों से मापा जा सकता है जैसे : स्मृति, पहचान आदि।

आइए सृजनात्मकता में निहित योग्यताओं व परिभाषाओं की चर्चा करें।

सृजनात्मकता में निहित योग्यताएँ (Abilities Involved in Creativity)

1. प्रवाह चिन्तन (Fluent Thinking)–परीक्षार्थी द्वारा दिए गए उत्तरों की संख्या के आधार पर प्रवाह का मापन किया जाता है।

इसके चार प्रारूप हैं :

प्रत्ययमूलक | अभिव्यक्तिपरक | साहचर्यात्मक | शब्द प्रवाह

2. लचीला चिन्तन (Flexible Thinking)–प्रत्युत्तरों की विविधता ही लचीलापन है। इसमें देखा जाता है व्यक्ति ने कितनी विविध दिशाओं से सम्बन्धित उत्तर दिए हैं।

3. वास्तविक चिन्तन (Original Thinking)–व्यक्ति प्रचलित उत्तरों से कितने अलग व असाधारण उत्तर देता है। यह उसके विचारों की मौलिकता दर्शाता है।

4. विस्तृत चिन्तन (Wider Thinking)–इससे अभिप्राय है कि कोई व्यक्ति विचारों की कितनी विस्तृत व्याख्या कर पाता है।

5. जटिल चिन्तन (Complex Thinking)–जटिल चिन्तन के अन्तर्गत चुनौतीपूर्ण कार्य करना या जोखिम उठाना है।

6. जोखिम उठाने की प्रवृत्ति (Risk Bearing)–सृजनशील बालक जल्दी से हार नहीं मानते हैं। जोखिम उठाने एवं उत्तेजनापूर्ण कार्य करने में इनकी अधिक रुचि रहती है। सफलता न मिलने तक कार्य में लीन रहते हैं।

7. जिज्ञासा (Curiousity)–सृजनशील बालक के ज्ञान का विस्तार असीमित होता है। इसलिए इनमें जिज्ञासु प्रवृत्ति बनी रहती है।

8. पुन: परिभाषा (Redefining)–नई जानकारी हासिल करके ये बालक विचारों को पुन: व्यवस्थित करने की योग्यता रखते हैं।

आइए सृजनात्मकता के अर्थ को स्पष्ट करने के लिए कुछ परिभाषाओं पर दृष्टि डालें :

स्टेगनर एवं कारवोस्की, "सृजनात्मकता में पूर्ण अथवा आंशिक रूप से नवीन वस्तु का उत्पादन निहित है।"

गिलफोर्ड, "सृजनात्मकता ... तात्कालिक स्थिति से परे जाने की योग्यता, समस्या या उसके अंश की पुनर्व्याख्या, असामान्य तथा प्रासंगिक विचारों का सामंजस्य, समस्या को परिवर्तित करने की योग्यता है।"

टॉरेन्स, "सृजनात्मक चिन्तन रिक्तताओं, त्रुटियों तथा अप्राप्त एवं अलभ्य तत्त्वों को समझने, उसके विषय में धारणाएं बनाने, अनुमान लगाने, धारणाओं का परीक्षण करने,

परिणामों को दूसरे तक पहुँचाने, तथा धारणाओं का पुन: परीक्षण करके उनमें सुधार करने की प्रक्रिया है।''

आइजैंक, ''सृजनात्मकता वह योग्यता है जिसके द्वारा नये सम्बन्धों का ज्ञान होता है तथा इसकी उत्पत्ति में चिन्तन के परम्परागत प्रतिमानों से हटकर असाधारण विचार उत्पन्न होते हैं।''

मेडनिक, ''सृजनात्मकता सहचारी तत्त्वों के नये संयोजन बनाने की प्रक्रिया है। नये संयोजन के तत्त्व जितने अधिक दूरगामी होते हैं, उतना ही प्रक्रिया या समाधान अधिक सृजनात्मक होती है।

हालमैन, ''सृजनात्मकता प्रक्रिया के उत्पाद को मौलिक होना चाहिए व इसमें चार गुण–नवीनता, असंभाव्यता, अतुलनीयता व आश्चर्य होने चाहिए।''

सृजनात्मकता की प्रकृति (Nature of Creativity)

सृजनात्मकता के क्षेत्र में किए गए विभिन्न अध्ययनों के आधार पर सृजनात्मकता की प्रकृति का निम्नलिखित रूप से उल्लेख किया जा सकता है :

(1) सृजनात्मकता एक उत्पादन नहीं, अपितु यह तो एक प्रक्रिया या योग्यता है।

(2) सृजनात्मकता बहु-विध चिन्तन के फलस्वरूप उत्पन्न होती है।

(3) सृजनात्मकता चिन्तन का एक तरीका है। यह बुद्धि का पर्यायवाची नहीं है।

(4) सृजनात्मकता की प्रक्रिया लक्ष्य निर्देशित होती है। यह व्यक्ति, समूह तथा समाज के लिए लाभदायक है।

(5) सृजन की योग्यता मान्य ज्ञान (Accepted Knowledge) के अर्जन पर आधारित है।

(6) सृजनात्मकता एक प्रकार की नियन्त्रित कल्पना है। जिससे किसी-न-किसी उपलब्धि को निर्देशन प्राप्त होता है।

(7) सृजनात्मकता मौखिक हो या लिखित, मूर्त या अमूर्त, प्रत्येक अवस्था में व्यक्ति के लिए अभूतपूर्व होती है।

(8) सृजनात्मकता की योग्यता प्राय: सभी व्यक्तियों में होती है। यह किसी में कम तथा किसी में अधिक मात्रा में होती है। शिक्षा, प्रशिक्षण तथा अच्छे वातावरण की सहायता से इसे विकसित किया जा सकता है।

(9) गिलफोर्ड (1959) तथा टोरेन्स (1960) ने यह स्पष्ट किया कि सृजनशील व्यक्तियों में बहु-विध चिन्तन की योग्यता अधिक होती है। सृजनात्मकता बहु-विध चिन्तन है जो व्यक्तियों में भेदीय रूप से वितरित होता है तथा जिसमें मुख्यत: मौलिकता, लचीलापन, प्रवाहात्मक विचारधारा, दृढ़ता, आत्मविश्वास, विस्तार, नये सम्बन्धों को देखने की योग्यता आदि तत्त्व निहित होते हैं।''

(10) डेनिस व लेहमैन (1966) ने अपने अध्ययनों से यह निष्कर्ष निकाले कि सृजनात्मकता का उदय बाल्यावस्था में ही हो जाता है तथा लगभग तीस वर्ष की आयु तक अपनी चरम सीमा पर पहुँचती है। इसके बाद या तो यह स्थिर रहती है या इसमें अवनति आरम्भ हो जाती है।

(11) टोरेन्स (1962) तथा अरस्ते (1968) ने अपने अध्ययनों में यह देखा कि लड़कों में लड़कियों की अपेक्षा सृजनात्मकता अधिक होती है। इसका कारण उन्होंने बताया कि लड़कों को पहल करने की स्वतन्त्रता के अवसर अधिक मिलते हैं।

(12) बड़े परिवारों की अपेक्षा छोटे परिवारों के बालकों में सृजनात्मकता अधिक होती है। एल० ई० डाल्टा (1965) तथा आर० इसमैन (1969) ने अपने अध्ययनों के आधार पर स्पष्ट किया कि जिन बालकों की जन्म-क्रम संख्या अन्तिम या मध्य होती है, उनमें सृजनात्मकता अधिक होती है।

(13) एफ० हरीसन (1969) तथा जे० आर० स्टेफिरी (1970) ने अपने अध्ययनों में यह पाया कि उच्च सामाजिक-आर्थिक स्थिति वाले बालकों में सृजनात्मकता अधिक होती है। इसका मुख्य कारण बालकों को अधिक साधनों का प्राप्त होना है।

(14) लेम्ब्राईट व यामामेतो (1965) ने निष्कर्ष निकाला कि शहरी बालकों में ग्रामीण बालकों की अपेक्षा सृजनात्मकता अधिक होती है।

सृजनशील व्यक्तित्व की विशेषताएँ

टोरेन्स (1968) ने सृजनशील व्यक्ति की 84 व्यक्तित्व विशेषताओं का उल्लेख किया है, जिनमें से कुछ विशेष इस प्रकार हैं :

(1) विकृति को स्वीकारना।
(2) जोखिम उठाना।
(3) तीव्र भावना।
(4) दूसरों के प्रति जागरूकता।
(5) सदैव किसी बात से परेशान रहना।
(6) अव्यवस्था की ओर आकर्षित होना।
(7) कठिन कार्यों का प्रयास।
(8) लज्जालु या झेंपु।
(9) रचनात्मक आलोचना।
(10) रहस्य की ओर आकर्षित होना।
(11) परार्थोन्मुखता (Altruism)।
(12) साहसिक।
(13) श्रेष्ठ होने की इच्छा।
(14) पक्का इरादा।
(15) असन्तुष्ट।
(16) व्यवस्था को बिगाड़ने वाले।
(17) प्रबल।
(18) संवेगात्मक।
(19) उद्योगी।
(20) दोष निकालने वाला।
(21) जिज्ञासा से पूर्ण।
(22) एकान्तप्रिय।
(23) निर्णय से पूर्ण।
(24) चिन्तन में स्वतन्त्रता।
(25) व्यक्तिवादी।
(26) परिश्रमी।
(27) अन्तःमुखी।
(28) त्रुटि करता है।
(29) कभी ऊबता नहीं है।
(30) अलोकप्रिय।
(31) विचित्र आदतें।
(32) सतत।
(33) अपने विचारों में लीन।
(34) अनैष्ठिक (Non-conforming)।
(35) संकल्पी (Resolute)।
(36) आत्मसात (Reserved)।
(37) आत्म-सचेत (Self aware)।
(38) आत्म-विश्वासी (Self-confident)।
(39) आत्म-निर्भर (Self-sufficient)।
(40) हास्य की संवेदना (Sense of Humour)।
(41) सुन्दरता के प्रति संवेदनशील।

(42) निश्छल।
(43) स्वचलित।
(44) हठी।
(45) दृढ़ (Tenacious)।
(46) वात्सल्य (Tender Emotions)।
(47) डरपोक।
(48) आमूल परिवर्तनवादी।
(49) जोखिम उठाने को तैयार।
(50) पूर्ण (Thorough)।

सृजनात्मक–प्रक्रिया (Process)

सृजनात्मक–प्रक्रिया में कुछ विशिष्ट एवं निश्चित सोपान निहित होते हैं। 'मन्न' द्वारा अपनी पुस्तक 'Introduction to Psychology' में दिए सोपान पर्याप्त रूप से उचित प्रतीत होते हैं। सोपान इस प्रकार हैं :

तैयारी (Preparation)	उद्भवन (Incubation)	सहजबोध (Illumination)	जाँच–पड़ताल (Verification)

तैयारी–पहले सोपान में समस्या पर गम्भीरता से कार्य किया जाता है और यह तब तक जारी रहता है जब तक सम्भव हो। समस्या का प्रारम्भिक विश्लेषण किया जाता है और उस समाधान के लिए मंच तैयार किया जाता है आवश्यक तथ्यों तथा सामग्री को एकत्रित किया जाता है, उनका विश्लेषण किया जाता है और कार्य–योजना निर्धारित की जाती है। इस प्रकार लगातार प्रयत्न किए जाते हैं।

उद्भवन–दूसरे सोपान में कई बार ऐसे लगने लगता है कि समस्या का हल नहीं मिल रहा है तब हम समस्या को कुछ देर के लिए एक ओर रख देते हैं। इस अवस्था में बाह्य क्रिया बन्द हो जाती है। कई बार तो समस्या पर चिन्तन भी बन्द हो जाता है और हम अन्य कार्यों में लग जाते हैं।

सहज बोध–बाहरी रूप से हम उस कार्य को जिसका हल नहीं मिलता, एक तरफ उठाकर रख देते हैं, पर हमारे अवचेतन मन में वही समस्या घूम रही होती है और इस तीसरी अवस्था में चिन्तक अचानक समस्या के समाधान का अनुभव करता है। उसे अन्तर्दृष्टि द्वारा समाधान की झलक मिलती है जैसे बादलों में बिजली कौंधती है वैसे ही चिन्तक को समस्या–समाधान का बोध हो जाता है। कभी–कभी तो चिन्तक स्वप्न में ही समाधान का रास्ता देख लेता है।

जाँच–पड़ताल–समाधान यदि पड़ताल की कसौटी पर पूरा नहीं उतरता तो व्यर्थ है। पड़ताल परीक्षाएँ प्रदीप्त विचारों की जाँच करती हैं। इस तरह से विचार पूर्ण चिंतन की क्रिया है जिसकी सहायता से नए विचार की शोध की जाती है और इसे स्पष्ट किया जाता है। इसकी आलोचनात्मक जाँच भी हो सकती है।

सृजनात्मकता के विकास में अध्यापक की भूमिका (Role of Teacher)

आप इस तथ्य से भलीभाँति परिचित होंगे कि कक्षा–वातावरण को उपयुक्त बना कर शिक्षक विद्यार्थियों की सृजनात्मकता का विकास कर सकते हैं, लेकिन कुछ शोध निष्कर्षों के आधार पर यह देखा गया है कि सृजनात्मकता के लिए, शैक्षिक कार्यक्रमों के अभाव में, कक्षा में दिया जाने वाला सृजनात्मकता प्रोत्साहन, सृजनात्मकता के विकास को प्रतिकूल रूप से प्रभावित करता है।

आप इस बात से सहमत होंगे कि वर्तमान शैक्षिक प्रक्रिया मुख्यत: बालक की ज्ञानात्मक तथा स्मृत्यात्मक पहलुओं पर ही केन्द्रित है। अनेक अनुसन्धानों ने सिद्ध कर दिया है कि सृजनात्मक फलाँक एवं स्मृति फलाँक में सह-सम्बन्ध नहीं होता है। इस कारण कई बार कक्षा में अनजाने ही सृजनकारी बालकों को दण्ड मिल जाता है।

अत: यह स्पष्ट हो जाता है कि सृजनशील बालकों को पहचाना जाए और उनकी समुचित शिक्षा का प्रबन्ध करके उनकी प्रतिभा को विकसित होने के अवसर प्रदान किए जाएं। सृजनशील बालक राष्ट्र को विकास की ओर अग्रसर करते हैं।

सृजनशील बालकों की शिक्षा के लिए निम्नलिखित विधियाँ अपनायी जानी चाहिए :

1. विचारों की स्वतन्त्रता (Freedom of Thoughts)–सृजनात्मकता का जन्म स्वतन्त्र वातावरण में होता है। इसलिए माता-पिता एवं अध्यापकों का कर्त्तव्य है कि बच्चों पर अपने विचार न थोपें और उन्हें स्वतन्त्रता प्रदान करें कि वे अपने विचार अभिव्यक्त कर सकें जिसका सीधा सम्बन्ध सृजनात्मकता से है।

2. मौलिक एवं लचीले चिन्तन को प्रोत्साहित करना (Encouraging Original and Flexible Thinking)–ज्ञान को निष्क्रिय भाव से अनुसरण करना सृजनात्मकता से परे ले जाता है। अध्यापक को चाहिए कि वे बालकों के मौलिक विचारों को अपनाएं।

3. साहसिक चिन्तन का विकास (Development of Courageous Thinking)–इससे अभिप्राय है मुख्यधारा से परे सोचना। प्रचलित विचारों को नयी कड़ी से जोड़ने के अवसर दिये जाने चाहिए।

4. बच्चों में स्वस्थ आदतों का विकास (Development of Healthy Habits among Children)–बच्चों में आत्म-विश्वास, ईमानदारी, परिश्रम, सत्यवादिता जैसे गुणों जो कि सृजनात्मकता के विकास में सहायक हैं का निर्माण आवश्यक है। अध्यापक के सहयोग से बालकों में इन गुणों का विकास सम्भव है।

5. वैज्ञानिक दृष्टिकोण विकसित करना (Development of Scientific Attitude)–समस्या-समाधान के लिए वैज्ञानिक दृष्टिकोण आवश्यक है। माता-पिता एवं अध्यापक हर समय बालक की अंगुली पकड़कर नहीं चल सकता। यदि अध्यापक प्रयत्न करे तो बालकों में वैज्ञानिक दृष्टिकोण विकसित कर सकता है ताकि वे समस्या से निपटने के लिए दूसरे पर निर्भर न रहकर अपनी योजनाएँ बनाएँ और हल निकालें।

6. स्वयं आदर्श प्रस्तुत करना (Presenting Self Ideals)–यदि बालक अपने अध्यापक एवं माता-पिता को नवीनता, सत्यता एवं मौलिकता आदि को जीवन में अपनाते देखते हैं, तो स्वयं ही बालक इन सृजनकारी गुणों का अपने जीवन में समावेश कर लेते हैं।

7. उचित पाठ्यक्रम (Appropriate Curriculum)–अध्यापक होने के नाते उसे देखना चाहिए कि कैसा पाठ्यक्रम सृजनशीलता को बढ़ाता है? जैसे बालकों की रुचि, आदतें, क्षमता एवं व्यक्तिगत आवश्यकताओं का ध्यान रखकर पाठ्यक्रम का आयोजन होगा तो बालक नयी दिशा में अग्रसर होंगे।

8. मूल्यांकन प्रणाली (Evaluation System)–सृजनात्मकता को बढ़ावा देने के लिए मूल्यांकन प्रणाली को बदलना आवश्यक है। जैसे–अब पुरानी पद्धति को बदलने की मुहिम चल पड़ी है। जैसे बाल केन्द्रित शिक्षा और बहुविध चिन्तन जैसी तकनीक वांछनीय दिशा में ले जाने के लिए बेहतर हैं।

9. कल्पना-शक्ति का विकास (Development of Imaginative Power)– अब तक आप इस बात से भलीभाँति परिचित हो चुके होंगे कि बहुविध चिंतन बालकों को स्वयं सोचने एवं कल्पना जगत में घूमने का अवसर देता है। इससे बालक अपनी कल्पना-शक्ति के द्वारा वस्तुओं एवं विचारों में नवीनता ला सकते हैं और सृजनात्मकता का विकास होगा।

10. बहु-विध चिन्तन का विकास (Development of Divergent Thinking)–किसी भी समस्या को हल करने के लिए बालकों को प्रोत्साहित किया जाना चाहिए कि वे अनेक पहलुओं पर सोच सकें, ताकि उनमें बहुविध चिन्तन का विकास हो सके जो कि सृजनात्मकता का आधार है।

11. मानसिक स्वास्थ्य (Mental Health)–सृजनात्मकता एवं मानसिक स्वास्थ्य का सीधा सम्बन्ध है। उदाहरण के लिए यदि कोई बालक कक्षा में किसी समस्या से ग्रस्त बैठा है तो उसके मन में सृजनकारी विचार उत्पन्न नहीं हो सकते। इसलिए आप इस बात को जान लें कि अच्छा मानसिक स्वास्थ्य सृजनात्मकता की शर्त है।

12. समुदाय के सृजनात्मक साधनों का प्रयोग करना (Utilization of Community Resources)–यदि अध्यापक बालकों को सृजनात्मक कला-केन्द्रों, वैज्ञानिक एवं औद्योगिक निर्माण केन्द्रों की यात्रा पर ले जाए तो उनके ज्ञान में वृद्धि होने से प्रत्यक्ष ज्ञान बालकों में सृजनकारी विचारों को प्रेरणा मिलती है।

13. अन्य विशिष्ट तकनीकें (Other Specific Techniques)–

(अ) मस्तिष्क उद्वेलन (Brain Storming)–मस्तिष्क उद्वेलन तकनीक को काम में लाने के लिए बालकों को एक समूह में साथ बिठाकर किसी समस्या विशेष का समाधान ढूंढ़ने के लिए प्रेरित किया जाता है। उदाहण के लिए, 'मीडिया की भूमिका', छात्रों द्वारा मोबाइल का प्रयोग, इंटरनेट का छात्रों पर प्रभाव, आतंकवाद आदि समस्याओं पर बालकों को अपने विचार अभिव्यक्ति के अवसर दिए जाएँ ताकि वे बिना झिझक बोल सकें। वे जितने भी समाधान प्रस्तुत करना चाहें, कर सकते हैं। इस तरह से पूरा-का-पूरा समूह विचारों की आंधी सी ला देता है, और इसी विचार रूपी आंधी में सृजनशील अभिव्यक्ति विद्युतधारा-सी चमक जाती है। इस प्रकार समूह में प्रत्येक बालक को अभिव्यक्ति का अवसर मिल जाता है और उनमें बहुविध चिन्तन का विकास होता है।

मस्तिष्क उद्वेलन के लिए निम्न अवस्थाओं में से गुजरना पड़ता है :

— समस्या का चुनाव
— भाग लेने वाले सदस्यों का चुनाव
— सदस्यों को आमन्त्रित करना
— उपयुक्त स्थान का चुनाव
— अधिवेशन
— सुझाव।

चार्ल्स एच० क्लार्क के अनुसार व्यक्ति का मन दो रूपों में कार्य करता है :

(क) सृजनात्मक (ख) न्यायकारी

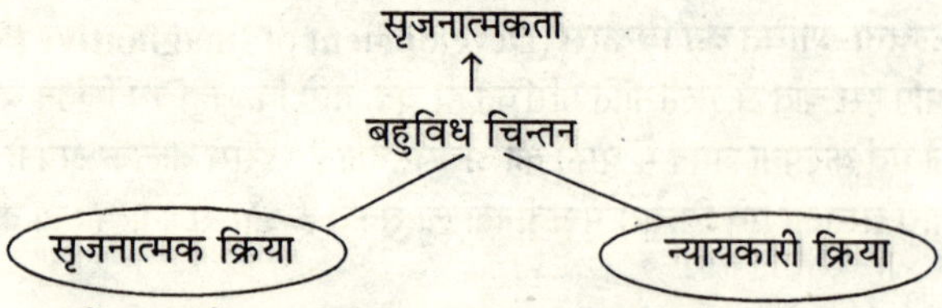

मस्तिष्क उद्वेलन की क्रिया (Process of Brain Storming)

सृजनात्मकता क्रिया में नए विचार प्रस्तुत किए जाते हैं और समस्याओं के समाधान ढूंढे जाते हैं, जबकि न्यायकारी क्रिया में सृजनात्मक मन द्वारा प्रतिपादित विचारों का मूल्यांकन किया जाता है। इस प्रकार इस विधि द्वारा बालकों में सृजनात्मकता का विकास किया जा सकता है।

(ब) शिक्षण प्रतिमानों का प्रयोग (Use of Teaching Models)–कुछ विशिष्ट प्रतिमान जैसे–बूनार का संप्रत्यय उपलब्धि-प्रतिमान बालकों का ज्ञान ही नहीं बढ़ाता अपितु उन्हें सृजनकारी बनाने में सहायक है।

(स) क्रीड़न तकनीकों का प्रयोग (Use of Gaming Techinques)–खेल-खेल में सिखाया जाए तो बालकों की कल्पनाशीलता एवं सृजनशीलता का विकास होता है। इसके लिए शाब्दिक एवं अशाब्दिक–दोनों ही क्रीड़ाओं का स्थिति के अनुसार प्रयोग किया जा सकता है।

सारांश

1. सम्पूर्ण संसार में कोई भी दो व्यक्ति एक जैसे नहीं हो सकते।
2. मनुष्य का स्वभाव, रुचि, अधिगम, व्यक्तित्व, चरित्र अभिक्षमता, उपलब्धि एवं विशेष योग्यताएं इनका आधार है।
3. व्यक्तिगत विभिन्नताओं को ध्यान में रख कर शिक्षा की व्यवस्था की जाए तो बालकों के व्यक्तित्व का सर्वांगीण विकास किया जा सकता है।
4. उपलब्धि परीक्षाओं के द्वारा विद्यालय में पढ़ाए जाने वाले विषयों की सफलता या उपलब्धि का ज्ञान प्राप्त किया जाता है।
5. अभिक्षमता परीक्षण के द्वारा व्यक्ति की विशिष्ट योग्यताओं का पता लगता हे, जो उसकी भावी सफलता की ओर संकेत करती है।
6. बुद्धि का अर्थ है—समायोजन की योग्यता, सीखने की योग्यता एवं अमूर्त चिन्तन की योग्यता।
7. सृजनशील बालक राष्ट्र को विकास की ओर अग्रसर करते हैं। इसलिए इनकी शिक्षा के लिए उचित प्रावधान किया जाना चाहिए।

इकाई – 5

बालकों का मानसिक स्वास्थ्य
(Mental Health of Children)

— अर्थ एवं स्वरूप

— बाधक तत्त्व

— सुधार के उपाय

— सुधार में निम्नांकित अभिकरणों का योगदान

(अ) घर (ब) विद्यालय (स) समाज

आप इस बात से परिचित हैं कि शिक्षा का प्रमुख लक्ष्य व्यक्ति का सर्वाङ्गीण विकास है। सर्वाङ्गीण से अभिप्राय यह है कि शिक्षा व्यक्ति के शारीरिक एवं मानसिक गुणों का विकास करे। मानसिक विकास का महत्त्व शारीरिक विकास से कम नहीं है। जो व्यक्ति समाज में समायोजन नहीं कर पाता, उसमें मानसिक दोष आ जाते हैं और उनका मानसिक स्वास्थ्य बिगड़ जाता है। मानसिक स्वास्थ्य विज्ञान के जन्मदाता प्रसिद्ध मनोवैज्ञानिक क्लीफोर्ड बीयर्स हैं। इन्होंने 24 वर्ष की अवस्था में जब ये विश्वविद्यालय के स्नातक थे, अपने घर की चौथी मंजिल से कूदकर आत्महत्या का प्रयत्न किया। तीन वर्ष तक इन्हें विभिन्न अस्पतालों में रखा गया। मानसिक दृष्टि से स्वस्थ हो जाने पर इन्होंने आत्मकथा के रूप में ''ए माईंड दैट फाऊंड इटसेल्फ'' नामक पुस्तक लिखी। इस पुस्तक का मनोवैज्ञानिक चिकित्सा के क्षेत्र में बहुत गहरा प्रभाव पड़ा और इस प्रकार मानसिक स्वास्थ्य विज्ञान का जन्म हुआ।

सबसे पहले अमेरिका में 1908 में मानसिक स्वास्थ्य विज्ञान समिति की स्थापना हुई। आज लगभग सभी प्रगतिशील देशों में मनोचिकित्सा केन्द्रों की स्थापना हो गयी है।

मानसिक स्वास्थ्य

सामान्यतया मानसिक स्वास्थ्य का अर्थ है, मानसिक रोगों, उलझनों, निराशाओं, अविश्वास, ग्रन्थियों आदि से रहित संतुलित एवं व्यवस्थित व्यवहार। और मानसिक स्वास्थ्य सम्बन्धी उपायों, सिद्धान्तों एवं नियमों का अध्ययन मानसिक स्वास्थ्य विज्ञान कहलाता है।

ड्रेवर के अनुसार, ''मानसिक स्वास्थ्य विज्ञान का अर्थ है मानसिक स्वास्थ्य के नियमों की खोज करना और उनको सुरक्षित रखने के उपाय करना।''

कुप्पुस्वामी के शब्दों में, ''मानसिक स्वास्थ्य का अर्थ है — दैनिक जीवन में भावनाओं, महत्त्वाकांक्षाओं तथा आदर्शों में सन्तुलन रखने की योग्यता। इसका अर्थ है जीवन की वास्तविकताओं का सामना करने और उनको स्वीकार करने की योग्यता।''

मेनिंगर के अनुसार, "मानसिक स्वास्थ्य की परिभाषा अधिकतम प्रभावशीलता एवं प्रसन्नता के साथ मानव प्राणियों का विश्व से तथा परस्पर समायोजन के रूप में की जा सकती है। यह सौम्य स्वभाव, सतर्क बुद्धि, समाज सम्मत व्यवहार तथा प्रसन्नचित्तवृत्ति बनाये रखने की योग्यता है।"

जोन्स, सुटन तथा बेब्स्टर के अनुसार, "मानसिक स्वास्थ्य जीवन का एक विधेयात्मक किन्तु सापेक्षिक गुण है। यह वह दशा है जो एक सामान्य व्यक्ति में पाई जाती है जो अपनी स्वयं की क्षमताओं एवं सीमाओं के आधार पर जीवन की आवश्यकताओं की पूर्ति करता है।"

हेडफील्ड, "सम्पूर्ण व्यक्तित्व की पूर्ण एवं सन्तुलित क्रियाशीलता को मानसिक स्वास्थ्य कहते हैं।"

हेडफील्ड ने मानसिक स्वास्थ्य के तीन तथ्यों की ओर संकेत किया है :

↓ पूर्ण अभिव्यक्ति

↓ संगतिकरण

↓ सामान्य लक्ष्य की ओर निर्देशन

हरलॉक के अनुसार, "वास्तविक उद्देश्य, आयु तथा योग्यता के साथ ताल-मेल, उत्तरदायी, उचित संवेग-युक्त तथा सामाजिक योग्यता वाला व्यक्ति मानसिक रूप से स्वस्थ होता है।

एरीकसन ने मानसिक रूप से स्वस्थ व्यक्ति में ये विशेषताएँ मानी हैं।

— आत्मविश्वास
— विश्वासी
— आत्म-नियन्त्रण
— उत्तरदायी
— कुशलता तथा उद्यमशीलता
— स्पष्ट तथा समन्वित तादात्म्य
— सम्बन्धों का सृजन
— सृजनशीलता
— आत्मपूर्णता।

उपर्युक्त सभी परिभाषाओं के आधार पर आप कह सकते हैं कि मानसिक रूप से स्वस्थ व्यक्ति अपने व्यवहार में सन्तुलन रखता है। वह समायोजन के गुणों से परिपूर्ण होता है और संवेगात्मक रूप से दृढ़ होता है।

स्वरूप (Nature)

इस प्रकार आप कह सकते हैं कि मानसिक स्वास्थ्य व्यक्ति को व्यक्तिगत तथा सामाजिक समायोजन करने की योग्यता है। इस प्रकार से मानसिक स्वास्थ्य के दो पक्ष सामने आते हैं :

मानसिक स्वास्थ्य
↓
दो पक्ष
↓
व्यक्तिगत पक्ष | सामाजिक पक्ष

व्यक्तिगत पक्ष का अर्थ है कि व्यक्ति आतंरिक रूप से समायोजित है। उसमें आत्म-विश्वास है, मानसिक संघर्षों से मुक्त है और सभी प्रकार से पूर्ण एवं सन्तुष्ट है। किंतु यह आन्तरिक समायोजन एक सामाजिक पृष्ठभूमि में ही उपलब्ध होता है। समाज के अपने नियम, परंपराएं और मान्यताएं होती हैं, जो सभी प्राणियों के कल्याण को दृष्टि में रखती हैं। इसी सामाजिक ढाँचे के अनुसार व्यक्ति को अपना समायोजन करना पड़ता है और तभी वह समाज का सम्मानित प्रांणी बन पाता है। आप यह समझ लीजिए कि समायोजन का तात्पर्य उस दशा से है जिसमें व्यक्ति स्वयं और पर्यावरण के मध्य तक संतोषजनक संबंध स्थापित कर लेता है। समायोजन करने से मानसिक संघर्षों से मुक्ति मिल जाती है।

लगभग सभी परिभाषाएँ सामंजस्य पर बल देती हैं। जब शरीर और मन दोनों समन्वित ढंग से कार्य करते हैं, तभी व्यक्ति को स्वस्थ कहा जा सकता है। इस प्रकार अब मानसिक स्वास्थ्य हमारे संपूर्ण स्वास्थ्य का एक प्रमुख अंग बन गया है और इसके बिना शारीरिक स्वास्थ्य संभव नहीं है।

बाधक तत्त्व (Disturbing Factors)

मानसिक अस्वस्थता के विभिन्न बाधक तत्त्व हैं, जिन्हें चार भागों में विभाजित किया गया है :

(क) ⟶ परिवार सम्बन्धी कारण (Family Related Factors)

(ख) ⟶ विद्यालय सम्बन्धी कारण (School Related Factors)

(ग) ⟶ समाज सम्बन्धी कारण (Society Related Factors)

(घ) ⟶ व्यक्तिगत कारण (Individual Factors)

(क) परिवार सम्बन्धी कारण (Family Related Factors)–बालकों की इच्छाओं और आवश्यकताओं की पूर्ति न होने पर मानसिक तनाव की स्थिति उत्पन्न हो जाती है और मानसिक स्वास्थ्य बिगड़ जाता है। पारिवारिक पृष्ठभूमि का बालकों के मन पर सीधा एवं गहरा प्रभाव पड़ता है। आइए कुछ कारकों का उल्लेख करें :

1. *पारिवारिक निर्धनता (Poverty)*–परिवार की आर्थिक स्थिति ठीक न होने के कारण बालक उग्र एवं कठोर हो जाते हैं। उनकी आवश्यकताओं की पूर्ति न होने के कारण उनमें असुरक्षा एवं हीनता का भाव आ जाता है। जिससे उनका मानसिक स्वास्थ्य खराब हो जाता है।

2. *माँ-बाप का बालक के प्रति अत्यधिक स्नेह एवं घृणा का व्यवहार (Attitude of parents)*–बालक की बुद्धि या किसी दोष के कारण उसे बार-बार ताड़ना मिलने से वह घर के बाहर प्रेम ढूंढ़ने लगता है। माँ-बाप के प्रति उसकी घृणा उसका मानसिक संतुलन खराब कर देती है।

दूसरी ओर अत्यधिक मोह भी बालक के व्यवहार को असामान्य बना देता है। यह भी बालक के सामाजिक संतुलन को खराब कर देता है।

3. *परिवार का अनुशासन (Family Discipline)*–घर के अनुशासन का बच्चे के विकास पर गहरा प्रभाव पड़ता है। कहीं पर बच्चों को पूर्ण स्वतन्त्रता है तो कहीं पर उन पर कड़ा अनुशासन है। दोनों ही स्थितियों में बच्चों के मन में तनाव बना रहता है।

4. *माता-पिता के ऊँचे आदर्शों का प्रभाव (High Moral of Parents)*—जिन माता-पिता के उच्च आदर्श होते हैं, वे अपने बच्चों से भी उन्हीं आदर्शों के पालन की आशा रखते हैं, जब वे बच्चे ऐसा नहीं कर पाते तो उन्हें डर बना रहता है। आदर्श और यथार्थ में द्वन्द्व बना रहता हैं। परिणामस्वरूप बालकों का मानसिक स्वास्थ्य खराब हो जाता है।

(ख) विद्यालय सम्बन्धित कारण (School Related Factors)—परिवार के बाद विद्यालय ही वह स्थान है जहाँ बालक का अधिकांश समय व्यतीत होता है। निम्नलिखित विद्यालयी कारक बालक के मानसिक स्वास्थ्य पर बहुत अधिक प्रभाव डालते हैं :

1. *वातावरण (Environment)*—यदि विद्यालय में छात्र सुरक्षित अनुभव नहीं करते हैं तो उनके मस्तिष्क में निरन्तर चिन्ता व भय बना रहता है। जाति-पाति या अन्य आधारों पर पक्षपात बालकों के विकास में व्यवधान डालते हैं।

2. *अनुचित पाठ्यक्रम (Inappropriate Curriculum)*—यदि विद्यालय में कक्षा का पाठ्यक्रम बालक की रुचियों, अभिक्षमताओं और क्षमताओं के विपरीत होता है, तो बालक के मन में अलगाव का होना स्वाभाविक है। फलस्वरूप बालक का मानसिक विकास रुक जाता है।

3. *शिक्षकों का प्रभाव (Influence of Teachers)*—बालकों के मानसिक स्वास्थ्य पर शिक्षकों के व्यक्तित्व का भी प्रभाव बहुत है। उनके चरित्र, स्वभाव, आदर्श एवं व्यवहार सभी का प्रत्यक्ष एवं अप्रत्यक्ष रूप में बालकों द्वारा अनुकरण किया जाता है। उदाहरण के लिए शिक्षक कक्षा में पढ़ाते हुए कर्त्तव्यनिष्ठा पर भाषण देता है, और विद्यार्थी देखते हैं कि वह (शिक्षक) जिन आदर्शों का बखान कर रहा है, यथार्थ जीवन में उन मूल्यों से कोसों दूर है। तब बालकों का चिन्तन उन्हें परेशान करके अस्वस्थ बना देता है।

4. *दोष पूर्ण शिक्षण-विधियाँ (Defective Teaching Methods)*—सभी बालकों की रुचियों और क्षमताओं इत्यादि में विभिन्नता पाई जाती है। यदि अध्यापक इन विभिन्नताओं को ध्यान में रखकर नहीं पढ़ाता तो बालक को विषय-वस्तु के ग्रहण करने व इसे अपने जीवन में अपनाने में कठिनाई आती है।

5. *दोष पूर्ण मूल्यांकन (Defective Evaluation)*—प्रचलित परीक्षा-पद्धति में कई दोष हैं, जिनसे बालकों की योग्यता व क्षमता का सही मूल्यांकन नहीं हो पाता। कई बार तो ऐसा भी होता है कि अयोग्य बालकों को योग्य बालकों से अधिक अच्छे ग्रेड या पदोन्नति दे दी जाती है। जिससे योग्य बालकों में कुण्ठा की भावना उत्पन्न हो जाती है और बालकों का मानसिक स्वास्थ्य बिगड़ जाता है।

6. *स्वतंत्रता न देना (No Freedom)*—जिन विद्यालयों में छात्रों को विचार व्यक्त करने की स्वतंत्रता नहीं दी जाती है, वहाँ पर छात्र भय के कारण अपने विचारों का दमन करते हैं जिनसे उनके मानसिक स्वास्थ्य पर कुप्रभाव पड़ता है।

(ग) समाज सम्बन्धित कारण (*Factors Related to Society*)—मानव समाज की एक इकाई है। समाज के रीति-रिवाज़ तथा मान्यताओं का बालक के विकास से गहरा सम्बन्ध है। आइए कुछ तत्वों की चर्चा करें :

1. *आन्तरिक तनाव (Inner Stress)*—भारत में अनेक जातियाँ तथा सम्प्रदाय हैं। ये समुदाय तथा जातियाँ आपस में संकीर्ण स्वार्थों की पूर्ति के लिए लड़ती झगड़ती रहती हैं।

अस्पृश्यता तथा वर्गभेद मानसिक तनाव को बढ़ावा दे रहे हैं। राजनीतिक भेद-भाव बालकों के मानसिक विकास पर विपरीत प्रभाव डालते हैं।

2. *असुरक्षा*(*Insecurity*)–आज राष्ट्रीय शिक्षा-नीति भी सभी को रोजगार के समान अवसर नहीं दे पा रही है। जिससे व्यक्ति स्वयं को असुरक्षित अनुभव कर रहा है।

3. *स्वतंत्रता का अभाव* (*Lack of Freedom*)–अधिक नियन्त्रण भी बालक की स्वतंत्र अभिव्यक्ति का दमनकारी कारक है। यही मानसिक रोग बन जाता है।

(घ) व्यक्तिगत कारण (Individual Factors)–यदि बालक का शारीरिक स्वास्थ्य उचित नहीं होता है या वह किसी रोग से पीड़ित होता है तो वह स्वयं ही अपने मन में कुण्ठा बना लेता है। ये हीनता की ग्रन्थियाँ बालक को उसके वातावरण से समायोजन करने में बाधक होती हैं।

बालक के मानसिक स्वास्थ्य को अच्छा रखने के उपाय (Remedies)

बालक के मानसिक स्वास्थ्य को अच्छा बनाने के लिए परिवार, विद्यालय और समाज की विशेष भूमिका है। आइए चर्चा करें :

(क) परिवार के कार्य (*Functions of Family*)–फ्रेंडसन के शब्दों में, "परिवार बालक को मानसिक स्वास्थ्य या असमायोजन की दिशा में अग्रसर करता है।" परिवार, बालक को मानसिक स्वास्थ्य की दिशा में निम्न प्रकार से अग्रसर करता है:

1. *विकास की उत्तम दशाएँ (Good Conditions of Development)*–फ्रेंडसन के मतानुसार मानसिक रूप से स्वस्थ बालक में 6 वर्ष की आयु तक उत्तरदायित्व, स्वतंत्रता और आत्म-विश्वास की भावनाओं का विकास हो जाता है। यह तभी सम्भव है जब परिवार इनके विकास के लिए उत्तम दशाएं प्रदान करे।

2. *परिवार का शान्तिपूर्ण वातावरण* (*Good Atmosphere in Family*)–जिस परिवार में शान्ति और सामंजस्य का वातावरण होता है, उसमें बालक का मानसिक स्वास्थ्य अच्छा रहता है। इस सम्बन्ध में कुप्पुस्वामी का मत है, "अच्छा परिवार, जिसमें माता-पिता में सामंजस्यपूर्ण सम्बन्ध होता है और जिसमें आनन्द एवं स्वतंन्त्रता का वातावरण होता है, प्रत्येक बालक की उन्नति में अतिशय योग देता है।"

3. *माता-पिता का मानसिक स्वास्थ्य* (*Mental Health of Parents*)–यदि माता-पिता का मानसिक स्वास्थ्य अच्छा हो तो बालक का मानसिक स्वास्थ्य भी अच्छा बनता है। इस सम्बन्ध में फ्रेंडसन के शब्द, "प्रत्येक बालक को मानसिक रूप से स्वस्थ और एक-दूसरे से प्रेम करने वाले माता-पिता की आवश्यकता है।"

4. *माता-पिता का व्यवहार* (*Behaviour of Parents*)–बच्चों के प्रति उनके माता-पिता का उचित व्यवहार उनके मानसिक स्वास्थ्य के विकास में महत्त्वपूर्ण योग देता है। इस व्यवहार को अक्षरबद्ध करते हुए कुप्पुस्वामी ने लिखा है, "जो माता अपने बच्चों को सुरक्षा प्रदान करती है, वह उनके मानसिक स्वास्थ्य में योग देती है। जो पिता अपने बच्चों के साथ अपना जीवन और समय व्यतीत करता है, वह उनको स्वस्थ मानसिक दृष्टिकोणों का विकास करने में सहायता देता है।

5. *अन्य कारक* (*Other Factors*)–

— बालक और उसके माता-पिता के मधुर सम्बन्ध

— बालक की स्थिति व व्यक्तित्व का सम्मान
— बालक के शारीरिक, मानसिक, सामाजिक, नैतिक और संवेगात्मक विकास की उचित दिशा
— बालक की आधारभूत शारीरिक और मनोवैज्ञानिक आवश्यकताओं की पूर्ति
— बालक की रुचियों, आकांक्षाओं और मानसिक योग्यताओं के विकास के लिए उपयुक्त अवसर
— बालक को सफलताओं और असफलताओं में समान रूप से प्रोत्साहन
— बालक को अपनी समस्याओं का समाधान करने में सहायता व निर्देशन
— परिवार में जनतंत्रीय सिद्धान्तों पर आधारित अनुशासन।

(ख) विद्यालय के कार्य (Functions of School)–फ्रेंडसन के शब्दों में,''मानसिक स्वास्थ्य का विकास, शिक्षा का एक महत्त्वपूर्ण उद्देश्य और प्रभावशाली अधिगम की एक अनिवार्य शर्त दोनों है।''

1. *अनुशासन (Discipline)*–विद्यालय का अनुशासन —भय, दण्ड, दमन और कठोरता पर आधारित न होकर जनतन्त्रीय सिद्धान्तों पर आधारित होना चाहिए। बालकों में आत्म-अनुशासन की भावना का विकास करने के लिए 'छात्र-स्वशासन' को प्रोत्सहित करना चाहिए। बालकों को जिम्मेदार कार्यों का भार देकर उनके मानसिक स्वास्थ्य का विकास किया जाना चाहिए।

2. *शिक्षक का सहानुभूति पूर्ण व्यवहार (Affectionate Behaviour of Teacher)*–शिक्षक को चाहिए कि वह बालकों से प्रेम और सहानुभूति का व्यवहार करे। कक्षा में बालकों की रुचियों, क्षमताओं और अभिरुचियों आदि को ध्यान में रखते हुए सहयोग और सहानुभूति पूर्ण व्यवहार करे।

3. *विभिन्न एवं उपयुक्त पाठ्यक्रम (Varied and Proper Curriculum)*–विद्यालय का पाठ्यक्रम सभी बालकों के लिए उपयुक्त होना चाहिए। अत: वह सबके लिए समान न होकर विभिन्न वयवर्ग के बालकों के लिए विभिन्न होना चाहिए। इसके अतिरिक्त पाठ्यक्रम लचीला होना चाहिए और उसे सब बालकों की रुचियों एवं आवश्यकताओं को पूर्ण करना चाहिए। इस प्रकार का पाठ्यक्रम से बालकों के मानसिक स्वास्थ्य का विकास होता है।

4. *सन्तुलित गृह-कार्य (Balanced Home-Work)*--यदि गृह-कार्य बहुत अधिक दिया जाता है, तो बालक के मन में दण्ड की चिन्ता से तनाव उत्पन्न होता है। अत: आपको इस बात से भलीभाँति परिचित होना चाहिए कि गृह-कार्य बालक की क्षमता एवं आयु के अनुकूल हो। इससे बालक का मानसिक विकास वांछनीय दिशा में अग्रसर होगा।

5. *पाठ्य सहगामी क्रियाओं का आयोजन (Organization of Co-curricular Activities)*–विद्यालय में अध्यापन कार्य के साथ-साथ पाठ्य सहगामी क्रियाओं—वाद-विवाद प्रतियोगिता, निबन्ध प्रतियोगिता, नाटक, अभिनय, खेलकूद, स्काउटिंग, सांस्कृतिक कार्यक्रम, पिकनिक, आदि का आयोजन किया जाना चाहिए। बालक इनमें से किसी-न-किसी को माध्यम बनाकर अपने संवेगों, इच्छाओं, मूलप्रवृत्तियों, विशिष्ट रुचियों, जन्मजात क्षमताओं आदि की अभिव्यक्ति करते हैं। यदि उनकी प्रतिभा को बाहर आने का अवसर न मिले तो उनका विकास असन्तुलित होने का भय रहता है।

6. *निर्देशन की व्यवस्था* (*Provision of Guidance*)—बालकों के जीवन में शैक्षिक, व्यक्तिगत या व्यावसायिक समस्याओं का आना एक स्वाभाविक क्रिया है। इनके निपटारे के लिए विद्यालय में उनके सही निर्देशन की बहुत अधिक आवश्यकता है। अच्छा निर्देशन उन्हें भावी जीवन को व्यवस्थित करने में सहायक होगा और वे मानसिक रूप से स्वस्थ अनुभव करेंगे।

7. *धार्मिक एवं नैतिक शिक्षा की व्यवस्था* (*Provision of Religious and Moral Education*)—मानसिक स्वास्थ्य के लिए चारित्रिक विकास आवश्यक है। बालकों के नैतिक विकास के लिए विद्यालय में उन्हें धर्म और नीति सम्बन्धी तत्त्वों के बारे में बताया जाना चाहिए। इससे बालकों में स्वस्थ भावनाओं एवं अच्छे विचारों का उदय होगा।

8. *अन्य कारक* (*Other Factors*)

— शिक्षण विधियों में मानसिक स्वास्थ्य के सिद्धान्तों का प्रयोग
— बालक और उसके साथियों के मधुर सम्बन्ध
— अभिभावक-अध्यापक सम्मेलन
— मानसिक स्वास्थ्य विशेषज्ञों के भाषण।

(ग) समाज के कार्य (Functions of Society)—बालकों के मानसिक स्वास्थ्य को अच्छा बनाए रखने के लिए परिवार एवं विद्यालय के अतिरिक्त समाज की भी एक महत्त्वपूर्ण भूमिका होती है। बालक समाज में जन्म लेता है और समाज में ही अपना सम्पूर्ण जीवन व्यतीत करता है। अपने इस दायित्व की पूर्ति के लिए समाज को निम्न कार्यों के प्रति सजग रहना चाहिए।

– बालकों के लिए सुख एवं सुरक्षा की व्यवस्था करना।
– उनके लिए चिकित्सालयों एवं शिक्षालयों की व्यवस्था करना।
– स्वस्थ मनोरंजन के साधनों की व्यवस्था करना।
– उनके संवेगों एवं क्षमताओं की अभिव्यक्ति का अवसर देना।
– समाज में व्याप्त रूढ़िवादियों एवं बुराईयों को समाप्त करना।

सारांश

1. मानसिक स्वास्थ्य का अर्थ है, मानसिक रोगों, उलझनों, निराशाओं, अविश्वास, ग्रन्थियों आदि से रहित सन्तुलित एवं व्यवस्थित व्यवहार।
2. मानसिा स्वास्थ्य व्यबित की त्यक्तिगत तथा सामाजिक समायोजन करने की योग्यता है।
3. मानसिक अस्वस्थता के विभिन्न बाधक तत्व हैं जैसे पारिवारिक, विद्यालीय, सामाजिक एवं व्यक्तिगत।
4. अभिभावक एवं अध्यापक दोनों का कर्तव्य है कि बालकों के उचित आदर्श एवं मूल्य स्थापित करने में उनकी सहायतस करें ताकि उनका मानसिक स्वास्थ्य अच्छा रहे।

इकाई – 6

विशिष्ट बालक और उनकी शिक्षा
(Exceptional Children and Their Education)

विशिष्ट बालक

विशिष्ट बालकों से हमारा क्या तात्पर्य है ?

विद्यालय में सभी बालक समान नहीं होते। जहाँ अधिकांश बालक समान्य होते हैं, वहाँ कुछ ऐसे बालक भी होते हैं जिनकी अपनी निजी आवश्यकताएं होती हैं। ये विशेषताएँ शारीरिक, बौद्धिक, संवेगात्मक, तथा सामाजिक आदि किसी भी प्रकार की हो सकती हैं। इस प्रकार जो बालक सामान्य बालकों से अलग कोई-न- कोई विशेषताएँ रखते हैं, उन्हें विशिष्ट बालक कहा जाता है। जे० ई० वालेन्स वालेन यह संकेत करते हैं कि 1000 प्रारंभिक स्कूल के बालकों के समूह में जो निम्न, साधारण और उच्च आर्थिक और सामाजिक वातावरण से आए हों, 500 बालकों को विशेष शैक्षिक, मनोवैज्ञानिक, सामाजिक या शारीरिक समायोजन की आवश्यकता होगी—क्योंकि उनकी ज्ञानोपार्जन सम्बन्धी मानसिक, संवेगात्मक, सामाजिक व्यक्तित्व या शारीरिक समस्याएँ विशिष्ट प्रकार की होंगी जिसके कारण यह कुछ विशिष्ट प्रकार का व्यवहार करेंगे।

क्रो एवं क्रो ने विशिष्ट बालकों के बारे में लिखते हुए स्पष्ट किया कि "विशिष्ट शब्द किसी गुण अथवा गुणों को रखने वाले बालक के लिए प्रयोग किया जाता है जबकि उस गुण को रखने वाला बालक सामान्य से इतनी अधिक सीमा तक भिन्न होता है ज़िसके कारण बालक की ओर उसके साथियों को विशेष ध्यान देना पड़ता है और उसके कारण ही उनकी, व्यावहारिक क्रियाएँ तथा कार्य प्रभावित होते हैं।"

समस्यात्मक बालक (Problem Children)

'समस्यात्मक बालक' उस बालक को कहते हैं, जिसके व्यवहार में कोई ऐसी सामान्य बात होती है, जिसके कारण वह समस्या बन जाता है जैसे–चोरी करना, झूठ बोलना आदि।

वेलेन्टाईन के अनुसार, "समस्यात्मक बालक शब्द का प्रयोग साधारणत: उन बालकों का वर्णन करने के लिए किया जाता है, जिनका व्यवहार या व्यक्तित्व किसी बात में गम्भीर रूप से असामान्य होता है।

पिछड़े बालक भी समस्या बालक होते हैं, परन्तु आप प्रत्येक पिछड़े बालक को समस्या बालक नहीं कह सकते, क्योंकि इनमें बहुत से व्यक्तित्व तथा व्यवहार के दृष्टिकोण

से असाधारण नहीं होते हैं। इसी प्रकार समस्या बालक पिछड़े होते है, परन्तु प्रत्येक समस्या बालक पिछड़ा हो सकता है यह भी नहीं कहा जा सकता। समस्या व्यवहार के अन्य उदाहरण हैं–कक्षा से भाग जाना, अनुशासित न रहना, क्रोध करना, धमकाना, अत्यधिक कायरपन और स्नायविक दुर्बलता।

कुछ समस्याएं बालक आयु के बढ़ने/समय आने पर स्वयं त्याग देता है कि ये बातें समाज द्वारा स्वीकृत नहीं हैं जैसे–धूम्रपान करना, फुसफुसाहट या कामेच्छा के प्रयोग आदि।

विशेषज्ञ द्वारा दी गई सूची

सबसे अधिक गंभीर	*सबसे कम गंभीर*
1. विषमलिंगी कामुकता	1. फुसफुसाना
2. चुराना	2. कल्पनात्मक झूठ
3. कक्षा से भाग जाना	3. कौतूहलपन
4. वस्तुओं की तोड़-फोड़	4. बेचैनी
5. हस्त-मैथुन	5. मूर्ख
6. अविश्वसनीयता	6. बकवास करने वाला
7. धोखा देना	7. विचार रहित
8. अश्लील बात करने वाले	8. बकवादी (Tattling)
9. अनुशासनहीन	9. लज्जाशील
10. क्रूरता	10. हठीलापन

समस्या बालकों के निदान की आवश्यकता

ऐसे बालक आगे चलकर गन्दा व्यवहार करने लग जाते हैं। इसलिए ऐसे बालकों के व्यवहार में सुधार लाना आवश्यक है। ऐसे बालक पाठशाला में, खेल के मैदान में तथा घर में समस्याएं खड़ी कर देते हैं। इनका निदान कैसे हो ? आइए इससे पहले मुख्य कारणों पर ध्यान दें :

बालक में शारीरिक, संवेगात्मक या स्नायुविक दोष के कारण भी समस्याएँ हो सकती हैं। घर का वातावरण भी बालक के व्यवहार को दिशा प्रदान करता है। जैसे–विमाता का होना, माँ-बाप की इकलौती सन्तान होना, अधिक ढील या अधिक कड़ा अनुशासन होना, गरीबी, आमोद-प्रमोद के साधन न होना आदि अनेक ऐसे कारण हैं जिनसे बालक समस्यात्मक बालक बन जाते हैं।

उपाय :

1. बालकों को आत्म अनुशासन सिखाया जाए।
2. व्यवहार के स्तर बहुत उच्च नहीं होने चाहिए।
3. अनुशासन तथा नियम सापेक्षी होने चाहिए।
4. माँ-बाप में सद्भावना होनी चाहिए।
5. अभिभावक एवं पाठशाला के आदर्शों में समन्वय होना चाहिए।

वंशानुक्रम भी समस्यात्मक व्यवहार के लिए उत्तरदायी है। उदाहरणार्थ–बुद्धि की कमी। जिन बालकों में बुद्धि की कमी होगी उनका समाज में समायोजन ठीक प्रकार से नहीं हो पाएगा।

समाज में अनैतिकता व्याप्त है तो भी बच्चों में मूल्यों का ह्रास होने लगेगा और बच्चे समस्यात्मक बन जाएंगे क्योंकि समायोजन की समस्या उत्पन्न होने लगेगी।

अश्लील साहित्य भी बालकों के व्यवहार में परिवर्तन ला देता है जो स्वयं उनके लिए एवं समाज के विकास के लिए घातक है।

बेकारी की समस्या भी बालकों के खालीपन को अवांछनीय मार्ग पर ले जाती है।

अप्रशिक्षित अध्यापक होंगे तो बालकों से सही व्यवहार नहीं करेंगे : जैसे–अनुचित पाठ्य-सामग्री एवं अनुचित शिक्षण-विधि, पक्षपात, कठोर अनुशासन आदि। फलस्वरूप बालक कक्षा से भागकर इधर-उधर जाएंगे अथवा कक्षा में ही असामान्य/अवांछनीय व्यवहार करेंगे।

कई बार बालक की रुचियों एवं प्रवृत्तियों का दमन उनके मानसिक द्वन्द्व का कारण बन जाता है जो कि समस्यात्मक व्यवहार को जन्म देता है।

समस्यात्मक व्यवहार का उपचार
(Remedial Measures for Problematic Behaviour)

समस्यात्मक व्यवहार को समाप्त करने के लिए निम्न विधियाँ लाभकारी हैं :

(अ) निवारक विधियाँ (Preventive Measures)	(ब) सुधारात्मक विधियाँ (Corrective Measures)

(अ) निवारक विधियाँ निम्नलिखित हैं :—

(*i*) विद्यार्थियों को कार्य में व्यस्त रखना।
(*ii*) सामूहिक क्रियाओं को प्रोत्साहन।
(*iii*) मार्ग दर्शन।
(*iv*) विद्यार्थियों की केस हिस्ट्री के बारे में जानना।
(*v*) उत्तदायित्व की भावना का विकास।
(*vi*) माता-पिता से सम्पर्क।
(*vii*) प्रशंसा करना।
(*viii*) निश्चित नियम।
(*ix*) विद्यार्थियों के बैठने का उचित प्रबन्ध।
(*x*) उनके मनोरंजन का भी ध्यान रखना।

(ब) सुधारात्मक विधियाँ

(*i*) अभिभावक को सूचित करना।
(*ii*) क्षमा याचना के लिए कहना।
(*iii*) अलग परामर्श देना।
(*iv*) आवश्यकता पड़ने पर डाँटना।
(*v*) सार्वजनिक सम्पत्ति का नुकसान करने पर बालक से ही क्षतिपूर्ति करवाना।
(*vi*) जुर्माना लगाना।
(*vii*) अतिरिक्त काम देना।

इस प्रकार आप जान गए होंगे कि एक अध्यापक के लिए बालकों के समस्यात्मक व्यवहार के विभिन्न पहलुओं का अध्ययन कितना आवश्यक एवं महत्त्वपूर्ण है।

प्रतिभाशाली बालक (Gifted Children)

अर्थ (Meaning)

संसार के सभी देशों में कुछ बालक ऐसे होते हैं जिनमें विशिष्ट बौद्धिक व सामाजिक योग्यताएँ सामान्य बालकों से अधिक होती हैं। जिन बालकों में ये विशिष्ट योग्यताएँ होती हैं, उन्हें प्रतिभाशाली बालक कहते हैं। किसी भी राष्ट्र की उन्नति और विकास ऐसे बालकों पर ही निर्भर करता है। ये किसी भी देश के लिए रीढ़ की हड्डी के समान होते हैं। ऐसे बालक ही राष्ट्र के नेता, समाज-सुधारक, वैज्ञानिक, इन्जीनियर, साहित्यकार, शिक्षक आदि होते हैं। अपनी विशिष्ट योग्यताओं के बलबूते पर वे राष्ट्र व समाज को नयी दिशा प्रदान करके उन्नति की दिशा में अग्रसर करते हैं।

प्रतिभाशाली बालक सामान्य बालकों से बुद्धि की दृष्टि से श्रेष्ठ होते हैं। ऐसे बालक शारीरिक गठन, सामाजिक समायोजन, व्यक्तित्व के गुणों, विद्यालय उपलब्धि, खेल की सूचनाओं और रुचियों की बहुरूपता में भी श्रेष्ठ होते हैं। प्रतिभाशाली बालक के अर्थ को स्पष्ट करने के लिए विभिन्न मनोवैज्ञानिकों द्वारा दी गई परिभाषाएँ निम्नलिखित हैं :

काल्सनिक ''वह प्रत्येक बालक, जो अपने आयु-वर्ग के बालकों में किसी योग्यता में अधिक हो तथा जो हमारे समाज हेतु कुछ महत्त्वपूर्ण नवीन देन दे।''

डा० अब्दुल रॉफ, ''प्रतिभाशाली बालक शब्द का आशय, बालक की उच्च बुद्धि-लब्धि से लिया जाता है।'

टरमन व ओडन, ''प्रतिभाशाली बालक-शारीरिक गठन, सामाजिक समायोजन, व्यक्तित्व के लक्षणों, विद्यालय-उपलब्धि, खेल की सूचनाओं और रुचियों की बहुरूपता में सामान्य बालकों से श्रेष्ठ होते हैं।''

हैविंगहर्सट, ''कुशाग्र या प्रतिभाशाली बालक वह है, जो अनवरत् रूप से किसी भी कार्यक्षेत्र में अपनी कार्यकुशलता का परिचय देता है।''

पॉल विट्टी, ''प्रखर बुद्धि/प्रतिभाशाली बालक वह है जो किसी कार्य को करने के प्रयास में निरन्तर उच्च स्तर बनाये रखता है।''

पहचान (Identification)

प्रत्येक कक्षा में प्रतिभावान बालक होते हैं। लेकिन इनका पता लगाना और चयन करना आसान कार्य नहीं। इसके लिए अध्यापक को विभिन्न प्रविधियों का प्रयोग करना पड़ता है। अतः इन प्रविधियों का ज्ञान अध्यापक के लिए आवश्यक है अन्यथा विद्यार्थी की प्रतिभा दब कर रह जाएगी। इसके लिए निम्न विधियाँ उपयोगी हैं :

⟶ बुद्धि परीक्षण

⟶ उपलब्धि परीक्षाएँ

⟶ अभिक्षमता परीक्षाएँ

⟶ सम्बन्धित व्यक्तियों से सूचनायें

⟶ डी-हॉन और क्रफे की सूची के आधार पर

बुद्धि परीक्षण–प्रतिभावान बालकों की पहचान के लिए विभिन्न प्रकार के बुद्धि-परीक्षणों या परीक्षाओं का प्रयोग कर सकता है। इन परीक्षणों के लिए अध्यापकों का प्रशिक्षण अति आवश्यक है।

उपलब्धि परीक्षाएँ–इस प्रकार की परीक्षाओं में विद्यार्थियों की उपलब्धियों का ज्ञान भली-भाँति हो जाता है। उच्च स्तर की उपलब्धि बालकों के प्रतिभावान होने की तरफ संकेत करती है।

अभिक्षमता परीक्षाएँ–इन परीक्षाओं के आधार पर बालकों की भविष्यगत सफलता के बारे में अनुमान लगाया जा सकता है। इसके लिए अध्यापक या अन्य जो भी व्यक्ति परीक्षण कर रहा है, निपुण होना चाहिए।

सम्बन्धित व्यक्तियों से सूचनाएँ–प्रतिभावान बालकों के बारे में पता लगाने के लिए अन्य व्यक्तियों से भी सूचनाएं एकत्रित की जा सकती हैं। अन्य प्रतियोगिताएँ करवाकर भी जानकारी हासिल की जा सकती है। सम्बन्धित व्यक्तियों से ही बालकों की विभिन्न रुचियों के बारे में पता लगाया जा सकता है।

डी ह्यॉन एवं क्रफे की सूची के आधार पर–डी हॉन एवं क्रफे ने गुणों की एक सूची तैयार की है जिसके आधार पर प्रतिभावान बालकों का पता लगाया जा सकता है। यह सूची निम्नलिखित है :

(1) ऐसे बालक सब कुछ आसानी से याद कर लेते हैं।

(2) ये स्पष्ट रूप से सोचने, अर्थों को समझने और सम्बन्धों की पहचान करने में श्रेष्ठ होते हैं।

(3) सामान्य बुद्धि का प्रयोग अधिक करते हैं।

(4) बिना रटकर, समझने में विश्वास करते हैं।

(5) शब्द-ज्ञान बहुत विस्तृत होता है।

(6) कठिन कार्यों को आसानी से कर लेते हैं।

(7) मौलिक चिन्तन कर सकते हैं।

प्रतिभाशाली बालकों की विशेषताएँ
(Characteristics of Gifted Children)

(क) धनात्मक विशेषताएँ   (ख) निषेधात्मक विशेषताएँ

(क) धनात्मक विशेषताएँ (Positive Characteristics)–प्रतिभाशाली बालकों की धनात्मक विशेषताएँ निम्नलिखित हैं :

(*i*) शारीरिक विशेषताएँ (Physical Characteristics)–प्रतिभाशाली बालक शरीर तथा स्वास्थ्य से दूसरे बालकों से उत्तम होते हैं। वे अन्य बालकों की अपेक्षा जल्दी उठना, बैठना, बोलना सीख लेते हैं। उनमें सिरदर्द, थकान व चिड़चिड़ापन नहीं होता।

(*ii*) बौद्धिक विशेषताएँ (Intellectual Characteristics)–टरमन (1925) ने स्पष्ट किया कि प्रतिभाशाली बालक दूसरे बालकों की तुलना में बुद्धिमान होते हैं। उनकी स्मृति, तर्कशक्ति, निर्णय-शक्ति आदि बौद्धिक योग्यताएँ अधिक विकसित होती हैं।

(*iii*) सामाजिक विशेषताएँ (Social Characteristics)–ये अक्सर अपने समूह के नेता होते हैं। ऐसे बालक ईमानदार, दयालु, उदार एवं परोपकारी होते हैं। ये अपनी आयु से बड़े बच्चों के साथ खेलना पसन्द करते हैं।

(*iv*) संवेगात्मक विशेषताएँ (Emotional Characteristics)–ये संवेगात्मक रूप से स्थिर होते हैं उनमें समायोजन की योग्यता अधिक होती है। ये प्रायः प्रसन्न रहते हैं और समस्याओं का स्वतन्त्र रूप से सामना करते हैं। इनमें आत्म-विश्वास भी अधिक होता है।

(*v*) विद्यालयी विशेषताएँ (School Related Characteristics)–विद्यालय में प्रतिभाशाली बालक कभी नहीं पिछड़ते अपितु वे तो अधिक सफलता प्राप्त करते हैं। उनमें जानकारी प्राप्त करने की तीव्र इच्छा होती है।

उपर्युक्त गुणों के आधार पर अध्यापक शैक्षणिक और बौद्धिक रूप से प्रतिभावान बालकों की पहचान कर सकते हैं।

चर्चा से स्पष्ट है कि प्रतिभाशाली बालकों की बुद्धि-लब्धि अधिक होती है अर्थात् 140 से अधिक बुद्धि-लब्धि वाले बालक ही इस श्रेणी में आते हैं। ऐसे बालक साधारण बालकों से बहुत अधिक योग्य होते हैं।

यहाँ इस सन्दर्भ में आपको यह बता देना उचित होगा कि इतिहास में असंख्य प्रतिभाशाली व्यक्तियों का वर्णन मिलता है।

कार्ल व्हाइट ने 9 वर्ष की आयु तक 5 भाषाओं पर अधिकार कर लिया था। और 14 वर्ष की आयु में Ph.D. की उपाधि धारण की। लार्ड केल्विन ने 12 वर्ष की आयु में ग्लास्गो विश्वविद्यालय में डिस्टींक्शन प्राप्त की।

भारत में भी अनेक प्रतिभाशाली व्यक्ति हुए हैं जैसे–रवीन्द्र नाथ टैगोर, विवेकानन्द, गाँधी, सी० वी० रमन० इत्यादि।

ऐसे बालक विभिन्न कार्यक्रमों, जैसे–संगीत, ड्रामा, खेलकूद आदि में बढ़-चढ़कर भाग लेते हैं। उनका दृष्टिकोण धनात्मक होता है।

(*vi*) रुचियाँ (Interest)–उनकी रुचियाँ विभिन्न होती हैं। उनका झुकाव सरल कार्यों की अपेक्षा कठिन कार्यों में अधिक होता है। वे साहसिक कार्य करने में जोश दिखाते हैं।

(*vii*) व्यक्तित्व की विशेषताएँ (Personality Characteristics)–उनके व्यक्तित्व के तीनों पक्षों इड़, इगो तथा सुपरइगो में पर्याप्त समन्वय होता है। आप कह सकते हैं कि ऐसे बालकों का व्यक्तित्व सन्तुलित होता है।

(ख) निषेधात्मक विशेषताएँ (Negative Characteristics)–प्रतिभाशाली बालकों की निषेधात्मक विशेषताएँ निम्नलिखित हैं :

(1) ऐसे बालक प्रायः बेचैन तथा परेशान रहते हैं।

(2) प्रायः उनका व्यवहार ईर्ष्यापूर्ण होता है।

(3) यदि उनकी योग्यताओं की तरफ विशेष ध्यान न दिया जाए तो ऐसे बालक अपने-आपको उपेक्षित समझने लगते हैं।

(4) यदि पाठ्यक्रम उनकी रुचियों के अनुसार न हो तो वे प्रायः लापरवाह हो जाते हैं।

(5) प्रायः ये सभी की आलोचना करते रहते हैं और स्वयं को श्रेष्ठ समझते हैं।

प्रतिभाशाली बालकों की समायोजन की समस्याएँ (Problems of Adjustment)

प्रतिभाशाली बालकों को समायोजन करने में अनेक समस्याओं का सामना करना पड़ता है।

समायोजन की समस्याएँ

↓

घर में | पाठशाला में | समुदाय में

घर में समायोजन की समस्या (In Home)

ऐसा देखने में आता है कि घर में माता-पिता प्रतिभावान बालकों की आवश्यकताएँ समझ नहीं पाते। इसलिए इनकी आवश्यकताओं की पूर्ति नहीं हो पाती। फलस्वरूप ऐसे बच्चों का व्यवहार माता-पिता के साथ संघर्षमय हो जाता है, जो एक समस्या बनकर उनके विकास में बाधक होता है।

पाठशाला में समायोजन की समस्या (In School)

साधारण बालकों के साथ प्रतिभावान बालक पाठशाला में अपना समायोजन करने में असफल रहता है, क्योंकि इसकी रुचि अपूर्व चिन्तन में अधिक होती है। अत: इसे सन्तोष नहीं मिल पाता। फलस्वरूप पाठशाला में इसको अरुचि होने लगती है और वह कक्षा से भागने लग जाता है, उसमें घमण्ड भी आ जाता है।

समुदाय में समायोजन की समस्या (In Community)

ऐसे बालकों में अपने से बड़े बालकों के साथ उठने-बैठने का शौक होता है, लेकिन बड़े बच्चे उन्हें छोटे समझकर उनकी उपेक्षा कर देते हैं, जिससे उनके सामने समायोजन की समस्या बनी रहती है।

1. सिर दर्द–परीक्षणों के आधार पर यह पाया गया है कि प्राय: 50% प्रतिभावान बालकों में सिर दर्द हुआ करता है। इसके कारण पर शोध जारी है।

2. सीखने की गति में ह्रास–साधारण बालकों के साथ पढ़ने से इनकी गति में ह्रास होने लगता है, क्योंकि ये साधारण बच्चों की अपेक्षा कम समय में निर्धारित पाठ्यक्रम को सीख लेते हैं, जिससे कक्षा में वही चीज बार-बार दोहराए जाने से उनकी रुचि समाप्त होने लगती है।

3. आत्म-सम्मान की समस्या–यदि इन बालकों पर विशेष ध्यान न दिया जाए तो इनमें आत्म-सम्मान की भावना कुण्ठा का रूप धारण करने लग जाती है।

प्रतिभाशाली बालकों की शिक्षा

प्रतिभाशाली बालकों की समस्याओं और विशेषताओं को देखते हुए उनके लिए विशेष शिक्षा की आवश्यकता अनुभव की जाती है। उनकी शिक्षा के लिए अध्यापक को कुछ सिद्धान्तों का पालन करना चाहिए जैसे :

1. अवसर की समानता–सभी प्रतिभाशाली बालकों को सीखने के समान अवसर प्रदान किए जाने चाहिए। सभी को अपनी योग्यता को विकसित करने का अवसर मिलना चाहिए।

2. तीव्र पदोन्नति नहीं--कई बार विद्यालयों में ऐसे बालकों को पदोन्नति करके अगली कक्षा में बैठा दिया जाता है जहाँ बालक उससे अधिक शारीरिक व मानसिक शक्ति रखते होंगे फलस्वरूप कुसमायोजन हो जाएगा।

3. पाठ्यक्रम की समृद्धि–क्योंकि ऐसे बालकों को पाठ्यक्रम सामान्य बालकों से पहले समझ आ जाता है। तो बचे हुए समय में इन्हें अन्य समृद्ध पाठ्यक्रम जैसे महानपुरुषों की जीवनियाँ, भाषाओं का ज्ञान और सभ्यता व संस्कृति का अध्ययन कराया जाना चाहिए।

4. विशिष्ट शिक्षण-विधियाँ–ऐसे बालकों की रुचि प्रयोगात्मक कार्य, रचनात्मक कार्ग तथा शोध कार्य में होती है। शिक्षा में प्रोजेक्ट, अभिनय, पर्यटन आदि विधियों का प्रयोग करना चाहिए। इससे उनमें सहयोग की भावना पनपेगी, आत्म-विश्वास बढ़ेगा और उन्हें स्वतन्त्र रूप से कार्य करने के अवसर मिलेंगे।

5. दृश्य-श्रव्य सामग्री का प्रयोग–प्रतिभाशाली बालकों को पढ़ाते समय दृश्य-श्रव्य सामग्री का प्रयोग करना चाहिए। जैसे–चार्ट, मानचित्र, मॉडल, रेडियो, कम्प्यूटर आदि के प्रयोग से प्रभावशाली अधिगमन होता है।

6. पाठ्य-सहगामी क्रियाएँ–प्रतिभाशाली बालक की पुस्तकीय ज्ञान से सन्तुष्टि नहीं होती। विद्यालय में पाठ्य-सहगामी क्रियाओं का आयोजन किया जाए तो बालक अपनी प्रतिभा का प्रदर्शन, ड्रामे, नाटक, वाद-विवाद प्रतियोगिता, खेलकूद, फोटोग्राफी क्लब, गणित क्लब, भाषा क्लब आदि में भाग लेकर कर सकते हैं।

धीमी गति से सीखने वाले और अल्प उपलब्धियों वाले बालक (Slow Learners)

मन्द अधिगामी बालक उन बालकों या किशोरों को कहते हैं जिनके अधिगम अथवा शैक्षिक निष्पत्ति सामान्य बालकों से निम्न स्तर की एक तथा एक से अधिक विषय में होती है।

सिरिल लर्ट (1973) ने मन्द अधिगामी को पिछड़े की संज्ञा दी है। क्योंकि इस प्रकार के बालक अपनी आयु के सामान्य बालकों के साथ शिक्षा ग्रहण नहीं कर पाते हैं। इसके अनेक कारण होते हैं जैसे :

सांस्कृतिक | सामाजिक | आर्थिक | पारिवारिक | माता-पिता में समायोजन न होना

मानसिक स्तर के अतिरिक्त वातावरण भी इन्हें मन्द अधिगामी बना देता है। मानसिक स्तर ऊँचा होने पर भी पारिवारिक घटक उसे प्रभावित करते हैं।

गत कुछ वर्षों से शिक्षा के क्षेत्र में मन्द अधिगामी बालकों की अध्ययन के प्रति रुचि बढ़ी है। इससे पूर्व इन्हें पिछड़े बालकों के वर्ग में रखा जाता रहा है।

मन्द अधिगामी बालकों की विशेषताएँ

इन बालकों की स्मृति कम होती है। मन्द अधिगामी में धारण की शक्ति भी कम होती है। इन बालकों की प्रमुख विशेषताएँ इस प्रकार हैं :

(1) मन्द अधिगामी बालकों की ज्ञानात्मक क्षमता सीमित होती है। अधिगम परिस्थितियों में समायोजन न कर पाने के कारण ये साधारणत: असफल रहते हैं।

(2) ये एकाग्रता नहीं कर पाते हैं इसलिए इनमें स्मृति-शक्ति कम होती है।

(3) मन्द अधिगामी बालक अपने विचारों की अभिव्यक्ति करने में भाषा की कठिनाई अनुभव करते हैं।

(4) इनमें कल्पना-शक्ति की कमी होती है।

(5) ऐसे बालकों को सामाजिक, सांस्कृतिक तथा शैक्षिक समस्याओं का सामना करना पड़ता है।

(6) इन बालकों का शारीरिक और मानसिक विकास धीमी गति से होता है। इनमें परिपक्वता भी देर से आती है।

(7) इनमें सीखने का ह्रास बीमारी के कारण भी हो जाता है। सन्तुलित भोजन के अभाव में ये लक्षण हो जाते हैं।

(8) शिक्षक के प्रस्तुतीकरण का ये बालक प्रत्यक्षीकरण नहीं कर पाते हैं क्योंकि प्रस्तुतीकरण उनके अनुकूल नहीं हो पाता है।

(9) आत्म-विश्वास की कमी होने पर इनमें असुरक्षा की भावना रहती है।

मन्द अधिगामी बालकों का वर्गीकरण (Classification)

इन्हें तीन वर्गों में विभाजित किया जाता है :

- मस्तिष्क के क्षतिग्रस्त होने से नाड़ी संस्थान में दोष आ जाना
- दृष्टि तथा श्रवण इन्द्रियों में दोष आ जाने से
- किसी लम्बे रोग के कारण

मन्द बुद्धि वाले विद्यार्थियों की पहचान करना (Identification)

- शैक्षिक उपलब्धियों का स्तर निम्न होना।
- जल्दी भूलने की आदत/थोड़े समय के बाद पढ़े हुए पाठ को भूल जाना।
- ध्यान में एकाग्रता का कम होना, विषय पर कम समय तक ही ध्यान केन्द्रित कर पाना।
- भौतिक, मूर्त सामग्री के प्रस्तुतीकरण पर अधिक निर्भरता, विचार शक्ति की कमी।
- तत्काल परिणामों/पुरस्कारों आदि की अपेक्षा करना।
- असफल होने के भय से ग्रसित रहना।
- आत्म-अवलोकन की शक्ति का अभाव, आत्म-संप्रत्यय की निम्न धारणा रखना।
- आत्म-विश्वास का अभाव।
- सीमित सम्प्रेषण का होना।
- मांसपेशीय समन्वय का होना।
- स्वयं के कार्यों को करने में कठिनाई का अनुभव होता है। जैसे-खाना, पहनना, नहाना, आदि।
- तर्कशक्ति का अभाव होने से समझने में कठिनाई होना।
- धीमी गति से सीखना।

- इन्हें सामान्य विद्यार्थियों की अपेक्षा अधिक अभ्यास और दुहराने की आवश्यकता होती है।
- तथ्य को बिना समझे रटने का प्रयास करना।
- कक्षा के क्रिया-कलापों में सक्रिय भागीदारी से जी चुराना।
- मूर्त उदाहरणों पर अधिक निर्भर होना।

अल्प/मन्द बुद्धि वाले विद्यार्थियों की शिक्षा (Education)

1. अभिप्रेरणा देना— ऐसे बालकों के लिए अभिप्रेरणा आवश्यक है इससे इनमें सुरक्षा तथा आत्म विश्वास का भाव विकसित किया जा सकता है।

2. अधिगम की तत्परता—शिक्षक का दायित्व है कि वह बालकों को सीखने के लिए तत्पर करे। शिक्षक को बालक की मानसिक, भावात्मक, सामाजिक तथा शारीरिक अवस्थाओं का ध्यान रखना चाहिए।

3. व्यक्तिगत ध्यान—अध्यापक को चाहिए कि वह ऐसे बालकों को व्यक्तिगत ध्यान दें।

4. कार्य का स्तरीकरण—ऐसे बालकों के लिए शिक्षण पाठ्यवस्तु का स्तरीकरण (Grading) कर देना चाहिए। इनकी आवश्यकताओं और मानसिक स्तर को ध्यान में रखा जाए।

5. कार्य विधि—इन्हें कार्य करने का अवसर दिया जाना चाहिए ताकि यह करके सीखते रहें। इनकी एकाग्रता नहीं बनती इसलिए इन्हें अनुभवों द्वारा सीखने की स्वतंत्रता दी जानी चाहिए।

6. बालकों की प्रगति का आकलन—इनकी प्रगति का संचयी आकलन किया जाना चाहिए जिसके आधार पर इनका व्यक्तिगत उपचार तथा सुधारात्मक अनुदेशन सम्भव हो सकेगा।

7. पुनरावृत्ति तथा अभ्यास—जैसा कि इनकी स्मरण शक्ति सामान्य बच्चों से कम होती है, इसलिए इन्हें अभ्यास तथा दोहराने के लिए अधिक समय दिया जाना चाहिए। जिससे इन्हें सीखने के लिए प्रेरणा मिलेगी।

मन्द अधिगामी बालकों के चार मुख्य कारण इस प्रकार हैं :

— आर्थिक परिस्थिति या गरीबी।

— परिवार के सदस्यों का मानसिक स्तर कम होना।

— संवेगात्मक घटक।

— व्यक्तिगत घटक।

मन्द अधिगामी बालकों का बुद्धि स्तर (75-90) होता है। विद्यालय में इस प्रकार के बालकों के लिए अतिरिक्त शिक्षण और सहायता की व्यवस्था करनी चाहिए, जिससे वह सामान्य बालकों के साथ पढ़-लिख सके। कुछ शिक्षण प्रविधियों का यहाँ विवरण किया जा रहा है :

1. अभिप्रेरणा देना (Motivation)–आप यह जान लें कि सबसे पहले इन बालकों में सुरक्षा तथा आत्म-विश्वास का भाव विकसित करना है जिसके लिए अभिप्रेरणा देकर इनमें सन्तुष्टि उत्पन्न की जानी चाहिए।

2. अधिगम की तत्परता (Readiness) –कुछ भी पाठ्यवस्तु प्रस्तुत करने से पहले आप यह जान लें कि शिक्षार्थी सीखने के लिए तैयार है या नहीं। यदि नहीं तो आप सीखने सम्बन्धित परिस्थितियाँ उत्पन्न करें।

3. पाठ्यवस्तु का स्तर (Level of Subject Matter)–बालकों की आवश्यकताओं और उनके स्तर को जान लें, तभी अधिगम प्रभावशाली बनेगा।

4. एकीकरण करना (Consolidation)–शिक्षण की पाठ्यवस्तु का पर्याप्त अभ्यास कराया जाए तथा पुनरावृत्ति की जाए। पाठ्यवस्तु का उत्तम ढंग से एकीकरण किया जाना चाहिए।

सीखने से सम्बन्धित अयोग्यता वाले बालक (Learning Disabilities)

अधिगम असमर्थ या अयोग्यता से तात्पर्य ऐसे बालकों से है जो भाषा को बोलने या समझने में शारीरिक व मानसिक अथवा दोनों के कारण असमर्थ हैं। ये बालक सुनने, समझने, बोलने, लिखने, पढ़ने या गणितीय संख्याओं में बालक की अयोग्यता आंशिक रूप से या पूर्ण रूप से प्रदर्शित करते हैं।

अमेरिका (1968) की अपंगों की राष्ट्रीय सलाहकार समिति के अनुसार :

बालकों की विशिष्ट अधिगम असमर्थिता बालक के द्वारा भाषा को लिखने या बोलने में, मनोवैज्ञानिक प्रक्रियाओं में एक या एक से अधिक प्रणाली का सुचारु रूप से कार्य न कर पाना होता है। इस प्रकार की कमियों का मुख्य आधार सुनने, बोलने, समझने, विचार करने, पढ़ने, लिखने, गणना करने तथा शब्दों के विभिन्न वर्तनी दोष करने में कमजोरी का पाया जाना होता है। इस प्रकार की असमर्थता में शारीरिक बाधिता जैसे–डायलैक्सिया अथवा अफैसिया का विकसित होने की दशा से भी तात्पर्य है जिसे इसमें सम्मिलित किया गया है। इसमें अधिगम सम्बन्धित समस्याएं सम्मिलित नहीं हैं जो मुख्यतया दृष्टि, अधिगम, हाथ–पैर, मानसिक मन्दिता, भावनात्मक विक्षोभ अथवा वातावरण का समुचित न होने के कारण होती है।

आपने देखा होगा कि कुछ छात्र सदैव 'म' को 'भ' 'द्य' को ध्य इस प्रकार 31 को 13 की तरह 79 को 89 की तरह पढ़ते-लिखते हैं।

अयोग्यता वाले बालक (Children with Learning Disabilities)

विद्यार्थियों में ये समस्याएं उनकी मनोवैज्ञानिकों प्रक्रिया में, किन्हीं विषमताओं के कारण उत्पन्न होती है। जैसे–बच्चे की प्रत्यक्ष अववोध शक्ति अथवा स्मरण शक्ति में किसी प्रकार की क्षति का हो जाना/ या इसी प्रकार कोई अन्य कारण का होना। कहने का तात्पर्य है कि विद्यार्थियों में अधिगम अशक्तता का मनोवैज्ञानिक प्रक्रियाओं में त्रुटि के कारण होती है।

अधिगम अशक्तता/अयोग्यता की पहचान (Identification)

(1) विद्यार्थी उचित प्रकार से नहीं पढ़ पाता, यद्यपि उसके मौखिक उत्तर बुद्धिमता पूर्ण होते हैं।

(2) वर्तनी में त्रुटियाँ करना। अक्षरों को छोड़ देना अथवा उनके स्थान को बदल देना। जैसे 'लड़की' के स्थान पर 'लकड़ी', 'सरल' के स्थान पर 'सलर' अथवा आगमन के स्थान पर आमन–के स्थान पर लिखकर छोड़ देना।

(3) सँख्याओं का गलत ढंग से लिखना। उदाहरण के लिए 31 को 13 अथवा 79 को 89 आदि।

(4) विमनस्क या उचाट मन रहना, अपनी समय सारिणी को याद नहीं रखना।

(5) सदैव मलिन रहना, गृह-कार्य को विलम्ब से करना, कक्षा में देर से आना।

(6) यद्यपि विद्यार्थी चतुर दिखता है और उसमें किसी प्रकार का शारीरिक दोष भी नहीं है फिर भी परीक्षा का निष्पादन अच्छा नहीं होता।

(7) इतना अधिक उत्तेजित हो जाता है कि वह किसी भी कार्य को पूरा करने में असमर्थ रहता है।

(8) पढ़ते समय शब्दों या पंक्तियों को छोड़ देना।

(9) शब्दों में निहित अक्षरों को अलग-अलग करके पढ़ लेता है। परन्तु शब्द और ध्वनि का साम्य स्थापित करके उच्चारण नहीं कर पाता। जैसे धार्मिक तो पढ़ लेता है इसे मिलाकर धार्मिक शब्द रूप में पढ़ने में कठिनाई होती है। वह धार्मीक उच्चारण करता है इसी प्रकार निर्मित को निरमीत करके पढ़ेगा।

अधिगम अशक्तता/असमर्थता के कारण (Causes)

आप यह समझ लें कि बालकों में अधिगम अशक्तता निम्न में से किसी भी कारण से हो सकती है :

जैनिक कारण	वंशानुगत कारण	वातावरणीय कारण

जैविक कारण (Biological)–कई बार केन्द्रीय स्नायु तन्त्र (जिसका सम्बन्ध मस्तिष्क तथा सुषुम्ना नाड़ी से होता है) में अपक्रिया होने से अधिगम बाधित हो जाता है।

वंशानुगत कारण (Hereditory)–कभी-कभी माता या पिता अधिक भावात्मक होते हैं जिससे बालकों में भी अधिगम समस्याएं आ जाती हैं। लगभग 20% केस में ऐसा होता है।

वातावरणीय कारक (Environmental) –कुछ वातावरण सम्बन्धीय कारक जैसे– नशीली दवाओं का प्रयोग, मद्यपान या जन्म के समय मस्तिष्क को क्षति पहुँचाने वाली चोट लगने से भी अधिगम बाधित हो जाती है। अपर्याप्त पूर्व अनुभव तथा उद्दीपनों के कारण भी अधिगम बाधित हो जाता है।

अधिगम अशक्तता रखने वाले विद्यार्थियों की शिक्षा (Education)

ऐसे वालकों को सुधारात्मक अनुदेशनों से अधिक लाभ मिलता है तथा अधिगम सम्बन्धी समस्याओं के निराकरण में सहायता मिलती है।

बालकों को उन आदतों, व्यवहार तथा योग्यताओं के बारे में समझाना तो शैक्षिक योग्यता हेतु आवश्यक है।

व्यक्तिगत अनुदेशन के द्वारा तथा व्यक्तिगत या छोटे-छोटे समूह में शिक्षण करके तथा समय-समय पर उसकी प्रगति का मूल्यांकन करना, दोहराना, कार्य में सरलीकरण

लाना, विभिन्न सहायक प्रणालियों तथा सामग्री का प्रयोग करना लाभकारी होता है। यदि बालकों को प्रारम्भिक विद्यालय में ही इन सुधारों हेतु अनुदेशनों की सहायता दी जाए तो बालकों के लिए अपनी कमियों को दूर करने में सहायता मिलेगी तथा यह उनकी उच्च कक्षाओं में पदोन्नति में सहायक होगा।

(1) सजीव शिक्षण–ऐसे बालकों के लिए प्रस्तुती को चित्रों, रंगों व कल्पना शक्ति की सहायता से सजीव बनाना होगा ताकि उनकी उत्तेजना व रुचि जाग्रत हो। हाँ आप यह अवश्य जान लें कि अध्यापक को अपने कार्य के प्रति समर्पित होना होगा।

(2) दोहराना–बालकों के समझने का स्तर सुनिश्चित कीजिए। देखिए कि आपके द्वारा बताई गई बात छात्र/छात्रा बता पा रही/रहा है या नहीं। आवश्यकतानुसार पाठ्यवस्तु को दोहराएं।

(3) सार्थक पाठ्यवस्तु–बालक के वातावरण से सम्बन्धित उदाहरण देकर पाठ्यवस्तु को सार्थक बनाएं। नया ज्ञान उनके पूर्व ज्ञान से जोड़ा जाए।

(4) सभी इन्द्रियों का प्रयोग–दृश्य-श्रव्य सामग्री का प्रयोग करके सभी इन्द्रियों को सक्रिय रखने का प्रयत्न किया जाना चाहिए जिससे अधिगम प्रभावशाली बने।

(5) अवरोध हटाएँ–शिक्षण कक्ष से ऐसी वस्तुएं हटाएं जो बालकों की शिक्षा में प्रयोग न की जाती हों। पढ़ाते हुए तनाव रहित स्थिति होनी चाहिए।

(6) चॉक बोर्ड का प्रयोग–बोले गए शब्दों को साथ-साथ चॉक बोर्ड पर लिखते हुए, अधिगम परिस्थितियाँ उत्पन्न करनी चाहिए।

(7) क्रियात्मक उपलब्धियाँ–बालकों को उनकी त्रुटियों से तो अवगत करा दें, परन्तु उन्हें उनकी उपलब्ध्यिों पर प्रशंसित करके सन्तुष्टि प्रदान करें।

(8) उपयुक्त कार्यनीति–शिक्षण की उपयुक्त कार्यनीति को अपनाते हुए विद्यार्थियों को सीखने की प्रक्रिया में सहायता देनी चाहिए।

दृष्टि-दोष से पीड़ित बालक (Visually Impaired Children)

दृष्टि बाधित बालक वे बालक होते हैं जो ठीक प्रकार से देख पाने में असमर्थ होते हैं। कुछ बालक आंशिक रूप से तथा कुछ गम्भीर रूप से दृष्टि बाधित होते हैं। जो गम्भीर रूप से दृष्टि बाधित होते हैं उनमें देखने की क्षमता कम होती है। आंशिक रूप से दृष्टि बाधित बालक मोटे छापे की पठन-सामग्री को पढ़ने के योग्य होते हैं। यूं समझिए कि सामान्य बालक यदि 70 फीट की दूरी से किसी वस्तु को देख सकता है तो दृष्टि बाधित बालक केवल 20 फीट पर रखी हुई वस्तु को देख सकता है।

दृष्टि बाधित बालकों की विशेषताएँ (Characteristics)

इन्हें तीन भागों में बाँटा जा सकता है :

भाषा का विकास | मानसिक योग्यता | सामाजिक तथा कार्य समायोजन

भाषा का विकास (Language Development)–दृष्टि बाधिता में भाषा का दोष नहीं होता है क्योंकि यह सुन सकते हैं तथा बोल सकते हैं। याद रहे कि इनके भाषा

सीखने का ढंग भिन्न होता है। क्योंकि किसी वस्तु का सही प्रत्यक्षीकरण नहीं हो पाता है। तथ्यों को सुनने और स्पर्श करने से समझा जाता है।

मानसिक योग्यता (Mental Ability)–दृष्टि बाधित बालक मानसिक योग्यता की दृष्टि से सामान्य बालकों से कम नहीं होते हैं। परन्तु ये दूरी का बोध नहीं कर सकते हैं। इनमें प्रत्ययों का विकास स्पर्श अनुभव से होता है। ये समय से दूरी का अनुभव करते हैं।

सामाजिक योग्यता और कार्य समायोजन (Social Ability and Adjustment)

दृष्टि बाधितों की व्यक्तित्व की समस्याएं आन्तरिक नहीं होती हैं। यदि इन बालकों में असमायोजन की समस्याएं आन्तरिक नहीं होती हैं। इन बालकों की असमायोजन की समस्या सामाजिक कारणों से होती है। ध्यान देने की बात है कि गम्भीर रूप से दृष्टि बाधितों को तो अक्सर इनके साथी स्वीकार कर लेते हैं परन्तु कम दृष्टि बाधितों को स्वीकार नहीं करते हैं।

दृष्टि बाधित बालकों का वर्गीकरण

वर्ग स्तर	*उत्तम आँख*	*क्षति पूर्ण आँख*	*बाधिता की प्रतिशत*
स्तर द	6/9 से 6/18	6/24 से 6/36	20 प्रतिशत
वर्ग– I	6/18 से 6/36	6/60 से शून्य	40 प्रतिशत
वर्ग–II	6/30 से 6/60	3/60 से शून्य	75 प्रतिशत
वर्ग–III	3/60 से 1/60	1 से शून्य	100 प्रतिशत
वर्ग–IV	1 से शून्य	दृष्टि क्षेत्र 100	100 प्रतिशत

दृष्टि-दोष वाले विद्यार्थियों की पहचान करना (Identification)

* आँखों की बनावट में दोष आना।
* आँखों को बार-बार मलना।
* आँखों का बराबर लाल रहना।
* एक आँख का बन्द करके सिर को आगे की ओर झुकाना।
* आँखों के बहुत निकट लाकर वस्तु या पुस्तक को देखना।
* श्यामपट्ट पर लिखित सामग्री की नकल करते समय दूसरे विद्यार्थी की सहायता लेना।
* पलकों को बार-बार झपकाना और भैंगेपन की शिकायत।
* आँखों से पानी बहना।
* सिद दर्द की शिकायत रहना।
* चलते समय लोगों से या किसी वस्तु से टक्कर खाना। यदि कोई विद्यार्थी इनमें से कोई व्यवहार करता है तो उसे प्राथमिक स्वास्थ्य केन्द्र में आँखों के निरीक्षण के लिए भेजा जाए।

दृष्टि बाधिता के कारण (Causes)

वातावरण तथा वंशानुक्रम दोनों ही दृष्टि बाधिता के कारण हो सकते हैं। मायोपिया भी इसका एक कारण है जिसका अर्थ है निकट-दृष्टि बाधिता का होना। पास की वस्तुओं को देख लेते हैं और दूर की वस्तुओं को देखने में कठिनाई होती है। हार्बूपरपिया भी एक

कारण है जिसमें दूर की वस्तुओं को देख लेते हैं और पास की वस्तुओं को देखने में कठिनाई होती है।

आँख के वॉल्स की गति के कारण भी दृष्टि बाधित हो जाता है, द्विप्रतिबिम्ब के दोष के कारण गहन प्रत्यक्षीकरण नहीं हो पाता है। केन्द्रीयकरण की समस्या का उपचार नहीं हो पाता है। कुछ अन्य बीमारियाँ जैसे इसोफोनिया, एक्सोफोनिया आदि के कारण आँखों का केन्द्रीयकरण आन्तरिक अथवा बाह्य हो जाता है। कुछ शारीरिक कारण जैसे सिकुड़ना और गिलोयोकोमा भी वंशानुक्रम एवं वातावरण के कारण होते हैं।

आंशिक रूप से दृष्टि बाधित तीन प्रकार के होते हैं :

(1) गर्भवती माँ के द्वारा प्रबल औषधियों का सेवन करने से, असन्तुलित आहार के कारण, मानसिक रोग के कारण, आवासीय स्थान ठीक न होना आदि।

(2) बालक का जन्म शल्य द्वारा होने से या समय से पूर्व जन्म होने से।

(3) संक्रामक बीमारी या आँख में चोट लगने से गलत दवा खाने से या विष खाने से बालक दृष्टि बाधित हो जाता है।

दृष्टि-दोष वाले बालकों की शिक्षा (Education)

एक अध्यापक के रूप में आपको, छात्रों के दृष्टि-दोष की ओर विशेष ध्यान देना होगा। ऐसे विद्यार्थियों को आगे की पंक्ति में बैठाना चाहिए। इससे वे चॉकबोर्ड पर लिखी सामग्री को सरलता से पढ़ सकेंगे। जब वे चॉकबोर्ड को पढ़ रहे हों, तब उन्हें खिड़की के बाहर दृष्टिपात करने के लिए प्रोत्साहित करना चाहिए। इससे उनकी आँखों को आराम मिलता रहेगा। अध्यापक को चॉकबोर्ड पर बड़े-बड़े अक्षरों से लिखना चाहिए जिससे बालक सरलता से पढ़ सके। साथ ही अध्यापक को ऊँचे स्वर में वाचन भी करते रहना चाहिए। इन छात्रों को आवश्यकतानुसार, पुस्तकालय में बड़े अक्षरों वाली (14 प्वाईंट या अधिक) वाली पुस्तकें उपलब्ध करवाई जानी चाहिए। जो बच्चे चश्में नहीं खरीद सकते, उन्हें जिला पुनर्वास केन्द्र या चिकित्सालय द्वारा हस्त शीशे या वृहत शीशे वाले चश्में आदि दिलवाने की व्यवस्था करनी चाहिए।

इसी प्रकार दृष्टि-दोष वाले विद्यार्थियों के पढ़ने के भार को हल्का करने के उद्देश्य से उन्हें सुनने के कौशल का यथेष्ट प्रशिक्षण दिया जाना चाहिए। उनके लिए, ऑडियो कैसेट, ऑडियो टेप रिकॉर्डर, ऑडियो रेडियो आदि श्रवण यंत्रों की व्यवस्था की जानी चाहिए। ऐसे विद्यार्थियों के लिए आडियो कैसेट बहुत उपयोगी सिद्ध हुए हैं। विभिन्न पाठ्यक्रम के लिए बने ऑडियो कैसेट को स्टेट इंस्टीट्यूट ऑफ एजूकेशन टेक्नॉलोजी, स्टेट इंस्टीट्यूट ऑफ ऐजूकेशन, एन. सी. ई. आर. टी., सेन्ट्रल इंस्टीट्यूट ऑफ ऐजूकेशन टेक्नॉलाजी आदि शैक्षिक संस्थाओं से सम्पर्क स्थापित करके प्राप्त किया जा सकता है।

अध्यापक को इन विद्यार्थियों से किसी प्रकार के व्यवहार के लिए पृथक मापदण्ड की अपेक्षा नहीं करनी चाहिए। अन्य विद्यार्थियों की तरह उनसे भी स्कूल कक्षा आदि की स्वच्छता के कामों में भाग लेने को प्रोत्साहित किया जाना चाहिए। अन्य साथियों की तरह उनसे भी दूसरे कार्य कराए जा सकते हैं। यदि उनके व्यवहार में किसी प्रकार की असाधारण बात देखें तो उन्हें स्नेहयुक्त ढंग से तत्काल समझाया जाए। उन्हें शारीरिक शिक्षण कार्यक्रमों में सक्रिय होने का अवसर प्रदान किया जाए। अर्थ दृष्टि के दोष रखने वाले विद्यार्थियों के लिए पुस्तक स्टैण्ड की व्यवस्था की जा सकती है।

श्रवण-दोष से ग्रस्त बालक (Hearing Impaired Children)

अर्थ (Meaning)— श्रवण बाधित बालक ऐसे बालक हैं जिनकी सुनने की क्षमता नष्ट हो जाती है तथा बोलने में परेशानी अनुभव करते हैं। सभी बालकों की श्रवण बाधिता की क्षमता समान नहीं होती है। श्रवण बाधित बालक या तो बहुत कम सुन पाते हैं या पूर्णतया नहीं सुन पाते हैं जिन्हें बहरे कहा जा सकता है।

कम सुनने वाले बालक वे हैं जो श्रवण क्षमता को कुछ सीमा तक खो देते हैं। ऐसे बालक जोर से की गई ध्वनि को सुन सकते हैं। गम्भीर श्रवण बाधित बालक वे हैं जो जोर से बोली गई आवाज़ को भी सुनने में असमर्थ हैं। इस श्रवण बाधिता का कारण है: बालक के श्रवण अंगों में दोष होना। ये दोष कान के बाहर, अन्दर तथा मध्य में हो सकते हैं। कुछ बालक जन्म से ही श्रवण बाधित होते हैं तथा कुछ जन्म के बाद किसी रोग से पीड़ित होने के कारण श्रवण बाधित हो जाते हैं। साधारणत: श्रवण बाधित बालक में वाणी का भी दोष होता है। इस प्रकार ये बालक श्रवण एवं वाणी दोनों ही दोषों से ग्रस्त हो जाते हैं।

श्रवण बाधित बालकों का वर्गीकरण
(Classification of Hearing Impaired Children)

ध्वनि का परिसर 1 से 130 डेसिबल्स (Decibles) होता है। 130 डी.बी.के ऊपर की ध्वनि दर्द की संवेदना देती है। ध्वनि के परिसर के अनुसार श्रवण बाधित बालकों को चार भागों में बाँटा जा सकता है:—

स्तर	श्रवण बाधिता के प्रकार	डी.बी. स्तर	बाधित प्रतिशत
1.	कम श्रवण बाधित बालक	35 से 51 डी.बी. तक	40 प्रतिशत
2.	मन्द श्रवण बाधित बालक	55 से 69 डी.बी. तक	40 से 50 प्रतिशत
3.	गम्भीर श्रवण बाधित बालक	70 से 89 डी.बी. तक	50 से 75 प्रतिशत
4.	पूर्ण श्रवण बाधित बालक	90 से 100 डी.बी. तक	100 प्रतिशत

पहचान

— कान की बनावट में दोष होना।
— कान का अक्सर बहते रहना।
— कान में बहुधा दर्द की शिकायत होना।
— कान को बहुधा खुजलाते रहना।
— अच्छी तरह सुनने के लिए सिर को एक तरफ से दूसरी ओर घुमाना।
— अध्यापक से, प्राय: निर्देशों और प्रश्नों को दोहराने के लिए निवेदन करना।
— श्रुतलेख में बहुत अधिक त्रुटियां करना।
— सुनते समय अध्यापक के चेहरे को बहुत अधिक ध्यान से देखना।
— बोलते समय वाणी में कठिनाई का परिलक्षित होना।

यदि विद्यार्थी इनमें से किन्हीं लक्षणों को प्रदर्शित करता है तो उसे चिकित्सा सम्बन्धी परीक्षण के लिए भेजना चाहिए। यह अति आवश्यक है कि विशेषज्ञ की सहायता लेकर यह निर्णय किया जाए कि श्रवण-दोष किस सीमा का है, और विद्यार्थी को किस प्रकार के श्रवण सहायक सामग्री की आवश्यकता है। उसके माता-पिता को सम्बन्धित जानकारी देना आवश्यक है।

श्रवण दोष : शिक्षा

1. सम्प्रेषण तकनीकी–श्रवण बाधित बालक सुन नहीं सकता इसलिए निम्न तकनीकियों का प्रयोग लाभकारी होगा :

चिह्न भाषा | ओष्ठ पठन | संकेत भाषा | स्पर्श विधि | गति विधि | प्रवर्धक प्रयोग

(क) चिह्न भाषा–चिह्न भाषा में शब्द वर्णों के लिए चिह्न बने रहते हैं। विशेषज्ञों द्वारा चिह्न भाषा को प्रमाणित करने का प्रयत्न जारी है।

(ख) ओष्ठ पठन–ओष्ठ पठन में बालकों को ओठों के हिलने और गति के आधार पर वर्णों और शब्दों को पढ़ने की शिक्षा दी जाती है। किन्तु इस विधि की एक मुख्य कमी यह है कि कई ध्वनियों जैसे—प, ब, भ आदि में ओठ लगभग समान रूप से हिलते हैं तो बच्चे समझ नहीं पाते हैं।

(ग) संकेत भाषा–इसमें ओठों को पढ़ने के साथ हाथ से मुँह के पास ही संकेत दिए जाते हैं। संकेत उसी भाषा के होते हैं जिसमें कि बोला जाता है।

(घ) स्पर्श विधि–इसमें स्पर्श द्वारा बात को समझाने का प्रयत्न किया जाता है।

(ङ) गति विधि–इसमें विभिन्न शारीरिक गतियों के द्वारा बधिर बालकों को समझाने का प्रयत्न किया जाता है।

(च) प्रवर्धक प्रयोग–ध्वनि प्रवर्धक यन्त्रों का प्रयोग भी सम्प्रेषण के लिए किया जाता है, परन्तु यह केवल उन बालकों के लिए उपयोगी सिद्ध हो सकता है जो सामान्य से थोड़ा ऊँचा सुनते हैं। पूर्ण बधिर बालकों के लिए यह उपयोगी नहीं है।

शिक्षण तकनीकी : श्रवण दोष

1. शिक्षण-विषय वस्तु को सहायक सामग्री की सहायता से पढ़ाया जाए।
2. बीच-बीच में प्रश्न पूछे जाएं।
3. इन बालकों को एक नोट लेने वाला व्यक्ति प्रदान किया जाना चाहिए।
4. विशेष अध्यापक की भी व्यवस्था की जा सकती है।
5. आजकल इन बालकों के लिए कम्प्यूटर का भी प्रयोग किया जाता है।

शारीरिक अंग से ग्रस्त या अपंग बालक (Physically Handicapped Children)

विकलांग/अपंग/शारीरिक अंग से ग्रस्त बालकों से अभिप्राय है वह बालक जिसमें अन्य सामान्य बालक की तुलना में कोई शारीरिक, मानसिक, संवेगात्मक और सामाजिक कमी अथवा दोष हो और जिसके कारण उसकी उपलब्धियाँ अधूरी रह जाएँ। यह अपंगता दो प्रकार की हो सकती है :

शारीरिक रूप से | मानसिक रूप से

शारीरिक रूप से विकलांग–बालक वे होते हैं जिनमें शारीरिक दोष होता है और जो किसी रूप में उसे साधारण क्रियाओं में भाग लेने में बाधा डालता है या उसे सीमित रखता

है। आप कह सकते हैं कि जिस बालक में कोई भी शारीरिक त्रुटि हो और जो उसके कार्य में किसी–न–किसी प्रकार की बाधा उत्पन्न करे। यह दोष अधिक भी हो सकता है और कम भी। शिक्षा परिभाषा कोष के अनुसार, "शारीरिक रूप से विकलांग बालक शारीरिक रूप से दोष ग्रस्त व्यक्ति होते हैं। ऐसे व्यक्ति के किसी–न–किसी अंग में कोई असामान्य कमी होती है जिसके कारण वह सामान्य व्यक्ति की भाँति दैनिक कार्य नहीं कर पाता।

वर्गीकरण

अपंग बालक	सम्पूर्ण और आधे अन्धे	पूरे बहरे या अपूर्ण बहरे बालक	बोलने का दोष

अपंग बच्चों की पहचान

शारीरिक रूप से अपंग बालकों की पहचान निम्न प्रकार से कर सकते हैं :

* सामान पकड़ने, उठाने तथा इधर–उधर ले जाने में मुश्किल।
* हाथों, उंगलियों, पैरों तथा गर्दन आदि में कुरूपता का होना।
* बैठने, खड़ा होने तथा चलने में परेशानी।
* जोड़ों में लगातार दर्द रहना।
* चलते समय लडखड़ाना।

अपंग किसी अंग के न होने, मांसपेशियों, हड्डियों, जोड़ों में किसी बीमारी इत्यादि की कमी के कारण हो सकती है जिससे कि सामान्य दिनचर्या में रुकावट पैदा होती है। इस प्रकार की अपंगता को हम दो भागों में बाँट सकते हैं :

(क) कम पंगु   (ख) गंभीर पंगु

(क) कम पंगु–इसमें वे बालक आते हैं जिनकी अपंगता कम होती है तथा साधारण दिनचर्या में ज्यादा व्यवधान नहीं पड़ता तथा थोड़े इलाज या किसी विशेष सहारे आदि से काम चल जाता है तथा अपंगता का इलाज हो सकता है।

(ख) गंभीर पंगु–इसमें वे बालक आते हैं जिनकी अपंगता ज्यादा गंभीर होती है तथा ऐसे बालक को सहारे की आवश्यकता रहती है। अपनी दिनचर्या में व्यवधान पड़ने के कारण वे अपने जीवन को नीरस समझने लगते हैं।

अपंग बालक–इस उपश्रेणी में वे बालक आते हैं जो किसी शारीरिक त्रुटि के शिकार होते हैं और जिसके कारण वे अपने शरीर के किसी भाग को सामान्य रूप से प्रयोग नहीं कर सकते। ऐसे बालकों के बुद्धिस्तर में कोई कमी नहीं होती। वे कम बुद्धि के भी हो सकते हैं और अधिक बुद्धि के भी।

अनुमान है कि शारीरिक अपंगता आबादी का 2% तक हो सकती है। राष्ट्रीय सैम्पल सर्वे 1991 के अनुसार भारत में लगभग 8.939 मिलियन लोग शारीरिक रूप से अपंग हैं। कानून के अनुसार अपंग वह है जिसे शिक्षा प्राप्त करते समय, अपंगता उसके लिए बाधक है। इसमें अंग का न होना, दुर्घटना, बीमारी, जलने आदि से किसी अंग का नष्ट हो जाना शामिल है। भारत सरकार के समाज कल्याण मंत्रालय ने भी इसी परिभाषा को माना है।

(2) विशेष स्वास्थ्य अपंगता

इस प्रकार की अपंगता का कोई-न-कोई विशिष्ट कारण होता है जैसे–

— दिमागी अपंगता

— बीमारी तथा दुर्घटना के कारण कुरूपता

— माँसपेशियां तथा ढांचा समस्या

— मस्तिष्क लकवा

दिमागी अपंगता–केन्द्रीय नाड़ी संस्थान में किसी प्रकार की कमी के कारण दिमागी अपंगता होती है।

बीमारी तथा दुर्घटना के कारण कुरूपता–हड्डियों की अधिक बढ़ोतरी के कारण या अतिरिक्त शुगर, पोलियो, दिमागी बुखार के कारण भी ऐसा होता है।

माँसपेशियां तथा ढांचा समस्या–इस प्रकार की अपंगता माँसपेशियों तथा हड्डियों में कमी के कारण होती है। यह अपंगता जन्मजात या जन्म के समय लापरवाही के कारण भी हो सकती है।

मस्तिष्क लकवा–मुख्य नाड़ी संस्थान में खराबी के कारण अधरंग, अत्यधिक कमजोरी आदि समस्याएं भी उपन्न हो सकती हैं। इस प्रकार का मस्तिष्क लकवा (क) जन्म से पूर्व (ख) जन्म के समय (ग) जन्म के पश्चात हो सकता है। (घ) पोलियो (ङ) अंग-भंग (च) बीमारी (छ) जुड़े पैर आदि किसी भी कारण से हो सकता है।

अपंग बालकों की शिक्षा (Education)

(*i*) ऐसे बालक सामान्य बुद्धि के होने के कारण मानसिक विकास के लिए सामान्य बालकों की तरह ही शिक्षित किए जाने चाहिए। बल्कि उच्च बुद्धि या प्रतिभावान बालकों की श्रेणी में आने वाले विकलांगों की विशेष शिक्षा की व्यवस्था की जानी चाहिए।

(*ii*) शारीरिक रूप से अपंग बालकों को बैठने के लिए विशेष प्रकार की कुर्सी-मेज कक्षा में दी जानी चाहिए ताकि कक्षा में कार्य करते समय उन्हें किसी प्रकार की कोई असुवधिा न हो।

(*iii*) अपंग बालकों के लिए अलग कमरे की व्यवस्था हो तो और भी अच्छा रहेगा।

(*iv*) उन्हें किसी ऐसे व्यवसाय का प्रशिक्षण देना चाहिए ताकि वे अपने शारीरिक दोषों के होते हुए भी आर्थिक रूप से समर्थ हों और किसी पर बोझ न बनें।

(*v*) डॉक्टरों की सहायता लेकर उनके शारीरिक दोषों को यथासम्भव ठीक करवाने का प्रयत्न किया जाना चाहिए।

अपराधी बालक/अपचारी बालक
(Delinquent Children)

सामाजिक व्यवस्था को बनाए रखने के लिए कुछ कानून होते हैं। इन कानूनों का पालन करना सबके लिए अनिवार्य होता है, चाहे वह वयस्क हो या बालक। यदि वयस्क उन कानूनों की अवहेलना करके समाज-विरोधी कार्य करता है, तो उसका कार्य अपराध कहा जाता है। यदि बालक या किशोर इस प्रकार का कार्य करता है तो उसका कार्य बाल अपराध या किशोर अपराध कहा जाता है।

बाल अपराध/कदाचारी/अपचारी बालक के अर्थ को स्पष्ट करने के लिए विभिन्न विद्वानों द्वारा उद्धृत परिभाषाएं इस प्रकार हैं :

हैडफील्ड, "बाल अपराध का अर्थ हैं — असामाजिक व्यवहार।"

स्किनर, "बाल-अपराध की परिभाषा किसी कानून के उस उल्लंघन के रूप में की जाती है, जो किसी वयस्क द्वारा अपराध किए जाने पर अपराध होता है।"

न्यूमेयर, "समाज-विरोधी व्यवहार के कई प्रकार जो व्यक्तिगत तथा सामाजिक विघटन उत्पन्न करे, बाल-अपराध कहलाता है।"

गुड, "कोई भी बालक, जिसका व्यवहार सामान्य सामाजिक व्यवहार से इतना भिन्न हो जाए कि उसे समाज-विरोधी कहा जा सके, बाल अपराधी है।"

बर्ट, हम उस बालक को अपराधी कहेंगे जिसकी समाज-विरोधी प्रवृत्तियाँ इतनी बढ़ जाती हैं कि प्रशासन को उसके विरुद्ध कोई-न-कोई कार्यवाही करनी पड़ती है।"

हीली, "वह बालक जो समाज़ द्वारा स्वीकृत आचरण का पालन नहीं करता, बाल अपराधी कहलाता है।"

बाल अपराधी बालकों की विशेषताएँ (Characteristics of Delinquents)

बाल-अपराधी/कदाचारी/अपचारी बालकों की विशेषताएँ :

(1) इनका चिन्तन-स्तर अत्यन्त निम्न होता है।

(2) अधिकांशतः इनकी प्रवृत्ति आक्रामक होती है।

(3) इनका व्यवहार अर्जित होता है।

(4) ये बालक सामाजिक मर्यादाओं एवं नियमों के विरुद्ध कार्य करते हैं।

(5) इनकी इच्छाएं सामान्य होते हुए भी पूर्ण नहीं हो पाती हैं।

(6) समाज/संस्था के कानून को भंग करके ही ये अपने व्यवहार को अभिव्यक्त करते हैं।

(7) संवेगात्मक दृष्टि से इनका कुसमायोजन होता है।

(8) ये वर्तमान के आनंद में विश्वास करते हैं और भविष्य की चिन्ता नहीं करते।

(9) व्यवहार में व्याकुलता, दूसरों का विरोध करना, संदेह करना, स्वार्थी, साहसी होना आदि इनके व्यवहार में शामिल होता है।

बाल अपराध के प्रकार (Types of Delinquency)

बाल अपराध अनेक प्रकार के होते हैं, जो निम्नलिखित हैं :

— चोरी करना

— झूठ बोलना

— जेब काटना

— धूम्रपान करना

— आवारा घूमना

— नशा करना

— जुआ खेलना

— जबरदस्ती पैसे वसूलना

— अपने से कमजोरों को तंग करना
— दीवारों पर गालियाँ लिखना व गन्दे चित्र बनाना
— समलिंगीय/विषमलिंगीय/हस्त मैथुन
— अश्लीलता का प्रदर्शन आदि।

बाल अपराध के कारण
(Causes of Delinquency)

आनुवांशिक कारण Hereditary Causes	व्यक्तिगत कारण Individual Causes	आर्थिक कारण Economic Causes	मनोवैज्ञानिक कारण Psychological Causes	वातावरणीय कारक Environmental Causes

1. आनुवांशिक कारण—वंशानुक्रम सम्बन्धी सभी अध्ययनों से यह स्पष्ट हो चुका है कि बाल अपराधों में वंशानुक्रम की भूमिका भी होती है। डग्डेल, गाल्टन एवं गोडार्ड आदि मनोवैज्ञानिकों ने अपने अध्ययनों से सिद्ध किया कि अपराध प्रवृत्ति बालक को अपने माता-पिता से वंशानुक्रम द्वारा प्राप्त होती है।

2. व्यक्तिगत कारण—कोई बालक यदि शारीरिक दोष से ग्रस्त है या अपनी आयु के बालकों से तीव्र/मन्द गति से चलता है तो उसके समायोजन में समस्या आने से वह समाज-विरोधी व्यवहार करने लगता है। इसके अतिरिक्त मन्द बुद्धि भी अनैतिक व्यवहार की ओर ले जाती है। बर्ट ने 200 बाल अपराधियों की तुलना, जिनको न्यायालय से सजा नहीं मिली थी, 400 अन्य बालक, जो अपराधी नहीं थे और लन्दन के उन्हीं क्षेत्रों, घरों तथा जिलों से आये थे, से की और देखा कि लगभग 4/5 बालापराधी मन्द बुद्धि थे। हैडफील्ड के अनुसार स्त्रियों में ऋतु-स्राव (Mensural Changes) के समय अपराधीपन बढ़ जाता है।

3. आर्थिक कारण—गरीब परिवारों के बच्चों की मूलभूत आवश्यकताओं की भी पूर्ति नहीं हो पाती। उनकी अतृप्त इच्छाएं उन्हें अपराध भावना की ओर ले जाती हैं।

4. मनोवैज्ञानिक कारण—संवेगात्मक सुरक्षा, कठोर अनुशासन, तीव्र आवेग, तिरस्कार, हीनता की भावना आदि अनेक कारक बालकों के मन को अपराधी भाव से ग्रस्त कर देते हैं।

5. वातावरणीय कारक

(अ) घर का दूषित वातावरण	(ब) घर से बाहर के वातावरण सम्बन्धी कारण

(अ) घर का दूषित वातावरण

(*i*) माता-पिता के आपसी झगड़े
(*ii*) सौतेली माता/पिता
(*iii*) कुटुम्ब के अन्य सदस्यों से झगड़ा
(*iv*) टूटे हुए परिवार

(*v*) माता/पिता की आकस्मिक मृत्यु
(*vi*) परिवार का अति कठोर या अति ढीला अनुशासन
(*vii*) माँ/बाप की बालक के प्रति अत्यधिक उच्च आकांक्षा
(*viii*) अवकाश के समय का दुरुपयोग
(*ix*) माता का नौकरी के कारण घर से देर तक बाहर रहना।

(ब) घर से बाहर के वातावरण सम्बन्धी कारण

(*i*) घर के चारों तरफ दूषित वातावरण का होना जैसे–वैश्यालय/जुआघर आदि।
(*ii*) अधिक काम-सम्बन्धी चलचित्र/साहित्य देखना।
(*iii*) बुरी संगति।
(*iv*) विद्यालय की दोषपूर्ण परिस्थितियाँ जैसे–अध्यापक का कठोर व्यवहार, दोषपूर्ण पाठ्यक्रम, यौन-शिक्षा का अभाव, मनोरंजन के साधनों की कमी आदि।

बाल अपराधी व्यवहार की रोकथाम (Prevention of Delinquent Behaviour)

आइए अब आप को बता दें कि इन बालकों को अपराधी बनने से रोकने के लिए क्या उपाय हो सकते हैं :

(अ) अभिभावकों की भूमिका, (ब) विद्यालय की भूमिका, (स) सरकार की भूमिका।

(अ) अभिभावकों की भूमिका

(*i*) घर में उचित वातावरण का बनाना–माता-पिता को चाहिए कि घर में प्रेमपूर्वक वातावरण बना रहे जिससे बालकों का सन्तुलित विकास हो सके।

(*ii*) बुरी आदतों को छुड़ाना–माता-पिता को देखना चाहिए कि किस कारण से बालक में अमुक बुरी आदतें उत्पन्न हो रही हैं और उन्हें कैसे रोका जाए।

(*iii*) अत्यधिक सुरक्षा न दें–बालकों को अगर आप अधिक सुरक्षा देंगे तो समय पड़ने पर वे अपने समय का प्रयोग नहीं कर पाएंगे एवं बुरे प्रलोभनों में पड़ सकते हैं।

(*iv*) बहुत अधिक जेब खर्च न दें–बालकों को अधिक जेब खर्च देने से फालतू शौक पूरा करने की सोच सकते हैं।

(*v*) उचित आवश्यकताओं की पूर्ति करना–उपर्युक्त बात से आप गलत अर्थ न लगाएं। आप यह समझ लें कि माता-पिता बालकों की उचित आवश्यकताओं की पूर्ति नहीं करेंगे तो वे गलत तरीका भी अपना सकते हैं।

(*vi*) निर्देशन देना–माता/पिता के निर्देशन मिलने पर बालकों को गलत राह पर चलने से रोका जा सकता है।

(ब) विद्यालय द्वारा अपनाए जाने वाले उपाय :

(*i*) उत्तम अध्यापक–अध्यापक यदि गुणवान, चरित्रवान एवं बाल मनोविज्ञान से परिचित होंगे तो बालक का व्यवहार भी सही होगा।

(*ii*) स्वतन्त्रता देना–बालकों की योग्यता का उचित विकास स्वतन्त्र वातावरण में ही सम्भव है।

(*iii*) व्यक्तिगत विभिन्नताओं के अनुसार शिक्षण–यदि अध्यापक शिक्षण के समय बालकों की व्यक्तिगत विभिन्नताओं को ध्यान में रखेगा/रखेगी तो उनकी सफलता अधिक होगी और वे अपराध भावना की तरफ नहीं मुड़ेंगे।

(*iv*) यौन-शिक्षा–कई बार अज्ञानता के कारण बालक अपराध प्रवृत्ति की ओर अग्रसर हो जाते हैं। इसलिए अध्यापकों का कर्त्तव्य है कि उन्हें सही ढंग से वांछनीय यौन-शिक्षा का ज्ञान प्रदान करें।

(*v*) स्वस्थ मनोरंजन के साधन–खेल की अच्छी सुविधा या अन्य सहगामी क्रियाओं के प्रावधान से बालकों की ऊर्जा को सही दिशा मिल जाती है जिससे वे नकारात्मक कार्यों में नहीं लगते।

(स) राज्य तथा सामाजिक संस्थाओं द्वारा अपनाए जाने वाले उपाय–

(*i*) राज्य का कर्त्तव्य है कि सभी बालकों को शिक्षा की सुविधाएँ प्रदान करने की व्यवस्था करे, क्योंकि अधिकतर बालक शिक्षा की अनुचित व्यवस्था के कारण ही बाल अपराधी बन जाते हैं।

(*ii*) अनैतिक कार्यों पर प्रतिबन्ध–समाज को नैतिक बनाने के लिए प्रयत्न किए जाएं जैसे–धूम्रपान पर प्रतिबन्ध लगाकर सरकार ने अच्छा कदम उठाया है, इसी प्रकार शराब की बिक्री पर भी रोक लगाया जाए।

(*iii*) गन्दी बस्तियों की समाप्ति--गन्दी बस्तियों को समाप्त किया जाए क्योंकि वहीं पर अपराध प्रवृत्ति को बढ़ावा मिलता है।

(*iv*) चलचित्रों पर नियन्त्रण–चलचित्रों का बालकों पर बहुत प्रभाव पड़ता है। इसलिए इनका सेन्सर सही हो तो अपराधों में कमी हो सकती है।

(*v*) सामूहिक संघों का निर्माण–ऐसे संघों का निर्माण करना चाहिए जो बालकों/किशोरों को सामाजिक कार्यों की प्रेरणा दें। फलस्वरूप बालकों में सामाजिक सहयोग की भावना का विकास होगा और निश्चय ही अपराध प्रवृत्ति कम होगी।

पिछड़े बालक
(Backward Children)

अर्थ (Meaning)

जो बालक अपनी कक्षा के औसत कार्य को नहीं कर पाता और बुद्धि-लब्धि में औसत बालक से पीछे होता है, पिछड़ा बालक कहलाता है।

सिरिल बर्ट के अनुसार, ''पिछड़ा बालक वह है जो अपनी कक्षा के मध्यकाल में अपनी कक्षा का कार्य, जो उसकी आयु के अनुसार एक कक्षा नीचे का है, करने में असमर्थ रहता है।''

टी. के. ए. मेनन के अनुसार, ''भारतीय परिस्थितियों में पिछड़ा बालक वह है जो अपनी कक्षा की औसत आयु से एक वर्ष से अधिक बड़ा हो।''

शौनल के शब्दों में, ''पिछड़ा हुआ बालक वह है जो अपनी आयु के अन्य बालकों की तुलना में अत्यधिक शैक्षणिक दुर्बलता का परिचय देता है।''

कितनी बुद्धि-लब्धि के बालक को पिछड़ा बालक कहा जाए, इस सम्बन्ध में मनोवैज्ञानिकों में मतभेद हैं। अधिकांश मनोवैज्ञानिक ऐसे बालक को पिछड़ा बालक मानते हैं जिसकी बुद्धि-लब्धि 85 से कम होती है।

पिछड़े बालकों की विशेषताएँ (Characteristics)

1. पिछड़े हुए बालक सामान्य बालकों की अपेक्षा मन्द गति से सीखते हैं।
2. इन बालकों की बुद्धि-लब्धि (IQ) 75-90 के बीच होती है।
3. ये बालक विद्यालय के सामान्य पाठ्यक्रम से लाभ उठाने में असमर्थ रहते हैं।
4. ऐसे बालक मानसिक रूप से अस्वस्थ होते हैं विद्यालय में भी समायोजन नहीं कर पाते और संवेगात्मक दृष्टि से असन्तुलित रहते हैं।
5. पिछड़े बालक अपने जीवन में निराशा का अनुभव करते हैं। उनकी महत्त्वाकांक्षाएं समाप्त हो जाती हैं और वे नेतृत्व देने में असमर्थ रहते हैं।
6. इन्हें सामाजिक समायोजन में कठिनाई होती है इसलिए सदैव दूसरों की मित्रता और सहानुभूति की आवश्यकता होती है।
7. ये अपनी आलोचना सहन नहीं कर सकते।
8. ये शीघ्र निर्णय नहीं ले पाते हैं।
9. इनमें दूरदर्शिता की कमी होती है।
10. ये निराशावादी होते हैं।
11. इनकी तर्क एवं विवेक-शक्ति निम्न स्तर की होती है।
12. ये किसी भी समस्या पर सूक्ष्म रूप से विचार नहीं कर पाते हैं।
13. इनमें एकाग्रता करने की शक्ति कम होती है।
14. ये अन्तर्मुखी होते हैं।

कारण–इनके कई कारण हो सकते हैं जैसे :

शारीरिक कारण | बौद्धिक कारण | वातावरण सम्बन्धी कारण | सामाजिक और सांस्कृतिक कारण | अन्य कारण

शारीरिक कारण–शारीरिक रोगों और दोषों के कारण भी बालक पिछड़ जाते हैं क्योंकि शारीरिक दुर्बलता के कारण वह अपनी आयु के बालकों से पिछड़ जाते हैं।

बौद्धिक कारण–बहुत कम बुद्धि वाले बालकों में रुचि की कमी हो जाती है और हर काम में पिछड़ जाते हैं।

वातावरण सम्बन्धी कारण–इन्हें भी आप दो रूप में विभाजित कर सकते हैं :

(अ) पारिवारिक कारण | (ब) विद्यालयी कारण

(अ) पारिवारिक कारण–घर में बालक की रुचियों एवं आवश्यकताओं का ध्यान न दिया जाए तो बालक पिछड़ जाते हैं। परिवार की आर्थिक स्थिति, घरेलू झगड़े, माता-पिता का अशिक्षित होना या उनमें अनैतिक प्रवृत्ति का होना भी बालकों के पिछड़ेपन का कारण होता है।

(ब) विद्यालयी कारण–इस प्रकार हैं :

- विद्यालय में दोषपूर्ण पाठ्यक्रम और शिक्षण-विधियों का प्रयोग
- अध्यापकों का विद्यार्थियों के प्रति पक्षपात पूर्ण रवैया

- विद्यालयों में अनुशासनहीनता
- अयोग्य अध्यापकों की नियुक्ति
- शैक्षणिक निर्देशन की कमी
- अध्यापकों और विद्यार्थियों के सम्बन्धों में तनाव आदि।

सामाजिक और सांस्कृतिक कारण

बालक समाज की एक इकाई है। सामाजिक सम्पर्कों का प्रभाव बालक के विकास को निर्धारित करता है। वह किस वर्ग का सदस्य है या उसका सम्बन्ध समाज में किन लोगों से है। यह एक महत्त्वपूर्ण बात है।

अन्य कारण (Other Causes)—शैक्षिक अपरिपक्वता, रुचि का अभाव, पास-पड़ोस का पर्यावरण, कुसंगति, स्वभाव सम्बन्धी दोष, कक्षा से भाग जाना और राजनैतिक दलबन्दी आदि के कारण भी बालक पढ़ने में पीछे रह जाते हैं।

पिछड़े बालकों की शिक्षा (Education)

पिछड़े बालकों को उचित शिक्षा एवं प्रोत्साहन की सहायता से सामान्य कक्षा में वापस लाया जा सकता है। आपकी जानकारी के लिए कुछ मुख्य उपाय इस प्रकार हैं :

(*i*) पिछड़ेपन के कारणों का पता लगाना (Finding out the causes)—किसी भी उपाय को अपनाने से पहले आपको जानना होगा कि अमुक बालक में पिछड़ापन किस कारण से है ?

(*ii*) नियमित विद्यालय में अलग कक्षाएँ (Separate Class in regular School)—नियमित विद्यालयों में इन बालकों की अलग कक्षाएँ लगाई जाएं। ऐसा भी सुझाव दिया गया है क्योंकि कुछ मनोवैज्ञानिकों का मत है कि अलग कक्षाओं में समान बालकों के समूह में वे जल्दी सीखेंगे और जब उनका पिछड़ापन दूर हो जाए तो उन्हें समान बालकों के साथ रखा जा सकता है। परन्तु दूसरे विचारकों का विपरीत मत है कि इस प्रकार उनके सामने कोई भी प्रतिस्पर्धा नहीं रहेगी और आगे बढ़ने का अवसर नहीं मिलेगा।

(*iii*) नियमित विद्यालय में नियमित कक्षाएँ (Regular Class in Regular School)—ये बालक जब कक्षा में अन्य प्रतिभाशाली बच्चों को देखेंगे तो इन्हें आगे बढ़ने की प्रेरणा मिलती है। इससे उनका समुचित विकास होता है और पिछड़ापन भी कम होता है।

(*iv*) विशिष्ट पाठ्यक्रम और शिक्षण-विधियाँ (Special Curriculum and Teaching Methods)—इन बालकों के लिए विशिष्ट पाठ्यक्रम और शिक्षण-विधियाँ प्रयोग की जानी चाहिए। जैसे—पुस्तकीय ज्ञान की अपेक्षा हस्त कार्यों पर बल दिया जाए। इनको पढ़ाने के लिए अध्यापक भी अधिक प्रशिक्षित एवं सहृदय होने चाहिए।

(*v*) निर्देशन सेवाओं की व्यवस्था (Arrangement of Guidance Services)—विद्यालयों में निर्देशन सेवाओं का प्रयोजन किया जाए तो इन बालकों की शैक्षिक एवं व्यावसायिक समस्याओं का समाधन सम्भव है।

(*vi*) सहायक क्रियाओं का प्रावधान (Provision of Co-Curricular Activities)—पाठ्यक्रम के अतिरिक्त सहायक क्रियाओं का आयोजन किया जाए तो इन बालकों की अन्य योग्यताओं का विकास होगा, रुचियां बढ़ेंगी और काफी हद तक पिछड़ेपन का इलाज हो सकेगा।

सारांश

1. जो बालक सामान्य बालकों से अलग कोई न कोई विशेषताएँ रखते हैं, उन्हें विशिष्ट बालक कहा जाता है।
2. समस्यात्मक बालकों का व्यवहार किसी न किसी रूप में असामान्य होता है।
3. प्रतिभाशाली बालक अनवरत रूप से किसी भी कार्यक्षेत्र में अपनी कार्यकुशलता का परिचय देता है।
4. धीमी गति से सीखने वाले बालक सामान्य बालकों से एक या अधिक विषय में निम्न स्तर पर रहते हैं।
5. सीखने से सम्बन्धित अयोग्यता वाले बालक बोलने, सुनने, समझने व गणित से आंशिक रूप से या पूर्ण रूप से असमर्थ होते हैं।
6. वातावरण तथा वंशानुक्रम दोनों ही दृष्टि बाधिता के कारण हो सकते हैं।
7. श्रवण दोष से ग्रस्त बालकों के लिए ध्वनि प्रवर्धक यन्त्रों का प्रयोग लाभकारी हो सकता है।
8. अपंग बालकों में बुद्धि अधिक भी हो सकती है और कम भी।
9. जो बालक समाज द्वारा स्वीकृत आचरण का पालन नहीं करता, बाल अपराधी कहलाता है।
10. पिछड़े बालकों को उचित शिक्षा एवं प्रोत्साहन की सहायता से सामान्य कक्षा में वापस लाया जा सकता है।

इकाई – 7

शिक्षण अधिगम प्रक्रिया
(Teaching Learning Process)

सीखने का संप्रत्यय और प्रकृति
(Concept and Nature of Learning)

अधिगम (सीखना) शिक्षा मनोविज्ञान का एक महत्त्वपूर्ण विषय है। शिक्षा का मुख्य उद्देश्य विद्यार्थियों के व्यवहार में परिवर्तन करना है। व्यक्ति अपने जीवन के प्रारम्भ से ही सीखने लगता है और यह प्रक्रिया आजीवन चलती रहती है।

वुडवर्थ के शब्दों में, ''सीखना विकास की प्रक्रिया है।''

आइए विस्तार से चर्चा करें कि अधिगम/सीखना क्या है ?

अधिगम/सीखने का संप्रत्यय (Concept)

साधारण शब्दों में, प्राणी द्वारा किसी नई चीज के बारे में जान लेना या ज्ञान प्राप्त करना अधिगम है। शिशु जन्म के समय से बिल्कुल असहाय होता है। वह अपनी आवश्यकताओं की पूर्ति के लिए अपने माता-पिता पर निर्भर रहता है। किन्तु धीरे-धीरे आयु वृद्धि के साथ वह स्वयं को वातावरण के अनुकूल बनाने का प्रयत्न करता है। उसके इस सीखने की प्रक्रिया में दो तत्त्व निहित होते हैं जो उसे वातावरण के अनुकूल व्यवस्थित करने में सहायता पहुँचाते हैं : (क) परिपक्वता (ख) अनुभव लाभ उठाने की योग्यता। परिपक्वता और सीखने के सम्बन्ध में बात करें उससे पहले आवश्यक है अनुभव की चर्चा करें :

वातावरण में विभिन्न प्रकार की समस्याओं का उत्पन्न होना एक स्वाभाविक क्रिया है। इन समस्याओं से निपटने के लिए बालक कई प्रकार की प्रक्रियाएँ करता है जिसके फलस्वरूप वह अनुभव प्राप्त करता है। इन अनुभवों के द्वारा उसके व्यवहार में परिवर्तन होते रहते हैं। ये परिवर्तन ही अधिगम या सीखना कहलाते हैं।

उदाहरण के लिए, एक बालक का जब जलते हुए दीपक की लौ से स्पर्श होकर हाथ जल जाता है तो वह सीख लेता है कि इसको हाथ नहीं लगाना है। इस प्रकार यह अनुभव से सीखा हुआ ज्ञान हुआ। मानव अपने जन्म से मृत्यु तक कुछ-न-कुछ सीखता रहता है। सीखने का स्थान, आयु या व्यक्ति निश्चित नहीं है।

उदाहरण के लिए, एक युवक सड़क पार कर रहा है। तभी उसे एक प्रौढ़ व्यक्ति किसी अन्य असहाय व्यक्ति जो सड़क के इस ओर खड़ा है, सड़क पार करना चाहता है,

कहता कि आप इस असहाय को सड़क पार करने में मदद कीजिए। तब उस युवक को अहसास होता है और वह मदद भी कर देता है। इस प्रकार उस युवक ने 20 वर्ष की अवस्था में पाठ सीखा कि असहाय लोगों की सहायता करनी चाहिए और वह सड़क हुई उसका कक्षा कक्ष और प्रौढ़ व्यक्ति हुआ उसका शिक्षक।

सीखने की विशेषताएँ (Characteristics of Learning)

1. व्यवहार में प्रगतिशील सुधार (Progressive Change in Behaviour)–जब सीखने के द्वारा व्यवहार में प्रगतिशील सुधार होता है। वही वास्तविक अधिगम है।

2. सीखना निरन्तर है (Learning is Continuous)–यह जन्म से लेकर मृत्यु तक चलने वाली प्रक्रिया है।

3. सीखना समायोजन द्वारा प्रेरित करता है (Learning is motivated by Adjustment)–मनुष्य नए वातावरण में प्रवेश करता है, तो उसे अनुकूल समायोजन सीखना पड़ता है।

4. सीखना सर्वव्यापी है (Learning is Universal)–यह एक सार्वभौमिक क्रिया है। जानवर भी सीखते हैं। मनुष्य जल्दी सीखता है।

5. सीखना लक्ष्य केन्द्रित है (Learning is Goal Oriented)–यदि लक्ष्य स्पष्ट हो तो सीखना उद्देश्य केन्द्रित बन जाता है।

6. सीखना सक्रिय तथा रचनात्मक है (Learning is Active and Creative)–सीखने के लिए व्यक्ति को क्रिया करनी पड़ती है। इसमें ज्ञान का रचनात्मक अनुभव है।

7. सीखना व्यक्तिगत एवं सामाजिक आवश्यकताओं द्वारा उत्पन्न होने वाली क्रिया (Learning is Motivated by Personal and Social Needs)–कई बार व्यक्तिगत क्रियाएँ एवं कई बार सामाजिक आवश्यकताएँ सीखने का कारण बनती हैं।

8. सीखना स्थानांतरित क्रिया (Learning is Transferable)–इसका एक क्रिया से दूसरी क्रिया में स्थानांतरण होता है।

9. सीखना उत्पादन नहीं, प्रक्रिया है (Learning is a Process not a Product)–यह उत्पादन नहीं अपितु एक प्रक्रिया है।

सीखने की कुछ परिभाषाएँ इस प्रकार हैं (Definitions):

(1) चार्ल्स ई. स्किनर, "व्यवहार के अर्जन में उन्नति की प्रक्रिया को अधिगम कहते हैं।"

(2) गेट्स, "सीखना अनुभव द्वारा व्यवहार की शोध है।"

(3) कॉलविन, "पहले से निर्मित व्यवहार में अनुभव द्वारा हुए परिवर्तन को अधिगम कहते हैं।"

(4) जे. पी. गिलफोर्ड, "व्यवहार के कारण, व्यवहार में परिवर्तन ही अधिगम है।"

(5) क्रो एवं क्रो, "ज्ञान और अभिवृत्ति की प्राप्ति ही अधिगम है।

(6) मैकगोयक, "अधिगम व्यवहार में सापेक्षत: स्थाई परिवर्तन है जो अभ्यास के परिणामस्वरूप होता है। यह परिवर्तन दिशा विशेष में होता है, जिससे व्यक्ति की विद्यमान प्रेरक अवस्थाओं की सन्तुष्टि होती है।"

(7) हिलगार्ड, "अधिगम वह प्रक्रिया है जिसके द्वारा कोई क्रिया आरम्भ होती है या सामना की गई परिस्थिति द्वारा आरंभ होती है। इसके लिए आवश्यक है कि क्रिया के परिवर्तन की विशेषताओं, मूल प्रवृत्तियों की प्रक्रिया परिपक्वता या प्राणी की अस्थाई अवस्थाओं के आधार पर उस प्रक्रिया को समझा जा सके।"

(8) आर. एस. वुडवर्थ, "अधिगम कोई नया कार्य करने में होती है, बशर्ते नई क्रिया पुष्टियुक्त हो और कालान्तर में हुई क्रियाओं में प्रकट होती है।"

उपर्युक्त परिभाषाओं के आधार पर कहा जा सकता है कि सीखना जीवन की एक मूल प्रक्रिया है जिसमें बहुत-सा समय व्यतीत होता है और जो हमारे व्यवहार के सभी रूपों, कुशलताओं, ज्ञान के ढंगों और चालक-शक्ति को प्रभावित करती है। इसमें निम्न बातें सम्मिलित हैं :

- नए अनुभव ग्रहण करना
- नए अनुभवों को धारण करना
- क्रमवार अनुभवों का विकास
- अनुभवों का सुधार तथा नए अनुभवों की रचना
- नए तथा पुराने अनुभवों का संगठन, संयोग तथा एकीकरण

सीखने के स्वरूप के बारे में दृष्टिकोण
(Views Regarding the Nature of Learning)

***(i)* व्यवहारवादी दृष्टिकोण**–व्यवहारवादियों का विचार है कि सीखना अनुभव के परिणाम के तौर पर व्यवहार में परिवर्तन का नाम है। मनुष्य तथा दूसरे प्राणी वातावरण में प्रतिक्रिया करते हैं। बच्चा जन्म से ही अपने वातावरण से कुछ सीखने का प्रयत्न करता है।

***(ii)* गैस्टाल्ट दृष्टिकोण**–इसके अनुसार सीखना सम्पूर्ण स्थिति की सम्पूर्ण प्रक्रिया है।

***(iii)* होरमिक दृष्टिकोण**–यह दृष्टिकोण मैक्डूगल की देन है। यह सीखने के लक्ष्य-केन्द्रित स्वरूप पर जोर देता है। सीखना लक्ष्य को सामने रखकर किया जाता है।

***(iv)* प्रयत्न तथा भूल दृष्टिकोण**–यह दृष्टिकोण थॉर्नडाईक का है। उसने बिल्लियों और कुत्तों पर बहुत से प्रयोग किए और निष्कर्ष निकाला कि वे प्रयत्न तथा भूल से सीखते हैं।

***(v)* फील्ड दृष्टिकोण**–इस दृष्टिकोण का प्रतिपादन कुर्ट लेविन ने किया था। उसके अनुसार सीखना परिस्थिति का प्रत्यक्ष ज्ञानात्मक संगठन है और सीखने में अभिप्रेरणा का महत्त्वपूर्ण योगदान है।

सीखनाः प्रभावित करने वाले कारक
(Factors Affecting Learning)

सीखने के कारक

↓

वैयक्तिक कारक	कार्य कारक	विधि कारक
(Individual Factors)	(Task Factors)	(Method Factors)

(क) सीखने के वैयक्तिक कारक (Individual Factors)

1. परिपक्वता (Maturity)–सीखना परिपक्वता से सम्बन्धित है। यदि कोई व्यक्ति अमुक व्यवसाय को सीखने के लिए विशिष्ट आयु या परिपक्वता को प्राप्त कर चुका हो, तो वह बेहतर सीखेगा।

2. तत्परता (Readiness)–सीखना इस बात से प्रभावित होता है कि व्यक्ति कार्य को सीखने के लिए तत्पर है या नहीं। यदि वह तैयार होगा तो (अधिगम) सीखना अधिक होगा।

3. ध्यान एवं रुचि (Attention and Interest)–यदि सीखने वाले के मन में विशिष्ट कार्य सीखने की इच्छा है तो उसमें उसका मन लगेगा, वह रुचि लेगा और ध्यान से कार्य करेगा। फलस्वरूप अधिगम अधिक होगा।

4. मानसिक स्वास्थ्य (Mental Health)–चिन्ता, निराशा या किसी भी प्रकार तनाव बालक को मानसिक रूप से परेशान करके अधिगम को कम कर देती है।

5. भोजन एवं औषधि (Food and Medicine)–सन्तुलित एवं पौष्टिक भोजन अधिगम प्रक्रिया को बेहतर बनाती है। दूसरी ओर मादक औषधियां या अखाद्य पदार्थ सीखने को कम कर देती हैं।

6. थकान (Fatigue)–यदि कार्य के दौरान व्यक्ति थका हुआ है तो अच्छी (Performance) क्रिया नहीं हो पाती जिससे अधिगम पर नकारात्मक प्रभाव पड़ता है।

7. प्रेरणा (Motivation)– पुरस्कार या अन्य स्वरूप में अभिप्रेरक बालक के अधिगम को सफल बनाते हैं।

8. शारीरिक दोष तथा रोग (Physical Defects and Disease)–किसी भी प्रकार का शारीरिक दोष या अपंगता बालक में हीन भावना उत्पन्न कर देती है। जिससे बालक का अधिगम कम हो जाता है।

(ख) सीखने के कार्य कारक (Task Factors)

1. कार्य की कठिनता (Difficulty of Task)–यदि कार्य कठिन होगा तो बालक देर से सीखेंगे।

2. अर्थपूर्ण कार्य (Meaningful Task)–जब कार्य अर्थपूर्ण होगा तो व्यक्ति उसमें अधिक रुचि लेगा और अधिगम अधिक होगा।

3. कार्य की समानता (Similarity of Task)–समान तत्त्वों वाले दो कार्यों में व्यक्ति आसानी अनुभव करता है और तेजी से सीखता है।

4. कार्य की लम्बाई (Length of Task)–अधिक लम्बे कार्य में बालक सफलता के लिए बेचैन रहता है, और जल्दी ऊब जाता है फलस्वरूप अधिगम मन्द पड़ जाता है।

5. कार्य की रोचकता (Interesting Task)–कार्य रोचक होगा तो बालक जल्दी सीखेगा अन्यथा देर से।

(ग) विधि-कारक (Method Factors)

1. पूर्ण तथा अंश विधि (Whole and Part Method)–शोधों ने साबित कर दिया है कि अंश विधि बालक को रटने की ओर ले जाती है जबकि पूर्ण विधि के द्वारा बालक सारी सामग्री में सम्बन्ध स्थापित करता है और अधिगम बेहतर होता है।

2. अभ्यास विधि (Practice)–प्रसिद्ध कहावत है कि "अभ्यास मनुष्य को दक्ष बना

देता है''। तो आपको यह बात स्पष्ट हो गई होगी कि अभ्यास करने से सीखना अधिक होता है।

3. पड़ताल विधि (Recitation)–पड़ताल विधि द्वारा गलतियों में सुधार हो जाता है और परिणाम का ज्ञान होने से अधिगम अच्छा होता है।

4. पथ-प्रदर्शन तथा संकेत (Guidance)–पथ-प्रदर्शन करने से बालकों को राह मिल जाती है जिससे वे समय तथा शक्ति की बचत कर सकते हैं। परन्तु ध्यान रहे कि यह पथ-प्रदर्शन बालकों को दूसरों पर निर्भर रहना न सिखा दे।

5. चाह (Set)–सीखने की चाह अच्छा ध्यान पैदा करती है और अधिगम जल्दी होता है।

6. करो और सीखो (Learning by Doing)–आज शिक्षा का रूप बदल गया है। अत्यधिक निर्देशन की अपेक्षा बालक स्वयं करके जल्दी सीखता है।

7. सूझ द्वारा सीखना (Learning by Insight)–सूझ द्वारा सीखने से धारणा शक्ति दीर्घ बनती है।

8. लोकतन्त्रीय विधि (Democratic Method)–समय विभाग और सीखने का समय तथा स्वतंत्रता अधिक अधिगम की ओर ले जाती है।

9. समय पर परीक्षा (Test)–इससे बालकों को विशिष्ट क्षेत्र में अपनी न्यूनता का पता लगने पर वे अच्छा अधिगम करने का प्रयत्न करेंगे।

10. सक्रिय भाग (Active Participation)–बालक सीखने की प्रक्रिया में सक्रिय भाग लेंगे तो अधिगम अधिक होगा।

सीखने के वक्र (Learning Curves)

बालक जन्म से लेकर बड़ा होने तक विभिन्न क्रियाएँ सीखता है जैसे–तैराकी, चित्र बनाना, कार चलाना, भाषा सीखना इत्यादि। परन्तु सभी क्रियाओं को सीखने की गति एक जैसी नहीं रहती। कभी तेज कभी धीमी होती है। यदि सीखने की इस गति को ग्राफ पर अंकित करें तो एक वक्र रेखा बन जाएगी। इसी को सीखने का वक्र कहते हैं।

गेट्स व अन्य के शब्दों में, ''सीखने के वक्र–अभ्यास द्वारा सीखने की मात्रा, गति और उन्नति की सीमा का ग्राफ पर प्रदर्शन करते हैं।''

स्किनर के अनुसार, ''अधिगम का वक्र किसी दी हुई क्रिया में उन्नति या अवनति का वर्गांकित कागज पर ब्यौरा है।''

रैमर्स तथा अन्य के विचार में, ''सीखने का वक्र किसी दी हुई क्रिया की आंशिक रूप से सीखने की पद्धति है।''

इन परिभाषाओं से स्पष्ट है कि अधिगम के वक्र से प्रत्येक व्यक्ति को इस बात की पूरी-पूरी जानकारी रहती है कि किसी व्यक्ति ने किसी क्रिया को सीखने में किस प्रकार की प्रगति की है।

अधिगम वक्र–प्रकार (Types)

अधिगम वक्र का अर्थ जानने के बाद आप आवश्यक रूप से यह जान लें कि अधिगम वक्र अन्य कई तत्त्वों से प्रभावित होता है जैसे :

अधिगम वक्र

सीखने वाला — विषय — विधि

मनोवैज्ञानिकों ने अधिगम वक्रों को दो रूपों में विभक्त किया है :

ऋणात्मक उन्नति-सूचक वक्र — धनात्मक उन्नति-सूचक वक्र

(*i*) ऋणात्मक उन्नतिसूचक वक्र (Negative Curve)–इस प्रकार के वक्र में अधिगम की क्रिया में आरम्भ में अधिक प्रगति दिखाई पड़ती है, अभ्यास के बढ़ने के साथ-साथ उन्नति की गति शिथिल पड़ती जाती है। वर्गांकित कागज पर जब ऐसा चित्र उभरकर आता है तो वह ऋणात्मक उन्नतिसूचक वक्र कहलाता है।

वक्र

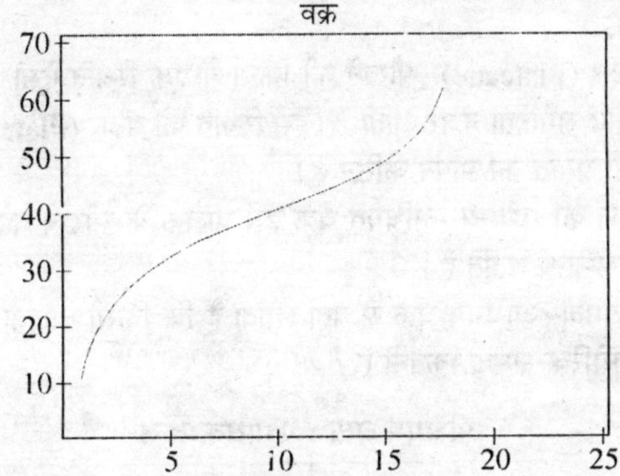

अभ्यास के दिनों की इकाई

(*ii*) धनात्मक उन्नतिसूचक वक्र (Positive Curve)--इस प्रकार के वक्र में उन्नति की गति कम होती है। बाद में उन्नति की गति में अभ्यास के साथ-साथ वृद्धि होती चली जाती है।

वक्र

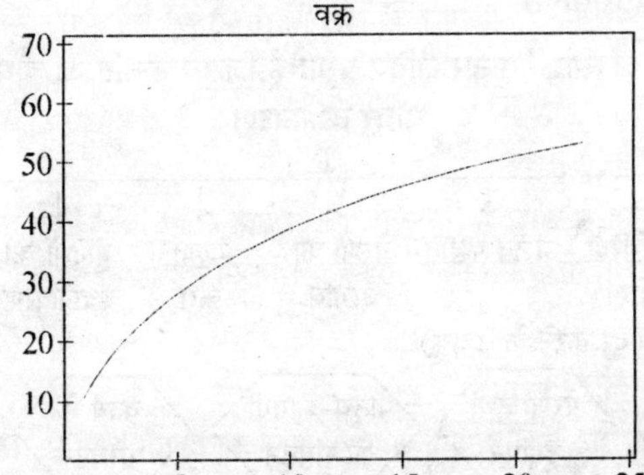

अभ्यास के दिनों की इकाई

(*iii*) अधिगम वक्र: विशेषताएँ (Characteristics)–आइए चर्चा करें कि ये अधिगम वक्र कैसे बनते हैं ? जैसा कि पहले बात कर चुके हैं कि सीखना अन्य कारकों से प्रभावित होता रहता है तो स्वाभाविक है कि इसकी गति में समानता नहीं होती। इसकी मुख्य तौर पर तीन अवस्थाएँ मानी हैं :

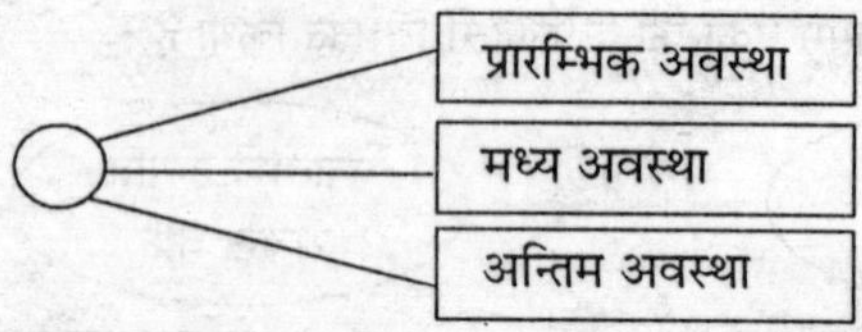

अधिगम वक्रों के बारे में निम्न विशेषताएँ उल्लेखनीय हैं :

अनियमित उन्नति–अधिगम के वक्र की गति इस प्रकार की होती है कि उसमें अनियमित उन्नति प्रकट होती है। जैसे कोई छात्र प्रारम्भ में नृत्य कला में कौशलता दिखाता है, बीच में उसे बाहर कहीं जाना पड़ जाता है तो वक्र वर्गांकित कागज पर शिथिलता प्रकट करता है।

वक्र में पठार (Plateaue)–सीखने की क्रिया में एक स्थिति ऐसी आती है जबकि सीखने की गति में समानता नज़र आती है। इस स्थिति को पठार (Plateaue) कहते हैं। इस रुकी हुई-सी प्रगति का मापन कठिन है।

कार्य-कारण का सम्बन्ध–अधिगम वक्र हमें बालक के सीखने की प्रगति में कार्य तथा कारण का सम्बन्ध बताते हैं।

शारीरिक क्षमता–अधिगम वक्र से पता लगता है कि किसी बालक में अमुक कार्य को करने की शारीरिक क्षमता कितनी है ?

अधिगम वक्र : प्रभावक तत्व

- पूर्वानुभव
- क्रिया के प्रति अपूर्व उत्साह
- पूर्वाभास
- अधिगम क्रिया का 'सरल से कठिन' सिद्धान्त पर आधारित होना

पठार कारण : निराकरण

स्किनर के अनुसार, ''पठार क्षैतिज प्रसार है जिससे उन्नति का बोध होता है।''

पठार के कारण

- अभ्यास का अभाव
- शारीरिक सीमा
- गलत पद्धति
- प्रेरणा का अभाव
- गलत क्रम
- त्रुटियों का स्थानांतरण
- सामग्री का एकांगीपन

निराकरण (दूर करने के उपाय)

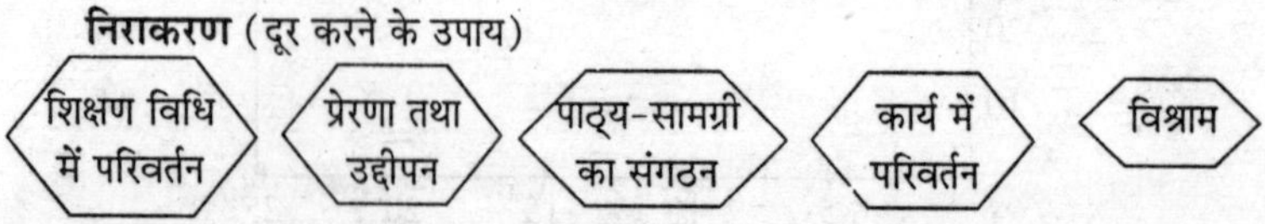

अधिगम की प्रक्रिया (Process of Learning)

व्यक्ति जन्म से लेकर मृत्यु तक सीखता रहता है। लेकिन सीखने की क्रिया के विभिन्न सोपान हैं जिनका उल्लेख इस प्रकार किया जा सकता है :

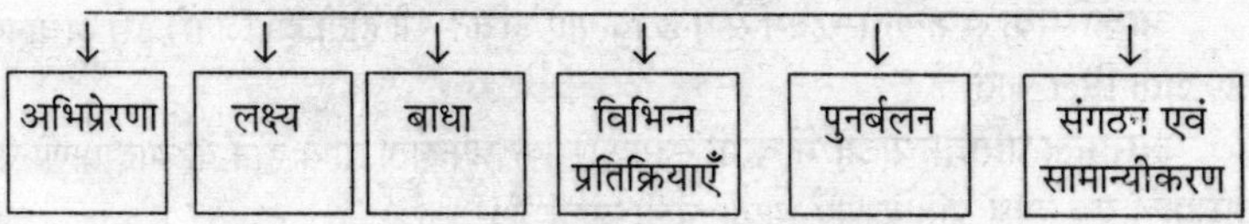

(*i*) अभिप्रेरणा (Motivation)–व्यक्ति की सभी क्रियाएँ आवश्यकता आधारित होती हैं। आवश्यकताओं की पूर्ति के लिए प्रेरक सहायक होते हैं। अभिप्रेरित होकर व्यक्ति क्रियाशील होता है।

(*ii*) लक्ष्य (Goal)–व्यक्ति की क्रिया यदि लक्ष्य निर्धारित होती है तो वह अपने लक्ष्य की प्राप्ति के लिए निश्चित दिशा में बढ़ता है।

(*iii*) बाधा (Obstacle)–जब व्यक्ति अग्रसर होता है, तो मार्ग में बाधाओं का आना स्वाभाविक है। जिससे लक्ष्य-प्राप्ति में रुकावट आ जाती है।

(*iv*) विभिन्न प्रतिक्रियाएँ (Various Responses)–अब इन बाधाओं को दूर करने के लिए व्यक्ति विभिन्न प्रकार की प्रतिक्रियाएँ करता है।

(*v*) पुनर्बलन (Reinforcement)–संभावित क्रियाओं में से जो लक्ष्य-प्राप्ति में सहायक होती हैं, उनसे सन्तोष मिलता है। जिन्हें व्यक्ति चुन लेता है और वे क्रियाएँ पुनर्बलित हो जाती हैं।

(*vi*) संगठन एवं सामान्यीकरण (Generalization)–इस अन्तिम सोपान में नए ज्ञान को पुराने ज्ञान/ क्रियाओं से जोड़ा जाता है और सम्पूर्ण ज्ञान एकीकृत हो जाता है।

अधिगम प्रक्रिया

इस प्रकार अधिगम इन सोपानों से गुजरता है जिसे निम्न चित्र से भी प्रदर्शित किया जा सकता है :

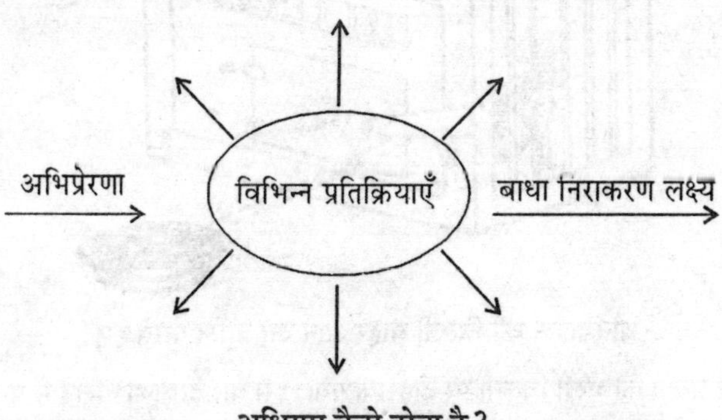

अधिगम कैसे होता है ?

'अधिगम कैसे होता है ?' इससे सम्बन्धित अनेक सिद्धान्त मनोवैज्ञानिकों ने प्रतिपादित किए हैं आइए उनमें से कुछ सिद्धान्तों की चर्चा करें :

(1) थॉर्नडाईक का प्रयास व भूल सिद्धान्त

विभिन्न प्रतिक्रियाएँ–लक्ष्य पूरा करने के लिए व्यक्ति विभिन्न प्रतिक्रियाएँ करता है, जो कि निरर्थक एवं व्यर्थ होती हैं।

आकस्मिक सफलता–इनमें से कुछ क्रियाएँ उचित-सी होती हैं। जिनसे उसे अचानक सफलता मिल जाती है।

असफल प्रतिक्रियाओं में कमी–आकस्मिक सफलता प्राप्त होने के बाद प्राणी की असफल एवं व्यर्थ प्रतिक्रियाएँ घटती चली जाती हैं।

उचित प्रतिक्रियाएँ–वह सफलता की ओर ले जानी वाली क्रियाओं को बार-बार करता है और उन्हें चुन लेता है।

लक्ष्य-प्राप्ति–अन्त में इन चुनी हुई उचित प्रतिक्रियाओं की सहायता से प्राणी लक्ष्य को प्राप्त कर लेता है और सन्तुष्टि एवं आनन्द अनुभव करता है।

थॉर्नडाईक का प्रयोग

थॉर्नडाईक ने मुर्गियों, चूहों एवं बिल्लियों पर अनेक प्रयोग किए और इनके आधार पर सीखने सम्बन्धी नियमों तथा सिद्धान्तों का निर्माण किया। इन प्राणियों को सीखने सम्बन्धी परिस्थितियों में रखा गया, उनकी प्रतिक्रियाओं का अवलोकन किया गया।

थॉर्नडाईक ने एक भूखी बिल्ली को उलझन भरे सन्दूक में रखा। सन्दूक के बाहर मछली को रख दिया गया। मछली की गंध ने भूखी बिल्ली के लिए अभिप्रेरक का काम किया। दरवाजा क्योंकि बन्द था, भूखी बिल्ली ने उछल-उछल कर इसे खोलने का हर सम्भव प्रयास किया। इन उल्टे-सीधे प्रयासों को करते हुए एक बार संयोगवश उसका पंजा लीवर पर ऐसे पड़ा कि दरवाजा खुल गया। बिल्ली ने बाहर निकलकर भूख शान्त कर ली।

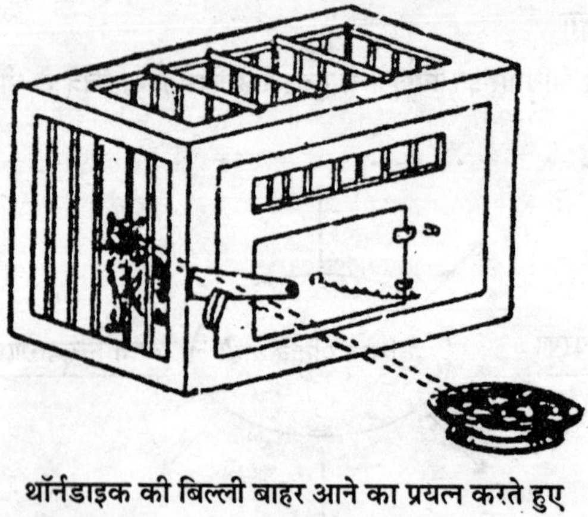

थॉर्नडाइक की बिल्ली बाहर आने का प्रयत्न करते हुए

फिर प्रयोग को भूखी बिल्ली पर दोहराया गया। इस बार दरवाजा खुलने में प्रयत्नों की संख्या कम थी। इस प्रकार प्रयत्नों की संख्या घटती रही और अन्त में एक ऐसी स्थिति आई कि बिल्ली ने बिना त्रुटि किए ही पहली बार में लीवर पर पंजा रखा और दरवाजा खोलना सीख गई।

इस प्रयोग के आधार पर निम्न निष्कर्ष निकाले :

1. चालक या अभिप्रेरक (Motive)–प्रस्तुत प्रयोग में भूख ने चालक या अभिप्रेरक का काम किया।

2. लक्ष्य (Goal)–सन्दूक से बाहर निकलकर मछली खाना।

3. बाधा (Obstacle)–दरवाजा बन्द था।

4. उल्टे-सीधे प्रयत्न (Random Efforts)–बिल्ली ने बाहर निकलने के लिए उल्टे-सीधे प्रयत्न किए।

5. संयोगवश सफलता मिलना (Chance Success)–उल्टे-सीधे प्रयासों में उसे एक बार आकस्मिक सफलता मिल गई।

6. सही प्रयत्न का चुनाव (Selection of Right Response)–उसने सही प्रयास का चुनाव सीख लिया।

7. स्थिरता (Stability)–अन्त में उसने गलत क्रियाओं को छोड़कर दरवाजा खोलने की सही विधि सीख ली। इस प्रयत्न को थॉर्नडाईक ने प्रयत्न एवं भूल विधि का नाम दिया। वे बताना चाहते थे कि लगातार अभ्यास करने से व्यक्ति की त्रुटियां कम हो जाती हैं और वह सही अनुक्रिया सीख लेता है।

सीखने के सिद्धान्त
(Principles)

प्रयास एवं भूल सिद्धान्त (Trial and Error Theory)

अमेरिकन मनोवैज्ञानिक एडवर्ड एल० थॉर्नडाईक (1874–1949) ने अधिगम के प्रयास एवं भूल सिद्धान्त का प्रतिपादन किया। इस सिद्धान्त का प्रकाशन 1913 में हुआ। इसे सम्बन्धवाद या उद्दीपक-प्रतिक्रिया सिद्धान्त भी कहते हैं।

इस सिद्धान्त के अनुसार किसी भी प्रकार की समस्या आने पर व्यक्ति उसे हल करने के लिए बिना सोचे-समझे क्रियाएँ करने लगता है, और लगातार प्रयत्न करने पर उसकी गलतियाँ कम होने लगती हैं और अन्त में एक अवस्था ऐसी आती है कि वह सही प्रयास करके लक्ष्य प्राप्त कर लेता है अर्थात् समस्या का समाधान ढूंढ लेता है।

सिद्धान्त की विशेषताएँ (Characteristics)

— निश्चित लक्ष्य

— बाधा

— विभिन्न प्रतिक्रियाएँ

— असफल प्रतिक्रियाओं में कमी

— उचित प्रतिक्रियाएँ

— लक्ष्य-प्राप्ति

निश्चित लक्ष्य (Fixed Goal)–अधिगम के लिए निश्चित लक्ष्य का होना आवश्यक है क्योंकि इससे कार्य करने की प्रेरणा बनी रहती है।

बाधा (Obstacle)–किसी भी काम के करने में बाधाएँ आती हैं और मनुष्य इन्हें दूर करके लक्ष्य प्राप्त करना चाहता है।

परिपक्वता एवं सीखना (Maturity and Learning)–सीखना और परिपक्वता ये दोनों क्रियाएँ आपस में सम्बन्धित हैं। आप इस बात से तो परिचित हैं ही कि परिपक्वता एक नैसर्गिक क्रिया है। यह मानव की अन्तर्निहित शक्तियों का विकास है।

गैसल के अनुसार, "आत्मसीमित जीवन चक्र में कार्यरत जीवाणु के समूचे प्रभाव को परिपक्वता कहते हैं।"

गेट्स और जरसिल्ड के शब्दों में, "जो वातावरण की व्यापक स्थितियों में नियमित रूप से होती रहती है या जो उत्तेजना की विशिष्ट स्थितियों जैसे प्रशिक्षण तथा अभ्यास के बिना होती रहती है।"

बिग्गी एवं हंट के अनुसार, "परिपक्वन एक विकासात्मक प्रक्रिया है जिसके अन्तर्गत एक व्यक्ति समय के साथ-साथ उन सभी विशेषताओं और गुणों को ग्रहण करता है जिनकी नींव उसके गर्भ में आने के समय ही उसकी कोशिकाओं में रखी जा चुकी है।"

इस प्रकार परिपक्वन का सम्बन्ध उन परिवर्तनों से होता है जो कि नैसर्गिक और सामान्य वृद्धि से जुड़े होते हैं। अब आप इस बात पर ध्यान दें कि जहां सीखने के लिए एक ओर तो विशिष्ट आयु का प्राप्त करना आवश्यक है, वहीं दूसरी ओर यह भी है कि केवल आयु ग्रहण करने से ही सभी अधिगम क्रियाएँ सम्भव नहीं हैं, प्रशिक्षण और अनुभव की अपनी मुख्य भूमिका है। इस सम्बन्ध को समझने के लिए आप निम्न तथ्यों को ध्यान से जान लें :

↓	↓	↓
व्यक्तिगत विभिन्नताओं का कारण केवल परिपक्वता ही नहीं बल्कि अधिगम व परिपक्वता दोनों ही हैं।	परिपक्वता उन सीमाओं को बताती है जिनके परे अच्छी शिक्षण विधियाँ भी अधिगम सम्भव नहीं कर पातीं	अधिगम एवं परिपक्वन का सम्बन्ध ही सीखने के उचित समय का निर्धारण करता है।

एक अध्यापक के लिए इन दोनों का सम्बन्ध जान लेना अति आवश्यक है। आप कह सकते हैं कि एक विशेष आयु ग्रहण करने से पहले किसी कौशल को अर्जित करना कठिन है। साथ ही सीखने की उचित आयु निकल जाने पर भी बालक को सिखाना कठिन है। अतः माता-पिता एवं अध्यापकों को परिपक्वता एवं सीखने के सम्बन्धों को जानना अति आवश्यक है।

अधिगम के नियम (Laws of Learning)

थॉर्नडाईक ने अपने प्रयोगों के आधार पर अधिगम के कुछ नियमों का प्रतिपादन किया। जिन्हें दो भागों में बाँटा जा सकता है :

- प्राथमिक नियम (Primary Laws)
  - तत्परता का नियम (Law of Readiness)
  - अभ्यास का नियम (Law of Practice)
  - प्रभाव का नियम (Law of Effect)
- द्वितीयक नियम (Secondary Laws)

प्राथमिक नियम (Primary Laws)

(1) तत्परता का नियम–इस नियम के अनुसार जो व्यक्ति सीखने के लिए तैयार रहता है, वह प्रभावशाली ढंग से सीखेगा और उसे सन्तोष प्राप्त होगा।

इस नियम का शिक्षा में लाभ इस प्रकार है :

(क) *विद्यार्थियों को प्रेरित करना*–इससे अध्यापक जान लेगा कि पाठ पढ़ाने से पहले बालकों को अभिप्रेरित किया जाए।

(ख) *रुचि उत्पन्न करना*–खेल-विधि द्वारा (विशेष रूप से छोटे बालकों में) रुचि उत्पन्न करके सिखाया जाए तो अधिगम प्रभावशाली होगा।

(2) अभ्यास का नियम–थॉर्नडाईक के अनुसार सीखने में अभ्यास का नियम प्रमुख है। किसी उद्दीपक के प्रतिक्रिया को बार-बार दोहराने से उद्दीपक और प्रतिक्रिया में सम्बन्ध स्थापित हो जाता है। अभ्यास व्यक्ति को कुशल बना देता है।

अभ्यास के नियम के अन्तर्गत दो उप-नियम हैं :

उपयोग का नियम	अनुपयोग का नियम

उपयोग के नियम के अनुसार जब कोई प्रतिक्रिया किसी परिस्थिति में बार-बार घटित होती है तो प्रतिक्रिया और परिस्थिति में सम्बन्ध स्थापित हो जाता है। अनुपयोग के नियम के अनुसार जब प्राणी किसी परिस्थिति-विशेष के प्रति एक ही प्रकार की प्रतिक्रिया नहीं करता तो उत्तेजना और प्रतिक्रिया का सम्बन्ध कमजोर हो जाता है।

शिक्षा में अभ्यास के नियम का निम्नलिखित रूप से योगदान है :

(क) अच्छी आदतों का निर्माण–इस नियम के अनुसार आप बालक में जिस आदत का निर्माण करना चाहते हैं उसका बार-बार अभ्यास करा सकते हैं। जैसे–सत्य बोलना आदि।

(ख) बुरी आदतों को दूर करना–आप अभ्यास द्वारा बालकों की बुरी आदतों को दूर करवा सकते हैं। जैसे–गृहकार्य करना।

(ग) शुद्ध उच्चारण–आप जिस बालक का उच्चारण शुद्ध करवाना चाहते हैं उसे अभ्यास दें।

(घ) लेखन में सुधार–अध्यापक अभ्यास द्वारा विद्यार्थियों के लेखन में सुधार करवा सकता है।

(ङ) कौशल विकास–अभ्यास के द्वारा, संगीत, नृत्य, टाईप, इत्यादि कौशल में भी दक्षता प्राप्त की जा सकती है।

(3) प्रभाव का नियम— इस नियम को सन्तुष्टि एवं असन्तुष्टि का नियम भी कहते हैं। सफलता व्यक्ति को सन्तुष्टि देती है और असफलता–असन्तुष्टि। इस नियम के अनुसार पुरस्कार द्वारा सीखने की क्रिया को बल मिलता है और दण्ड का विपरीत प्रभाव पड़ता है।

शिक्षा में प्रभाव के नियम का निम्नलिखित रूप से योगदान है :

(क) अच्छी आदतों व अभिवृत्तियों का निर्माण–इस नियम के द्वारा विद्यार्थियों में वांछनीय आदतों व अभिवृत्तियों का निर्माण सम्भव है।

(ख) सुखद अनुभव–अच्छे वातावरण के होने पर बालकों को अच्छा लगता है जिससे वे अधिक सीखते हैं।

(ग) नवीनता–पाठ्य-सामग्री के नवीनता प्रदान की जा सकती है।

तत्परता-नियम, अभ्यास-नियम, और (परिणाम)/प्रभाव नियम अलग-अलग नहीं हैं। ये एक-दूसरे पर आधारित हैं और एक-दूसरे से आन्तरिक रूप से सम्बन्धित भी हैं। तत्परता और संवेगात्मक प्रभाव अभ्यास पर प्रभाव डालते हैं और परिणामत: अभ्यास के संवेगात्मक प्रभाव दूसरी स्थिति में बालक की तत्परता को निश्चित करते हैं। उस बालक की अपेक्षा जो अपने पाठ को याद करने में असफल रहता है। जो बालक अपने पाठ को याद करने में सफलता प्राप्त करता है, वह अपने कार्य को पूरा करने में अनुकूल तत्परता रखता है।

सीखने के गौण नियम (Secondary Laws)

सीखने के तीन मुख्य नियमों के अतिरिक्त पाँच गौण/द्वितीयक नियम भी हैं, जो मुख्य, नियमों को विस्तार देते हैं। वे इस प्रकार हैं :

क	—	बहुप्रतिक्रिया का नियम
ख	—	मानसिक विन्यास का नियम
ग	—	अपूर्ण क्रिया का नियम
घ	—	सदृशीकरण का नियम
ङ	—	साहचर्य परिवर्तन का नियम

(क) बहुप्रतिक्रिया का नियम (Law of Multiple Response)–इस सिद्धान्त के अनुसार अनेक प्रयासों के पश्चात प्राणी एक सन्तोषजनक प्रतिक्रिया पर आ जाता है। अत: शिक्षार्थी को विस्तृत अनुभव दिए जाने चाहिए ताकि वह अपनी त्रुटियों से सीख सके।

(ख) मानसिक विन्यास का नियम (Law of Mental Set)–इसका अभिप्राय है कि सीखने वाला मानसिक रूप से तैयार है तो पढ़ाई में अधिक मन लगाएगा।

(ग) अपूर्ण क्रिया का नियम (Law of Partial Activity)–जब प्रतिक्रिया सम्पूर्ण के प्रति न होकर कुछ पक्षों के प्रति होती है।

(घ) सदृशीकरण का नियम (Law of Assimilation)–जब कोई व्यक्ति नई स्थिति का सामना करता है जिसकी तरफ उसके पास कोई प्राकृतिक प्रतिक्रिया नहीं होती है तो जो प्रतिक्रिया वह करेगा तो वह पहले की गई प्रतिक्रिया की भांति होगी। शिक्षा में यह सिद्धान्त इस प्रथियोक्ति को बल देता है कि ज्ञात से अज्ञात की ओर शिक्षण देना चाहिए।

(ङ) साहचर्य परिवर्तन का नियम (Law of Associative Shifting)–इसके अनुसार प्रतिक्रिया को ऐसे उत्तेजक से सम्बन्धित किया जाता है, जिसके प्रति वह संवेदनशील है। वास्तव में यह नियम अनुबन्धन के सिद्धान्त का औपचारिक कथन है।

पैवलॉव का शास्त्रीय अनुबन्धन का सिद्धान्त
(Pavlov's Classical Conditioning Theory)

इस सिद्धान्त को साधारण रूप में अनुबन्धन द्वारा सीखना कहा जाता है। इस सिद्धान्त का प्रतिपादन पैवलॉव और वॉटसन ने किया था। इस सिद्धान्त के अनुसार सम्बद्ध स्थिति

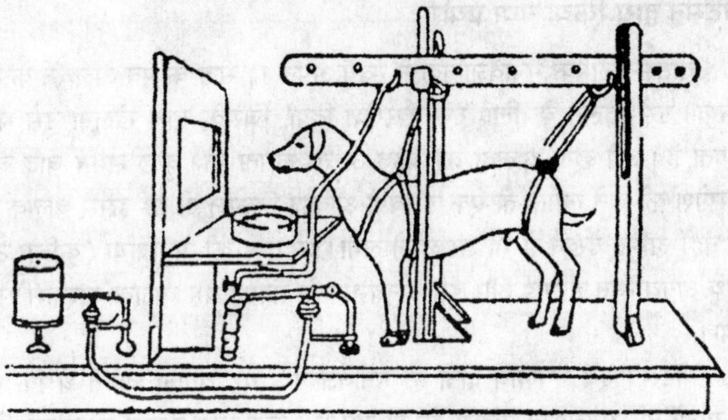

पैवलोव द्वारा किया गया एक प्रयोग

सीखने का माध्यम है। सम्बद्ध स्थिति का अर्थ है नये बनावटी उद्दीपन के प्रति वास्तविक प्रक्रिया। अनुबन्धन क्या है ? इसे समझने के लिए आइए पैवलॉव द्वारा किए गए प्रयोग को देखें :

प्रयोग—पैवलॉव द्वारा किए गए एक प्रयोग में एक कुत्ते को भूखा रखा गया और मेज के साथ बांध दिया गया। कुत्ते की लार ग्रन्थियों का आपरेशन कर दिया गया ताकि उसकी लार की बूंदों को परखनली में एकत्रित करके लार की मात्रा भी मापी जा सके। स्वत: चालित यांत्रिक उपकरणों की सहायता से कुत्ते को भोजन देने की व्यवस्था थी। एक घंटी बजाकर उसके सामने भोजन रखा गया। लार का टपकना स्वाभाविक था, ऐसा ही हुआ। इस लार को कांच नलिका द्वारा परख नली में एकत्रित किया गया। इस प्रयोग को कई बार दोहराया गया और एकत्रित लार की मात्रा मापी जाती रही।

अन्त में एक स्थिति में घन्टी बजाकर भोजन नहीं रखा गया तब भी कुत्ते के मुँह से टपकी लार की मात्रा उतनी ही थी।

इस प्रकार भोजन-सामग्री जैसे प्राकृतिक उद्दीपन के अभाव में घन्टी बजने जैसे कृत्रिम उद्दीपन के प्रभाव स्वरूप कुत्ते में लार टपकाने जैसी स्वाभाविक अनुक्रिया व्यक्त की।

इस प्रयोग में कुत्ते ने यह सीखा कि जब घंटी बजती है तब खाना मिलता है। सीखने के इसी प्रभाव के कारण घंटी बजने पर उसके मुँह से लार निकलनी प्रारम्भ हो जाती है। पैवलॉव ने इस प्रकार के सीखने को अनुबन्धन द्वारा सीखना कहा। इस प्रकार के सीखने में किसी प्राकृतिक उद्दीपन जैसे—भोजन आदि ने साथ एक कृत्रिम उद्दीपन जैसे घंटी की ध्वनि आदि प्रस्तुत किया जाता है।

कुछ समय बाद जब प्राकृतिक उद्दीपन को हटा लिया जाता है। तो यह देखा जाता है कि कृत्रिम उद्दीपन से भी वही अनुक्रिया होती है जो प्राकृतिक उद्दीपन से होती है। इस प्रकार अनुक्रिया कृत्रिम उद्दीपन के साथ अनुबन्धित हो जाती है।

वॉटसन द्वारा किया गया प्रयोग

वॉटसन नामक मनोवैज्ञानिक ने स्वयं अपने 11 माह के पुत्र अलबर्ट के साथ प्रयोग किया। उसे खेलने के लिए एक खरगोश दिया, जिसके साथ खेलना उसे बहुत अच्छा लगता है। उसे छूना बालक को बहुत अच्छा लगता था। कुछ समय बाद जब भी वह खरगोश को छूने लगता तो एक डरावनी आवाज़ निकाल दी गई इससे बालक को छूने से ही नहीं अपितु देखने से भी डर लगने लगा। इस तरह की अनुक्रिया (कृत्रिम उद्दीपन) के साथ अनुबन्धित हो गई और इस अनुबन्धन के कारण वह बालक खरगोश से डरने लग गया।

वॉटसन एवं पैवलॉव दोनों ही मनोवैज्ञानिक यह बताना चाहते थे कि सीखने की क्रियाओं को अनुबन्धन प्रक्रिया के माध्यम से अच्छी तरह समझा जा सकता है।

अनुबन्धन प्रक्रिया सम्बन्धित नियम

↓	↓	↓	↓	↓
समय सिद्धांत	तीव्रता का सिद्धांत	एकरूपता का सिद्धांत	पुनरावृत्ति का सिद्धांत	व्यवधान का सिद्धांत

1. समय सिद्धांत (Time Principle)—इस सिद्धांत के अनुसार सीखने में उत्तेजकों के मध्य समय का अन्तराल एक महत्वपूर्ण कारक है। दोनों उद्दीपनों के मध्य अन्तराल जितना अधिक होगा, उद्दीपनों का प्रभाव भी उतना ही कम होगा। एक उद्दीपन के प्रति अनुक्रिया समाप्त होने से पहले ही दूसरा उद्दीपन प्रस्तुत कर देना चाहिए। पेवलॉव के प्रयोग में इसलिए पहले घण्टी बजाई गई उसके बाद खाना दिया गया।

2. तीव्रता का सिद्धांत (Principle of Intensity)—इस सिद्धांत के अनुसार कृत्रिम उद्दीपक का सशक्त होना आवश्यक है अन्यथा सीखने वाला नए उद्दीपक के प्रति ध्यान नहीं देगा। पैवलॉव के प्रयोग में यदि कुत्ते को भोजन घण्टी बजने से पहले ही दे दिया जाता तो कुत्ता घण्टी की आवाज़ पर कोई ध्यान नहीं देता।

3. एकरूपता का सिद्धांत (Principle of Consistency)—इस सिद्धांत के अनुसार अनुबन्धन की क्रिया उसी स्थिति में दृढ़ होती है जब एक ही प्रयोग को बार-बार बहुत दिनों तक दोहराया जाए। उदाहरणार्थ वॉटसन के प्रयोग में बालक को खरगोश से डराने का अनुबन्धन किया गया और वह भविष्य में यहाँ तक डरने लगा कि उसे प्रत्येक सफेद रोयेदार वस्तु से डर लगने लगा तो अब यदि भविष्य में इस अनुबन्धन के सामान्यीकरण की सत्यता की जाँच करनी पड़े तो बालक के सम्मुख सफेद रोयेदार वस्तु ही प्रस्तुत की जाए न कि काले चूहे जैसी।

4. पुनरावृत्ति का सिद्धांत (Principle of Repitition)—क्रिया के बार-बार दोहराने पर वह व्यक्ति के स्वभाव का अंग बन जाती है। अतः सीखने के लिए आवश्यक है कि दोनों उद्दीपक साथ-साथ बहुत बार प्रस्तुत किए जाएं।

5. व्यवधान का सिद्धांत (Principle of Inhibition)—इस नियम के अनुसार अनुबन्धन की स्थापना के लिए यह आवश्यक है कि वातावरण शांत एवं नियंत्रित होना

चाहिए। यदि कोई ध्यान बांटने वाला कारक भी होगा तो अनुक्रिया अनुबन्धन में व्यवधान होगा। इसलिए पैवलॉव ने कुत्ते पर प्रयोग एक शांत कमरे में किया।

प्रयोगों द्वारा प्राप्त कुछ महत्वपूर्ण निष्कर्ष निम्नलिखित हैं:—

1. उद्दीपक की तीव्रता
2. पुनर्बलन
3. उत्तेजनाओं में समानता
4. विलोप
5. स्वत: पुर्नस्थापन
6. अवरोध
7. सामान्यीकरण
8. विभेदीकरण

अनुबन्धन सिद्धांत का शैक्षिक महत्त्व (Educational Implications of the Theory)

1. अच्छी आदतें विकसित करना (Developing Good Habits)— यह सिद्धांत साहचर्य पर बल देता है। इस सिद्धांत की सहायता से विद्यार्थियों में सामाजिक भावना, अनुशासनप्रियता तथा अच्छी आदतों आदि का विकास किया जा सकता है। साथ ही बुरी आदतों को भी दूर किया जा सकता है।

2. विद्यार्थियों को अभिप्रेरित करना (To Motivate the Students)— इस सिद्धांत की सहायता से विद्यार्थियों को सीखने एवं पढ़ने के लिए अभिप्रेरित किया जा सकता है। पुरस्कार देकर उन्हें सीखने के लिए प्रेरित किया जा सकता है।

3. दोहराना एवं अनुबन्धन (Repitition and conditioning)—यह सिद्धांत अनुबन्धन पर बल देता है। किसी कार्य को बार-बार दोहराने से अधिगम प्रभावशाली होता है।

4. अनुशासन में सहायक (Helpful in Discipline)—इस सिद्धांत की सहायता से बालकों को अनुशासन में रहने की आदत सिखाई जा सकती है।

5. भय को दूर करना (Elimination of Fear)—इस सिद्धांत की सहायता से बालकों में भय को दूर किया जा सकता है। जैसे किसी बालक को गणित विषय से अधिक डर लगता है तो उसे आसान कार्य देकर उसके गणित विषय से भय को दूर किया जा सकता है।

6. भाषा सीखने में सहायक (Helpful in Language Learning)— अनुबन्धन की सहायता से बालकों को भाषा का ज्ञान कराना सरल हो जाता है। यह सिद्धांत सहचार्य पर आधारित है सुलेख भी सिखाया जा सकता है। अच्छे कार्य पर उन्हें पुरस्कार भी दिया जाना चाहिए।

7. अन्धविश्वासों को दूर करना (Elimination of Superstitions)—इस सिद्धांत की सहायता से बालकों में व्याप्त अन्धविश्वासों को दूर किया जा सकता है। जैसे कोई

सोचता है कि बिल्ली के रास्ता काटने से अपशकुन होता है तो जानबूझ कर उसके रास्ते से बिल्ली गुजर जाने पर उसे सुखद समाचार दिया जाए। तो कई बार ऐसा करने से उसका यह अन्धविश्वास दूर हो जाएगा।

अन्तर्दृष्टि द्वारा सीखना (Insight Learning Theory)

अन्तर्दृष्टि अथवा सूझ के सिद्धान्त का प्रतिपादन गेस्टाल्टवादियों ने किया था। इसलिए इस सिद्धान्त को गेस्टाल्ट–सिद्धान्त भी कहते हैं। वर्दीमर, कोहलर और कोफका नामक मनोवैज्ञानिकों का नाम इस सिद्धान्त के प्रतिपादन में अग्रणी है।

गेस्टाल्ट का अर्थ है पूर्णाकार। कोहलर ने इस बात पर बल दिया है कि सब कुछ अन्तर्दृष्टि द्वारा सीखा जाता है। अन्तर्दृष्टि का अर्थ है–समस्या के समाधान को गहाराई में देखना। प्रो. वुडवर्थ के शब्दों में, अन्तर्दृष्टि का अर्थ है अच्छा निरीक्षण, स्थिति को पूर्ण इकाई के रूप में समझना या स्थिति के उन भागों को समझना जो लक्ष्य प्राप्ति का मार्ग दिखाते हैं।'' अन्तर्दृष्टि द्वारा सीखने की विधि में 'संपूर्ण इकाई' का उसके अंगों की अपेक्षा अधिक महत्त्व होता है। विभिन्न अंगों के सार्थक गठन में व्यक्ति विभिन्न नियमों का प्रयोग करता है :

***(i)* समानता का नियम**–रूप, आकार, रंग, आकृति आदि में समता सार्थक गठन में सहायक होती है।

***(ii)* निकटता का नियम**–एक–दूसरे के निकट वस्तुएं भी सार्थक गठन में सहायक होती हैं।

***(iii)* निरंतरता का नियम**–अच्छी निरन्तरता से सार्थक गठन में सहायता मिलती है।

सार्थक गठन, ''अन्तर्दृष्टि' से उत्पन्न करता है और स्थिति को एक सम्पूर्ण इकाई के रूप में समझने की योग्यता प्रदान करता है।

कोहलर द्वारा किया गया प्रयोग

प्रयोग 1. कोहलर ने चिम्पैन्जी जिसका नाम सुल्तान था, पर प्रयोग किए। पहली अवस्था में सुल्तान को एक पिंजरे में रखा गया और केलों का एक गुच्छा छत से लटका दिया गया। चिम्पैन्जी के पास दो बक्से रखे गए। उसने देखा कि एक सन्दूक पर चढ़कर केले का गुच्छा प्राप्त नहीं किया जा सकता था। उसने सम्पूर्ण स्थिति का जायजा लिया, उछल–कूद नहीं मचाई, अपितु दूसरे बक्से को पहले के ऊपर रखा और अपने मनोरथ में हासिल हो गया। इस प्रकार सूझ द्वारा उसने समस्या का हल खोज लिया।

प्रयोग 2. चिम्पैन्जी को एक पिंजरे में रखा गया और पिंजरे में दो छड़ियाँ रखी गई। केले पिंजरे के बाहर रखे गए। छड़ियाँ इस प्रकार की थीं कि उनके सिरे जोड़े जा सकते थे। पहले चिम्पैन्जी ने एक छड़ी की सहायता से पिंजरे के बाहर पेड़ केले प्राप्त करने की कोशिश की परन्तु सफल न हो सका। अन्त में उसने छड़ियों को जोड़कर केले प्राप्त कर लिये और इसमें उसकी सूझ का हाथ था।

चिम्पैंजी पर कोहलर का प्रयोग

इस सिद्धान्त द्वारा सीखने की आवश्यकताएँ

सम्पूर्ण इकाई का बोध—अन्तर्दृष्टि द्वारा सीखने के लिए स्थिति का सम्पूर्ण इकाई के रूप में बोध करना अत्यन्त आवश्यक है।

स्पष्ट लक्ष्य—लक्ष्य आरम्भ में ही स्पष्ट होना चाहिए।

इस सिद्धान्त का महत्त्व या शिक्षा में उपयोगिता

1. एकीकृत पाठ्यक्रम—श्रेणी का पाठ्यक्रम एकीकृत हो तो अधिगम अधिक होगा।

2. प्रेरणा पर जोर—यह सिद्धान्त प्रेरणा पर जोर देता है इसलिए अध्यापक को सूझ की विधि से सीखने पर जोर देना चाहिए।

3. स्थानांतरण पर जोर –यह सिद्धान्त स्थानांतरण के महत्त्व पर जोर देता है।

4. कठिन विषयों के लिए लाभदायक–यह सिद्धान्त विज्ञान तथा गणित जैसे कठिन विषयों के लिए लाभदायक है।

5. वैज्ञानिक खोजों के लिए लाभदायक–यह सिद्धान्त वैज्ञानिक खोजों तथा आविष्कारों के लिए बहुत लाभदायक है।

6. बच्चा सम्पूर्ण रूप में–माता-पिता और अध्यापकों को बच्चों को सम्पूर्ण रूप में देखना चाहिए।

बौद्धिक शक्तियों के विकास में सहायता

यह सिद्धान्त कल्पना, तर्क, तथा विचार-शक्ति को विकसित करने में सहायता देता है। इसके साथ-साथ यह रचनात्मक तथा मौलिक गुणों का पोषण करता है।

सिद्धान्त की सीमाएँ (Limitations)

1. प्रयास और भूल का प्रयोग सम्मिलित–इस सिद्धान्त में कहीं-न-कहीं प्रयास एवं भूल भी सम्मिलित होता है। अन्तर्दृष्टि वास्तव में प्रयास और भूल का अन्तिम चरण है।

2. बच्चों और पशुओं का सीखना–यह सिद्धान्त पशुओं और बच्चों पर लागू नहीं होता क्योंकि वे प्रयास और भूल विधि से सीखते हैं।

3. सामान्यीकरण की शक्ति–सीखने वाले में विभेदीकरण की शक्ति के साथ-साथ सामान्यीकरण की भी शक्ति होनी चाहिए।

4. समाधान सहसा सूझना–अन्तर्दृष्टि में समाधान सहसा सूझ जाता है। इसमें लम्बे चिन्तन की आवश्यकता नहीं है।

5. वस्तुओं का नया रूप–अन्तर्दृष्टि के परिणामस्वरूप समस्या या स्थिति से सम्बन्धित वस्तुएं नए रूप में दिखाई देने लगती हैं।

6. स्थानांतरण–अन्तर्दृष्टि के परिणामस्वरूप सीखने का स्थानांतरण भी हो सकता है। एक स्थिति में सीखी हुई बात का दूसरी स्थिति में प्रयोग किया जा सकता है।

7. व्यवहार में परिवर्तन–अन्तर्दृष्टि द्वारा सीखी गई बात से हमारे व्यवहार में परिवर्तन हो जाता है।

क्रिया-प्रसूत अधिगम सिद्धान्त (Operant Conditioning Theory)

सीखने के सिद्धान्तों का प्रतिपादन करने में बी. एफ. स्किनर ने विशेष योगदान दिया है। स्किनर ने दो प्रकार की क्रियाओं पर प्रकाश डाला। क्रिया प्रसूत एवं उद्दीपन प्रसूत। जो क्रियाएँ उद्दीपन के द्वारा होती हैं वे उद्दीपन आधारित होती हैं। क्रिया-प्रसूत का सम्बन्ध उत्तेजना से होता है।

प्रयोग–स्किनर ने सीखने के क्षेत्र में अनेक प्रयोग करते हुए यह निष्कर्ष निकाला कि अभिप्रेरणा से उत्पन्न क्रियाशीलता ही सीखने के लिए उत्तरदायी है।

Skinner's Box

स्किनर ने चूहों तथा कबूतरों पर प्रयोग करके यह निष्कर्ष निकाला कि प्राणियों में दो प्रकार के व्यवहार पाए जाते हैं–अनुक्रिया और क्रिया-प्रसूत। अनुक्रिया का सम्बन्ध उत्तेजना से होता है और क्रिया-प्रसूत का सम्बन्ध किसी ज्ञात उद्दीपन से नहीं होता। क्रिया-प्रसूत की केवल अनुक्रिया की दर से मापा जा सकता है।

स्किनर ने चूहों पर प्रयोग किए। उसने लीवर वाला बक्सा बनवाया। लीवर पर चूहे का पैर पड़ते ही खट् की आवाज होती थी। इस ध्वनि को सुन चूहा आगे बढ़ता और उसे प्याले में भोजन मिलता। यह भोजन चूहे के लिए प्रबलन का कार्य करता। चूहा भूखा होने पर प्रणोदित होता और लीवर को दबाता। इस प्रयोग से निष्कर्ष इस प्रकार निकले :

- लीवर दबाने की क्रिया चूहे के लिए सरल हो गई।
- लीवर बार-बार दबाया जाता, अतः निरीक्षण सख्त हो गया।
- लीवर दबाने में अन्य क्रिया निहित नहीं थी।
- लीवर दबाने की क्रिया का आभास हो जाता था।

अर्थात् "यदि किसी क्रिया के बाद कोई बल प्रदान करने वाला उद्दीपन मिलता है तो उस क्रिया की शक्ति में वृद्धि हो जाती है।

operant = क्रिया-प्रसूत Reinforcement = प्रबलन
Stimulus = उद्दीपन-प्रसूत

स्किनर के सिद्धान्त का शैक्षिक महत्त्व

(1) इस सिद्धान्त का उपयोग बालक के व्यवहार में अपेक्षित परिवर्तन लाने में अच्छी तरह से किया जा सकता है। जैसे ही अपेक्षित व्यवहार की ओर बच्चे के कदम पड़े, तुरन्त ही उपयुक्त पुनर्बलन द्वारा इस व्यवहार को प्रोत्साहित किया जाना चाहिए। बालक के सही और उचित कार्य का प्रबलन प्रशंसा या पुरस्कार देकर किया जाना चाहिए।

(2) इस सिद्धान्त के अनुसार पुनर्बलन (पुरस्कार) देने में देर कर दी जाय तो प्रभाव कम हो जाता है।

(3)जटिल कार्यों के सिखाने में भी यह सिद्धान्त उपयोगी है। वर्तनी एवं उच्चारण जैसी क्रियाएँ सीखने में भी यह सिद्धान्त उपयोगी है।

(4) इस सिद्धान्त के अनुसार अनुक्रिया की उपयुक्तता एवं कार्य की सफलता अभिप्रेरणा का सबसे अच्छा स्रोत है।

(5) इस सिद्धान्त के अनुसार अधिगम में अधिक-से-अधिक सफलता तभी मिल सकती है जबकि सीखने की सामग्री को इस प्रकार आयोजित किया जाए कि सीखने वाले को अधिक-से-अधिक सफलता मिले और कम-से-कम असफलता का सामना करना पड़े।

(6) व्यक्तित्व के समुचित विकास के लिए भी इस सिद्धान्त का प्रयोग किया जा सकता है। जिसे आप व्यक्तित्व कहते हैं वह और कुछ नहीं बल्कि समय-समय पर प्राप्त उन पुनर्बलनों का परिणाम है जिससे किसी का व्यवहार एक निश्चित ढांचे में ढल जाता है।

(7) मानसिक रूप से अस्वस्थ बालकों के प्रशिक्षण के लिए भी यह सिद्धान्त लाभकारी है।

(8) यह सिद्धान्त अभ्यास और पुनरावृत्ति पर बल देता है। अत: शिक्षक को चाहिए कि वह इन दोनों नियमों को व्यवहार में लाकर शिक्षण-अधिगम प्रक्रिया को प्रभावी बनाये।

(9) इस सिद्धान्त के अनुसार दण्ड से न तो वांछित व्यवहार सिखाया जा सकता है और न अवांछित व्यवहार को छुड़ाया जा सकता है।

दक्षता पूर्ण अधिगम प्रतिमान
(Mastery Learning Model of Learning)

दक्षतापूर्ण अधिगम / स्वामित्व अधिगम का शाब्दिक अर्थ होता है अधिगम पर पूर्ण रूप से अधिकार कर लेना या जितना अधिगम किया जाए उसका पूरी तरह से स्वामी (Master) बन बैठना। जो कुछ भी पढ़ाया जाय वह सम्पूर्ण रूप से बालक की समझ में आ जाए, वह उसको अच्छी तरह धारण करके उपयोग में ला सकें।

पढ़ाई गई साम्रगी का शत-प्रतिशत अधिगम हो जाए, इस बात को ध्यान में रख कर जिस शिक्षण-अधिगम प्रारूप को जन्म दिया, उसे ही आज हम स्वामित्व अधिगम के नाम से जानते हैं। इस सन्दर्भ में प्रमुख रूप से मोरीसन, ब्रुनर, केरोल तथा ब्लूम का नाम उल्लेखनीय है। ब्लूम ने 1971 में अपने अनुसंधानों द्वारा यह निष्कर्ष निकाला कि किन्हीं निश्चित अनुदेशनात्मक उद्देश्यों की प्राप्ति के लिए प्रदान की गई अनुदेशनात्मक साम्रगी का लगभग 95 प्रतिशत भाग किसी कक्ष समूह के लगभग 95 प्रतिशत बालकों द्वारा पूर्ण रूप से स्वामित्व स्तर तक अच्छी प्रकार ग्रहण किया जा सकता है बशर्ते कि

(*i*) अनुदेशन का कार्य नियमित एवं नियोजित ढंग से किया जाए।

(*ii*) विद्यार्थियों की प्रगति का समय-समय पर मूल्यांकन किया जाए और आवश्यकतानुसार कठिनाईयों का निवारण किया जाए।

(*iii*) उन्हें अधिगम साम्रगी पर स्वामित्व स्तर तक पूरा अधिकार स्थापित करने हेतु पर्याप्त समय दिया जाएं।

आप कह सकते है कि ब्लूम द्वारा वर्णित इस प्रकार के शिक्षण-अधिगम प्रारूप में किसी अध्यापक द्वारा अपनी कक्षा विशेष के बालकों को स्वामित्व स्तर पर अधिगम करने हेतु निम्न बातों का मुख्य रूप से ध्यान रखा जाता है :

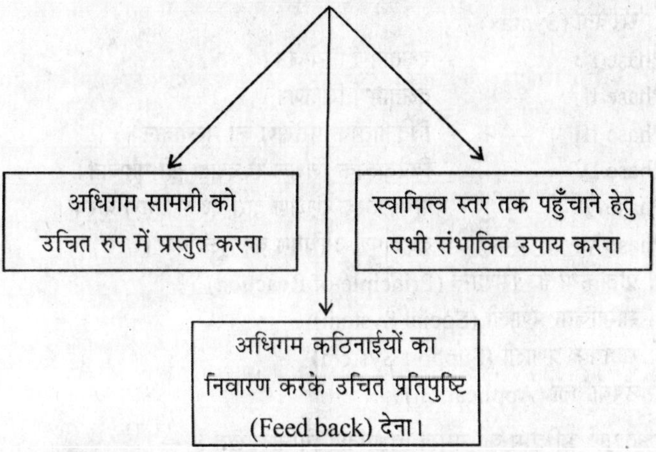

"स्वामित्व अधिगम, शिक्षण प्रणाली की वह प्रणाली (Systems) उपागम (Approach), प्रारूप (Pattern) या व्यूह रचना (Strategy) है जिससे भली-भाँति नियोजित अधिगम सामग्री को व्यक्तिगत रुप से किसी एक विद्यार्थी अथवा कक्षा के सभी विद्यार्थियों के सामने इस प्रकार प्रस्तुत किया जाता है तथा समय समय पर उनका मूल्यांकन करके उन्हें इस प्रकार प्रतिपुष्टि प्रदान करते हुए अधिगम पथ पर आगे बढ़ाने के लिए इतना पर्याप्त समय और अवसर दिया जाता है कि व उस अधिगम सामग्री के लिए पूर्व निर्धारित स्वामित्व स्तर तक व्यक्तिगत तथा सामूहिक रूप से पहुँच पाने में पूरी तरह सक्षम बन सकें।"

इस प्रतिमान की निम्नलिखित परिकल्पनाएँ हैं—

(*i*) इसके प्रयोग से छात्र सरल, सुविधाजनक व आत्मविश्वास के साथ अधिगम करते हैं।

(*ii*) इस प्रतिमान की सहायता से सफल अधिगम के लिए शिक्षक को पर्याप्त समय तथा उपयोगी अनुदेशनात्मक व्यूह रचनाओं का उपयोग करना चाहिए।

(*iii*) विशिष्ट अनुदेशनात्मक उद्देश्यों को पूर्व रूप से निर्धारित करना चाहिए।

(*iv*) पर्याप्त समय लगाना सफल अधिगम की कुंजी है।

(*v*) जब तक छात्र एक इकाई संबंधी अधिगम पूर्णत: अर्जित नहीं कर लेते तब तक अगले इकाई अधिगम की ओर अग्रसर नहीं होना चाहिए।

(*vi*) इस प्रतिमान में विद्यार्थियों की प्रकृति और आवश्यकताओं को समझा जाता है।

(*vii*) विषय सामग्री के प्रस्तुतीकरण के समय छात्रों की आवश्यकताओं और योग्यताओं को ध्यान में रखकर अधिगम सामग्री का उचित विधियों और व्यूह रचनाओं की सहायता से विकसित करना चाहिए।

(*viii*) छात्रों को पृष्ठ पोषण प्रदान करते समय निदानात्मक परीक्षण प्रयोग में लाए जाते हैं।

इस प्रतिमान के संबधित प्रमुख तत्व निम्नलिखित हैं—

1. उद्देश्य (Focus)

2. संरचना (Syntax)

Phase I	—	दक्षतापूर्ण नियोजन।
Phase II	—	दक्षतापूर्ण शिक्षण।
Phase III	—	विदानात्मक परीक्षण का मूल्यांकन।
Phase IV	—	विनेदात्मक शिक्षण से दक्षता की पहचान।
Phase V	—	सुधारात्मक शिक्षण द्वारा दक्षता ग्रहण करना।
Phase VI	—	दक्षतापूर्ण अधिगम का मूल्यांकन।

3. प्रतिक्रिया का सिद्धान्त (Principle of Reaction)
4. सामाजिक प्रणाली (Social System)
5. सहायक प्रणाली (Support System)
6. उपयोगिता (Application)

दक्षतापूर्ण अधिगम की प्रमुख विशेषताएँ निम्नलिखित हैं—

1. ये शिक्षण प्रतिमान शिक्षक के लिए मार्गदर्शन प्रदान करता है, जिससे छात्र दक्षतापूर्ण सीखते हैं।
2. ये प्रतिमान इकाई शिक्षण के पाठ नियोजन, क्रियान्वयन और परीक्षण के क्षेत्र में अध्यापक की जिम्मेदारी की व्याख्या करता है।
3. ये शिक्षण प्रतिमान, दक्षतापूर्ण अधिगम के लिए शिक्षण व्यूह रचनाएँ और शिक्षण युक्तियों का प्रयोग करके शिक्षण उद्देश्य अर्जित करने में योगदान देता है।
4. छात्रों में वांछनीय व्यवहारिक परिवर्तन लाने के लिए यह प्रतिमान एक व्यवस्थित प्रक्रिया माना जाता है।
5. ये शिक्षक को अनुदेशनात्मक सामग्री और विधियों के चयन में मार्गदर्शन कराता है।
6. इससे इकाई शिक्षण के उद्देश्यों की अनुभूति की जाती है।
7. ये छात्रों को व्यवहारात्मक परिणामों का विशिष्टीकरण करते हैं।
8. ये उचित वातावरण का विकास करते हैं जिससे छात्र, सटीक अनुक्रिया के योग्य बनते हैं।
9. शिक्षण के इस प्रतिमान द्वारा सीखे गए विषय वस्तु संबंधी अनुभव वास्तविक, व्यवस्थित और उद्देश्यपरक होते हैं।
10. छात्र और शिक्षक को उचित और वाँछनीय अन्त: क्रिया करने का अवसर प्राप्त होता है। शोध कार्यकर्ताओं के लिए सुझाव (Suggestions for Research Workers)

अत्यधिक लाभ के लिए, अध्यापन मॉडल, शोधक अध्यापक तथा शोधकर्ताओं के लिए नि:सन्देह एक नया क्षेत्र है। भारतीय कक्षाओं के लिए उपयुक्त मॉडल बनाने की आवश्यकता है। एन० सी० ई० आर० टी० ने अन्य विश्वविद्यालयों के सहयोग से इस क्षेत्र में शोधकार्यों की शुरुआत कर रखी है। इन्दौर, मैसूर आदि स्थानों पर आयोजित कार्यशाला में इस उद्देश्य से अनेक अध्यापक-शिक्षक प्रशिक्षित किए जा चुके हैं। कुछ और अध्ययन

इस क्षेत्र में किये जा रहे हैं। परन्तु अनेक माडॅल पर अभी उत्साह के साथ अधिक कार्य करने की आवश्यकता है।

आज आवश्यकता है कि बालक की योग्यताओं व्यवहारों और मूल्यों के विकास पर अधिक बल दिया जाए। मूल्यांकन भी उचित होना चाहिए।

जिसके लिए विशिष्ट तकनीकों जैसे—पर्यवेक्षण सूचियों (Observation), अंक के प्रतिमानों (Rating Scales), साक्षात्कारों आदि तकनीकों का प्रयोग किया जाना चाहिए।

शिक्षण उद्देश्यों, स्तरों, छात्रों की क्षमताओं, उनके अनुभवों, विषय वस्तु की प्रकृति आदि सभी पक्षों को ध्यान में रखते हुए सीखने-सिखाने की कार्य विधि को शिक्षण की व्यूह-रचना कहते हैं।

शिक्षण विधि में कार्य तथा प्रस्तुतीकरण को महत्व दिया जाता है जबकि शिक्षण व्यूह रचना में व्यवहारों तथा सम्बन्धों को, शिक्षण विधि में सम्पूर्ण को, शिक्षण व्यूह रचना में (माइक्रो) सूक्ष्म को महत्त्व दिया जाता है। शिक्षण व्यूह रचना के उद्देश्य समुचित अधिगम परिस्थितियों का निर्माण करना होता है जबकि शिक्षण विधि का लक्ष्य प्रभावी प्रस्तुतीकरण करना होता है। शिक्षण विधि में परिधि की सहायता ली जाती है। शिक्षण व्यूह रचना में युक्तियों की सहायता लेते हैं। प्रविधियों का चयन पाठ्यवस्तु की प्रकृति पर आधारित होता है जबकि युक्तियों का चयन अधिगम स्वरूपों पर।

बी. ओ. स्मिथ ने कहा है कि व्यूह रचना कार्यों के स्वरूप को व्यक्त करता है। यह कार्य निर्गत को प्राप्त करते हैं तथा कुछ अन्य कार्यों से रक्षा करते हैं। शिक्षणव्यूह रचना में शिक्षण के समस्त पहलुओं (पाठ्यवस्तु, उद्देश्य, छात्रस्तर, रुचि, योग्यता अधिगम, अनुभव) आदि पर ध्यान दिया जाता है। शिक्षण व्यूह रचना के विकास के लिए जो क्रियाएँ शिक्षक करता है उन्हें शिक्षण युक्तियाँ कहते हैं।

शिक्षण व्यूह रचना के प्रकार—

शिक्षक सामान्यतया विभिन्न शिक्षण विधियों एवं सहायक सामग्री की मदद से छात्रों में अपेक्षित व्यवहार परिवर्तन लाना चाहता है। किन्तु शिक्षण विधियों द्वारा छात्रों की समस्त क्षमताओं का विकास नहीं हो पाता है फलत: छात्र निष्पत्तियों में न्यूनता देखने को मिलती है। इसकी पूर्ति के लिए शिक्षण व्यूह रचनाओं का सहारा लेना पड़ता है। जैसे—व्याख्यान, वाद-विवाद, अन्वेषण, ह्यूरिस्टिक पाठ प्रदर्शन, अनुवर्ग समूह (tutorial), प्रश्नोत्तर, योजना, समीक्षा, गृहकार्य, भूमि अनुकरण, कम्प्यूटर अनुदेशन, मस्तिष्क विप्लव (Brain Stormy) स्वतंत्र अध्ययन, नेतृत्वहीन समूह, संवेदनशील प्रशिक्षण, सिस्टम एप्रोच।

व्यूह रचना करते समय निम्न तत्वों का ध्यान रखा जाना चाहिए—

1. गत्यात्मक शिक्षण विधियों का चुनाव।
2. आत्म अनुशासन व सामाजिक अनुशासन को प्रोत्साहन।
3. समुचित वातावरण का निर्माण किया जाए।
4. प्रयोगात्मक अभिवृत्ति को बढ़ावा देना।
5. मूल्यांकन की नई प्रणाली का प्रयोग।

अनुबन्धन, प्रयास एवं त्रुटि तथा अन्तर्दृष्टि सिद्धान्तों की तुलना

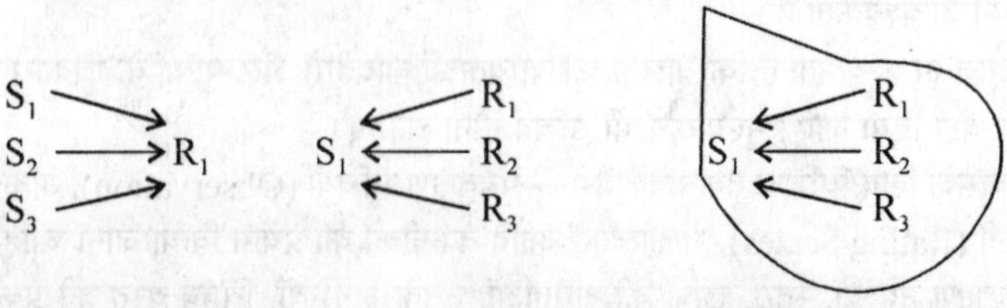

(अ) अनुबन्धन (ब) प्रयास एवं त्रुटि (स) अन्तर्दृष्टि

चित्र (अ) में, R_1 एक प्रतिक्रिया है जो $S_1S_2S_3$.... उत्तेजकों के प्रतिक्रियास्वरूप होती है। S_1 पहले ही पर्याप्त होता है। (प्राणी के विकास के कारण अथवा पहले के अनुबन्धन के कारण)R_2 प्रतिक्रिया प्राप्त करने के लिए। अगली बार जब S_2 उत्तेजक जो पहले R_1 के लिए पर्याप्त नहीं थे, प्राणी को प्रदान किए जाते हैं तो R_1 के होने की प्रवृत्ति हो जाती है। इस प्रकार एक व्यक्ति एक दी हुई प्रतिक्रिया एक विस्तृत उत्तेजकों या S_3 उत्तेजक जो पहले R_1 के लिए पर्याप्त नहीं थे प्राणी को प्रदान किए जाते हैं तो R_2 के होने की प्रवृत्ति हो जाती है। इस प्रकार एक व्यक्ति एक दी हुई प्रतिक्रिया एक विस्तृत उत्तेजकों के क्षेत्र के प्रति करना सीख लेता है। चित्र (ब) में व्यक्ति एक उत्तेजक S_1 के सम्पर्क में आता है जिसके लिए उसके पास कोई पर्याप्त अथवा आदानात्मक प्रतिक्रिया तुरन्त नहीं होती है। यह अनेक प्रयास R_1 R_2 R_3 इत्यादि करके प्रत्येक प्रयास के परिणामस्वरूप एक वांछित प्रतिक्रिया खोज निकालता है।

चित्र (स) की अन्तर्दृष्टि स्थिति मूल रूप से प्रयास एवं त्रुटि स्थिति से विभिन्न नहीं है। अन्तर यह है कि सीखने वाला सम्पूर्ण स्थिति के अर्थ का प्रत्यक्षीकरण करता है। इससे पहले कि वह कोई प्रतिक्रिया करे। इसी कारण चित्र में एक आकृति के अन्दर S_1 तथा R_1 इत्यादि को दिखाया गया है। अन्तर्दृष्टि स्थिति में व्यक्ति मानसिक पूर्वानुमान R_1 R_2 R_3 इत्यादि S_1 के प्रति बना लेता है और वह अपने अनुमान के अनुसार उपर्युक्त प्रतिक्रिया बिना व्यक्त प्रयासों के बना लेता है।

अधिगम स्थानांतरण का अर्थ

सीखने की प्रक्रिया एक गतिशील प्रक्रिया है। शिक्षा के लक्ष्यों अथवा प्रयोजनों को चाहे जिस प्रकार व्यक्त किया जाए वे सभी मूलत: विद्यालयों में प्राप्त किए गए ज्ञान को जीवन के विभिन्न क्षेत्रों में प्रयोग कर सकने की योग्यता पर बल देते हैं। यदि व्यक्ति अपने गत अनुभवों को नवीन परिस्थितियों में कुशलतापूर्वक प्रयोग नहीं कर सकना है, तो अनुभव प्राप्त करने अथवा सीखने के समस्त उद्देश्य निष्फल हो जाते हैं। प्रत्येक विषय के शिक्षण के पीछे यह संकल्पना बनी रहती है कि इसके ज्ञान का उपयोग छात्र अन्य विषयों के अध्ययन अथवा जीवन की अन्य परिस्थितियों में अवश्य करेंगे जैसे, अंकगणित के ज्ञान का प्रयोग व्यापार में, गणित का प्रयोग भौतिक-शास्त्र में, नागरिक-शास्त्र, समाज-शास्त्र तथा अर्थशास्त्र का प्रयोग जीवन की सामाजिक समस्याओं के समाधान में, स्वास्थ्य शिक्षा के ज्ञान का प्रयोग अपना स्वास्थ्य ठीक रखने में कर सकने की अपेक्षा सभी छात्रों से की

जाती है। एक परिस्थिति में सीखा हुआ कार्य दूसरी परिस्थिति में सहायक होता है और यह सीखने की प्रक्रिया जीवन भर चलती रहती है। अत: आप कह सकते हैं कि एक परिस्थिति में प्राप्त किए गए ज्ञान को किसी अन्य नवीन परिस्थिति में अनुप्रयोग कर सकना ही अधिगम अन्तरण/स्थानांतरण है।

कुछ मुख्य परिभाषाएँ निम्न प्रकार हैं :

1. **बिगेल** के अनुसार, "अधिगम का स्थानांतरण तब होता है जब एक व्यक्ति का एक स्थिति में अधिगम उसकी दूसरी स्थिति में अधिगम तथा कार्य को प्रभावित करे।"

2. **कालेस्निक** के अनुसार, "प्रारम्भिक परिस्थिति में अर्जित ज्ञान, कौशल, आदतें, अभिवृत्ति या अन्य अनुक्रियाओं को दूसरी परिस्थिति में प्रयोग कर सकना ही स्थानांतरण है।

3. **क्रो तथा क्रो,** "एक अधिगम क्षेत्र से प्राप्त चिंतन की आदतें, अनुभव या ज्ञान की कार्य-क्षमता या कौशल का दूसरे क्षेत्र में प्रयोग कर सकना ही अधिगम अन्तरण कहलाता है।"

4. **सोरेनसन,** "व्यक्ति अन्तरण के द्वारा उसी सीमा तक सीखता है जिस तक एक परिस्थिति से अर्जित योग्यताएँ दूसरी में सहायता देती है।"

स्थानान्तरण के प्रकार (Types of Transfer)

अधिगम स्थानान्तरण तीन प्रकार का होता है।

सकारात्मक स्थानान्तरण — नकारात्मक स्थानान्तरण — शून्य स्थानान्तरण

1. सकारात्मक स्थानान्तरण (Positive Transfer)—जब एक परिस्थिति में या एक विषय में सीखा गया ज्ञान किसी नवीन परिस्थिति या विषय को सीखने में सहायता करता है तो उसे सकारात्मक स्थानान्तरण कहते हैं। जैसे जो व्यक्ति साइकिल चलाना सीख जाता है उसे स्कूटर चलाना भी आसानी से आ जाएगा।

2. नकारात्मक स्थानांतरण (Nagative Transfer)—जब एक परिस्थिति में सीखा गया ज्ञान नवीन ज्ञान सीखने में बाधा उत्पन्न करता है तो उसे नकारात्मक स्थानान्तरण कहते हैं। उदाहरणार्थ–यदि किसी अमेरिकन को, जिसने जीवन भर (बायें तरफ ड्राईविंग सीट)के नियम से गाड़ी चलाई हो उसे भारत में आ कर (दायें तरफ ड्राईविंग सीट)के नियम से गाड़ी चलानी पड़े तो उसे कठिनाई होगी।

3. शून्य स्थानान्तरण (Zero Transfer)—जब एक कार्य का प्रशिक्षण दूसरे कार्य को सीखने में न तो सहायता ही करे और न ही बाधा उत्पन्न करे तो इस प्रकार के अधिगम को शून्य स्थानान्तरण कहते हैं। जैसे भूगोल का ज्ञान भौतिक शास्त्र सीखने में न सहायता करता है न कठिन बनाता है।

अधिगम के स्थानांतरण के सिद्धान्त

1. औपचारिक तथा मानसिक अनुशासन का सिद्धान्त–गेट्स तथा अन्य के अनुसार यह सिद्धान्त की मानसिक शक्तियों के प्राचीन सिद्धान्त पर आधारित है जिसके अनुसार बच्चे का मन बहुत से स्वतन्त्र प्रभावों तथा शिक्षा के लक्ष्यों अथवा प्रयोजनों को चाहे जिस प्रकार व्यक्त किया जाय, वे सभी इस बात पर बल देते हैं कि प्राप्त किए गए ज्ञान को व्यावहारिक जीवन में उतारा जाए। पिछले अनुभवों को नवीन परिस्थितियों में

प्रयोग करके आगे बढ़ना ही सारी शिक्षण-अधिगम प्रक्रिया का उद्देश्य है। जैसे अंकगणित का प्रयोग व्यापार में, नागरिक शास्त्र का सामाजिक समस्याओं के समाधान में इत्यादि।

आप यह समझ लीजिए कि एक परिस्थिति में प्राप्त किए गए ज्ञान को किसी अन्य नवीन परिस्थिति में अनुप्रयोग कर सकना ही अधिगम स्थानांतरण है।

स्मरण-शक्ति, कल्पना, विचार, तर्क, स्वभाव तथा निर्णय का बना होता है। ये प्रस्ताव सामान्य प्रकृति के होते हैं अर्थात् यदि एक बच्चे की स्मरण-शक्ति अच्छी है तो वह प्रत्येक चीज़ को स्मरण कर सकता है। इन शक्तियों को समग्र रूप से प्रशिक्षित किया जा सकता है। इस सिद्धान्त के अनुसार विभिन्न विषयों के अध्यापन से मस्तिष्क की विभिन्न शक्तियों को विकसित किया जा सकता है। इस प्रकार मानसिक शक्तियों का प्रत्यक्ष स्थानांतरण होता है।

परन्तु आलोचक वर्ग के अनुसार आधुनिक पाठ्यक्रम मानसिक शक्तियों पर आधारित नहीं बल्कि इसका आधार विषयों की सामाजिक तथा क्रियात्मक परिस्थितियों के मूल्य हैं। इस समय बहुत-सी योग्यताएँ तथा कुशलताएँ प्रत्यक्ष तौर पर दिखाई देती हैं। पर वे स्थानांतरण द्वारा अप्रत्यक्ष तौर पर नहीं दिखाई जा सकती जैसा कि तर्क, स्मरण तथा ध्यान जैसी शक्तियों का सर्वांगीण विकास।

2. समरूप तत्त्वों का सिद्धान्त–इसके प्रतिपादक थॉर्नडाईक के अनुसार प्रशिक्षण का स्थानांतरण दो परिस्थितियों के साझे तत्त्वों पर निर्भर करता है। किसी विशेष विषय का अध्ययन किसी और विषय के अध्यापन में सहायक हो सकती है तथा स्थानांतरण दो स्थितियों के समानरूपी होने के अनुपात में होता है। समरूपी तत्त्वों का सिद्धान्त ध्यान, एकाग्रता या स्वभाव में सुधार नहीं बल्कि कौशलों, विधियों तथा दृष्टिकोण में सुधार है।

3. सामान्यीकरण का सिद्धान्त–इस सिद्धान्त के प्रतिपादक जुड के अनुसार परिस्थिति के अनुभव को सामान्यीकरण कर दूसरी स्थिति पर लगाया जा सकता है उसने इस सिद्धान्त की व्याख्या करने के लिए दो प्रयोग किए।

प्रयोग–जुड ने यह प्रयोग 1908 में किया। बच्चों के दो समूह बनाकर, पानी के बीच निशान को बरछी से छेदने को कहा गया। पहले दल को प्रत्यावर्तन के नियम का पूरा ज्ञान दिया गया और दूसरे दल को कोई प्रशिक्षण नहीं दिया गया। जिस दल को प्रत्यावर्तन के नियम का ज्ञान था उसने निशाना सफलतापूर्वक लगाया। इससे आप कह सकते हैं कि सामान्यीकरण की समझ स्थानांतरण के प्रभावों को समझने में सहायक होती है।

4. स्किनर के विचार–उनके अनुसार केवल मौखिक सूचना को अधिगम के स्थानांतरण के लिए प्रयोग नहीं किया जा सकता जब तक कि एक व्यक्ति इसे व्यावहारिक हालात में प्रयोग करने के योग्य नहीं होता तथा उस व्यक्ति की इन तथ्यों के बारे में प्रयोग करने की जानकारी, तथ्यों की जानकारी के समानुपात न हो। दूसरे में यदि किसी भी अधिगम तथ्य के प्रति कुछ पूर्वाग्रह हैं तो ऐसे हालात में किसी दूसरे ज्ञान को प्राप्त करने में यह अधिगम कोई सहायता प्रदान नहीं करेगा। तृतीय वैज्ञानिक रुचि हमें ज्ञान संग्रह में तो सहायता करती है परन्तु ज्ञान के स्थानांतरण में इससे कोई सहायता नहीं मिलती। आप इस बात से यह निष्कर्ष निकाल सकते हैं कि स्थानांतरण के लिए केवल ज्ञान या वैज्ञानिक रुचि ही पर्याप्त नहीं। इसे व्यावहारिक दशाओं में प्रयोग करना भी आवश्यक है।

5. सैंडीफोर्ड सिद्धान्त–सैन्डीफोर्ड के अनुसार, थॉर्नडाईक तथा जुड के सिद्धान्तों में कोई आधारभूत अन्तर नहीं है क्योंकि दोनों में ही तत्त्वों की समरूपता के कारण स्थानांतरण संभव है।

6. बैंगले के आदर्शों का सिद्धान्त–बैंगले के इस सिद्धान्त के अनुसार– आदर्श सामान्यीकरण से गहरे होते हैं इसलिए आदर्श स्थानांतरण का आधार है। जैसे–अच्छी आदतें, ज्ञान की जिज्ञासा, रुचि, ध्यान आदि आदर्शों को एक विषय से दूसरे विषय में प्रयोग किया जा सकता है।

7. आकार तथा खाका सिद्धान्त–यह सिद्धान्त समरूपी तत्त्वों के सिद्धान्त का खण्डन करता है और इस बात पर जोर देता है कि कार्य का अर्थपूर्ण होना अधिगम के स्थानांतरण में सहायक होता है। यदि सम्पूर्ण परिस्थिति को समझा जाए तो स्थानांतरण बेहतर होगा।

अंत में कहा जा सकता है कि सारे सिद्धान्त एक–दूसरे के पूरक हैं।

प्रशिक्षण के स्थानांतरण पर प्रभाव डालने वाले कारक

1. अधिगमकर्ता की सप्रत्यत्नशीलता (Learner's Efforts)—यदि अधिगमकर्ता इच्छुक होगा तो वह प्रयत्न करता रहेगा, फलस्वरूप स्थानांतरण अधिक होगा।

2. सीखने वाले की शैक्षिक योग्यता (Learner's Educational Ability)—सीखने वाले का ज्ञान और शैक्षिक योग्यता जितने अधिक होते हैं उतनी ही अधिक उसमें स्थानांतरण की क्षमता होती है। रटे हुए ज्ञान का स्थानान्तरण नहीं होता है। वास्तव में समझा और सीखा हुआ ज्ञान ही स्थानांतरित होता है।

3. सीखने वाले की सामान्य बुद्धि (Learner's General Intelligence)—अधिगम स्थानान्तरण और सामान्य बुद्धि का सकारात्मक सम्बन्ध है। गैरेट के शब्दों में, "हाई स्कूल में अध्ययन करने वाले सामान्य बुद्धि के सर्वश्रेष्ठ छात्रों में निम्नतम सामान्य बुद्धि के छात्रों की अपेक्षा स्थानान्तरण करने की योग्यता 20 गुना अधिक होती है।"

4. समान विषय वस्तु (Identical Subject Matter)—यदि विषय वस्तु में समानता है तो स्थानान्तरण अधिक होता है। जैसे गणित का ज्ञान भौतिक विज्ञान के अध्ययन में योगदान देता है। भाटिया का कथन कितना सत्य प्रतीत होता है, "यदि दो विषय पूर्ण रूप से समान हैं तो 100 प्रतिशत स्थानान्तरण हो सकता है। यदि विषय बिल्कुल भिन्न है तो सम्भव है कि तनिक भी स्थानान्तरण न हो।"

5. समान अध्ययन विधियाँ (Identical Teaching Methods)—समान अध्ययन विधियाँ भी अधिगम स्थानान्तरण को सम्भव बनाती हैं। जो छात्र विज्ञान का अध्ययन करते समय तथ्यों की खोज, प्रमाणों के संकलन और परिणामों की जाँच करने की विधियों का प्रयोग करता है, वह इतिहास का अध्ययन करते समय अपने इस ज्ञान का स्थानान्तरण अवश्य करेगा।

6. सीखने वाले की सामान्यीकरण करने की योग्यता (Learner's Ability to Generalize)—जिस व्यक्ति में सामान्यीकरण की योग्यता होगी वह अधिगम स्थानान्तरण भी अधिक कर सकेगा। क्योंकि अध्येता अपने कार्यों एवं अनुभवों में ज्ञान का सामान्यीकरण

करेगा और अधिक सीख पाएगा। रायबर्न के अनुसार, "स्थानान्तरण उसी सीमा तक होता है, जिस सीमा तक सामान्यीकरण किया जाता है।"

7. विषय के प्रति मनोवृत्ति (Attitude)—किसी विषय को सीखने में यदि आपकी धनात्मक मनोवृत्ति है तो अन्तरण अधिक होगा और यदि ऋणात्मक मनोवृत्ति है तो अन्तरण बहुत कम होगा। इस प्रकार आप ध्यान रखें कि मनोवृत्ति का अन्तरण पर विशेष प्रभाव पड़ता है।

8. स्थानान्तरण में प्रशिक्षण (Training in Transfer)—आप यह अच्छी प्रकार जान लें कि प्रशिक्षण से अन्तरण की क्षमता को बढ़ाया जा सकता है। अत: किसी विषय में जितना अधिक अभ्यास कराया जाएगा उसमें अन्तरण भी उतना ही अधिक होगा। उदाहरणार्थ— यदि बालकों को यथासम्भव अच्छी बातों का महत्त्व बताया जाता है तो वे अपने जीवन में इन गुणों का परिचय देने लगते हैं।

अधिगम स्थानान्तरण में अध्यापक की भूमिका (Role of Teacher in Transfer of Learning)

1. शिक्षण तथा अन्तिम परीक्षण लेने की स्थितियों मे समानता को अधिक से अधिक बढ़ावा दें (Maximize the Similarity between Teaching and the Ultimate Testing Situation)—शिक्षक को चाहिए कि वह ऐसी दशाओं के अन्तर्गत शिक्षण दे जो कि अन्तिम परीक्षण परिस्थितियों के समान हो। इस सिद्धांत का प्रयोग करने के लिए शिक्षक को अपने आप से यह प्रश्न करना चाहिए कि वह अपने विद्यार्थियों को क्या ज्ञान देना चाहता है उसके अनुरूप ही शिक्षण दे और उसका परीक्षण करे।

2. मूल कार्य के सन्दर्भ में पर्याप्त अनुभव प्रदान करे (Provide Adequate Experience with the Original Task)—जब मूल कार्य पर विस्तारपूर्वक अभ्यास दिया जाता है तो वह सकारात्मक अधिगम अन्तरण की सम्भावना को बढ़ा देता है जबकि कम अभ्यास, कम अन्तरण और कभी-कभी नकारात्मक अधिगम अन्तरण को प्रस्तुत करता है।

3. जब संप्रत्यय या नियम का शिक्षण दिया जाए तो अनेक प्रकार के उदाहरण दिए जाएं (Provide for a Variety of Examples when Teaching Concepts and Principles)—जब संप्रत्यय सम्बन्धी अनेक उदाहरण दिए जाते हैं तो वे विद्यार्थियों के अवबोधन को दृढ़ कर देते हैं जिसके कारण उनका इस संप्रत्यय का प्रयोग एक नई स्थिति में करने की सम्भावना बढ़ जाती है। इसके साथ ही साथ ऐसे उदाहरण भी दिए जाएं जिनमें वह संप्रत्यय नहीं होता है, भ्रामक परिस्थितियों एवं अस्पष्टता में भी अन्तरण स्पष्ट रूप से स्थापित हो जाता है।

4. एक कार्य की मुख्य विशेषताओं की पहचान कर लें अथवा उनको नामपत्रित कर दें (Identify or Label Important Features of a Task)—एक कार्य की मुख्य विशेषताओं का पता उसको नामपत्रित करके लगाया जा सकता है। इससे अगले कार्य को आसानी से सीखा जा सकता है। जैसे Big और Dig दो शब्द सिखाने के लिए इन शब्दों के अर्थों में विभिन्नता की पहचान करने में सहायता दी जाए।

5. इससे पहले कि अधिगमांतरण की आशा करें, यह पता लगा लें कि सामान्य सिद्धांत समझ लिए गए हैं (Make sure that General Principles are Understood before Expecting much Transfer)—यह आवश्यक है कि विद्यार्थियों को सामान्य सिद्धांत समझ आ गए हों तभी उनसे अधिगम अन्तरण की आशा की जा सकती है।

अधिगमांतरण के कुछ नियम जो शिक्षक के लिए उपयोगी हैं—

1. कार्य में समानता
2. उत्तेजक समानता
3. प्रतिक्रिया समानता
4. सन्धियुक्त उत्तेजित-प्रतिक्रिया विविधता
5. सीखने के लिए सीखना
6. प्रारम्भिक कार्य सीखना
7. सूझ
8. कार्यों के बीच में मध्यांतर
9. सतेज होना
10. कार्य तथा उत्तेजक विविधता
11. द्विपक्षीय अंतरण
12. अवबोधन तथा अन्तरण
13. मूल कार्य पर अभ्यास की मात्रा
14. समूह सीखना

अन्त में कहा जा सकता है कि अध्यापक को बालकों का स्थान सदैव विद्यालय तथा विद्यालय के बाहर की समस्याओं या अनुभवों के बीच में दिग्दर्शित करना चाहिए। अर्थ समझना और उसका उपयोगी सामान्यीकरण बालकों की शिक्षा के आवश्यक अंग होने चाहिए। बालकों को वर्तमान तथा भविष्य के बारे में विचार करने के लिए सहायता देनी चाहिए, जिससे विद्यालयी जीवन के बाद जब वे वास्तविक जीवन में पदार्पण करें तो वह स्वयं को उन परिस्थितियों में व्यवस्थापित कर लें, जो उनके सामने हैं।

सीखने में अभिप्रेरणा का महत्त्व

सीखने में अभिप्रेरणा का महत्त्व बताने से पहले आइए चर्चा करें कि अभिप्रेरणा क्या है, सीखने से इसका क्या सम्बन्ध है?

स्किनर के शब्दों में, ''प्रेरणा सीखने के लिए राजमार्ग है।''

प्रेरणा शब्द लैटिन भाषा के मोटम शब्द से निकला है जिसका अर्थ है, मूव, या मोशन अर्थात गति। सीखने की प्रक्रिया में अभिप्रेरणा का महत्त्व इतना अधिक है कि इसे 'सीखने का हृदय', सीखने की सुनहरी सड़क, तथा सीखने का प्रमुख कारक का नाम दिया है।

मेल्टन ने तो अभिप्रेरणा को सीखने के लिए एक आवश्यक शर्त बताया है।

वुडवर्थ के शब्दों में, ''अभिप्रेरणा व्यक्ति की वह दशा है जो किसी निश्चित उद्देश्य की प्राप्ति के लिए निश्चित व्यवहार को स्पष्ट करती है।''

गिलफोर्ड, ''अभिप्रेरणा एक कोई भी विशेष आन्तरिक कारक अथवा दशा है जो क्रिया को आरम्भ करने अथवा बनाए रखने में प्रवृत्त होती है।''

अभिप्रेरणा की अनुपस्थिति में व्यक्ति कोई भी कार्य नहीं करता। अब बात आती है कि कोई भी व्यक्ति कोई विशिष्ट कार्य क्यों करता है? उत्तर है उसकी आवश्यकता।

अभिप्रेरणा चक्र (Motivation Cycle)

अभिप्रेरणा एक प्रक्रिया है और इसका चक्र चलता रहता है। व्यक्ति जो भी क्रियाएँ करता है, किसी-न-किसी लक्ष्य की प्राप्ति की दिशा में होता है।

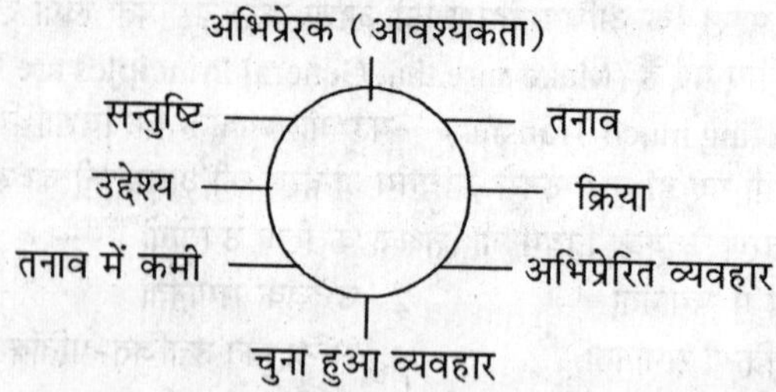

सर्वप्रथम किसी आवश्यकता से व्यक्ति में प्रेरणा उत्पन्न होती है। जिसकी पूर्ति न होने पर उसे तनाव अनुभव होता है। फिर वह लक्ष्य-पूर्ति के लिए क्रियाएँ करता है जो क्रियाएँ उसे लक्ष्य की पूर्ति करने में सहायक होती है वह उनका चुनाव कर लेता है। तब लक्ष्य प्राप्त होने पर उसका तनाव कम हो जाता है, और वह सन्तुष्टि अनुभव करता है। तभी उसकी एक और आवश्यकता जन्म ले लेती है फिर वह लक्ष्य निर्धारित करके वही प्रक्रिया दोहराता है। इस प्रकार अभिप्रेरणा का यह चक्र चलता रहता है।

सीखने में अभिप्रेरणा का महत्त्व

यदि बालक को सही रूप में अभिप्रेरित किया जाए तो वह जीवन के उच्च आदर्शों एवं गुणों को प्राप्त करने में सफल हो जाता है। यदि बालक सीखने के लिए तैयार नहीं है तो अच्छी शिक्षण-विधियाँ भी प्रभावहीन हो जाती हैं। प्रत्येक मनुष्य जो किसी लक्ष्य की ओर अग्रसर है, उसकी तमाम क्रियाओं में प्रेरणा एक महत्त्वपूर्ण योगदान दे सकती है।

मर्सेल के शब्दों में, ''प्रेरणा यह तय करती है कि व्यक्ति कितना सही सीखेगा तथा कितने समय तक सीखेगा। निम्नलिखित तथ्यों के आधार पर आप अधिगम में अभिप्रेरणा का उल्लेख कर सकते हैं :

1. व्यवहार को नियन्त्रित करना (Regulation Behaviour)–यूँ तो बालक कुछ-न-कुछ क्रियाएँ करता रहता है। जिनमें से कुछ अवांछनीय भी हो सकती हैं। प्रशंसा, निन्दा, दण्ड, पुरस्कार आदि कृत्रिम प्रेरकों का प्रयोग करके उसकी अवांछनीय क्रियाओं का लोप एवं वांछनीय को पुनर्बलन दिया जा सकता है। इस प्रकार अभिप्रेरणा से बालक का व्यवहार नियन्त्रित किया जा सकता है।

2. मानसिक विकास में सहायक (Helpful in Mental Development)–प्रेरकों द्वारा छात्रों को अधिक ज्ञान अर्जन के लिए प्रेरित किया जा सकता है। जिससे उनका मानसिक विकास सम्भव हो सकता है। वह पुरस्कार पाने की चाह में अधिक-से-अधिक प्रश्नों को हल करने का प्रयत्न करेगा। निःसन्देह इस प्रकार बालकों का मानसिक विकास अधिक होगा।

3. अभिप्रेरणा अधिगम में रुचि उत्पन्न करने में सहायक होती है (Motivation helps in Creating Interest in Learning)—अभिप्रेरणा की सहायता से बालक की सीखने में रुचि उत्पन्न की जा सकती है। बालक जिस काम को कर रहा है, उसे उसके लिए प्रेरित किया जाए तो वह बेहतरी की ओर भी अग्रसर होगा।

क्रो एवं क्रो के शब्दों में, ''अभिप्रेरणा सीखने में रुचि उत्पन्न करने के साथ सम्बन्धित है और इस रूप में इसे सीखने की आधार भूमि कहा जा सकता है।''

4. अभिप्रेरणा ध्यान केन्द्रित करने में सहायक होती है (Motivation helps in Keeping Attention)—अभिप्रेरित व्यवहार बालक को अधिगम प्रक्रिया में ध्यान केन्द्रित करने में सहायता करता है और फलस्वरूप अधिगम और अधिक स्थायी होता है।

5. अभिप्रेरणा लक्ष्यों और उद्देश्यों को निश्चित करने में सहायक होती है (Motivation helps in the Definiteness of Aims and Objec-tives)—लक्ष्य और उद्देश्यों का स्पष्ट ज्ञान सीखने वाले को सीखने के लिए उचित दिशा, उचित प्रयोजन तथा उचित इच्छा शक्ति प्रदान करता है। यदि सीखने वाले को उद्देश्य स्पष्ट होंगे तो वह निश्चित कार्य को बेहतर रूप में करेगा।

6. अभिप्रेरणा बालक को सीखने के लिए तैयार करती है (Motivation Helps in Making the Child Ready to Learn)—अभिप्रेरणा को सीखने की पहली सीढ़ी कहा गया है। अभिप्रेरित व्यवहार बालक को सीखने के लिए तैयार करती है और उसकी यह तत्परता अधिगम को प्रभावशाली बनाती है।

अभिप्रेरणा के प्रकार (Types of Motivation)

अभिप्रेरणा को मुख्य रूप से दो वर्गों में बाँटा जा सकता है:—

प्राकृतिक अभिप्रेरणा या आन्तरिक अभिप्रेरणा (Natural Motivation or Intrinsic Motivation)	अप्राकृतिक अभिप्रेरणा या बाह्य अभिप्रेरणा (Unnatural Motivation or Extrinsic Motivation)

1. प्राकृतिक या आन्तरिक अभिप्रेरणा (Natural or Intrinsic Motivation)—यह अभिप्रेरणा प्रत्यक्ष रूप से व्यक्ति की प्राकृतिक इच्छाओं, आवश्यकताओं और प्रवृत्तियों के साथ सम्बन्धित होती है। आन्तरिक रूप से अभिप्रेरित व्यक्ति किसी काम को करता है तो उसे प्रसन्नता मिलती है। क्योंकि अमुक कार्य करने में उसे अच्छा लगता है। इस प्रकार की अभिप्रेरणा का सीखने में अत्यधिक योगदान है क्योंकि इससे स्वाभाविक रुचि उत्पन्न होती है और अन्त तक बनी रहती है।

2. अप्राकृतिक या बाह्य अभिप्रेरणा (Unnatural or Extrinsic Motivation)—इस प्रकार की अभिप्रेरणा में आनन्द का स्रोत कार्य में निहित नहीं होता। इसमें व्यक्ति मानसिक प्रसन्नता प्राप्त करने के लिए काम नहीं करता अपितु कोई लक्ष्य प्राप्त करने के लिए बाहरी पुरस्कार आदि से प्रेरित होकर काम करता है। अधिगम के क्षेत्र में आन्तरिक अभिप्रेरणा बाह्य अभिप्रेरणा की तुलना में अधिक लाभदायक है। इस बारे में प्रेसी, रॉबिन्सन एवं हॉरक्स के अनुसार, ''अधिगम विधि के रूप में अन्तर्निहित अभिप्रेरणा, बाह्य अभिप्रेरणा से अधिक उत्तम व श्रेष्ठतर है।''

विद्यार्थियों को सीखने के लिए अभिप्रेरित करना (How to Motivate the Students to Learn)

1. लक्ष्यों को निर्धारित करना (Setting of Goals)—सीखने में लक्ष्यों के निर्धारण का विशेष महत्त्व है। लक्ष्य की स्पष्टता से छात्र उचित दिशा में आगे बढ़ते हैं। अध्यापक को छात्रों की लक्ष्य निर्धारण में सहायता करनी चाहिए जिससे कि उन्हें प्राप्त किया जा सके।

2. बाल केन्द्रित शिक्षा (Child Centered Education)—आधुनिक समय में बाल केन्द्रित शिक्षा पर बल दिया जाना चाहिए। विद्यार्थियों को उनकी योग्यताओं, विशेषताओं व क्षमताओं के अनुसार सिखाना चाहिए तथा उनकी शारीरिक, बौद्धिक, सामाजिक और संवेगात्मक आवश्यकताओं के अनुसार शिक्षा के प्रबन्ध करने चाहिए।

3. उचित पाठ्यक्रम (Appropriate Curriculum)—पाठ्यक्रम विद्यार्थियों की आवश्यकतानुसार होना चाहिए तथा यह जीवन से सम्बन्धित होना चाहिए। जब उन्हें यह आभास हो कि पाठ्यक्रम का जीवन से सम्बन्ध है तो वे सीखने के लिए अभिप्रेरित होते हैं।

4. प्रभावशाली शिक्षण विधियाँ (Effective Teaching Methods)— प्रभावशाली शिक्षण विधियों का प्रयोग किया जाना चाहिए जैसे इकाई विधि, खेल विधि, भाषण विधि, कथन विधि, वाद-विवाद विधि, समस्या विधि, प्रोजेक्ट विधि आदि। ये मनोवैज्ञानिक विधियाँ प्रयोग की जाए तो बालक अभिप्रेरित होते हैं।

5. दृश्य-श्रव्य सामग्री का प्रयोग (Use of Audio-Visual Aids)— दृश्य-श्रव्य सामग्री का प्रयोग किया जाए तो बालक ऊबते नहीं हैं और उन्हें सीखने के लिए अधिक इच्छा होती है जिससे उन्हें अभिप्रेरणा मिलती है।

6. पुरस्कार व दण्ड (Rewards and Punishment)—पुरस्कार व दण्ड सीखने के सशक्त साधन है। उचित पुरस्कार देकर बालकों को अभिप्रेरित किया जा सकता है। अवांछनीय क्रिया के लिए दण्ड दिया जा सकता है। अध्यापक को पुरस्कार एवं दण्ड का समुचित प्रयोग करना चाहिए।

7. सीखने का उचित वातावरण (Appropriate Learning Environ-ment)—विद्यालय का वातावरण उचित व आकर्षक होना चाहिए जिससे बालकों का मन सीखने के लिए प्रेरित हो। विद्यालय का स्वतंत्र एवं शैक्षिक वातावरण बालकों को अभिप्रेरित करता है।

8. परिणाम व प्रगति का ज्ञान (Knowledge of Result and Progress)—निश्चित समय पर बालकों को उनकी प्रगति व परिणाम के बारे में जानकारी दी जाए तो उन्हें पता रहता है कि किस क्षेत्र में उन्हें और परिश्रम की आवश्यकता है। तब वे निश्चित दिशा में प्रयत्नशील रहते हैं और अधिगम के लिए अभिप्रेरित होते हैं।

स्मृति
(Memory)

प्रकृति ने मनुष्य को अनेक सौगात दी हैं, जिनमें से स्मृति एक है। क्या आप कल्पना कर सकते हैं कि मनुष्य के पास स्मृति न होती तो उसका जीवन कैसा होता? तब पशु और

मनुष्य में क्या अन्तर रह जाता? अत: स्पष्ट है कि स्मृति मनुष्य की एक अनुपम शक्ति है जिससे मानव पशुओं से ही नहीं अपितु अन्य व्यक्तियों से भिन्नता रखता है।

स्मृति की परिभाषाएँ (Definitions of Memory)

वुडवर्थ ''सीखने के बाद उस बात को याद रखना या उसे पुन: प्रस्तुत करना स्मृति कहलाता है।''

रॉस, ''यह एक नया प्रयोग है जिसकी नींव पूर्व अनुभव पर रखी जाती है और दोनों के सम्बन्ध का ज्ञान स्पष्ट हो जाता है।''

स्टाऊट 'स्मृति को आदर्श रूप से याद करना' मानता है अर्थात् वस्तुओं या अनुभवों को उसी क्रम और रूप में याद करना स्मृति है।''

स्मृति एक जटिल प्रक्रिया है जिसमें सीखना, धारण करना, पुन: स्मरण और पहचान सम्मिलित हैं। सीखने का अर्थ है व्यवहार का संशोधन, 'धारण करने' का अर्थ है सीखे हुए अनुभव से दिमाग में बिठाना पुन: स्मरण का अर्थ है पिछले अनुभव को फिर से याद करना और पहचान का अर्थ है पिछले अनुभव को पहचानना।

स्मृति की विशेषताएँ (Characteristics of Memory)

(1) स्मृति पिछले अनुभवों को उसी क्रम और रूप में प्रस्तुत करना है।

(2) स्मृति का प्रथम सोपान सीखना है।

(3) स्मृति में सीखना, धारण करना, पुन: स्मरण करना और पहचान करना सम्मिलित है।

(4) स्मृति मनुष्य को अच्छा जीवन व्यतीत करने और समायोजन करने में सहायता प्रदान करती है।

(5) स्मृति रचनात्मक होती है।

(6) स्मृति मनुष्य के मन में चलती रहती है।

स्मृति के प्रकार (Types of Memory)

1. तात्कालिक स्मृति (Immediate Memory)–जब याद किए हुए तथ्यों की याद तुरन्त आ जाती है तो इसे तात्कालिक स्मृति कहते हैं।

2. स्थायी स्मृति (Permanent Memory)–जब तथ्य काफी समय बीतने के बाद याद आ जाते हैं, तो वह स्थायी स्मृति कहलाती है।

3. यान्त्रिक स्मृति (Rote Memory)–जब किसी तथ्य को बिना सोचे-समझे याद कर लिया जाता है तो उसे यान्त्रिक स्मृति कहते हैं।

4. तार्किक स्मृति (Logical Memory)–किसी तथ्य को सोच-समझकर तर्क सहित याद किया जाता है तो उसे तार्किक स्मृति कहते हैं।

5. व्यक्तिगत स्मृति (Personal Memory)–व्यक्तिगत अनुभवों को याद किया जाना व्यक्तिगत स्मृति कहलाता है।

6. अव्यक्तिगत स्मृति (Impersonal Memory)–निजी अनुभवों रहित याद किये गए अनुभवों को अव्यक्तिगत स्मृति कहते हैं।

7. सक्रिय स्मृति (Active Memory)–निश्चय से किए गए प्रयत्न द्वारा कण्ठस्थ किए गए तथ्यों को सक्रिय स्मृति कहते हैं। जैसे–परीक्षा भवन में विद्यार्थी द्वारा उत्तर याद करने का प्रयत्न।

8. निष्क्रिय स्मृति (Passive Memory)–जब इच्छा के बिना कुछ कंठस्थ होता है उसे निष्क्रिय स्मृति कहते हैं। जैसे–बम्बई शहर का नाम आते ही याद आना कि मेरा भाई भी वहाँ रहता है।

9. शारीरिक स्मृति (Physiological Memory)–शरीर के अंग द्वारा कोई क्रिया याद रखना शारीरिक स्मृति कहलाता है। जैसे–नृत्य करना।

10. मनोवैज्ञानिक स्मृति (Psychological Memory)–किसी तथ्य को क्रमानुसार याद करना ही मनोवैज्ञानिक स्मृति है। मनोवैज्ञानिक इसे उत्तम स्मृति का नाम देते हैं।

स्मृति के नियम (Laws of Memory)

1. प्रसक्ति/निरन्तरता का नियम (Law of Preservation)–अधिगम प्रक्रिया की समाप्ति पर स्पष्ट अनुभव अर्द्ध-उत्तेजना के रूप में बने रहते हैं और व्यक्ति के अन्दर उनको बार-बार दोहराने की प्रवृत्ति पाई जाती है इसी को प्रसक्ति कहते हैं। प्रसक्ति से स्मृति में स्थायित्व आ जाता है।

2. आदत का नियम (Law of Habit)–अनुभवों को बार-बार दोहराने से वे आदत का रूप धारण कर लेते हैं और उनको पुन: स्मरण में किसी प्रकार का प्रयास नहीं करना पड़ता।

3. विचार साहचर्य का नियम (Law of Association of Ideas)–जब दो या दो से अधिक वस्तुओं के अनुभव एक साथ प्राप्त किए जाते हैं तो एक की प्रतिमा के चेतनावस्था पर आने से दूसरे की स्वत: ही याद आ जाती है। दो अनुभवों में समानता का कुछ अंश होने पर भी एक अनुभव स्मरण होने पर दूसरे की भी याद आ जाती है। एक-दूसरे के विपरीत गुणों वाले अनुभवों में एक प्रत्यक्ष अथवा विचार की प्रवृत्ति अपने विरोधी प्रत्यय अथवा विचार का सुझाव करने की होती है। क्रमिक रुचि भी विचार साहचर्य के नियम को प्रभावित करती है। साहचर्य से संबद्ध अन्य नियम हैं :

- प्राथमिकता
- नवीनता
- पुनरावृत्ति
- स्पष्टता
- मन:स्थिति
- समानता का नियम
- रुचि का नियम

स्मृति को उन्नत करने की विधियाँ (Methods)

स्मृति का सुधार विवादास्पद विषय है। क्योंकि इसे स्वाभाविक शक्ति का दर्जा दिया गया है। सीखना के साथ धारण करना आवश्यक है। किसी की धारण-शक्ति को बढ़ाना कठिन है। किसी कम बुद्धि वाले बालक को मेधावी नहीं बनाया जा सकता। मनोवैज्ञानिकों के प्रयोग बताते हैं कि स्मृति को परिवर्तित नहीं किया जा सकता परन्तु सीखने के ढंग में परिवर्तन करने से स्मृति में सुधार सम्भव है।

1. पूर्ण विधि (Whole Method)–इस विधि में याद किए जाने वाले पूरे पाठ को आंरभ से अन्त तक बार-बार पढ़ा जाता है। यह विधि केवल छोटे और सरल पाठों या कविताओं के लिए ही उपयुक्त है। यह विधि बड़े बालकों के लिए उपयोगी है।

2. खण्ड विधि (Part Method)–इस विधि में याद किए जाने वाले पाठ को कई खण्डों या भागों में बाँट दिया जाता है। इसके बाद उन खण्डों को एक-एक करके याद किया जाता है। यह विधि छोटे बालकों के लिए उपयोगी है।

3. मिश्रित विधि (Mixed Method)–इस विधि में पूर्ण और खण्ड विधियों का साथ-साथ प्रयोग किया जाता है। इसमें पहले पूरे पाठ को पढ़ा जाता है, फिर खण्डों में बाँटकर पढ़ा जाता है, तत्पश्चात् पूरे पाठ को पढ़ा जाता है। यह विधि कुछ सीमा तक पूर्ण व खण्ड विधि से बेहतर है।

4. प्रगतिशील विधियाँ (Progressive Methods)–इस विधि में पहले पूरे पाठ को विभिन्न खण्डों में बाँट दिया जाता है। सर्वप्रथम, पहले खण्ड को याद किया जाता है। फिर पहले और दूसरे, फिर दूसरे और तीसरे को, इस प्रकार हर बार एक खण्ड को जोड़ दिया जाता है। इस विधि का दोष यह है कि पहला खण्ड सबसे अधिक याद किया जाता है। उसके बाद क्रमशः कम।

5. अन्तरयुक्त विधि (Space Method)–इस विधि में पाठ को थोड़े-थोड़े अन्तर या समय के बाद याद किया जाता है। यह अन्तर 1 मिनट का भी हो सकता है और 24 घंटे का भी। यह विधि स्थायी स्मृति के लिए अति उत्तम है।

6. अन्तरहीन विधि (Unspaced Method)–इस विधि में पाठ को याद करने के लिए अन्तर नहीं दिया जाता है और अन्तरयुक्त विधि से अधिक प्रभावशाली है।

7. सक्रिय विधि (Active Method)–इसमें बोल-बोलकर याद किया जाता है। इसका प्रयोग छोटे बच्चों के लिए उपयोगी है।

8. निष्क्रिय विधि (Passive Method)–इसमें मन-मन में याद किया जाता है। यह विधि बड़े बच्चों के लिए उपयोगी है।

9. स्वर विधि (Recitation Method)–इस विधि में याद किए जाने वाले पाठ को लय से याद किया जाता है। इस विधि का प्रयोग भी बच्चों के लिए किया जाता है।

10. रटने की विधि (Method of Cramming)–इस विधि में पूरे पाठ को याद कर लिया जाता है। इस विधि का दोष बताते हुए जेम्स ने लिखा है "इस विधि से जो बातें स्मरण कर ली जाती हैं, वे अधिकांश रूप में शीघ्र ही विस्मृत हो जाती हैं।

11. निरीक्षण विधि (Method of Observing)–इस विधि में याद किए जाने वाले पाठ का पहले निरीक्षण कर लिया जाता है। जैसे कि पहले क्रम इत्यादि में लगा लिया जाये।

12. क्रिया विधि (Method of Learning by doing)–इस विधि में स्मरण की जाने वाली बात को साथ-साथ किया भी जाता है। इसमें बालक की ज्ञानेन्द्रियाँ सक्रिय रहती हैं।

13. विचार-साहचर्य की विधि (Method of Association of Ideas)–इस विधि में याद करने वाली बातों का ज्ञात तथ्यों से सम्बन्ध स्थापित कर लिया जाता है। ऐसा करने से स्मरण शीघ्र होता है।

14. साभिप्राय स्मरण विधि (Method of Identical Memorizing)–संकल्प या निश्चय कर लिया जाय तो कोई भी विधि सफल हो सकती है। **वुडवर्थ** के शब्दों में, "यदि कोई भी बात याद की जानी है, तो याद करने का निश्चय आवश्यक है।"

स्मृति जन्मजात गुण है, परन्तु प्रशिक्षण और अभ्यास की अपनी भूमिका है।

वुडवर्थ के शब्दों में, "सीखने या स्मरण करने की प्रक्रिया एक नियंत्रित क्रिया होने के कारण प्रशिक्षण से अत्यधिक प्रभावित होती है।"

स्मृति की उन्नति में सहायक कुछ तथ्य :

(1) दृढ़ निश्चय (2) स्पष्ट ज्ञान
(3) प्रोत्साहन (4) पहले से समझाना
(5) रुचि उत्पन्न करना (6) पूर्व ज्ञान पर आधारित
(7) स्मरण के अधिक अवसर (8) दोहराना
(9) संवेगात्मक स्थिरता (10) एकाग्रता

अन्त में मैक्डूगल का कथन बहुत ही सटीक है, "अभ्यास द्वारा स्मृति में अत्यधिक उन्नति की जा सकती है।"

विस्मृति/विस्मरण/भूलना (Forgetting)

स्मृति की भाँति विस्मृति भी एक मानसिक क्रिया है। पिछले अनुभव को याद करने की असफल क्रिया विस्मृति कहलाती है। यह देखा जाता है कि हम किसी वस्तु को चाहे कितनी ही गहराई से क्यों न याद करें, उसे एक दिन अवश्य ही भूल जाते हैं। विस्मृति को जीवन का एक तथ्य माना गया है। इसका आरम्भ एबिंगहास ने 1886 में एक प्रयोग द्वारा किया। विस्मृति के इस प्रयोग की चर्चा करने से पहले कुछ परिभाषाएँ इस प्रकार हैं :

फ्रायड, "विस्मृति वह प्रकृति है जो असुखद वातावरण से दूर ले जाती है।"

एच. आर. भाटिया, "विस्मृति व्यक्ति की किसी विचार या विचारों के समूह को बिना किसी मौलिक उद्दीपन के पुन: चेतना में लाने के प्रयत्नों में मिली असफलता है।"

ड्रेवर "विस्मृति का अर्थ है– किसी समय प्रयास करने पर भी किसी पूर्व अनुभव का स्मरण करने या पहले सीखे हुए कार्य को करने में असफलता।"

एबिंगहास का विस्मृति सम्बन्धित प्रयोग

एबिंगहास ने पता लगाया कि विस्मृति बहुत बड़े अंग में याद करने की क्रिया के पूर्ण होने के पश्चात ही हो जाती है। पहले आधे घंटे में याद की हुई वस्तु का 1/2 भाग, 8 घंटे से लेकर एक दिन तक 2/3 भाग, लगभग 6 दिनों में 3/4 भाग और एक महीने में 4/5 भाग विस्मृत हो जाता है। **इसलिए किसी पाठ को दोहराने का उचित समय याद करने के पश्चात तुरन्त ही है।** परन्तु याद किए पदार्थ का आदर्श दोहराना उस समय होता है जबकि वह प्राय: भूल जाने को है। इस प्रकार एक कविता के दोहराने का सबसे अच्छा समय आधे दिन के मध्यान्तर के पश्चात्, फिर अगले दिन के पश्चात् और फिर एक दिन के पश्चात् इसी क्रम में बढ़ता हुआ है।

विस्मृति का प्रस्तुत रेखाचित्र निरर्थक शब्दों के साथ याद करने के विषय में, विस्मृति के दर को लगभग व्यक्त करता है। अर्थपूर्ण पदार्थों के साथ इसका रूप भिन्न होता है। एक कविता के याद करने में विस्मरण मन्द गति से होता है। रैडीसविजेविट्स ने पता लगाया कि 6 घंटे बाद 47 % तथा पहले और दूसरे दिन के पश्चात् क्रमश: 68% तथा 61% याद की हुई वस्तु को याद रखा जाता है। वैलार्ड द्वारा एक परीक्षण में 19 विद्यार्थियों को "लॉस

विस्मृति का रेखा चित्र

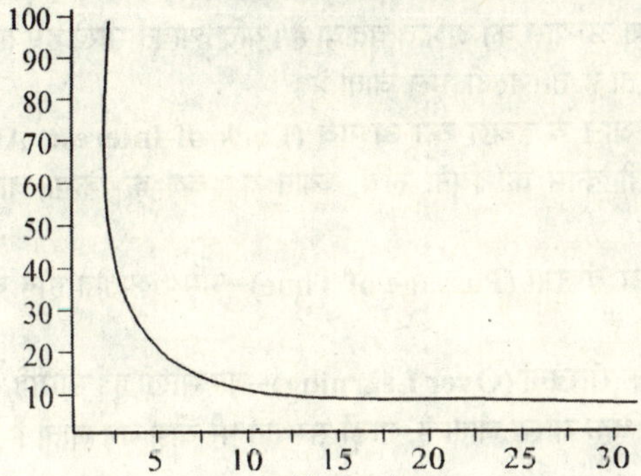

दिनों की संख्या

ऑफ रायल जौज'' कविता याद करने को दी गई। याद करने के पश्चात ही परीक्षा लेने पर तथा दो दिन के मध्यान्तर देने के बाद परीक्षा लेने पर देखा गया कि 15 परीक्षार्थियों ने दो दिन पश्चात् की परीक्षा में प्रगति दिखाई। इसका तात्पर्य है कि कुछ समय पश्चात् धारणशक्ति उन्नतिशील हो जाती है। डॉ० बैलार्ड द्वारा बताया गया उसका कारण यह है कि स्मृति और विस्मृति–दोनों के साथ ही एक–दूसरे के प्रभावों को निष्फल बनाते हुए आगे बढ़ती हैं।

डॉ० बैलार्ड ने यह भी सिद्ध किया कि दो दिन के मध्यान्तर के बाद विषय को दोहराना एक दिन या तीन दिन के दोहराने से अधिक प्रगतिशील होता है। पाँच दिन के मध्यान्तर के बाद यदि पाठ दोहराया जाय तो किसी भी प्रकार की प्रगति नहीं होती है।

विस्मृति के प्रकार (Types)

↓

सक्रिय विस्मृति	निष्क्रिय स्मृति
↓	↓
जब व्यक्ति किसी बात को प्रयत्न करके स्वयं भुला देता है।	जब व्यक्ति प्रयास न करने पर किसी बात को स्वयं भूल जाता है।

विस्मृति के कारण (Causes of Forgetting)

1. बाधा का सिद्धान्त (Theory of Interference)–इस सिद्धान्त के अनुसार यदि एक व्यक्ति पाठ के बाद दूसरा पाठ पढ़ता है, तो मस्तिष्क में पहले पाठ के स्मृति चिह्नों में बाधा पड़ती है। फलस्वरूप वे निर्बल होते चले जाते हैं और पहला पाठ भूल जाता है।

2. दमन का सिद्धान्त (Theory of Repression)–इस सिद्धान्त के अनुसार व्यक्ति दुःखद और अपमान–जनक घटनाओं को याद नहीं रखना चाहता है और उनका दमन करना चाहता है। परिणामतः वे व्यक्ति के अचेतन मन में चली जाती हैं और उन्हें भूल जाता है।

3. अनभ्यास का सिद्धान्त (Theory of Disuse)–थॉर्नडाईक एवं एबिंगहास ने विस्मृति का कारण अभ्यास का अभाव बताया है। यदि व्यक्ति सीखे हुए तथ्य का बार-बार अभ्यास नहीं करता है तो जल्दी भूल जाता है।

4. रुचि, ध्यान व इच्छा का अभाव (Lack of Interest, Attention and will)–जब किसी काम को बिना रुचि, ध्यान व इच्छा के किया जाता है तो जल्दी भूलता है।

5. समय का बीतना (Passage of Time)–समय व्यतीत होने के साथ बहुत से अनुभव भूल जाते हैं।

6. अत्यधिक सीखना (Over Learning)–वह सीखी हुई सामग्री, जिसे अवकाश-रहित सीमा में अधिक सीखा जाता है, नाड़ी संस्थान पर बोझ बन जाती है और जल्दी भूल जाती है।

7. विक्षेप तथा भ्रम (Distraction and Doubt)–जब विक्षेप के बहुत से तत्त्व उपस्थित हों तो सामग्री की उचितता के बारे में भ्रम उत्पन्न हो जाता है और जल्दी भूल जाता है।

8. सीखने का दर्जा (Level of Learning)–आवश्यकता से कम सीखा हुआ कार्य अनिवार्य सीमा से अधिक सीखे कार्य की अपेक्षा देर तक मस्तिष्क में रहेगा।

9. मानसिक द्वन्द (Mental Conflict)–मानसिक द्वन्द के कारण मस्तिष्क में किसी-न-किसी प्रकार की परेशानी उत्पन्न हो जाती है। यह परेशानी, विस्मृति का कारण बनती है।

10. मानसिक रोग (Mental Disease)–कुछ मानसिक रोग ऐसे हैं जो स्मरण-शक्ति को निर्बल बना देते हैं। जैसे दुःसाध्य उन्माद।

11. विधियों की समानता (Similarity of Method)–पील महोदय के अनुसार जब पहली और बाद में सीखी गई क्रियाओं की विधि एक जैसी होगी तो पहली क्रिया के पुनः स्मरण में अधिक बाधा आएगी। परन्तु दोनों की विधियाँ अलग-अलग होंगी तो पुनः स्मरण में कम बाधा आएगी।

12. थकावट (Fatigue)–थकावट में किया हुआ कार्य भूल जाता है।

13. कार्य की प्रकृति (Nature of Task)–अर्थहीन, अरुचिकर, लम्बा, उबाऊ कार्य जल्दी भूल जाता है।

14. अभिप्रेरणा की कमी (Lack of Motivation)–अभिप्रेरणा कम हो तो जल्दी भूलता है।

15. लम्बी बीमारी (Long disease)–लम्बी बीमारी के बाद किया गया कार्य विस्मरण की ओर ले जाता है।

16. संवेगात्मक असन्तुलन (Emotional Imbalance)–किसी संवेग के उत्तेजित होने पर व्यक्ति की शारीरिक और मानसिक दशा में असाधारण परिवर्तन हो जाता है ऐसे में पिछले अनुभव ठीक से याद नहीं कर पाता। जैसे–भय आवेग में बालक अच्छी प्रकार याद किए हुए पाठ को भी भूल जाता है।

17. मादक वस्तुओं का प्रयोग (Use of Intoxicants)–मादक वस्तुओं का प्रयोग भी विस्मरण का एक कारण है।

विस्मृति कम करने के उपाय

1. पाठ की विषय-वस्तु—स्मरण शक्ति अधिक होना इस बात पर निर्भर करता है कि वह कितनी अर्थपूर्ण, क्रमबद्ध, और बालक की मानसिक योग्यता के अनुरूप है। पाठ में आवश्यकता से अधिक तथ्य, सूचनाएं व तिथियाँ विस्मृति की गति को बढ़ा देती हैं।

2. ध्यान—यदि बालक सीखते समय अपना पूरा ध्यान केन्द्रित रखेगा तो स्मरण बढ़ेगा और विस्मरण घटेगा।

3. विचार साहचर्य नियमों का पालन—बालक को चाहिए कि वह नए पाठ एवं तिथियों को पुराने से जोड़कर याद करे तो विस्मरण कम होगा।

4. स्मरण के बाद विश्राम—बालक थोड़ी देर पढ़ने के बाद विश्राम करे, तो अच्छा है क्योंकि इस प्रकार पाठ के स्मृति-चिह्न उनके मस्तिष्क में अंकित हो जाते हैं।

5. पाठ की पुनरावृत्ति—पाठ की पुनरावृत्ति बार-बार की जाए तो विस्मरण कम होता है।

सारांश

1. सीखना अनुभव द्वारा व्यवहार की शोध है।
2. यह एक सार्वभौमिक क्रिया है।
3. वैयक्तिक, कार्य एवं विधि तीनों प्रकार के कारक सीखने को प्रभावित करते हैं।
4. अधिगम का वक्र किसी दी हुई क्रिया में उन्नति या अवनति का वर्गांकित कागज पर ब्यौरा है।
5. सीखने के नियम एवं सिद्धान्तों का ज्ञान आवश्यक है।
6. एक स्थिति में प्राप्त किए गए ज्ञान को किसी अन्य परिस्थिति में प्रयोग करना ही अधिक स्थानांतरण है।
7. अभिप्रेरणा को सीखने का हृदय कहा गया है।
8. सीखने के बाद उस बात को पुनः प्रस्तुत करना स्मृति कहलाता है।
9. पिछले अनुभव को याद करने की असफल क्रिया विस्मृति कहलाती है।

इकाई – 8

शिक्षण अधिगम परिस्थितियाँ : शिक्षक व्यवहार
(Teaching Learning Situations: Teacher Behaviour)

अवधारणा (Concept)

शिक्षक व्यवहार मानवीय व्यवहार की एक विशेष अभिव्यक्ति है, किन्तु यह व्यवहार हर परिस्थिति, समय तथा स्थान के सन्दर्भ में प्रकट नहीं होता। पहले आप शिक्षण व्यवहार और शिक्षक व्यवहार का अन्तर जान लें। 'शिक्षण व्यवहार' पद शिक्षण की परिस्थिति में उत्पन्न विशिष्ट कार्यों, क्रियाओं तथा अधिगम लक्ष्यों की प्राप्ति कराने हेतु व्यवस्थित संक्रियाओं (Operations) के उपयोग सम्बन्धी कौशल का बोध कराता है जबकि शिक्षक व्यवहार उन सभी सम्भव व्यवहारों अथवा आचारों का द्योतक है जिनकी अभिव्यक्ति शैक्षणिक परिस्थिति में एक शिक्षक कर सकता है। उदाहरणार्थ: किसी कक्षा शिक्षण की परिस्थिति में विषय-वस्तु का प्रस्तुतीकरण, प्रश्न पूछना, व्याख्या या विवरण देना, प्रदर्शन, निर्देशन तथा आदेश देना आदि शिक्षण व्यवहार की श्रेणी में रखे जाएंगे और शिक्षक की व्यक्तिगत एवं सामाजिक अभिव्यक्तियाँ जैसे– हंसना, दूसरों के प्रति आकर्षण, खिंचाव, तालमेल रखना आदि शिक्षक व्यवहार की श्रेणी में आएंगे।

अर्थ (Meaning)

शिक्षण का अर्थ शिक्षक व छात्र के मध्य अन्त: क्रिया से है। कक्षा में होने वाली घटनाओं का बोध, वास्तविक कक्षा परिस्थिति के निरीक्षण में सम्भव है। क्रमबद्ध निरीक्षण (Systematic Observation) एक ऐसी प्रक्रिया है जिससे कक्षा व्यवहारों का निरीक्षण वस्तुनिष्ठ रूप में किया जा सकता है। इस प्रविधि की सहायता से कक्षा के अन्तर्गत शिक्षक तथा छात्र के मध्य अन्त: क्रियाओं का अध्ययन किया जा सकता है। एस. एस. चौहान (1979) ने कक्षीय अन्त: क्रिया को इस प्रकार परिभाषित किया है, "यह स्वत: प्रेरित शाब्दिक सम्प्रेषण को संकेतबद्ध करने, आंकड़ों को एक उपयोगी प्रदर्शन में संग्रहित करने तथा उनके परिणामों को शिक्षण-अधिगम की शैलियों के अध्ययन हेतु विश्लेषित करने की एक प्रक्रिया है।"

अन्त:क्रिया दो प्रकार की होती है—

(*i*) शाब्दिक (*ii*) अशाब्दिक अन्त:क्रिया

अन्त: क्रिया प्रक्रिया मुख्य रूप से प्रभावित करने के लिए होती है। कक्षा में अध्यापक अपने छात्रों को प्रभावित करने का प्रयत्न करता है। दूसरी ओर छात्रों का प्रभाव भी अध्यापक पर पड़ता है।

अध्यापक का प्रभाव दो प्रकार का होता है:

प्रत्यक्ष (Direct) अप्रत्यक्ष (Indirect)

प्रत्यक्ष प्रभाव में अध्यापक के अपने विचार एवं मान्यताएं विद्यार्थियों की क्रियाओं को उचित दिशा प्रदान करना, उसके व्यवहार की आलोचना तथा स्वयं के अधिकारों को प्रमाणित करना एवं उन अधिकारों का प्रयोग सम्मिलित है।

अप्रत्यक्ष व्यवहार में छात्रों के विचार लेना, उन विचारों अथवा धारणाओं को आगे बढ़ाना एवं शिक्षण में शामिल करना छात्र सम्भागिता को बढ़ावा देना एवं उनकी भावनाओं को स्वीकार करना एवं स्पष्ट करना इत्यादि सम्मिलित हैं।

अप्रत्यक्ष शिक्षक व्यवहार (Indirect Teacher Behaviour)

शिक्षक की वे सभी अनुक्रियाएँ सम्मिलित की जाती हैं जो अप्रत्यक्ष रूप में छात्रों के व्यवहार को अनुक्रिया के लिए प्रोत्साहित करती है। जैसे छात्रों की अनुभूति को स्वीकार करना, प्रशंसा करना, छात्रों के विचारों को अपने व्याख्यान में प्रयुक्त करना तथा प्रश्न पूछना आदि।

विद्यार्थियों की भावनाओं को स्वीकार करना | प्रशंसा करना | विचारों को स्वीकार करना | प्रश्न पूछना

(*i*) विद्यार्थियों की भावनाओं को स्वीकार करना (Accepting the feelings of Students)—जब शिक्षक यह कहता है कि वह समझता/समझती है कि बच्चे क्या सोच रहे हैं तो वह विद्यार्थियों की भावनाओं को स्वीकार कर रहा है। इस प्रकार के कथन प्राय: बच्चों को उनकी भावनाओं के प्रति स्वीकृति एवं स्पष्टीकरण संप्रेषित करते हैं। इस श्रेणी के अन्तर्गत वह कथन भी शामिल हैं जो पिछली भावनाओं का पुन: स्मरण करते हैं, वर्तमान आनन्ददायी एवं दु:खदायी भावनाओं की ओर इशारा करते हैं सौभाग्यपूर्ण अथवा उदास घटनाओं का पूर्वानुमान करते हैं।

(*ii*) प्रशंसा करना (Praise)—प्रशंसा तथा प्रोत्साहन में छात्र-व्यवहार तथा कार्ग की स्वीकृति के लिए कथन सम्मिलित होते है। जैसे–शाबाश, ठीक, अच्छा, उत्तम आदि शब्द प्रयुक्त किए जाते हैं। कई बार अशाब्दिक अनुक्रिया जैसे–हूँ, गर्दन हिलाना आदि से भी प्रोत्साहन दिया जाता है। अनुक्रिया की स्वीकृति को, प्रशंसा से प्रोत्साहन मिलता है और अच्छा करो, ऐसे ही करते रहो आदि शब्दों से भी छात्रों का मनोबल बढ़ता है।

(*iii*) विचारों को स्वीकार करना (Accepting Ideas)—जैसे विद्यार्थियों की भावना के साथ उनके विचारों को भी स्वीकृति मिलनी चाहिए। अध्यापक द्वारा कक्षा में यह कहना कि आपके कथन में औचित्य है या आपके विचार को भी इसमें शामिल किया जा सकता है। इस प्रकार के वाक्यों को इस श्रेणी में सम्मिलित किया जाता है।

(*iv*) प्रश्न पूछना (Asking Questions)—इस श्रेणी के अन्तर्गत केवल वे प्रश्न आते हैं जिनके उत्तरों की विद्यार्थियों से आशा की जाती है। यदि एक अध्यापक प्रश्न पूछता है और तब अपने विचारों को प्रकट करता है एवं उत्तर की प्रतीक्षा किए बिना ही व्याख्यान आरम्भ कर देता है तो नि:सन्देह यह प्रश्न उत्तर देने के लिए नहीं था।

वे प्रश्न जिनकी रचना उत्तर की आशा से की जाती है वे कई प्रकार के हैं—खुले प्रश्न, विकट प्रश्न, विस्तृत या संकीर्ण प्रश्न। उपरोक्त श्रेणियों के सभी प्रश्न जिनके लिए आलोचना या टिप्पणियों की अपेक्षा उत्तरों की आवश्यकता है, इस श्रेणी के अन्तर्गत आते हैं।

प्रत्यक्ष शिक्षक व्यवहार (Direct Teacher Behaviour)

शिक्षक की वे सभी अनुक्रियाएँ तथा स्वोपक्रम को सम्मिलित किया जाता है जो प्रत्यक्ष रूप से छात्रों के व्यवहार को नियन्त्रित करती हैं। जैसे–

व्याख्यान देना   निर्देश देना   आलोचना करना एवं अधिकार जताना

(*i*) व्याख्यान देना (Lecturing)—व्याख्यान कक्षा शाब्दिक अन्त:क्रिया का वह रूप है जिसको शिक्षक अपने विचारों दृष्टिकोण, तथ्यों एवं सूचनाओं को प्रदान करने के लिए प्रयोग करता है। सामग्री का प्रस्तुतीकरण किसी महत्त्वपूर्ण विषय की भूमिका देने, उसकी समालोचना करने तथा छात्रों का ध्यान केन्द्रित करने के लिए किया जा सकता है पाठ्यवस्तु व्याख्यान के द्वारा अधिक समय तक प्रस्तुत की जाती है। जब भी शिक्षक किसी तथ्य का उल्लेख करता है, सूचना देता है तथा अपने विचारों को व्यक्त करता है तो यह श्रेणी (5) में आता है।

(*ii*) निर्देश देना (Giving Directions)—किसी कथन को निर्देश या आज्ञा के रूप में वर्गीकृत करने का निर्णय इस बात पर होना चाहिए कि अध्यापक के निर्देश के सन्दर्भ में विद्यार्थियों को कितनी स्वतन्त्रता है। जब अध्यापक यह कहता /कहती है कि "क्या आप सब सफाई अभियान में भाग लेंगे?" तो वह स्पष्ट रूप से निर्देश दे रहा/रही है। यदि वह कहता/कहती है, "मीना यहाँ आकर एक हरे रंग का पैन उठाओ" तो वह स्पष्ट रूप से आज्ञा दे रहा/रही है। ऐसे कथन इसी श्रेणी में आते हैं।

(*iii*) आलोचना करना एवं अधिकार जताना (Criticizing and Justifying Authority)—जब शिक्षक छात्र के अनुचित व्यवहार के लिए किसी आलोचनात्मक शब्द/वाक्य का प्रयोग करता है ता यह कथन इस वर्ग में सम्मिलित किए जाते हैं जैसे– शिक्षक का यह कहना मुझे यह पसन्द नहीं, तुम कक्षा में मत बैठो। इस श्रेणी में आने वाले एक अन्य प्रकार के रक्षात्मक एवं प्रमाणित करने वाले कथन हैं जैसे–बातें मत करो, पढ़ाई में ध्यान लगाओ आदि।

छात्र कथन (Pupil Talk)

छात्र कथन को भी दो भागों में विभाजित किया गया है:

प्रथम छात्र कथन अनुक्रिया–छात्र शिक्षक के प्रश्न पूछने तथा निर्देश देने पर अनुक्रिया करता है उन्हें छात्र कथन अनुक्रिया कहते हैं।

द्वितीय छात्र कथन स्वोपक्रम–छात्र स्वयं शिक्षक से प्रश्न पूछता है या स्पष्टीकरण के लिए कहता है। इन सभी व्यवहारों को छात्र कथन स्वोपक्रम में सम्मिलित किया जाता है।

छात्र वार्ता अनुक्रिया छात्र वार्ता स्वोपक्रम

(*i*) छात्र वार्ता अनुक्रिया (Student Talk Response)—जब छात्र अध्यापक द्वारा पूछे गए प्रश्नों का उत्तर देते हैं अथवा अध्यापक द्वारा किए गए निर्देश अथवा आज्ञा के प्रति शाब्दिक अनुक्रिया करते हैं तो इस श्रेणी का प्रयोग किया जाता है। किसी प्रश्न अथवा पूछताछ के उत्तर में एक छात्र जो कुछ भी कहता है या अध्यापक द्वारा आरम्भ करने पर छात्र की अनुक्रिया को इसी श्रेणी नं. 8 में रखा जाता है।

(*ii*) छात्र वार्ता स्वोपक्रम (Student Talk Initiation)—वे छात्र कथन जो अध्यापक द्वारा शुरूआत करने पर उनकी अनुक्रिया नहीं होती इस श्रेणी में रखे जाते हैं। आमतौर पर जब कोई छात्र कुछ कहने के लिए अथवा प्रश्न पूछने के लिए हाथ खड़ा करता है जबकि उसे ऐसा करने के लिए अध्यापक द्वारा प्रेरित नहीं किया गया है तो उसका व्यवहार इस श्रेणी के अन्तर्गत आता है। छात्र द्वारा आरम्भ की गई वार्ता को श्रेणी नं. 9 में रखा जाता है।

मौन

मौन अथवा विभ्रान्ति (Silence or Confusion)—कक्षा में जब भी किसी प्रकार की मौन या विभ्रान्ति की स्थिति हो तब वह इस श्रेणी की स्थिति मानी जाती है। अनेक बार कक्षा में ऐसी परिस्थितियाँ भी उत्पन्न हो जाती है जब सभी छात्र एक साथ बोलने लगते हैं और निरीक्षक यह भी निर्णय नहीं कर पाता कि कौन बोल रहा है। कभी-कभी ऐसी परिस्थिति भी होती है कि कोई भी नहीं बोलता अर्थात् किसी भी प्रकार की शाब्दिक अन्त: क्रिया नहीं होती है। इन दोनों ही परिस्थितियों को इस श्रेणी में सम्मिलित किया जाता है।

समस्त शिक्षण प्रक्रिया का उद्देश्य छात्रों के व्यवहार परिवर्तन से है। जिसका सीधा आधार है शिक्षक व्यवहार। शिक्षक के लिए आवश्यक है कि शिक्षण उद्देश्य को जानें और उनका विधिवत पालन करें। शिक्षण उद्देश्यों का सम्बन्ध सीखने के उद्देश्यों से होता है।

डा. बी. एस. ब्लूम ने सीखने के उद्देश्यों को तीन भागों में विभाजित किया है। शिक्षक व्यवहार में इन तीनों को सम्मिलित किया जाना आवश्यक है जो इस प्रकार है:

ज्ञानात्मक	भावात्मक	क्रियात्मक
Cognitive	Affective	Psychomotor

(*i*) ज्ञानात्मक पक्ष (Cognitive)—इसका सम्बन्ध सूचनाओं, ज्ञान तथा तथ्य की जानकारी से है। अधिकांश शैक्षिक क्रियाएँ इनके द्वारा ही सम्भव है।

(*ii*) भावात्मक पक्ष (Affective)—इसका सम्बन्ध रुचियों, अभिवृत्तियों, तथा मूल्यों के विकास से होता है। यह अध्यापक व्यवहार का महत्त्वपूर्ण पहलू है। इस पक्ष का विकास अध्यापक व्यवहार को प्रभावशाली बनाता है।

(*iii*) **क्रियात्मक पक्ष (Psychomotor)**—इसका सम्बन्ध शारीरिक क्रियाओं के प्रशिक्षण तथा कौशल के विकास से होता है। यह औद्योगिक तथा व्यावसायिक प्रशिक्षण से सम्बन्धित है।

अग्रिम तालिका में प्रत्येक पक्ष (Domain) के विस्तार क्रम को प्रस्तुत किया गया है। जैसे ज्ञानात्मक पक्ष का विस्तार ज्ञान से मूल्यांकन तक है। मूल्यांकन तक पहुँचने के लिए ज्ञान से संश्लेषण तक की क्षमताओं का विकास होना आवश्यक होता है। यह वर्गीकरण क्रमबद्ध रूप में होता है जिसे चढ़ाव क्रम (Taxonomy) कहते हैं। इसके वर्गों से शैक्षिक उद्देश्यों के क्रम का अनुसरण करता है।

शैक्षिक उद्देश्यों का वर्गीकरण
(Taxonomy of Educational Objectives)

ज्ञानात्मक पक्ष Cognitive Domain	भावात्मक पक्ष Affective Domain	क्रियात्मक पक्ष Psychomotor Domain
वर्ग (Category)	वर्ग (Category)	वर्ग (Category)
1. ज्ञान Knowledge	1. आग्रहरण Receiving	1. उद्दीपन Impulsion
2. बोध Comprehension	2. अनुक्रिया Response	2. कार्य करना Manipulation
3. प्रयोग Application	3. अनुमूलन Valuing	3. नियन्त्रण Control
4. विश्लेषण Analysis	4. प्रत्ययीकरण Conceptualization	4. समायोजन Coordination
5. संश्लेषण Synthesis	5. व्यवस्थापन Organization	5. स्वाभावीकरण Naturalization
6. मूल्यांकन Evaluation	6. चरित्र-निर्माण Characterization	6. आदत पड़ना तथा कौशल Habit Formation

प्रभावशाली अध्यापक के गुण (Characteristics of Effective Teacher)

1. सूचना देना और व्याख्या करना (Informing and Explaining)— एक अच्छे अध्यापक से अपने क्षेत्र में सुविज्ञ होने की आशा की जाती है। उससे आशा की जाती है कि वह विद्यार्थियों को पृष्ठभूमि, संवृद्धि एवं अभिप्रेरणा के लिए आवश्यक सूचनाएँ प्रदान करें। उसे विद्यार्थियों को कक्षा में प्राप्त ज्ञान एवं कौशलों का अभ्यास करने की अनुमति देनी चाहिए।

2. आरम्भ करना, निर्देशन देना एवं प्रशासन करना (Initiating, Directing and Administrating)—अध्यापक कार्य आरम्भ करता है, निर्देशन देता है, गठन करता है और निर्णय करता है। अध्यापक को कई समस्याओं का सामना करना होता है जिनके लिये उसे उपक्रम, निर्देशन एवं प्रशासन की योग्यताओं की आवश्यकता पड़ती है। आधुनिक प्रशासन में निर्णय लेते समय विद्यार्थियों का सहयोग भी प्राप्त करना होता है। अध्यापक

निर्णय संबंधी क्रियाओं का नेता होता है। उसमें कार्यों को आरम्भ करने एवं उनको गठित करने की योग्यता होनी चाहिए।

3. समूह को संगठित करना (Unifying the Group)—पाठ के आरम्भ में अध्यापक कई विद्यार्थियों का सामना करता है। ये विद्यार्थी संगठित रूप में उसके साम ने नहीं होते। इस समय अध्यापक का महत्त्वपूर्ण कार्य होता है–विद्यार्थियों को एक संगठित समूह में परिणत करना, एक ऐसा समूह जिसके सामान्य प्रयोजन एवं सामान्य क्रियाएँ हों।

4. संरक्षण प्रदान करना (Giving Security)—बहुत से विद्यार्थियों को स्नेहपूर्ण स्वीकृति, प्रशंसा तथा मैत्रीपूर्ण वातावरण की आवश्यकता होती है। अध्यापक को ऐसे विद्यार्थियों की आवश्यकताओं को पहचानना और आवश्यकता पड़ने पर उन्हें संरक्षण प्रदान करना चाहिए।

5. अभिवृत्तियों, विश्वासों एवं समस्याओं को स्पष्ट करना (Clarifying Attitudes, Beliefs and Problems)—कई विद्यार्थी इर्द-गिर्द के सामाजिक प्रभावों के कारण भ्रमित हो जाते हैं। बड़े उनको कई बातें समझाते एवं बताते हैं परन्तु परिवेश में वे जो कुछ देखते और सुनते हैं वह उनसे विपरीत होता है। इससे वे भ्रमित हो जाते हैं। अध्यापक विद्यार्थियों के लिए अवसरों का निर्माण करता है। जब वे अपनी अभिवृत्तियों, रुचियों, समस्याओं, विश्वासों आदि को अभिव्यक्त करते हैं और जानना चाहते हैं कि उन्हें क्या करना चाहिए। अध्यापक उन्हें तुलना करने, निरीक्षण करने, वर्गीकरण करने तथा समीक्षा करने के अवसर प्रदान करके उन्हें विश्लेषण और आलोचना करने की स्थिति में ले आता है। इस प्रकार वह उनकी अभिवृत्तियों, विश्वासों एवं समस्याओं को स्पष्ट करने में उनकी सहायता करता है।

6. अधिगम-समस्याओं का निदान करना (Diagnosing Learning Problems)—कक्षा में कई ऐसे विद्यार्थी होते हैं जो पढ़ाई में वांछित उन्नति नहीं करते। अध्यापक को ऐसे प्रत्येक विद्यार्थी की समस्याओं का निदान करके समाधान के लिए सम्भव उपायों का सुझाव देना चाहिए।

7. पाठ्यक्रम-सम्बन्धी सामग्री का निर्माण करना (Making Curriculum Material)—भारत में पाठ्यक्रम का निर्माण पूरे राज्य के लिए किया जाता है उसमें स्थानीय विभिन्नताओं का कोई प्रावधान नहीं होता। एक अच्छे अध्यापक को स्थानीय समुदाय एवं समूह की आवश्यकताओं के अनुसार पाठ्यक्रम में कुछ संशोधन करना चाहिए।

8. मूल्यांकन करना, रिकॉर्ड करना और रिपोर्ट लिखना (Evaluating, Recording and Reporting)—अध्यापक को परीक्षाओं तथा सामाजिक परीक्षणों द्वारा समूची कक्षा तथा प्रत्येक विद्यार्थी की प्रगति का मूल्यांकन करना होता है। उसे प्रिंसीपल और माता-पिता को इस प्रगति की रिपोर्ट भी करनी होती है और उसका रिकॉर्ड भी रखना होता है।

9. सामुदायिक क्रिया को संवृद्ध बनाना (Enriching Community Activity) — स्कूल को 'लघु समाज' कहा जाता है। अध्यापक का उस समुदाय के साथ गहरा सम्पर्क

होना चाहिए, जिसकी उसे सेवा करनी है। स्कूल और समुदाय में सद्भावनापूर्ण संबंध 'स्कूल-जीवन' का आवश्यक अंग है। शिक्षण द्वारा सामुदायिक संबंध को संवृद्ध करने के निरन्तर प्रयास होने चाहिए और ऐसा केवल एक योग्य अध्यापक ही कर सकता है।

10. कक्षा का प्रबंध एवं गठन करना (Arranging and Organising Class-room)—अध्यापक का एक महत्त्वपूर्ण दायित्व है– कक्षा को अधिगम का सुन्दर स्थान बनाना। कक्षा भवन में शारीरिक क्रियाओं के लिए उचित व्यवस्था होनी चाहिए। कक्षा का प्रबंध लचीला होना चाहिए ताकि उसे विभिन्न अवसरों के अनुकूल परिवर्तित किया जा सके।

11. सामाजिक क्रियाओं में भाग लेना (Participating in Social Activi-ties)—अध्यापक को अपने दैनिक शिक्षण कार्य के अतिरिक्त अन्य सामाजिक क्रियाओं में भी भाग लेना चाहिए। इन क्रियाओं में पिकनिक, भ्रमण, कलात्मक एवं सांस्कृतिक कार्यक्रम आयोजित करना आदि सम्मिलित हैं। अध्यापक का ऐसी क्रियाओं में भाग लेना शिक्षण कार्य का महत्त्वपूर्ण अंग माना जाता है।

12. व्यावसायिक जीवन में भाग लेना (Participating in Professional Life)—एक प्रभावशाली एवं योग्य अध्यापक से यह आशा की जाती है कि वह अध्यापन व्यवसाय में दत्तचित होकर भाग ले और व्यवसाय के विकास में महत्त्वपूर्ण योगदान दे। उसे अपने व्यवसाय से संबंधित संगठनों की सदस्यता प्राप्त करनी चाहिए, सम्मेलनों में भाग लेना चाहिए और अपने शिक्षण-विषय का ज्ञान आधुनिकतम रखना चाहिए।

समूह का अर्थ व परिभाषाएँ (Meaning and Definitions of Group)

मनुष्य एक सामाजिक प्राणी है। वह जन्म से लेकर मृत्यु तक किसी न किसी के साथ रहता है। जिनके साथ वह रहता है, उनसे कुछ न कुछ सम्बन्ध स्थापित कर लेता है। इस प्रकार समाज में जो व्यक्ति आपस में सामाजिक सम्बन्ध स्थापित कर लेते हैं, उनके संग्रह को समूह कहते हैं।

कुछ परिभाषाएँ—

मैकाईवर, ''समूह से हमारा अभिप्राय व्यक्तियों के किसी भी ऐसे संग्रह से है, जो आपस में एक-दूसरे के साथ सामाजिक सम्बन्ध में आते हैं।''

सापिर, ''किसी समूह का निर्माण इस तथ्य पर आधारित है कि समूह के सदस्यों को कोई-न-कोई हित या स्वार्थ परस्पर बांधे।''

किबाल यंग, ''समूह जनसंख्या की रिपोर्ट में बताए गए व्यक्तियों का समाहार नहीं होता बल्कि यह व्यक्तियों का समुदाय होता है जो कुछ सीमा तक आदान-प्रदान करता है जैसे कि सदस्यों में आपसी उद्दीपन तथा उत्तर-प्रत्युत्तर।

कैले तथा थिबांट, ''व्यक्तियों का समूह (ग्रुप) उस समय होता है जब उसके सदस्य एक सांझे कार्य को स्वीकार करने के पश्चात् उसे करने के लिए एक दूसरे पर निर्भर होते हैं और उसे पूरा करने के लिए मिल-जुलकर कार्य करते हैं।''

समूह की विशेषताएँ

मनोवैज्ञानिक सम्बन्ध Psychological Relationship	एकता की भावना Feeling of oneness	साँझा लक्ष्य Comman goal	व्यवहार की समानता Similarity of Behaviour	समूह का नियन्त्रण Control of the group	समूह की विशेषताओं का प्रभाव Influence of group characteristics	आपसी आभार Mutual obliga-tion

समूह गतिशीलता/गतिशक्तियाँ (Group Dynamics)

इस क्षेत्र में प्रसिद्ध मनोवैज्ञानिक कुर्ट लेविन का योगदान है।

अर्थ (Meaning)

शाब्दिक अर्थ (Stymological Meaning)–गतिशक्तियाँ शब्द की उत्पत्ति एक यूनानी शब्द से हुई है जिसका अर्थ है Force। शक्ति समूह गतिशक्तियों का अर्थ है वे शक्तियाँ जो समूह में काम करती हैं।

क्रैच एवं क्रैचफील्ड के अनुसार, "समूह गतिशक्तियों से तात्पर्य उन परिवर्तनों से है जो समूहों में होते हैं।"

गुड का शब्द–कोष : समूह गतिशक्तियों का अर्थ वह अन्तर्क्रिया सम्बन्धी मनोविज्ञान है जिसमें एक समूह के सदस्य सम्मिलित अनुभूतियों और भावनाओं के आधार पर सामान्य विवेक को विकसित करते हैं। इन अन्तरोत्तेजित सम्बन्धों को समूह–गतिशक्तियों की संज्ञा दी जा सकती है।

समूह गतिशक्तियों की बुनियादी धारणाएँ (Basic Assumption of Group Dynamics)

1. समूह अनिवार्य एवं सर्वव्यापी है। (Groups are Inevitable and Ubiquitous) प्रत्येक व्यक्ति कई समूहों का निर्माण करता है।

2. समूह सशक्त शक्तियों को संगठित करते हैं जो व्यक्तियों पर अत्यन्त महत्त्वपूर्ण प्रभाव डालते हैं (Groups Mobilize Powerful Forces that Product Effects of utmost Importance on Individual): व्यक्ति की स्वीकृति ही उन समूहों में होती है जिनके साथ उसका महत्त्वपूर्ण सम्बन्ध हो जैसे उसका परिवार, व्यवसाय या स्कूल/कॉलेज/समूह में व्यक्ति का स्थान ही उसके प्रति दूसरे के व्यवहार को प्रभावित करता है और उसकी आकांक्षाओं के अनुकूल उसके व्यक्तिगत गुण तथा आत्म सम्मान से समूह में उसका स्थान निर्धारित होता है।

3. समूह के प्रभाव का परिणाम अच्छा भी हो सकता है और बुरा भी।

4. समूह गतिशक्तियों के ठीक ज्ञान से समूह के वाँछित परिणामों के चेतनापूर्ण विकास की भावना हो सकती है (A Correct Understanding of Group Dynamics permits the Possibility that Desirable Consequences from groups can be Deliberately Enhanced)

समूह गतिशक्तियों (समूह-व्यवहार) के तत्व
(Factors of group dynamics or group behaviour)

- व्यक्ति के लक्ष्य और समूह के लक्ष्य (Individual goals and group goals)
- संयुक्तता (Cohesive-ness)
- प्रतियोगिता (Competi-tion)
- लोकतन्त्रात्मक प्रक्रिया (Democratic procedure)
- आवश्यकता तृप्ति (Need Satisfaction)
- लक्ष्य (Goals)
- समूह का आकार (Size of group)
- विचार विमर्श (Discussion)
- संचार व्यवस्था (Communication)
- भाग लेना और वफादारी (Participation and loyalty)

समूह-व्यवहार का शिक्षा-सम्बन्धी महत्त्व
(Educational Implications of Group Behaviour)

विद्यालय को एक उप समाज की संज्ञा दी गई है। अतः विद्यार्थियों को समूह में व्यवहार करने की शिक्षा दी जानी चाहिए।

(*i*) समूह चेतना (Group Consciousness)—अध्यापक का दायित्व है कि वह छात्रों में समूह चेतना का विकास करें। इस उद्देश्य की प्राप्ति के लिए अध्यापक उनके सामने स्कूल तथा समाज की परम्पराओं, आदर्शों और लक्ष्यों को उनके सामने प्रस्तुत करें।

(*ii*) देशभक्ति तथा नागरिकता की शिक्षा (Education for Patriotism and Citizenship)—छात्रों को देशभक्ति तथा नागरिकता की शिक्षा दी जानी चाहिए। समूह में एक दूसरे से अच्छा बनने की भावना बढ़ती है।

(*iii*) नैतिक तथा धार्मिक शिक्षा (Moral and Religious Education)—जब समूह में नैतिक तथा धार्मिक शिक्षा दी जाती है तो बालकों पर अधिक प्रभाव पड़ता है।

(*iv*) बौद्धिक विषयों की शिक्षा (Teaching of Intellectual Subjects)—विज्ञान, राजनीति, इतिहास जैसे बौद्धिक विषयों का ज्ञान बढ़ाया जाना चाहिए। एक अध्यापक इसके लिए नवीन विधियों जैसे सेमीनारों, विचार विमर्श, प्रोजेक्ट आदि का प्रयोग कर सकता है।

(*v*) दिवस तथा पर्व मनाना (Celebration of Days and Festivals)—दिवस तथा पर्व आदि मनाने से बालक समूह में मिलकर सीखते हैं।

(*vi*) सौन्दर्य बोधक विषयों की शिक्षा (Teaching of Aesthetic Subjects)—कला, संगीत जैसे विषयों की शिक्षा भी दी जानी चाहिए।

(*vii*) अन्तःस्कूल क्रियाओं का संगठन (Organising Inter-School Activities)—अन्य विद्यालयों के छात्रों से प्रतियोगिता : भाषण, वाद-विवाद, नृत्य, टूर्नामैन्ट आदि आयोजित कराए जाने से बालक समूह में अधिक सीखते हैं।

कक्षा-समूह का महत्त्व
(Importance of Class-group)

विद्यालय से सम्बन्धित अनेक प्रकार के समूह होते हैं जैसे टीम, क्लब, विषय समितियाँ, साहित्यिक गोष्ठियाँ, कक्षा-समूह आदि। इन सबमें महत्त्व और उपयोगिता के कारण कक्षा समूह का स्थान सर्वोपरि है।

कुप्पुस्वामी के शब्दों में, ''विद्यालयों के कार्यक्रमों में कक्षा-समूह का एक विशेष महत्त्वपूर्ण स्थान है।''

(*i*) कक्षा-समूह छात्रों को व्यवहार कुशल बनाता है क्योंकि एक-दूसरे के सम्पर्क में आने के कारण वे उचित प्रकार का व्यवहार करने की शिक्षा पाते हैं।

(*ii*) कक्षा-समूह छात्रों की तर्क, निर्णय, स्मृति, कल्पना, चिन्तन आदि मानसिक क्रियाओं का विकास करता है।

(*iii*) कक्षा-समूह में एक दूसरे के साथ रहने से बालकों का सामंजस्य का दृष्टिकोण बढ़ता है, उनकी आदतों और विचारों में परिवर्तन आता है जिससे वे भावी सामाजिक जीवन की तैयारी करते हैं।

(*iv*) जब बालक एक दूसरे के साथ रहते हैं तो उनमें सहानुभूति और सद्भावना बढ़ती है अत: आप कह सकते हैं कि कक्षा-समूह से बालकों में त्याग की भावना विकसित होती है।

(*v*) कक्षा-समूह छात्रों में नेतृत्व के गुणों का विकास करता है, क्योंकि वे विभिन्न पाठ्यक्रम सहगामी क्रियाओं का प्रबन्ध व संचालन करते हैं।

(*vi*) जब बालक एक दूसरे के साथ मिलकर कार्य करते हैं तो आप कह सकते हैं कि कक्षा-समूह बालकों में सहयोग की भावना को विकसित करता है।

(*vii*) कक्षा-समूह बालकों को अधिक अधिगम के अवसर प्रदान करता है।

(*viii*) कक्षा-समूह छात्रों में अनुकरण और प्रतियोगिता की आदतों का निर्माण करके उन्हें अधिक ज्ञान अर्जन के लिए प्रेरित करता है।

(*ix*) कक्षा-समूह अधिगम की सामूहिक विधियों के प्रयोग को सम्भव बनाता है, जो व्यक्तिगत विधियों की अपेक्षा अधिक प्रभावशाली है।

अन्त में कुप्पुस्वामी के शब्दों में आप यह निष्कर्ष रूप में कह सकते हैं कि ''शैक्षिक समूह के रूप में कक्षा अपने सदस्यों को अपनी आवश्यकताओं को सन्तुष्ट करने और लक्ष्यों को प्राप्त करने में सहायता देती है।''

फ्लैण्डर्स ने विशिष्ट शिक्षण-व्यवहारों के सात अन्तर्क्रिया प्रतिमान तैयार किए हैं। ये प्रतिमान उसके शोध पर आधारित हैं और कक्षा के सामान्य कार्यों के अनुरूप हैं। ये प्रतिमान इस प्रकार हैं:

(*i*) अध्यापक द्वारा पाठ्यवस्तु का अधिक प्रस्तुतीकरण।

(*ii*) अध्यापक द्वारा निर्देशित अभ्यास।

(*iii*) अभ्यास तथा भाषण का संयुक्त प्रस्तुतीकरण।

(*iv*) अध्यापक का स्पष्टीकरण के साथ निर्देशन।

(*v*) विद्यार्थी के स्वतन्त्र-विचार को प्रोत्साहन।

(*vi*) विद्यार्थी के अनुभवों की ओर ध्यान देना।

(*vii*) अध्यापक का भावात्मक बल से बौद्धिक बल में प्रत्यावर्तन।

निम्नलिखित तालिका में विशिष्ट शिक्षण व्यवहार के अन्तर्क्रिया-प्रतिमानों को स्पष्ट किया जाता है—

प्रतिमान (Model)	शिक्षण-व्यवहार (Teaching Behaviour)
(क) अध्यापक-उपक्रम (Teacher Initiation)	
1. अध्यापक द्वारा पाठ्य-वस्तु का अधिक प्रस्तुतीकरण (High Content emphasis under close teacher direction)	1. अध्यापक पाठ्य-वस्तु प्रस्तुत करता है। कभी-कभी प्रश्न पूछ लेता है। विद्यार्थी अत्यंत संक्षेप में उत्तर देते हैं। प्राय: इसी प्रकार का शिक्षण होता है।
2. अध्यापक द्वारा निर्देशित अभ्यास (Teacher-directed quick drill)	2. अध्यापक छोटे-छोटे प्रश्न पूछना है और विद्यार्थी छोटे-छोटे उत्तर देते हैं। यह प्रत्यक्ष सम्प्रेषण (8-4) से (4-8) में दोहरे तीरों द्वारा दिखाया जाता है।
3. अभ्यास एवं भाषण का संयुक्त प्रस्तुतीकरण (Drill combined with lecture demonstration)	3. इसमें अभ्यास के अन्तर्गत कभी-कभी अध्यापक का व्याख्यात्मक भाषण भी सम्मिलित हो जाता है। विद्यार्थी की व्याख्या की अनुक्रिया में अध्यापक भाषण करता है।
(ख) विद्यार्थी उपक्रम (Pupil Initiation)	
4. अध्यापक कुछ स्पष्टीकरण के साथ निर्देश देता है।	4. अध्यापक स्थिर स्थिति में कुछ निर्देश देता है और विद्यार्थी उसके प्रति अनुक्रिया करते हैं। विद्यार्थी का यह उपक्रम स्पष्टीकरण के लिए होता है।
5. विद्यार्थी के स्वतन्त्र विचार को प्रोत्साहन।	5. अध्यापक ज्यादा समय तक प्रश्न पूछता है और स्थिर स्थिति में विद्यार्थी अनुक्रिया करते रहते हैं।
6. विद्यार्थी के अनुभवों की ओर ध्यान देना।	6. अध्यापक विद्यार्थी के अनुभवों को स्वीकार करता है और उसकी प्रशंसा करता है।
7. अध्यापक भावात्मक पक्ष से बौद्धिक पक्ष की ओर बढ़ता है।	7. अध्यापक भावात्मक क्षेत्र से बौद्धिक क्षेत्र की ओर बढ़ता है। वह कक्षा के भावात्मक स्वर को स्वीकार करता है। 1, 2 एवं 3 वर्ग की आवृत्ति का अधिक प्रयोग करता है।

ये विशिष्ट अध्यापक-व्यवहार अध्यापकों को अपने कक्षीय-व्यवहार को सुधारने में सहायता प्रदान करते हैं जैसे—

(*i*) सूचनायें प्रदान करना।

(*ii*) विद्यार्थियों की कक्षीय क्रियाओं में भाग लेने के लिये आमन्त्रित करना।

(*iii*) व्यापक एवं विचारोन्मुख प्रश्न पूछना अथवा छोटे-छोटे प्रश्न पूछना।
(*iv*) अध्यापक-निर्देशित अभ्यास एवं दत्त कार्य (Assignments) देना।
(*v*) विद्यार्थियों के विचारों एवं अनुभवों को स्वीकार करना।
(*vi*) विद्यार्थियों की स्व-निर्देशित क्रियाओं को प्रोत्साहन देना।
(*vii*) विद्यार्थियों के भावात्मक पक्ष का सदुपयोग करना और उनमें शैक्षिक-लक्ष्यों तथा वैयक्तिक कार्यों में स्वीकारात्मक दृष्टिकोण विकसित करना।

Leadership Types Traits Training

नेतृत्व या नेतापन (Leadership)

किसी राष्ट्र, परिवार या श्रेणी का भाग्य एक बुद्धिमान तथा प्रभावी नेता पर निर्भर होता है। अच्छे नेता ही एक राष्ट्र को अच्छा बनाते हैं। जहाँ अच्छे राष्ट्र होंगे वह राष्ट्र सामाजिक, सांस्कृतिक तथा आर्थिक शिखर पर पहुँच सकता है। राष्ट्र का निर्माण भी नेताओं की कुशलता एवं सत्य निष्ठा पर निर्भर है। अत: हमें परिवार, स्कूल, शिल्प, राष्ट्रीय एवं अन्तर्राष्ट्रीय क्षेत्र में अच्छे नेताओं की आवश्यकता है।

नेतृत्व के प्रकार (Types of Leadership)

↓	↓	↓
संस्थानिक नेता	प्रभुत्व सम्पन्न अथवा अधिकारात्मक नेता	तर्कसम्मत अथवा लोकतन्त्रात्मक नेता

1. संस्थानिक नेता (Institutional Leader)—संस्थानिक नेता समूह का मुखिया होता है। किसी मन्दिर का पुजारी, स्कूल, कार्यालय या कारखाने का मुखिया, किसी देश का राष्ट्रपति, कम्पनी का प्रधान आदि सभी संस्थानिक नेता होते हैं। उनकी आज्ञाओं का पालन चिरस्थापित पद-सोपान द्वारा होता है।

2. प्रभुत्व सम्पन्न अथवा अधिकारात्मक नेता (Dominant or Authoritative Leaders)—अधिकारात्मक नेता बाह्यमुखी, आक्रमणशील तथा प्रभुत्व सम्पन्न होता है। अपने दल का अधिनायक होता है। वह अपने सदस्यों को आदेश देता है और सदस्य उसका आदेश मानते है। ऐसा नेता अपने दल को अपने व्यक्तिगत हितों के लिए प्रयोग करता है। वह किसी प्रकार के तर्क-वितर्क को सहन नहीं करता। क्रैच और क्रैचफील्ड के अनुसार, ''अधिकारात्मक नेता लोकतन्त्रात्मक नेता की अपेक्षा स्वेच्छाचारी शक्ति का अधिक प्रयोग करता है, वह अकेला ही दल की नीतियों को निश्चित करता है, वह अकेला ही बड़ी-बड़ी योजनाएँ बनाता है, उस अकेले को ही दल की भावी गतिविधियों के क्रमिक चरणों का ज्ञान होता है, वह अकेला ही सदस्यों की क्रियाओं और उनके अन्तर्सम्बन्धों को निश्चित करता है, सदस्यों के व्यक्तिगत पुरस्कार या दण्ड का निर्णय भी वही अकेला करता है। अत: दल के प्रत्येक व्यक्ति का भाग्य उसी के हाथों में होता है।''

3. तर्कसम्मत अथवा लोकतन्त्रात्मक नेता (Persuasive and Democratic Leaders)—तर्कसम्मत या लोकतन्त्रात्मक नेता अपने दल के सदस्यों के बहुत निकट होता है। वह अपने दल के सदस्यों से घुल-मिलकर रहता है। वह उनकी समस्याओं,

आवश्यकताओं, मांगों तथा भावनाओं को समझता है और उन्हें पूरा करने के साधनों को ढूंढने का प्रयास करता है। वह तर्क शैली अपनाता है। वह रूढ़ियों में विश्वास नहीं करता और दल का वास्तविक निर्माता होता है। क्रैच और क्रैचफील्ड के विचारानुसार, ''वह इस बात का इच्छुक रहता है कि दल की गतिविधियों और दल के लक्ष्यों के निर्णय में प्रत्येक सदस्य अधिक से अधिक भाग लें, वह उत्तरदायित्त्व को केन्द्रित करने की अपेक्षा उसे फैलाता है, दल की शक्ति को बढ़ाने के लिए वह सदस्यों के अन्तर्सम्बन्धों को प्रोत्साहित एवं दृढ़ करता है, वह दल में पैदा हुए तनाव और झगड़ों को कम करने का प्रयास करता है, वह उस आधिपत्यवादी समूह की अवहेलना करता है जिसमें विशेषाधिकारों तथा स्तर के आधार पर भिन्नता का प्रभुत्व रहता है।''

नेतृत्व के गुण (Qualities of Leadership)

ऊँचा बौद्धिक स्तर	स्वाग्रह	लोगों के लिए स्नेह	आदर्श व्यक्ति	समूह मनोविज्ञान का पूर्ण ज्ञान	अच्छा वक्ता

(*i*) ऊँचा बौद्धिक स्तर (High Intellectual Level)—एक अच्छे नेता का बौद्धिक स्तर ऊँचा होता है। उसमें चिन्तन, तर्क तथा निर्णय लेने की अदम्य शक्ति होती है। स्कूल के सभी क्षेत्रों में बौद्धिक नेतृत्व की आवश्यकता होती है। एक अच्छा अध्यापक विद्यार्थियों को शीघ्र प्रभावित कर लेता है।

(*ii*) स्वाग्रह (Self Assertion)—एक अच्छे नेता में स्वाग्रह का गुण आवश्यक है। इसी के कारण वह अन्य लोगों से उत्तम कहलाता है और उन पर राज्य करता है।

(*iii*) लोगों के लिए स्नेह (Love for People)—नेता के दिल में लोगों के लिए स्नेह होना चाहिए। जब नेता लोक कल्याण के लिए हर प्रकार का बलिदान देने को तैयार होगा तभी वह लोगों का विश्वास प्राप्त कर सकता है।

(*iv*) आदर्श व्यक्ति (Ideal Person)—नेता, लोगों का आदर्श व्यक्ति होता है इसलिए उसका जीवन ऐसा होना चाहिए जिससे वह उनके सामने आदर्श जीवन का उदाहरण प्रस्तुत कर सके। वह परिश्रमी और ईमानदार होगा तो लोगों को ऐसा बनने के लिए अधिक प्रभावशाली तरीके से प्रेरित किया जा सकेगा।

(*v*) समूह मनोविज्ञान का पूर्ण ज्ञान (Knowledge of Group Psychology)—नेता को समूह मनोविज्ञान का पूर्ण ज्ञान होना चाहिए। उसे समूह का कार्यात्मक ज्ञान होना चाहिए। उसे अनुयायियों के मन की समझ होगी तो वह अपनी योजनाओं का निर्माण भी उसी प्रकार करेगा और उनसे स्वीकार भी करवाने की योग्यता रखेगा।

(*vi*) अच्छा वक्ता (Good Orator)—नेता में अच्छे वक्ता का गुण भी होना चाहिए। उसके शब्दों का चुनाव एवं प्रस्तुतीकरण सुनने वालों को मोहित करने वाला होगा तो वे अपना दृष्टिकोण एवं विचार उस (नेता) के अनुसार परिवर्तन कर देंगे।

कक्षा में अध्यापक : नेता के रूप में

अध्यापक कक्षा का एक स्वीकृत नेता माना जाता है। उसके ज्ञान, योग्यता, परिणाम, शक्ति, बुद्धिमता आदि के अधिक विकसित होने से उसे बिना किसी आपत्ति के नेता मान लिया जाता है। जिस अध्यापक में नेतृत्व का गुण होता है, उसकी कक्षा में अनुशासन बना रहता है।

(*i*) अध्यापक को किसी भी प्रकार की घटना अथवा परिस्थिति के लिए पहले से तैयार रहना चाहिए जिससे किसी भी घटना को मनोवैज्ञानिक ढंग से सुलझाया जा सके।

(*ii*) अध्यापक का कर्तव्य है कि कक्षा में मैत्री और साहचर्य की भावना को बढ़ावा दें।

(*iii*) उसे बालकों में रहते हुए भी बालक जैसा नहीं बनना चाहिए क्योंकि तब बालक उसे नेता के रूप में स्वीकार नहीं करेंगे और फलस्वरूप उसका कहना भी नहीं मानेंगे।

(*iv*) अध्यापक का कर्तव्य है कि ऐसे बालकों को पहचानें जिनमें नेतृत्व के गुण हों और उन्हें उनके गुणों को विकसित करने का अवसर दें।

(*v*) अध्यापक को अपने विद्यार्थियों के सुझावों का स्वागत करना चाहिए।

अत: एक अच्छा अध्यापक वही होता है जो कक्षा का नेतृत्व तो सदैव अपने हाथ में रखता है किन्तु समयानुकूल उसे समर्थ बालकों को भी सौंप देता है। ऐसे समय में अध्यापक का स्थान एक तटस्थ दृष्टा और निर्देशक के रूप में होना चाहिए।

कक्षा के कमरे में अध्यापक का व्यवहार

अब तक आप इस बात से सहमत हो गए होंगे कि शिक्षक को विद्यार्थियों का नेतृत्व करना चाहिए। नेतृत्व से यह तात्पर्य नहीं है कि शिक्षक अपने विचारों को उन पर जबरदस्ती थोप दे। शिक्षक को कक्षा की क्रियाएँ सामूहिक रूप से संगठित करना चाहिए। उसे समूह गतिविज्ञान के अन्वेषकों को ध्यान में रखना चाहिए। उसको इस प्रकार का संज्ञापन विद्यार्थियों से करना चाहिए कि वह समूह को क्रियाओं के आधार पर इस प्रकार बाँटे कि विद्यार्थियों का आपस में आदान-प्रदान हो। नीचे एक चार्ट के द्वारा दिखाया गया है कि शिक्षक कक्षा शिक्षण में कब सबसे प्रभावशाली होगा और कब सबसे अधिक–

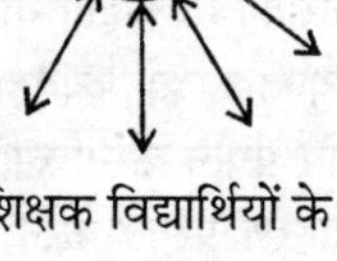

[1. कुछ कम प्रभावशाली-शिक्षक विद्यार्थियों के साथ द्वि-मार्गीय संज्ञापन रखने की चेष्टा करता है।]

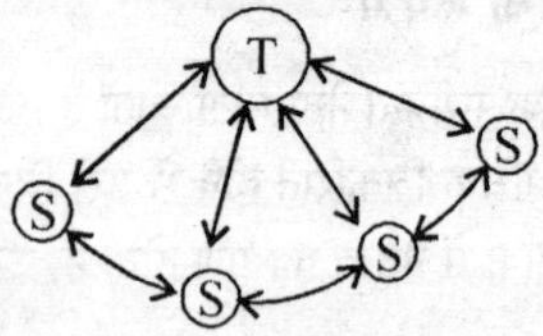

[2. और अधिक प्रभावशाली-शिक्षक द्वि-मार्गीय संज्ञान विद्यार्थियों के साथ रखता है तथा कुछ औपचारिक रूप से संज्ञापन विद्यार्थियों में आपस में भी प्रोत्साहित करता है।]

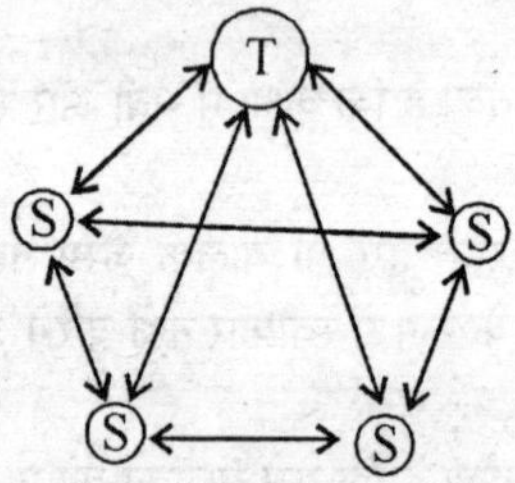

[3. सबसे कम प्रभावशाली-शिक्षक समूह में एक सहभागी बन जाता है और समूह के सारे सदस्यों को अपने में मिलाकर द्वि-मार्गीय संज्ञापन प्रोत्साहित करता है।]

नेतृत्व का प्रशिक्षण (Training of Leadership)

यह एक विवादास्पद विषय है कि नेता जन्म से होते हैं या बनाए जाते हैं। आप यह जान लें कि उचित वातावरण प्रदान करने से नेतृत्व का प्रशिक्षण सम्भव है। क्योंकि नेतृत्व का प्रशिक्षण शिक्षा का एक अनिवार्य उद्देश्य है।

1. भावी नेताओं की खोज—इसके लिए अध्यापक को सदा यह प्रयत्न करना चाहिए कि अच्छे मेधावी बालक आगे आयें और उनके विभिन्न गुणों की पहचान हो सके। एक बार नेता के लिए कुछ सम्भावित गुण प्राप्त होने पर उनके पनपने के लिए अवसर जुटाना अध्यापक का कार्य है।

2. अध्यापक स्वयं नेता बने—यह तो सर्वमान्य तथ्य है कि अध्यापक अपने छात्रों के लिए एक उदाहरण तथा नमूना होता है। उसके अपने गुणों का अनुकरण छात्र तभी करेंगे यदि वह अच्छा नेता होगा।

3. छात्रों में अच्छी आदतों का निर्माण—'Be a king' 'एक राजा बनो', शब्द का प्रयोग किसी अंग्रेज राजा के लिए किया गया। बचपन में उसे यही आदर्श सिखाया गया और वह एक ऐसा राजा बना जैसा उसकी माँ चाहती थी। यहाँ भाव यह है कि बालकों को नेतृत्व का प्रशिक्षण देने के लिए उपयुक्त आदतों, व्यवहार तथा गुणों का होना अनिवार्य है। आरम्भ से ही अध्यापक को इस ओर प्रयत्न करना चाहिए।

4. दूसरे महान लोगों के उदाहरण प्रस्तुत करने से भी बालकों को पर्याप्त प्रेरणा मिलती है। उनके विषय में अनेक घटनाएँ, विवरण तथा कथाएं सुनाई जा सकती हैं।

इसके अतिरिक्त समूह क्रियाओं का आयोजन, स्वायत्त-शासन सोसाइटियों का संगठन आदि भी बहुत साधन हैं जिनके द्वारा नेतृत्व का प्रशिक्षण दिया जा सकता है। इन समस्त

साधनों का उद्देश्य यही है कि जो बालक नेता बनने की सम्भावना रखते हैं उनकी खोज करनी चाहिए तथा उन सम्भावनाओं के आधार पर उन्हें उचित प्रशिक्षण दिया जाये।

अन्त में यही कहा जा सकता है कि समूह व्यवहार तथा समूह गतिविज्ञान के आधार पर बालकों के व्यवहार का निरीक्षण करते हुए उनकी प्रतिक्रियाओं को शैक्षिक प्रक्रिया में प्रयुक्त करना चाहिए। अध्यापकों को इस क्षेत्र में महत्त्वपूर्ण कार्य करना पड़ता है। उनके अपने व्यवहार का प्रभाव भी समूह पर पड़ता है। यहाँ उसे अपने व्यवहार को बालकों के समूहगत व्यवहार के अनुरूप देखना होता है। यथासम्भव अध्यापक को इन समूहगत प्रतिक्रियाओं को उचित दिशा देनी चाहिए ताकि कक्षा शिक्षण प्रक्रिया को और अधिक सबल क्रियात्मक उपयोगी और रचनात्मक बनाया जाए।

सारांश

1. शिक्षण का अर्थ शिक्षक एवं छात्र के मध्य अन्तःक्रिया से है।
2. शिक्षक का व्यवहार प्रत्यक्ष एवं अप्रत्यक्ष दो प्रकार का होता है।
3. अच्छे अधिगम के लिए प्रभावशाली शिक्षण आवश्यक है।
4. एक बालक समूह में ही सीखता है।
5. समूह गतिशक्तियों से तात्पर्य उन परिवर्तनों से है जो समूहों में होते हैं।
6. जिस अध्यापक में नेतृत्व का गुण होता है, उसकी कक्षा में अनुशासन बना रहता है।
7. उचित वातावरण प्रदान करने से नेतृत्व का प्रशिक्षण सम्भव है।

इकाई – 9

निर्देशन एवं परामर्श
(Guidance and Counselling)

निर्देशन एवं परामर्श का अर्थ, आवश्यकता एवं महत्त्व
(Meaning, Need, Significance of Guidance and Counselling)

कई बार विद्यार्थी कक्षा में बिल्कुल ध्यान नहीं देते, उनकी शैक्षिक उपलब्धि बहुत कम होती है। इस कमी की पूर्ति के लिए उन्हें अभिप्रेरित नहीं किया जाता और उनमें एकाग्रता की भी कमी होती है। इसके अतिरिक्त जब वे उच्च अध्ययन के लिए कोई विषय चुनना चाहते हैं तो वे किसी भी प्रकार का निर्णय करने में अपने को असमर्थ पाते हैं। कभी-कभी वे विद्यालय ही नहीं आना चाहते है, दिवा स्वप्न देखते रहते हैं या फिर उनका आक्रामक व्यवहार हो जाता है।

उपरोक्त समस्याएं शारीरिक, संवेगात्मक नैतिक, आध्यात्मिक आदि क्षेत्रों में व्यक्ति के कुसमायोजन के कारण हो सकती है। आवश्यक है कि उनके इन कारणों को समझा जाए और निर्देशन दिया जाए। व्यक्ति में निहित क्षमताओं के पूर्ण विकास के लिए शैक्षिक प्रक्रिया में व्यक्ति के क्रियाकलापों को निर्देशित व नियंत्रित करने की क्रिया को निर्देशन कहते हैं।

निर्देशन का अर्थ (Meaning)

निर्देशन में शिक्षा की समस्त प्रक्रिया सम्मिलित है जो बालक के जन्म से ही आरंभ हो जाती है। निर्देशन का शाब्दिक अर्थ है निर्दिष्ट करना, बतलाना या मार्ग दिखाना। इसका अर्थ सहायता करने से कहीं अधिक है। यदि कोई व्यक्ति सड़क पर गिर जाता है तो हम उसे उठाने में सहायता करते हैं। परन्तु हम उसका निर्देशन तब तक नहीं करते जब तक उसकी सहायता किसी निश्चित दिशा में जाने के लिए नहीं करते।

निर्देशन शब्द सभी प्रकार की शिक्षा से जुड़ा है औपचारिक, अनौपचारिक, व्यावसायिक शिक्षा आदि। जिसमें व्यक्ति की सहायता करना ही उद्देश्य होता है ताकि वह अपने पर्यावरण में भावात्मक रूप से समायोजन कर सके। आप कह सकते हैं कि निर्देशन एक व्यक्तिगत कार्य है, जो किसी अन्य व्यक्ति को उसकी समस्याओं का समाधान करने के लिए दिया जाता है। निर्देशन उन समस्याओं का समाधान स्वयं नही करता है, वरन् ऐसी विधियाँ बनाता है जिनका प्रयोग करके व्यक्ति उन समस्याओं को स्वयं सुलझा सकता है। जिस व्यक्ति को निर्देशन दिया जाता है, वह उसे स्वीकार या अस्वीकार करने के लिए पूर्ण रूप से स्वतंत्र होता है।

निर्देशन की परिभाषाएँ (Definitions of Guidance)

1. क्रो एण्ड क्रो, ''निर्देशन (मार्गदर्शन) पर्याप्त रूप से प्रशिक्षित एवं विशेषज्ञ पुरूषों तथा महिलाओं द्वारा किसी भी आयु के व्यक्ति को सहायता प्रदान करता है ताकि वह अपने जीवन की प्रक्रियाओं को व्यवस्थित कर सके, अपने निजी दृष्टिकोण विकसित कर सके, अपने आप अपने निर्णय ले सके और जीवन का बोझ उठा सके।''

2. नैप के अनुसार, ''निर्देशन व्यक्ति में सीखने सहायता करने तथा परिवर्तन लाने की प्रक्रिया है।''

3. स्किनर के मतानुसार, ''नवयुवकों को स्वयं अपने प्रति, दूसरों के प्रति तथा परिस्थितियों के प्रति समायोजन करने में सहायता प्रदान करने की प्रक्रिया निर्देशन है।''

4. गुड के शब्दों में, ''निर्देशन एक गतिशील अन्तर्वैयक्तिक सम्बन्ध की प्रक्रिया है जिसे व्यक्ति की अभिवृत्ति और अनुवर्ती व्यवहार को प्रभावित करने के लिए तैयार किया गया है।''

5. राष्ट्रीय व्यावसायिक निर्देशन संघ (NUGA) के अनुसार, ''अपनी समन्वित व पर्याप्त छवि और कार्यक्षेत्र में स्वयं भूमिका को विकसित तथा स्वीकार करने और वास्तविकता की तुलना में इस अवधारणा की जाँच और व्यक्ति की सन्तुष्टि के साथ इस अवधारणा को वास्तविकता में परिवर्तित करने तथा समाज को लाभ पहुँचाने की प्रक्रिया में व्यक्ति की सहायता करना निर्देशन है।''

6. कुप्पुस्वामी के शब्दों में, ''किसी व्यक्ति को समायोजन से सम्बन्धित समस्याओं में सहायता प्रदान करने की प्रक्रिया निर्देशन है।''

7. माध्यमिक शिक्षा आयोग के अनुसार, ''निर्देशन एक गहन कार्य है जिसका सम्बन्ध लड़के-लड़कियों को अपनी योजनाओं, क्षमताओं तथा अपने काम-काज के संसार के सन्दर्भ में अपने भविष्य की योजना बुद्धिमानी के साथ बनाने के लिए दी जाने वाली सहायता से है।''

उपरोक्त परिभाषाओं से निर्देशन के मुख्य तत्व इस प्रकार हैं—

निर्देशन के मुख्य तत्व (Main Elements of Guidance)

1. निर्देशन व्यक्तिगत सहायता है, चाहे यह व्यक्तिगत रूप से दिया जाए या समूह में।
2. निर्देशन कार्यक्रम संगठित होता है जिसमें एक व्यवस्था विद्यमान होती है।
3. निर्देशन व्यक्ति पर ध्यान देता है, समस्या पर नहीं।
4. निर्देशन अन्तर्दृष्टि एवं आत्म विकास की ओर प्रेरित करता है।
5. यह व्यक्ति के आन्तरिक गुणों एवं क्षमताओं को ज्ञात करके विकास के अवसर देता है।
6. निर्देशन व्यक्ति को अपनी समस्या हल करने की योग्यता प्रदान करता है।
7. निर्देशन का उद्देश्य व्यक्ति और समाज दोनों का कल्याण करना है।
8. निर्देशन एक प्रक्रिया हैजो सम्पूर्ण जीवन से सम्बन्धित है।

निर्देशन की आवश्यकता एवं महत्व (Need and Significance of Guidance)

1. बेरोज़गारी बढ़ती समस्या से सभी अवगत हैं। छात्रों को उचित निर्देशन से उनकी क्षमता के अनुकूल कार्य चुनने में सहायता की जा सकती है।

2. आज प्रत्येक स्तर पर विद्यार्थी समस्याएँ बढ़ रही हैं। विद्यार्थियों की आवश्यकताओं और योग्यताओं के अनुसार पाठ्यचर्या विकसित करके निर्देशन सेवाएँ शैक्षिक प्राधिकारियों की सहायता कर सकती हैं।
3. जनसंख्या में तीव्र वृद्धि के कारण गहन और व्यापक निर्देशन की आवश्यकता है।
4. समाज में हो रहे परिवर्तनों के कारण पारिवारिक द्वंद्ध भी बढ़ते जा रहे हैं। अनुशासन व अपराधन की समस्याएँ भी बढ़ती जा रही है। अत: बालकों को निर्देशन की आवश्यकता है।
5. जीवन शैली में तेजी से बदलाव और जटिलता के कारण अभिभावकों पर समाज की मांगे बढ़ रही हैं। जिसने अभिभावकों और बालकों के बीच वैयक्तिक सम्पर्क को कम कर दिया है। इस प्रकार की घटनाओं के कारण कुसमायोजित बालकों को निर्देशन की आवश्यकता है।
6. निर्देश . के माध्यम से विद्यार्थियों को योग्यताओं, अभिरुचियों और अभिक्षमताओं के अनुसार व्यवसाय या कोर्स चयन में उनकी सहायता की जा सकती है।
7. उचित मूल्यों का विकास निर्देशन की सहायता से सम्भव है।
8. निर्देशन के द्वारा बालक का सर्वांगीण विकास भी किया जा सकता है।

इस प्रकार निर्देशन की आवश्यकता जन्म से मृत्यु तक चलती रहती है।

निर्देशन के उद्देश्य (Purpose of Guidance)

1. व्यक्ति को समझना (To Understand the Individual)—अर्थात् व्यक्ति की योग्यताएँ, भावनाएँ, कुशलताएँ, रुचियाँ, गुण तथा दोष आदि मालूम करना, निजत्व का निजी तथा सामाजिक अनुभव अनुसार मूल्यांकन करना और निजत्व को दैनिक जीवन में अधिक प्रभावशाली ढंग से प्रयोग करना।

2. समायोजन प्राप्त करने में व्यक्ति की सहायता (Helping the Individual in Making Adjustment)—अर्थात् व्यक्ति को घर, स्कूल, अध्यापकों, विद्यार्थियों तथा समाज के साथ जानकारी सेवाओं, जैसे कि निजी जानकारी सेवा, व्यावसायिक सूचना सेवा, परामर्श सेवा आदि का प्रबन्ध करके सन्तोषजनक तथा अधिकतम समायोजन प्राप्त करने में सहायता देना।

3. निजी योग्यताओं तथा संभावनाओं का विकास (Development of Personal Abilities and Potentialities)—अर्थात् व्यक्तियों को योग्यतायें संभावनायें तथा दृष्टिकोण विकसित करने में शरीर, मन, व्यक्तित्व तथा चरित्र का विकास करने, निर्णय का चुनाव करने, जीवन को मोड़ देने और अपनी समस्याओं को स्वतन्त्रतापूर्वक हल करने में सहायता देना।

4. स्कूल की क्रियाओं का सुधार (Improving School Activities)—स्कूल के स्टाक की बहुत सी समस्याओं को हल करने तथा स्कूल की समस्त क्रियाओं को सुधारने में सहायता करना।

5. घर, स्कूल तथा समाज के मध्य ताल-मेल (Co-ordinating Home, School and Society)—Erickson ने ठीक कहा है कि निर्देशन का एक महत्त्वपूर्ण उद्देश्य बच्चे और घर, स्कूल तथा समाज के प्रभावों के बीच ताल-मेल पैदा करना है।

Erickson ने निर्देशन के निम्नलिखित उद्देश्यों का उल्लेख किया है—

1. व्यक्ति का सावधानीपूर्ण अध्ययन (Careful Study of Individual)—निर्देशन के कार्यक्रम को प्रभावशाली बनाने के लिए हमें व्यक्ति का पूर्ण अध्ययन करना चाहिए। निर्देशन के परीक्षाओं तथा तकनीकी-विधियों की सहायता से ऐसा किया जाता है।

2. सूचनात्मक सेवाएँ (Informational Services)—निर्देशन का अर्थ है विद्यार्थियों को ऐसी सहायता देना जिससे वे अपनी समस्याओं का समाधान कर सकें। अपनी समस्याओं के समाधान के लिए उन्हें जीवन के विभिन्न क्षेत्रों के सम्बन्ध में सूचनाओं की आवश्यकता होती है। निर्देशन-कार्यक्रम द्वारा यह सूचना प्रदान की जानी चाहिए। ऐसी सूचनाओं के लिए विभिन्न सूचना-सेवाओं जैसे वैयक्तिक परिसूचि सेवा, व्यावसायिक-सूचना सेवा को नियोजित किया जाना चाहिए।

3. समोपदेशन (Counselling)—समोपदेशन से हमारा तात्पर्य उस वैयक्तिक सहायता से है जो किसी व्यक्ति को समायोजन की समस्या में दी जाती है। निर्देशन में समोपदेशन की आवश्यकता तब होती है जब विद्यार्थियों को विशिष्ट एवं वैयक्तिक सहायता की आवश्यकता हो।

4. नियुक्ति और अनुकरण (Placement and follow up)—निर्देशन-कार्यक्रम विद्यार्थियों की विभिन्न कामों में नियुक्त करने में सहायता देता है। बाद में यह इस बात का भी अध्ययन करता है कि वे अपने काम में कहाँ तक सफल है। यह उन्हें सफलता-प्राप्ति में सहायता देता है।

5. स्कूल-स्टाफ की सहायता करना (Assisting the School Staff)— निर्देशन-कार्यक्रम समूचे स्कूल की सेवा करता है। यह दूसरों को महत्त्वपूर्ण सूचनाएँ प्रदान करता है। वास्तव में निर्देशन-कार्यक्रम का उद्देश्य स्कूल की सभी क्रियाओं को सशक्त बनाना और विकसित करना है।

6. ताल-मेल (Co-ordination)—अन्ततः निर्देशन बच्चे पर पड़ने वाले स्कूल, घर और समुदाय के प्रभावों में ताल-मेल पैदा करने का प्रयास करता है।

निर्देशन के प्रकार (Types of Guidance)

1. शैक्षिक निर्देशन (Educational Guidance)—शैक्षिक निर्देश बालक में अच्छी अध्ययन आदतों का विकास करके विषय सम्बन्धी कठिनाईयों को दूर करने में सहायता करता है।

ट्रैक्सलर के विचारानुसार, ''शैक्षिक निर्देशन का स्कूल के प्रत्येक पहलू-पाठ्यक्रम, शिक्षण विधियों पढ़ाई के निरीक्षण, अनुशासन विधियों, उपस्थिति, योजनाबंदी की समस्याओं, पाठ्यातिरिक्त क्रियाओं, स्वास्थ्य तथा शारीरिक योग्यता, कार्यक्रम एवं घर और समुदाय के सम्बन्धों के साथ घनिष्ठ सम्बन्ध होता है।''

आर्थर जॉन्स के अनुसार, ''शैक्षिक निर्देशन का संबंध उस सहायता के साथ है, जो विद्यार्थियों को विषयों के चुनाव तथा स्कूलों, पाठ्यक्रम, पाठ्यपुस्तकों तथा स्कूल के साथ समंजन प्राप्ति में सहायता देती है।''

शैक्षिक निर्देशन की आवश्यकता (Need of Educational Guidance)

(*i*) अपव्यय तथा अवरोधन (Wastage and Stagnation) को सहायता से दूर किया जा सकता है।

(*ii*) अगली शिक्षा के लिए निर्णय (Decision for further Education) भावी शिक्षा का चुनाव करने में शैक्षिक निर्देशन बहुत ही सहायक है।

(*iii*) पाठ्यक्रम की अनेकता (Diversified Curriculum) पाठ्यक्रम की अनेकता के कारण भी विद्यार्थियों को निर्देशन की अत्यन्त आवश्यकता है।

(*iv*) भविष्य के व्यवसाय के लिए तैयारी (Preparation for Future Vacation) निर्देशन की सहायता से विद्यार्थियों को उनकी रुचियों, क्षमताओं, रूझानों और आवश्यकताओं के अनुसार भविष्य सम्बन्धी व्यवसाय को चुनने में मदद मिल सकती है।

शैक्षिक निर्देशन देने की विधियाँ

↓

- व्यक्तिगत निर्देशन विधियाँ (Techniques of Individual Guidance)
  - प्राथमिक साक्षात्कार (Initial interview)
  - विद्यार्थियों का संचित अभिलेख (Cumulative record of students)
  - परीक्षओं का प्रयोग (Use of test)
  - विद्यालय के मुख्य पक्षों के बारे में जानकारी देना (Information about different aspects of school)
  - अनुस्थापक वार्ताएँ (Orientation task)
  - मनोवैज्ञानिक परीक्षाएँ (Psychological test)
  - परिवार से तथ्यों का संकलन (Data collection from family)
  - विद्यालय से तथ्य संकलन (Data collection from school)
  - विद्यार्थी से साक्षात्कार (Interview with the student)
  - सम्मेलन (Conference)
  - पार्श्व चित्र निर्माण Construction of profile)
- सामूहिक निर्देशन विधियाँ (Techniques of Group Guidance)

2. व्यावसायिक निर्देशन (Vocational Guidance)—साधारणत: व्यावसायिक निर्देशन का अर्थ उस सहायता से लगाया जाता है जो किसी व्यक्ति को किसी व्यवसाय के सम्बन्ध में दी जाती है। **सुपर** ने इसकी बड़ी सटीक परिभाषाएँ इस प्रकार दी है, "व्यावसायिक निर्देशन किसी व्यक्ति को अपना उचित तथा एकीकृत चित्र स्वीकार तथा विकसित करने एवं संसार में अपना योगदान जानने में सहायता करना है। इसका उद्देश्य उसकी वास्तविकता के विरुद्ध धारणा की परीक्षा करना है तथा उसे वास्तविकता में इस प्रकार बदलना है कि वह स्वयं सन्तुष्ट हो सके और समाज को लाभ पहुँचा सके।"

मायर के मतानुसार, "व्यावसायिक निर्देशन आधारभूत तौर पर एक प्रयत्न है जिसके द्वारा युवकों की अमूल्य स्वाभाविक योग्यताओं तथा उन्हें स्कूलों में दिए जाने वाले मूल्यवान प्रशिक्षण को नष्ट होने से बचाया जा सकता है। यह मानवीय साधनों की सारी पूंजी को सुरक्षित रखता है और व्यक्तियों को इनके प्रयोग में सहायता करता है ताकि वे उसे अधिकतम संतुष्टि और सफलता दे सकें और समाज को अधिकाधिक लाभ पहुँचा सकें।"

व्यावसायिक निर्देशन की आवश्यकता (Need for Vocational Guidance)

(*i*) व्यवसायों की संख्या में वृद्धि (Increasing Number of Occupations)—विज्ञान तथा टेक्नॉलोजी की उन्नति के कारण व्यवसायों की संख्या बढ़ रही है। देखने में आता है कि कई बालकों को उचित व्यवसाय नहीं मिल पाता जिसके कारण वे निराश और कुसमायोजित हो जाते हैं। इसलिए उन्हें निराशा से बचाने के लिए व्यावसायिक निर्देशन की आवश्यकता है।

(*ii*) निजी तथा सामाजिक दृष्टिकोण से (From Personal and Social Point of view)—यदि व्यक्ति को अपना मन पसन्द व्यवसाय मिल जाता है तो वह सन्तुष्ट रहता है और उसकी प्रगति भी होती रहती है। इसलिए निजी तथा सामाजिक दृष्टिकोण से भी व्यावसायिक निर्देशन की आवश्यकता है।

(*iii*) उचित स्वास्थ्य के लिए (For Good Health)—यदि व्यवसाय रूचि के अनुसार होगा तो स्वास्थ्य भी सही रहेगा अन्यथा नहीं। रोगी व्यक्ति समाज पर भी बोझ बन जाता है। अत: व्यावसायिक निर्देशन अत्यन्त आवश्यक है।

(*iv*) अनुशासन के लिए (For discipline)—व्यवसायिक निर्देशन मिलने पर जब व्यक्ति अपने मनपसन्द कार्य में संलग्न होगा तो कार्य क्षेत्र पर उत्तम कार्य की स्थितियाँ बनी रहेगी।

(*iv*) धन की दचत (Economic Point of View)—कई बार व्यावसायिक निर्देशन न मिलने से व्यक्ति व्यवसाय बदलता रहता है जिससे निजी तौर पर धन की हानि होती रहती है।

व्यावसायिक निर्देशन की विधियाँ

↓

↓	↓	↓
प्राथमिक साक्षात्कार Initial Interview	मनोवैज्ञानिक परीक्षण Psychological Testing	अनुस्थापक वार्ताएँ Orientation Tasks

↓

1. बौद्धिक स्तर की माप (Measurememt of Intelligence)
2. अभिक्षमता का माप (Measurement of Aptitude)
3. रुचियों का माप (Measurement of Interest)
4. व्यक्तित्व का माप (Measurement of Personality)

3. व्यक्तिगत निर्देशन (Personal Guidance)

बदलते हुए परिवेश में विद्यार्थी शैक्षिक एवं व्यावसायिक समस्याओं के अतिरिक्त अन्य बहुत सी समस्याओं से जूझ रहे हैं। जिन्हें आप व्यक्तिगत समस्याओं का नाम दे सकते हैं इनका हल करने के लिए दिए हुए निर्देशन को ही व्यक्तिगत निर्देशन कहा जाता है।

क्रो एवं क्रो के शब्दों में, "व्यक्तिगत निर्देशन वह सहायता है जो किसी व्यक्ति को जीवन के समस्त क्षेत्रों में अभिवृत्तियों और व्यवहार के विकास में श्रेष्ठ समायोजन स्थापित करने के लिए दी जाती है।"

व्यक्तिगत निर्देशन एक प्रकार की सहायता है जो किसी व्यक्ति को निजी, भावात्मक या मनोवैज्ञानिक समस्याएँ हल करने के लिए दी जाती है। जिससे व्यक्ति में ऐसी योग्यता उत्पन्न हो जाती है कि वह विभिन्न परिस्थितियों में समायोजन कर सके। इस प्रकार समायोजन होने से व्यक्ति को संतुलित व्यवहार करने में सहायता मिलती है।

व्यक्तिगत निर्देशन के उद्देश्य (Aim)

उद्देश्य इस प्रकार हैं—

(*i*) शारीरिक विकास के दौरान अटपटेपन की भावना से निपटना।
(*ii*) एक सभ्य नागरिक बनाना।
(*iii*) निर्णय लेने में आत्मनिर्भरता की ओर अग्रसर होना।
(*iv*) भावात्मक सन्तुलन बनाए रखना।
(*v*) सामाजिक गतिविधियों में योगदान देना।
(*vi*) समूह में व्यवहार की योग्यता विकसित करना।
(*vii*) परिपक्वता के दौरान शारीरिक एवं भावात्मक विकास में बौद्धिक तालमेल बनाए रखना।
(*viii*) वांछनीय नैतिक एवं आध्यात्मिक विकास करना।
(*ix*) आत्मविश्वास बनाना कि वह समाज और देश के लिए बहुत कुछ कर सकता है।
(*x*) घरेलू समस्याओं में समायोजन करना।
(*x*) अवकाश के समय सदुपयोग करना आदि।

उपबोधन/परामर्श का अर्थ, आवश्यकता एवं महत्त्व
(Meaning Need and Significance of Counselling)

सामान्य व्यक्ति के लिए, इसका अर्थ है सलाह, सुझाव, अनुमोदन या कुछ विशेष जानकारी प्रदान करना। उपबोधन/परामर्श, निर्देशन कार्यक्रम का सर्वाधिक महत्त्वपूर्ण भाग है।

रोजर्स (1952) के अनुसार, ''उपबोधन/परामर्श एक ऐसी प्रक्रिया है जिसमें चिकित्सक से संबंध स्थापित करते हुए उपबोधन को सुरक्षा प्रदान की जाती है और उसके पूर्व-अपेक्षित अनुभवों पर विचार करते हुए, समन्वित नीतियों से उसे नई दिशा प्रदान की जाती है।''

स्मिथ के अनुसार, ''उपबोधन/परामर्श ऐसी प्रक्रिया हे जिसमें उपबोधक किसी उपबोध्य की इस प्रकार सहायता करता है कि उपबोध्य अपनी चयन योजना अथवा समंजन जो वह करना चाहता है, से संबंधित तथ्यों की व्याख्या कर सके।''

पैपिस्की और पैपिस्की (1954) के शब्दों में, ''परामर्श सामान्य कार्यात्मक कुसमायोजित का निदान तथा उपचार है और परामर्शदाता/उपबोधक तथा बालक के मध्य व्यक्तिगत और आमने-सामने का सम्बन्ध है।''

गस्टड (1953) के अनुसार, ''उपबोधन अधिगमपरक प्रक्रिया है जो एक सरल एकैकी सामाजिक वातावरण में पूर्ण की जाती है जिसमें इसके अन्तर्गत मनोवैज्ञानिक कौशलों और ज्ञान के क्षेत्र में व्यवसायिक दृष्टि से सूक्ष्म उपबोधक, उपबोध्य की उन विधियों द्वारा सहायता करता है जो उपबोध्य की आवश्यकताओं के अनुरूप हों तथा समग्र कार्मिक कार्यक्रम के अन्तर्गत हों। इसका उद्देश्य यह जानना है कि ऐसे बोध को स्पष्ट रूप

से अनुभूत तथा वास्तविक रूप से परिभाषित लक्ष्यों के संबंध में कैसे व्यवस्थित किया जाए ताकि उपबोध्य अधिक प्रसन्न तथा समाज का अधिक उत्पादी सदस्य बन सके।''

विली तथा एण्ड्रू, ''परामर्श पारस्परिक रूप से सीखने की प्रक्रिया है।''

उपरोक्त विभिन्न परिभाषाओं के आधार पर आप कह सकते हैं कि, ''उपबोधन/परामर्श एक प्रकार का संबंध होता है। इसमें व्यावसायिक रूप से प्रशिक्षित और सक्षम उपबोधक/परामर्शदाता और उपबोध्य के आपसी संबंधों का समावेश होता है। स्नेह, विश्वास, आपसी समझ और स्वीकरण इसकी विशेषताएँ होती हैं।

परामर्श/उपबोधन तत्व (Elements)

(*i*) परामर्श प्रक्रिया में दो व्यक्ति संलग्न रहते हैं।

(*ii*) इसका उद्देश्य छात्र को अपनी समस्याएँ स्वतन्त्र रूप से हल करने के योग्य बनाना है।

(*iii*) परामर्श का उद्देश्य छात्र को आत्म निर्णय लेने के योग्य बनाना है।

(*iv*) परामर्श क्रिया का केन्द्र बिन्दु छात्र की आवश्यकता तथा समस्या होती है।

(*v*) परामर्श/उपबोधन एक प्रशिक्षित व्यक्ति का व्यावसायिक कार्य है।

(*vi*) परामर्श का अर्थ सलाह देना नहीं है।

(*vii*) उपबोधन/परामर्श का अर्थ बालक के लिए चिंतन करना नहीं है बल्कि उसे इस योग्य बनाना है कि वह उचित चिंतन कर सके।

(*viii*) इसका अर्थ समस्या का समाधान नहीं है। अपितु समस्या समाधान में बालक की सहायता करना है।

(*ix*) परामर्श लोकतंत्र के सिद्धांतों पर आधारित इसलिए हर व्यक्ति को अपना रास्ता चुनने का अधिकार है अतः परामर्श दाता बालक को उसके अधिकार से वंचित नहीं करता बल्कि उसकी रूचि से जुड़े कार्यों को सुसाध्य बनाता है। परामर्शदाता/उपबोधक को चाहिए कि वह उपबोध्य/बालक को उसी रूप में स्वीकार करे जैसा वह है।

(*x*) उपबोधक /परामर्शदाता मात्र एक संसाधक या उत्प्रेरक का कार्य करता है। वह ऐसे वातावरण का निर्माण करता है जो उन्मुक्त और सुरक्षित हो। वह अपने स्नेहपूर्ण व्यवहार से उपबोध्य के साथ ऐसा संबंध स्थापित करता है जिससे वह अपने दोषों को समझते हुए, बेहतर तरीके से आत्म सुधार करता है।

उपबोधन/परामर्श के लक्ष्य

↓

↓	↓	↓	↓	↓	↓
सकारात्मक मानसिक स्वास्थ्य की उपलब्धि	समस्या समाधान	निर्णय के लिए उपबोधन	व्यक्तिगत प्रभाविता को सुधारना	सहायता परिवर्तन	व्यवहार परिवर्तन

परामर्श एवं निर्देशन में अन्तर (Difference)

परामर्श निर्देशन का ही एक भाग है। परामर्शदाता छात्र को अपनी रूचि के क्षेत्र चयन या समस्या समाधान में सहायता प्रदान करता है। परामर्शदाता द्वारा छात्र की समस्या हल

नहीं की जाती है। परामर्श सेवा निर्देशन की अन्य सेवाओं के महत्त्व को कम नहीं करती है। अन्य सेवाओं में ठीक कार्य न होने पर परामर्श के परिणाम व्यर्थ ही प्रतीत होते हैं। अत: कहा जा सकता है कि निर्देशन कार्यक्रम की सभी सेवाएँ परस्पर सहयोगी है उनमें प्रतिस्पर्धा नहीं है। परामर्श सेवा अर्थहीन रह जाती है यदि इसकी समुचित तैयारी न की जाए। अन्तर बिन्दु इस प्रकार है—

(*i*) निर्देशन अधिक व्यापक है और परामर्श निर्देशन प्रक्रिया का एक अंग है।

(*ii*) परामर्श व्यक्ति की व्यक्तिगत समस्याओं से सम्बन्धित होता है जबकि निर्देशन का संबंध उसकी सभी समस्याओं से होता है।

(*iii*) परामर्श/उपबोधन प्राय: परामर्शदाता/उपबोधक तथा छात्र के मध्य व्यक्तिगत साक्षात्कार के रूप में होता है। निर्देशन में साक्षात्कार के अतिरिक्त अन्य कई प्रविधियाँ प्रयोग में आती है।

(*iv*) परामर्श का सम्बन्ध केवल एक व्यक्ति से होता है जबकि निर्देशन का सम्बन्ध समूह से होता है।

परामर्श/उपबोधन के प्रकार /उपागम
(Types of Counselling)

निदेशात्मक परामर्श Directive Counselling	अनिदेशात्मक परामर्श Non-Directive Counselling	मध्य मार्गीय परामर्श Eclectic Counselling

1. निदेशात्मक परामर्श

नाम से ही प्रतीत होता है कि यह उपागम उपबोधक की अधिक सक्रिय भूमिका को प्रकट करता है। उपबोधक/परामर्शदाता, निर्देशन की विभिन्न विधियों के प्रयोग द्वारा उपबोध्य को सहायता प्रदान करता है ताकि वह स्वयं सही समाधान ढूंढ सके।

फ्रेडेरिक थॉर्न के अनुसार, ''उपबोधक द्वारा किए जाने वाले निर्देशन की आवश्यकता, विभिन्न व्यक्तिगत उपबोध्यों की स्वनियमन की क्षमताओं के विलोमानुपाती होती है।'' यद्यपि जैसे-जैसे उपबोधन प्रक्रिया आगे बढ़ती रहती है, समस्या को सुलझाने का मुख्य उत्तरदायित्त्व उपबोधक का ही होता है, लेकिन उपबोध्य को भी समस्या का हल खोजने के प्रति अधिकाधिक प्रोत्साहित किया जाता है ताकि वह आत्म-निर्देशन का अधिक दायित्व स्वयं ले सकें।

यह उपागम उपबोध्य और उपबोधक के मध्य एक अधिक वैयक्ति संबंध पर आधारित है। इसके लिए उपबोधक उपबोध्य के साथ मनोवैज्ञानिक तादात्मय स्थापित करने का प्रयत्न करता है ताकि वह उपबोध्य को गठन रूप से समझ सके। निदेशात्मक परामर्श/ उपबोधन में भूतकाल पर बल दिया जाता है। इसका ध्यान समस्या के इतिहास तथा उपबोध्य के बौद्धिक अंग पर अधिक केन्द्रित रहता है।

निदेशात्मक परामर्श/उपबोधन के चरण/सोपान
Steps in Directive Counselling

↓

↓	↓	↓	↓	↓	↓
विश्लेषण	संश्लेषण	फलानुमान	निदान	परामर्श	अनुगमन
Analysis	Synthesis	Prognosis	Diagnosis	Counselling	Follow up

(*i*) **विश्लेषण**—उपबोध्य को अच्छी प्रकार से जानने के लिए विभिन्न प्रकार के साधनों द्वारा तथ्य एकत्रित करके उनका विश्लेषण करना।

(*ii*) **संश्लेषण**—तथ्यों का संक्षिप्तीकरण तथा संगठन करके उपबोध्य की क्षमताओं, समायोजन तथा कुसमायोजन को प्रकट करना।

(*iii*) **फलानुमान**—उपबोध्य की समस्या के भावी विकास का पूर्वानुमान करना।

(*iv*) **निदान**—समस्या के कारणों के स्वरूप के बारे में निष्कर्ष निकालना।

(*v*) **परामर्श**—उपबोध्य के साथ मिलकर उपबोधक उसके समायोजन के लिए प्रयास आरम्भ करता है।

(*vi*) **अनुगमन**—उपबोधक अनुगमन द्वारा अपने परामर्श की कमियों तथा प्रभावशीलता का मूल्यांकन करता है।

2. अनिदेशात्मक परामर्श/उपबोधन (Non-Directive Counselling)

इस उपागम में उपबोधक ऐसा वातावरण प्रदान करता है जिसमें सेवार्थी बिना किसी भय या दबाब के पूर्णतया मुक्त अवस्था में अपने विचारों और अनुभूतियों की खोज करता है। इस उपागम में आँकड़ों का स्रोत उपबोध्य स्वयं होता है, उपबोधक तो केवल उत्प्रेरक का कार्य करते हुए उसे उसकी क्षमताओं से अवगत कराने का प्रयत्न करता है। व्यवहार में बदलाव लाने का अंतिम उत्तरदायित्त्व उपबोधक की बजाए सेवार्थी का होता है। उपबोधक को न तो अति सक्रिय होना है और न ही अति निष्क्रिय। आप कह सकते हैं कि यह परामर्श उपबोध्य केन्द्रित होता है।

इस उपागम के प्रतिपादक कार्ल रोजर्स के अनुसार इसकी विशेषताएँ इस प्रकार हैं—

(*i*) उपबोधक और उपबोध्य के सम्बन्धों में वैयक्तिता (Subjectivity) पाई जाती है।

(*ii*) इसमें उपबोध्य की भावनाओं को महत्त्व दिया जाता है। बौद्धिक पक्ष की अपेक्षा संवेगात्मक पक्ष को अधिक महत्त्वपूर्ण माना जाता है।

(*iii*) इसमें पर्याप्त स्वतन्त्रता, खोज और प्रयोग के अवसर मिलते हैं।

(*iv*) इसमें दोनों के मध्य क्रिया-प्रतिक्रिया चलती रहती है।

(*v*) इस प्रकार के परामर्श में लचीलापन रहता है।

सोपान (Steps)

(*i*) उपबोधक सहायता अवस्थाओं को परिभाषित करता है।

(*ii*) उपबोध्य की स्वतन्त्रता प्रदान की जाती है कि वह अपने विचारों को प्रकट कर सके।

(*iii*) उपबोधक नकारात्मक एवं सकारात्मक विचारों को पुनः संगठित तथा स्पष्ट करता है।

(*iv*) उपबोध्य में आत्मज्ञान विकसित होने के साथ उपबोधक उसकी भावनाओं को और स्पष्ट करता है।

(*v*) अन्त में दोनों में से कोई भी परामर्श प्रक्रिया का परित्याग नहीं करता है।

3. संकलनात्मक/मध्यमार्गीय परामर्श/उपबोधन (Eclectic Counselling)

एफ. सी. थार्न इस विधि के प्रतिपादक हैं। उनके अनुसार किसी एक विधि को न अपना कर उनका मिश्रित रूप अपनाना चाहिए। उपबोधक एवं उपबोध्य दोनों ही परामर्श क्रिया के प्रमुख अंग हैं। इसलिए दोनों का ही सक्रिय होना आवश्यक है। मध्यमवर्गीय परामर्श की विशेषता उपबोधक को समय तथा उपबोध्य के आधार पर प्रक्रिया अपनाने की स्वतन्त्रता से सम्बन्धित है। शैक्षिक एवं व्यावसायिक निर्देशन की दैनिक समस्याओं के लिए निदेशात्मक परामर्श तथा संवेगात्मक समस्या के लिए अनिदेशात्मक परामर्श अपनाना होगा।

विशेषताएँ (Characteristics)

(*i*) यह लचीली विधि है।

(*ii*) उपबोधक एवं उपबोध्य दोनों को चयन और अभिव्यक्ति की स्वतन्त्रता होती है।

(*iii*) उपबोध्य को पर्याप्त अवसर तथा सुविधा देने के लिए विधियों में सुधार किया जा सकता है। सम्बन्धों के उद्देश्यों की पूर्ति की दृष्टि से दार्शनिक रूपरेखा में परिवर्तन किया जाता है।

(*iv*) सम्बन्धों में परस्पर विश्वास एवं निष्ठा आवश्यक है।

सोपान (Steps)

(*i*) सेवार्थी की समस्याओं की विस्तृत जानकारी प्राप्त करने के लिए क्रमबद्ध विश्लेषण।

(*ii*) उपबोधन की विभिन्न विधियों को उनके गुण और दोष के आधार पर समझना।

(*iii*) लक्षणों की तुलना में कारणों पर अधिक ध्यान देना।

(*iv*) उपबोध्य की आवश्यकताओं को ध्यान में रखते हुए, विशिष्ट विधि का चयन।

(*v*) प्राप्त परिणामों के आधार पर विधि का मूल्यांकन।

(*vi*) वैज्ञानिक तरीके से आंकड़ों को विश्लेषण और परिणाम का मूल्यांकन करना।

सामाजिक रूप से पिछड़े/सुविधावंचित छात्रों की शिक्षा
(Guiding Socially and Culturally Disadvantaged Learners)

व्यक्तिगत स्तर पर विभिन्न कारकों के क्रियाशील होने के कारण, एक व्यक्ति में अनेक आवश्यकताएँ जन्म लेती हैं। इसी प्रकार सामाजिक स्तर पर भी अनेक कारक क्रियाशील और प्रभावपूर्ण होते हैं। जिनके कारण भी एक व्यक्ति, विद्यार्थी में अनेक विशेष आवश्यकताओं का जन्म होता है, जिनकी आपूर्ति निश्चय ही होनी चाहिए। यद्यपि

हमारा संविधान सभी के लिए समान शिक्षा के दायित्व का निर्वहन करने हेतु प्रतिबद्ध है परंतु विद्यालय जाने की उम्र वाले सभी बच्चों को आज भी यह अवसर उपलब्ध नहीं है। स्कूली-अवस्थाओं के अनेक बच्चे पढ़ाई की सुविधा से वंचित रह जाते हैं।

सुविधा वंचित विद्यार्थियों का निर्देशन

इसके अनेक कारण हो सकते हैं जैसे—

→ यदि वह दूर दराज के क्षेत्रों में रह रहा है।

→ यदि वह दूसरों द्वारा हेय दृष्टि से देखे जाने वाले समाज/समुदाय का सदस्य हैं।

→ यदि समाज में जन्म से ही किसी लिंग विशेष के साथ श्रेष्ठता का चिन्ह लगा हुआ है इत्यादि।

देखने में आ रहा है कि शहरी क्षेत्रों में तो लिंग भेद कम हो रहा है, किन्तु ग्रामीण और दूरदराज के क्षेत्रों में आज भी स्थिति पूर्ववत् ही है। भ्रूण हत्या इसका एक ज्वलन्त उदाहरण है जो शहरों में अधिक है। उधर अनुसूचित जाति के विद्यार्थी सामाजिक, आर्थिक और सांस्कृतिक कारणों से शिक्षा के क्षेत्र में पिछड़ रहे हैं। सामान्य जाति और अनुसूचित जाति के बीच सामाजिक दूरी भी एक ऐसी समस्या है जिसके लिए निर्देशन की आवश्यकता है।

इसके लिए अनेक उपाय किये जा रहे हैं। उदाहरण के लिए अधिक पाठशालाओं को खोलना, आवासीय सुविधाएँ उपलब्ध कराना, मुक्त रूप से शिक्षण की सुविधा प्रदान कराना (मुक्त शाला, अनौपचारिक शिक्षा केन्द्र द्वारा) का लाभ सामाजिक रूप से सुविधावंचित बच्चों को दिया जा सकता है। इन अनेक उपायों के रहते हुए भी, निर्धनता एक ऐसा मूल कारण है जो भारतीय समाज में पिछड़े वर्ग की शिक्षा को विशेष रूप से प्रभावित करता है। ऐसे विद्यार्थियों की सामाजिक और मनोवैज्ञानिक सीमाएँ, शिक्षा के प्रति माता-पिता और बच्चों में प्रेरणा की कमी, माता-पिता में अपने सम्बन्ध में हीन धारणाएँ अनुपयुक्त शैक्षिक सुविधाएँ और अध्यापकों द्वारा पिछड़े वर्ग के बालकों से न्यून अपेक्षाएँ जैसे कारकों के कारण, सामाजिक रूप से सुविधावंचित अथवा पिछड़े विद्यार्थियों में चिन्तायें और व्यग्रता या व्यक्तित्व सम्बन्धी समस्याएँ उत्पन्न होती हैं। ऐसे सुविधावंचित विद्यार्थियों के लिए, शैक्षिक अवसरों की उपलब्धि कराने के साथ-साथ यह भी अत्यधिक आवश्यक है कि कक्षा में अध्यापक इन्हें अधिक से अधिक महत्त्व देकर स्वीकार करें। ध्यान रहे कि कक्षा में इनके प्रति किसी प्रकार अवहेलनापूर्ण व्यवहार नहीं होना चाहिए।

विषय-वस्तु को विशिष्ट स्थानीय आवश्यकताओं के अनुरूप लचीला बनाना होगा। शैक्षिक प्रक्रियाओं की संरचना कुछ ऐसी बनाई जाए ताकि विद्यार्थियों को उनसे कुछ तत्काल आर्थिक लाभ मिल सके। जिससे बालकों को व्यवसायीकरण का निर्देशन भी दिया जा सके।

अंत में शैक्षिक प्रक्रिया का निर्देशन कुछ इस प्रकार दिया जाए कि बालक स्वयं समस्याओं का हल निकाल सके और उसका प्रत्येक प्रयास देश हित में हो तथा वर्ग भेद को या अन्य किसी भी भेद-भाव की संकीर्ण विचार धारा को त्याग दे।

सारांश

1. निर्देशन सभी प्रकार की शिक्षा से जुड़ा है।
2. जिस व्यक्ति को निर्देशन दिया जाता है वह उसे स्वीकार या अस्वीकार करने के लिए स्वतंत्र होता है।
3. निर्देशन शैक्षिक एवं व्यावसायिक दोनों प्रकार का होता है।
4. परामर्श का अर्थ सलाह देना नहीं है, अपितु बालक को इस योग्य बनाना है कि वह स्वयं उचित चिंतन कर सके।
5. परामर्श, निदेशात्मक, अनिदेशात्मक एवं मध्य मार्गीय हो सकता है।
6. सुविधावंचित बालकों की शिक्षा के लिए उचित अवसर प्रदान किए जाने चाहिए।

प्रयोग एवम् परीक्षण
(Experiments and Tests)

प्रयोग (Experiments)

(1) अधिगम एवं धारण Learning and retention of various kinds of semantic material, meaningful word sentence.

(2) पियाजे द्वारा किए गए प्रयोग (Piagesian type tasks)

(3) समाजामिति (Socio-metric test)

(4) अधिगम स्थानांतरण (Transfer of training)

प्रयोग संख्या – 1
कण्ठस्थीकरण की समग्र और खण्ड विधि
(Whole and Part Method of Memorization)

किसी भी विषय को याद करने की कई विधियाँ हैं। इनमें से समग्र एवं खण्ड विधियाँ प्रमुख हैं। **समग्र विधि** से तात्पर्य है कि पूरी सामग्री को बार-बार पढ़ कर दोहराया जाए और उस समय तक लगातार उस सामग्री की पूर्ण रूप से आवृति की जाए जब तक कि वह याद न हो जाए।

खण्ड विधि से तात्पर्य यह है कि किसी सामग्री को कई टुकड़ों में बाँट लिया जाए। दोनों में से कौन सी विधि अधिक अच्छी है। यह भी एक विवादास्पद विषय रहा है।

प्रयोग का उद्देश्य (Aim of Experiment)

यह देखने के लिए दो बालकों दिनेश एवं योगेश पर अध्ययन किया गया।

प्रयोग सामग्री : प्रयोग में निम्न पद सामग्री के रूप में प्रयुक्त हुए।

सात पद की कविता

1. रण बीच चौकडी भर-भर कर
   चेतक बन गया निराला था।
   राणा प्रताप के घोड़े से
   पड़ गया हवा का पाला था।
2. गिरता न कभी चेतन तन पर,
   राणा प्रताप का कोड़ा था।
   वह दौड़ रहा और मस्तिष्क पर,
   या आसमान पर घोड़ा था।
3. जो तनिक हवा से बाग हिली
   लेकर सवार उड़ जाता था।

राणा की पुतली घिरी नहीं
तब तक चेतक मुड़ जाता था।

4. कौशल दिखलाया चालों में,
उड़ गया भयानक भालों में।
निर्भीक गया वह ढालों से
सरपट दौड़ा करवालों में।

5. है यही रंग अब यहां नहीं,
वह वहीं रहा है वहां नहीं।
थी जगह न कोई वहां नहीं,
किस परि मस्तक पर कहां नहीं।

6. बढ़ते नव-सा वह लहर गया,
वह गया, गया फिर ठहर गया।
विकराल वज्रमय बादल-सा,
और की सेना पर फहर गया।

7. भाला गिर गया गिरा निषंग,
लय टापों से खन गया अंग।
बैरी समाज रह गया दंग,
घोड़े का ऐसा देखा रंग।

तैयारी (Preparation)

यह देखने के लिए उपरोक्त कविता समग्र विधि से लगभग 18 वर्ष की आयु और औसत बुद्धि रखने वाले, दो विद्यार्थियों दिनेश और योगेश को चुना। उन्होंने इस कविता का पहले नहीं सुना था। दोनों प्रयोज्यों को अलग दूरी पर आराम से बैठाया गया ताकि व्यवधान न हो।

निर्देश (Directions) प्रयोग शुरू करने से पहले परीक्षार्थी को निम्न निर्देश दिए गए—

मैं तुम्हें सात पदों की एक कविता दूंगा। साथ ही तुम्हें एक-एक विराम घड़ी भी दूंगा। तुम कविता लिखे हुए कार्ड को तब पढ़ना शुरू करना जब कहा जाए।

फिर दिनेश को सम्बोधित करके प्रयोगकर्त्ता ने ये निर्देश दिए :

जब तुम्हें पढ़ने का निर्देश मिले तो अपनी विराम घड़ी चालू करके कविता पढ़ना शुरू कर देना। शुरू से आखिर तक कविता को पढ़ना। एक आवृति पूरी होने पर एकदम घड़ी का बटन दबा कर उस आवृति करने में जितना समय लगे नोट कर लेना। फिर घड़ी का बटन दबा दोगे और कविता शुरू से आखिर तक कितनी देर में याद हुई, समय नोट कर लोगे। यह प्रक्रिया तब तक करते रहोगे जब तक पूरी कविता याद न हो जाए। हर बार तुम समय समय नोट करोगे। तुम्हारे नोट को देख कर मालूम हो जाएगा कि तुमने कितनी आवृत्तियों में और कुल कितने समय में कविता याद की।

इसके उपरान्त योगेश को निर्देश दिए—

जब तुम्हें कविता पढ़ने का संकेत दिया जाए तो अपनी विराम घड़ी चालू करके कविता का एक पद बार-बार दोहराओगे। जब वह याद हो जाएगा तो घड़ी का बटन दबा कर समय

नोट कर लोगे कि उस पद को याद करने के लिए तुमने उसे कितनी बार दोहराया। पहला पद याद होने के बाद फिर दूसरा पद घड़ी चलाने के बाद याद करना शुरू करोगे और याद करने की आवृत्तियों की संख्या तथा दूसरी बार याद करने में लगे समय को नोट कर लोगे। यही क्रम सातवें पद तक चलता रहेगा जब तक कि पूरी कविता तुम्हें याद न हो जाए।

प्रयोग की प्रक्रिया (Process of the Experiment)

निर्देश देने के बाद प्रयोक्ता ने दोनों प्रयोज्यों को अपनी-अपनी सीटों पर बैठ जाने के लिए कहा। उनकी मेज पर एक-एक विराम घड़ी रख दी गई। कार्ड पर लिखी हुई कविता भी पलट कर मेज पर रख दी गई। फिर दोनों प्रयोज्यों को कविता याद करनी आरम्भ करें का निर्देश दिया।

जब दोनों प्रयोज्यों को कविता अलग-अलग विधियों से याद हो गई तो प्रयोगकर्ता ने उनके नोट किए हुए समयों को ले लिया। वह प्रयोग के दौरान प्रयोज्यों की क्रियाओं और उनके बाह्य व्यवहार को नोट करता रहा, लेकिन किसी भी प्रकार का व्यवधान न हो, ध्यान रखा गया।

सावधानियाँ (Precautions)

1. प्रयोगकर्ता द्वारा प्रारंभ का संकेत देने से पहले प्रयोज्य कविता की पंक्तियाँ न देखने पाएं।

2. यह भी ध्यान रखा गया कि प्रयोज्य समय को ठीक से नोट करें।

3. दोनों प्रयोज्य एक दूसरे से बात न कर सकें और इतनी जोर से पढ़ें कि एक की आवाज दूसरे के कार्य में व्यवधान न करे।

परिणाम (Results): दोनों प्रयोज्य द्वारा कविता में याद करने के इस प्रयोग में निम्न परिणाम प्राप्त हुए:

दिनेश द्वारा समग्र विधि से कविता याद करने का फल

पूरी कविता की आवृति	आवृति में लगा हुआ समय
1	1 मिनट 5 सैकिण्ड
2	1 मिनट 4 सैकिण्ड
3	1 मिनट 3 सैकिण्ड
4	1 मिनट 3 सैकिण्ड
5	1 मिनट 3 सैकिण्ड
6	1 मिनट 3 सैकिण्ड
7	1 मिनट 2 सैकिण्ड
8	1 मिनट 1 सैकिण्ड
9	1 मिनट
10	1 मिनट
कुल आवृत्तियां = 10	कुल समय : 10 मिनट 24 सैकिण्ड

योगेश द्वारा पूरी कविता को खण्ड विधि से याद करने का परिणाम

पद संख्या	आवृति की संख्या	पद याद करने में लगा समय जितनी पाद में पद याद हुआ
1	6	10.59 सैकिण्ड
2	7	
3	6	4.58 सैकिण्ड
4	6	0.57 सैकिण्ड
5	7	0.59 सैकिण्ड
6	6	0.58 सैकिण्ड
7	6	0.58 सैकिण्ड
		कुल समय 6 मिनट 48 सैकिण्ड

परिणाम : प्रयोगकर्त्ता ने इस प्रकार गणना की

दिनेश द्वारा समग्र विधि से कविता = 10 मिनट 24 सैकिण्ड

याद करने का समय, कुल आवृत्तियाँ = 101

योगेश द्वारा खण्ड विधि से कविता याद करने का समय = 6 मिनट 49 सैकिण्ड

6 + 7 + 6 + 6 + 7 + 6 + 6 = 44/7 = 6.3 आवृत्तियाँ

योगेश द्वारा प्रत्येक पद को याद करने में लगा औसत समय = 409 सैकिण्ड

निष्कर्ष

1. पूरी कविता को याद करने में समग्र विधि से 10 मिनट 49 सैकिण्ड का समय लगा जबकि खण्ड विधि में केवल 3 मिनट 49 सैकिण्ड लगा।

2. समग्र विधि में पूरी कविता की दस आवृतियाँ करनी पड़ी जबकि खण्ड विधि से औसत रूप से केवल 63 आवृत्तियाँ करने पर कविता याद हो गई।

प्रयोग संख्या – 2

अधिक सीखने का धारण—शक्ति पर प्रभाव (Effect of Overlearning upon Retention)

1. प्रयोग कर्ता (Author of experiment)—W.L.F Krueger

2. प्रयोग के उद्देश्य (Purpose of expt.) —धारण-शक्ति पर अधिक सीखने के प्रभाव को निश्चित करना।

3. प्रयोग की अवधि (Duration of expt.) : एक माह

4. प्रयोज्य (Subject)—कॉलेज में अध्ययन करने वाले बीस छात्र।

5. स्मरण की जाने वाली सामग्री (Material to be Learned)—स्मरण की जाने वाली सामग्री बारह संज्ञाओं की सूचियाँ थी। प्रत्येक छात्र के लिए अलग सूची का प्रयोग किया गया था। प्रत्येक संज्ञा के केवल चार या पाँच अक्षर थे जैसे — Born, Lamp, Tru, Chain.

6. स्मरण करने की विधि (Method of Learning)—प्रत्येक छात्र को संज्ञाओं की सूची सदैव एक क्रम में दिखाई गई। उसको सूची का प्रत्येक शब्द दो सैकेण्ड तक दिखाया गया पहली बार उसने शब्दों को देखकर उनका उच्चारण किया। दूसरी बार उसे पहला शब्द दिखाकर दूसरा, दूसरा शब्द दिखाकर तीसरा और इसी प्रकार अन्य शब्द दिखाकर उससे आगे का शब्द बताने के लिए कहा गया। इस क्रिया को उस समय तक जारी रखा गया, जब तक उसको सूची के सब शब्द याद नहीं हो गये। जब तक वह सब शब्दों को एक बार में बताने में सफल हो गया। तब यह समझ लिया गया कि उसे वे सब शब्द याद हो गये।

7. अधिक सीखना (Overlearning)—क्रूगर ने छात्रों द्वारा शब्दों को अधिक याद किये जाने के लिए दो विधियाँ अपनाई—ड्योढ़ी बार याद करना और दूनी बार याद करना। (15% learning & 200% learning)। उदाहरणार्थ यदि एक छात्र एक सूची के शब्दों को 10 बार में याद कर लेता था, तो उसे उनको 5 बार तथा 10 बार और याद करने के लिए कहा जाता था।

8. स्मरण की परीक्षा (Test of Learning)—यह जानने के लिये कि ड्यौढ़ी और दूनी बार अधिक याद करने से छात्रों को कितना अधिक याद रहा, उसकी छः बार परीक्षा ली गई। यह परीक्षा शब्दों के स्मरण किये जाने के बाद निश्चित समय पर ली गई। यह समय था : 1, 2, 4, 7, 14 और 28 दिन के बाद।

9. परीक्षा (Result)—क्रूगर ने अपने प्रयोग के आधार पर दो परिणाम निकाले। **पहला,** जिन छात्रों ने सूचियों को ड्यौढ़ी बार याद किया, उनको अधिक शब्द अधिक समय तक स्मरण रहे। **दूसरा,** जिन छात्रों ने सूचियों को दूनी बार याद किया, उनको उस अनुपात में अधिक शब्द अधिक समय तक स्मरण नहीं रहे।

10. निष्कर्ष (Conclusion)—क्रूगर ने अपने प्रयोग और उसके परिणामों के आधार पर दो निष्कर्ष निकाले। **पहला,** यदि कोई बात साधारण की अपेक्षा ड्योढ़ी बार (150%) याद की जाती है, तो वह अधिक समय तक याद रहती है और इससे याद किये जाने के समय में बचत होती है। **दूसरा,** यदि कोई बात दूनी बार (200%) की जाती है, तो उसका कोई विशेष परिणाम नहीं होता है, क्योंकि याद किये जाने में जितना अधिक समय व्यय किया जाता है, उसके अनुपात में स्मरण कम होता है।

प्रयोग – 3
सोने व जागने के समय विस्मरण
(Forgetting During Sleep and Awaking)

1. प्रयोगकर्त्ता (Authors of Experiment)—जैनकिन्स और डेलनप्वैक ने 4 अप्रैल 1924 से 7 जून 1924 तक किया।

2. प्रयोग का उद्देश्य (Purpose of Experiment)—सोने और जागने के समय विस्मृति की गति की तुलना करना।

3. प्रयोज्य (Subject)—यह प्रयोग कॉलेज की उच्च कक्षाओं में अध्ययन करने वाले दो छात्रों के ऊपर किया गया। वे दिन में इधर उधर घूम सकते थे परन्तु रात के समय प्रयोगशाला के साथ वाले कमरे में सोते थे।

4. स्मरण की जाने वाली सामग्री (Material to be Learnt)—स्मरण की जाने वाली सामग्री टाइप की हुई निरर्थक शब्दों की आठ सूचियाँ थी। प्रत्येक सूची में दस शब्द थे। प्रत्येक शब्द में तीन अक्षर इस प्रकार थे; व्यंजन, स्वर, व्यंजन जैसे Bef, Lum, Sev.

5. स्मरण करने की विधि (Method of Learning)—प्रत्येक छात्र को सूचियाँ और उनके शब्द एक क्रम में दिखाए गए। उसे प्रत्येक शब्द 7 सैकेण्ड तक दिखाया गया। उसको देखने के तुरन्त बाद ही उसने जोर से बोल कर उस शब्द का उच्चारण किया। इस क्रिया को उस समय तक जारी रखा गया, जब तक उसको सब सूचियों के सब शब्द याद नहीं हो गए।

6. याद करने का समय (Time of Learning)—छात्रों को सूचियों के शब्दों को याद करने के लिए प्रतिदिन दो अवसर दिये जाते थे प्रात:काल 8 बजे और 10 बजे के बीच में एवं रात्रि के समय 11½ बजे से 1 बजे के बीच में।

7. स्मरण की परीक्षा (Test of Learning)—छात्रों की प्रतिदिन यह जानने के लिए परीक्षा ली जाती थी कि उनको सूचियों के कितने शब्द याद थे। यह परीक्षा शब्दों के स्मरण किए जाने के बाद निश्चित समय पर चार बार ली जाती थी, यह समय स्मरण किए जाने के बाद था—-1 घन्टा, 2 घन्टे, 4 घन्टे और 8 घन्टे।

8. परिणाम (Result)—प्रयोगकर्ताओं ने अपने प्रयोग के आधार पर दोनों छात्रों के सम्बन्ध में निम्नांकित परिणाम निकाले:

प्रयोज्य (Subjects)	अवधियाँ (Interval)								सब अवधियों का औसत	
	1 घन्टा		2 घन्टा		4 घन्टा		8 घन्टा			
	Sleep	Waking	Sleep	Waking	Sleep	Waking	Sleep	Waking	Sleep	Waking
(क) छात्र	7.1	4.4	5.4	2.8	5.3	2.4	5.5	0.4	5.8	2.4
(ख) छात्र	7.0	4.8	5.4	3.4	5.8	2.1	5.8	1.4	6.0	2.8

9. निष्कर्ष (Conclusion)–प्रयोगकर्ताओं ने अपने प्रयोग और उसके परिणामों के अधार पर दो निष्कर्ष निकाले। पहला : दिन की अपेक्षा रात्रि के समय याद करने में अधिक समय लगता है।

दूसरा : जाग्रत अवस्था की अपेक्षा सुव्यवस्था में विस्मरण की गति धीमी होती है।

प्रयोग – 4

स्थाई स्मृति
(Parmanent Memory)

समस्या—बचाने की विधि से प्रयोज्य को स्थायी स्मृति के बारे में अध्ययन करना अर्थात् प्रयोग करना।

प्रयोग परिचय—स्थायी स्मृति से अभिप्राय इस सम्बन्ध में किए जाने वाले प्रयोगों पर चर्चा कीजिए?

उपकरण एवं सामग्री—निरर्थक शब्द सूची जैसे TRC, AID, UTD इत्यादि अनेक शब्दों को स्मृतिपरथ (चक्र) पर प्रदर्शित किया जा सकता है। इस चक्र पर एक खिड़की बनी होती है। एक ही दिशा पर घुमाने से ये शब्द क्रमशः खिड़की से बार-बार दिखाई पड़ते हैं।

विधि—(क) व्यवस्था—प्रयोज्य को आरामदायक स्थिति में बिना किसी तनाव के कुर्सी पर बिठाया गया और कुछ ही दूरी पर स्मृति चक्र को रखने के पश्चात् उसे कुछ दिशा निर्देश दिए गए।

(ख) प्रयोज्य के स्मृति चक्र से कुछ निरर्थक शब्दों की सूची दिखाई जाएगी उन्हें आपको चुपचाप पढ़ना होगा। पूरी सूची देखने के बाद प्रयोज्यकों के सभी निरर्थक शब्दों को देखने के लिए कहा जाता है।

(ग) प्रयोग करने के लिए स्मृति चक्र की चाल को कुछ इस तरह से व्यवस्थित किया जाना चाहिए कि निरर्थक शब्दों के बीच देने वाला अन्तर समान हो उसके बाद पूरी सूची दिखाई जानी चाहिए। यदि प्रयोज्य ने एक ऐसे सपाट रूप से सूची को नहीं सुना तो उसे ही जरा सपाट रूप से सुनाने की व्यवस्था होनी चाहिए। यह प्रक्रिया उस समय तक की जानी चाहिए जिस समय वह पढ़कर पूरी सूची को न बोल सकें। और यह ज्ञान किया जाना चाहिए कि अब पूरी सूची दोहराने के लिए प्रयोज्य को कितनी सूची दिखलानी पड़ी। उसका प्रतिशत ज्ञान करना चाहिए।

— वातावरण शान्त होना चाहिए।
— सूची को दिखाते समय निरर्थक शब्दों के बीच पूरा सम्मान दिया जाना चाहिए।
— प्रयोष्य एवं चक्र के बीच उचित दूरी हो।
— चक्र पर दिखाए गए शब्द बिल्कुल स्पष्ट दिखें

प्रथम प्रयोग

प्रयास क्रम	प्रदर्शित शब्द	स्मृति में	सुनाए गए शुद्ध अशुद्ध शब्द
	CTD	CTP	
	UTD	STD	
	TEC		
	CHD	CHD	
	MNO		
	LRP		

विवरण — प्रयोज्य से निम्न प्रश्न पूछे जाने चाहिए।
—शब्द को स्मरण करने में किस विधि का प्रयोग किया जाए?
—क्या उसके मस्तिष्क में शब्दों की छवि बनती है?
—उसकी प्रयोग में रुचि थी या नहीं।

दूसरा प्रयोग

प्रयास क्रम	*प्रदर्शित शब्द*	*स्मृति में सुनाए गए शब्द*	
		शुद्ध	*अशुद्ध*
1	—	—	—
2	—	—	—
3	—	—	—

विश्लेषण—प्रथम एवं द्वितीय प्रयोग करने के पश्चात् यह ज्ञात करना जरुरी होता है कि पूरी सूची दोहराने के लिए पुनरावृत्तियों की संख्या ज्ञात कीजिए और पहले और दूसरे प्रयोग में पहले प्रयोग का कितना प्रतिशत है कितना नहीं है।

विवेचन एवं निष्कर्ष

1. किए गए प्रयोग में कितना प्रतिशत आया?
2. एविन्ग हॉस के प्रतिशत से तुलना कीजिए?
3. यथासम्भव ऐसा प्रयोग करें।

एविन्ग हॉस के अनुसार निम्न परिणाम आए।

समय	—	विषय वस्तु का स्मरण % में
2 मिनट	—	58 %
1 घन्टे तक	—	44 %
6 घन्टे तक	—	36 %
1 दिन	—	34 %
2 दिन	—	28 %
3 दिन	—	28 %
31 दिन	—	21 %

प्रयोग – 5

अर्थहीन विषय वस्तु को दोहराने का स्मृति पर प्रभाव

(Effect of the Repitition of Non-sense Meterial on Learning)

समस्या : अर्थहीन विषय वस्तु को दोहराने का स्मृति पर प्रभाव

सामग्री : तीन–तीन अक्षरों से बने पदों की पाँच सूचियाँ,

प्रत्येक के ऐसे बीस बीस पद। कार्ड, विराम घड़ी।

प्रयोग : एविन्गहास के प्रयोग का उल्लेख।

विधि : अर्थपूर्ण विषय वस्तु जैसी सारणी बनाइये।

विवेचन एवं निष्कर्ष

(1) पुनरोत्पादित अर्थहीन पदों की संख्या क्या हैं?

(2) यह प्रदर्शित पदों का कितने प्रतिशत हैं।

(3) अर्थपूर्ण नया अर्थहीन पदों के प्रतिशत की तुलना कीजिए।

सावधानी—निरर्थक पदों की सूची बनाने में यह ध्यान रखना चाहिए कि क्रमोत्तर पक्षों का पहला अक्षर पिछले पद का अक्षर ही न हो, और न इसके अन्त में ही वही अक्षर हो न इसकी लय में ही कोई समानता हो।

प्रयोग – 6

अर्थपूर्ण विषय वस्तु को दोहराने का स्मृति पर प्रभाव
(Effect of Repitition of Meaningful Learning on Memory)

समस्या : अर्थपूर्ण विषय वस्तु को दोहराना।

सामग्री : तीन अक्षरों वाले बीस-बीस परिचित शब्दों की पाँच सूचियाँ अनेक कार्ड, विराम घड़ी।

प्रयोग : एविन्गहॉस द्वारा किया गया प्रयोग।

विधि : प्रयोज्य को आराम से बैठाकर निम्न निर्देश दिए :

जब मैं तैयार कहूँ तो आप कार्ड पर देखें। आप वहाँ एक शब्द देखेंगे और फिर दो सैकेण्ड बाद दूसरा शब्द, जब तक कि सूची के सब शब्द प्रदर्शित न कर दिए जाएं। इस सूची को दोहराया भी जा सकता है। आप सूची के इन शब्दों को याद करने का प्रयास कीजिए। बाद में आप से इन शब्दों का स्मरण द्वारा प्रत्यावाहन करने को कहा जाएगा। यह उसी क्रम में होगा जिसमें कार्ड पर शब्द दिखाए गए थे।

शब्दों की सूची में से एक को लिया। इसके प्रत्येक शब्द को स्पष्ट रूप में लिखा। फिर प्रत्येक शब्द को दो-दो सैकेण्ड तक क्रमशः दिखाया। फिर सबको मिला दिया। प्रथम सूची के शब्दों को 10 बार दिखाया। फिर प्रयोज्य से इन्हें पुनरोत्पादन करने को कहा गया।

सावधानियाँ

(1) वातावरण शान्त होना चाहिए।

(2) शब्द सरल एवं दैनिक जीवन से सम्बन्धित होने चाहिए।

क्रम	प्रथम सूची		द्वितीय सूची		तृतीय सूची		चतुर्थी सूची		पाँचवी सूची	
	प्रदर्शित पद	पुनरोत्पादित पद	प्रदर्शित पद	पुनरोत्पादित पद	प्रदर्शित पद	पुनरोत्पादित पद	प्रदर्शित पद	पुनरोत्पादित पद	प्रदर्शित पद	पुनरोत्पादित पद
1										
2										
3										
4										
5										
6										
7										
8										
9										
10										

11					
12					
13					
14					
15					
16					
17					
18					
19					
20					

प्रदत्त निरूपण

सूची क्रम	कुल सही पुनरोत्पादित पदों की संख्या	दिए हुए क्रम में ही पुनरोत्पादित पदों की संख्या
1		
2		
3		
4		
5		

विवरण—(1) प्रयोज्य से पूछकर लिखिए कि पदों के प्रत्यावाइन से पूर्व क्या उनके मन में किसी प्रकार की प्रतिमाएँ आती थी। (2) क्या पदों के प्रत्सावाहन में उसने किसी प्रकार की साहचर्य विधि का प्रयोग किया? यदि हाँ, तो वे साहचर्य क्या थे?

विवेचन एवं निष्कर्ष—(1) ज्ञात कीजिए कि कुल सही पुरनोत्पादित पदों की प्रतिशत क्या है?

(2) कक्षा के अन्य विद्यार्थियों से तुलना कीजिए।

(3) देखिए कि कोई पद अनावश्यक रूप से दोहराया तो नहीं गया।

प्रयोग – 7

सीखने में दर्पण-चित्रण प्रयोग
(Mirror Drawing Experiment in Learning)

दर्पण रेखण विधि के माध्यम से स्थानांतरण सम्बन्धी प्रयोग करने का सर्वप्रथम श्रेय **'स्टार्च'** को है। एवर्ट एवं कुक ने भी इस दिशा में प्रयास किए है। भारतीय वातावरण में इस यन्त्र का उपयोग सर्वप्रथम मैसूर विश्वविद्यालय के गोपालस्वामी ने किया।

प्रयोज्य का विवरण

नाम :

आयु :

लिंग :

अवस्था :

सम्बन्धित सामग्री

दर्पण रेखण चित्र
विराम घड़ी
ड्राईंग पिन
स्टार चित्र
ट्रेसिंग कागज
योजना निम्न प्रकार से होगी-

क्रम संख्या	प्रयास संख्या	प्रयुक्त हाथ	त्रुटियाँ निरीक्षण
1	1	बायाँ हाथ	
2	2	बाँया हाथ	
3	1	दायाँ हाथ	
4	2	दायाँ हाथ	
5	3	दायाँ हाथ	
6	4	दायाँ हाथ	
7	5	दायाँ हाथ	
8	6	दायाँ हाथ	
9	6	दायाँ हाथ	
10	7	दायाँ हाथ	
11	8	दायाँ हाथ	
12	9	दायाँ हाथ	
13	10	दायाँ हाथ	
14	1	बायाँ हाथ	
15	2	बायाँ हाथ	

चर (Variables)

स्वतन्त्र चर—दर्पण में स्तर का प्रतिबिम्ब

आश्रित चर—प्रयोज्य द्वारा रेखांकित स्टार

सावधानियाँ

(1) वातावरण शान्त होना चाहिए।

(2) प्रयोज्य को इस ढंग से बैठाया गया कि वह बिना किसी परेशानी के स्टार का प्रतिबिम्ब दर्पण में देख सके।

(3) ट्रेसिंग पेपर को ठीक ढंग से रखा गया।

(4) निर्देश ठीक प्रकार से दिए गए।

प्रक्रिया—परीक्षार्थी को ठीक प्रकार से बैठने के लिए आपके सम्मुख दर्पण रेखण उपकरण रखा है। जिसके नीचे बोर्ड पर स्टार ट्रेसिंग कागज लगा है। स्टार के बीच में एक बिन्दू है जिस पर आप अपनी पेंसिल की नोक शुरु के संकेत पर रखें तथा शीघ्रता के साथ स्टार को ट्रेस करते समय ध्यान रहे कि आपकी पेंसिल स्टार के दोनों लाईनों के बीच ही चलानी है। यदि पैंसिल बाहर चली जाएगी तो गलती मानी जाएगी। यदि ऐसा हो तो बीच में आने का प्रयत्न करें। यह कार्य दर्पण में देख कर करना है।

समस्त सामग्री को एकत्रित करने के बाद 'तैयार' का संकेत दीजिए। विराम घड़ी में समय देखना शुरु करें। निरीक्षण कीजिए कि प्रयोज्य दर्पण में देखकर कार्य कर रहा है। इस प्रकार प्रथम दो तथा अन्तिम दो प्रयास बाएँ हाथ से तथा 10 प्रयास दाहिने हाथ से करवाएँ। समय एवं त्रुटियों के प्रत्येक प्रयास के समय को नोट करें।

परिणाम एवं निष्कर्ष

परिणामों को नोट करें।

यह निष्कर्ष निकाला जा सकता है कि क्रियात्मक प्रयासों के माध्यम से प्राणी धीर-धीरे सीखता है, अचानक नहीं।

प्रयोग – 8

स्व-पठन का स्मृति पर प्रभाव
(Self Reaction)

स्व पाठन से धारण शक्ति बढ़ती है और अधिक देर तक याद रहता है।

ए. गेट्स के द्वारा एक प्रयोग किया गया। उसने विद्यार्थियों को अर्थहीन **(Syllables)** सिलेवल्ज एवं जीवनियाँ याद करने को दी।

तालिका में देखे।

स्व पाठन क्रिया में लगाया गया % समय	**Syllables के पहचाने गए %**	
	तुरन्त बाद	**4 घन्टे बाद**
0	35	15
20	50	26
40	54	28
60	57	37
80	74	48

उपरोक्त तालिका से पता चलता है कि जब विद्यार्थियों ने अपने समय का 20% समय Syllables पढ़ने में लगाया और 80% स्व पढ़ने में लगाया तो उनकी perfomance अच्छी थी।

आपको यह ध्यान रहे कि जो अध्यापक अपने विद्यार्थियों की स्मृति सुधारना चाहते हैं उसके लिए केवल विषय वस्तु की दोहराई ही महत्वपूर्ण नहीं है अपितु विषय वस्तु का अर्थपूर्ण होना एवं उसका व्यवस्थित रुप में होना भी आवश्यक है।

Mnemonics के द्वारा विषय वस्तु को व्यवस्थित करने में सहायता मिलती है सीखी हुई सामग्री को धारण करने में स्व पढ़ना एक प्रभावशाली विधि है।

प्रयोग – 9

मुखाकृत्ति से संवेग का निर्णय (Judgement of Emotion from Facial Expression)

1. प्रयोगकर्त्ता (Author of Experiment) C. Landis

2. प्रयोग का उद्देश्य (Purpose of Experiment)— प्रयोग के तीन विशिष्ट उद्देश्य थे :

(क) वास्तविक संवेगों के उत्पन्न होने के समय खींचे गए चित्रों को व्यक्तियों को दिखा कर संवेगों के सम्बन्ध में उनके निर्णयों को ज्ञात करना।

(ख) यह ज्ञात करना कि क्या व्यक्ति उस स्थिति का ठीक वर्णन कर सकते है, जिसमें चित्र में अंकित एक विशेष प्रकार का संवेग उत्पन्न हुआ था।

(ग) यह ज्ञात करना कि व्यक्ति वास्तविक स्थिति में उत्पन्न होने वाले संवेग की अधिक अच्छी व्याख्या कर सकते हैं या काल्पनिक स्थिति में उत्पन्न होने वाले संवेग की।

3. प्रयोज्य (Subject)—अमरीका के कानैकटीकर वैसलियन विश्वविद्यालय (Connectical Wesleyain University) में अध्ययन करने वाले मनोविज्ञान के 42 छात्र।

4. प्रयोग किए जाने वाले चित्र (Philographs Used) — प्रयोगकर्त्ता ने ऐसे 77 चित्र चुने, जिनकी मुखाकृत्तियों से संवेग अत्यधिक स्पष्ट रुप से व्यक्त होने थे। इनमें से 56 चित्र वास्तविक परिस्थितियों में उत्पन्न होने वाले संवेगों को और 21 चित्र काल्पनिक परिस्थितियों में उत्पन्न होने वाले संवेगों को व्यक्त करते थे। ये सब चित्र 11 मनुष्यों और 11 स्त्रियों के थे। इनको काटकर इतना छोटा कर दिया था कि केवल सिर और कंधे ही दिखाई देते थे। चित्रों को एक निश्चित क्रम में प्रोजेक्टर की सहायता से पर्दे पर दिखाया गया।

5. छात्रों को आदेश (Instruction to Students)—प्रत्येक छात्र को एक कार्ड दिया गया। उस पर चित्रों की संख्या 1 से 77 तक उसी क्रम में छपी हुई थी, जिस क्रम में वे दिखाए गए थे। प्रत्येक चित्र-संख्या के आगे तीन खाने थे। कार्ड पर छात्रों के लिए अग्रलिखित आदेश छपा हुआ था:-

''पर्दे पर प्रत्येक चित्र को ध्यान से देखिए और यह मालूम कीजिए कि मुखाकृति किस संवेग या भावना को व्यक्त करती है। इस संवेग या भावना को पहले खाने में लिखिए। फिर यह अनुमान लगाइए कि यह संवेग किस परिस्थिति में उत्पन्न हुआ था। इस परिस्थिति को दूसरे खाने में लिखिए। तीसरे खाने में अपने इन दोनों मतों में सम्बन्ध में अपने निश्चय का प्रतिशत लिखिए।

6. परिणाम (Result) —प्रयोगकर्त्ता ने अपने प्रयोग के आधार पर अग्रलिखित सात परिणाम निकाले:-

(*i*) छात्रों ने सब मुखाकृत्तियों से व्यक्त होने वाले संवेगों को मुख्य रूप से चार प्रकार का बताया है—

हर्ष	दुख	मातृत्व	आश्चर्य
(Joy)	(Sorrow)	(Maternal)	(Surprise)

(*ii*) कुछ छात्रों ने एक मुखाकृत्ति से व्यक्त होने वाले संवेग के दो विरोधी नाम बताए।

(*iii*) अधिकांश छात्रों ने सब संवेगो को उत्पन्न करने वाली केवल चार परिस्थितियाँ बताई:-

सुखद	दुखद	धार्मिक	मातृत्व
(Pleasant)	(Inpleasant)	(Religious)	(Maternal)

(*iv*) बीस प्रतिशत से अधिक छात्रों ने 8 चित्रों के संवेगों को दो विरोधी नाम दिए—सुखद और दुखद

(*v*) एक चित्र से व्यक्त होने वाले संवेग का कारण 46% छात्रों ने सुखद परिस्थिति और 49% छात्रों ने दुखद परिस्थिति बताई।

(*vi*) वास्तविक परिस्थितियों के कारण उत्पन्न होने वाले सवेंगो में से केवल 31% संवेग ठीक बताए गये।

(*vii*) काल्पनिक परिस्थितियों के कारण उत्पन्न होने वाले संवेगों में से केवल 28% संवेग ठीक बताए गए।

7. निष्कर्ष (Conclusion)—प्रयोगकर्त्ता ने अपने प्रयोग और उसके परिणामों के आधार पर यह निष्कर्ष निकाला कि चित्र की मुखाकृत्ति को देखकर वास्तविक संवेग का बताना कठिन है। इसे जानने के लिए मुखाकृत्ति के अतिरिक्त कुछ अन्य बातों का भी ज्ञान होना आवश्यक है।

जैसे : संवेग अनुभव करने वाले 'व्यक्ति का व्यवहार' उसके शारीरिक हाव-भाव, उसके द्वारा बोले जाने वाले शब्द और संवेग को उत्पन्न करने वाली परिस्थिति।

प्रयोग – 10

भूल भुलैया द्वारा सीखना
(Maze Learning)

पोर्टियस भूल भुलैया परीक्षण

यह परीक्षण 3 वर्ष से 16 वर्ष के बालकों से लेकर प्रौढ़ों तक काम में लाया है। उम्र के हिसाब से परीक्षण का स्तर ऊँचा होता रहता है।

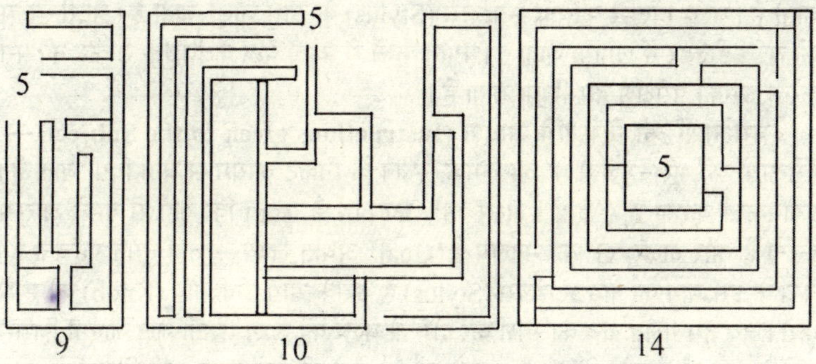

चित्र भूल भुलैया (9, 10, 14 वर्ष के बालकों के लिए)

कार्य प्रणाली (Procedure)—जिस बालक की परीक्षा लेनी है उसे कागज पर हुई भूल-भुलैया की आकृति दे दी जाती है और एक पैन्सिल भी दी जाती है उसकी सहायता से उसे निकलने के रास्ते पर निशान लगाना होता है। 11 वर्ष के बालकों को रास्ता खोज निकालने के लिए 2 अवसर मिलते हैं जबकि 12 वर्ष और 14 वर्ष के बालकों को उनकी भूल-भूलैया कुछ अधिक कठिन होने के कारण 4 अवसर प्राप्त होते हैं।

निष्कर्ष (Interpretation)—जिस बालक से अपनी आयु के हिसाब से बनी भूल-भुलैया में से रास्ता नहीं ढूँढ़ा जाता उसका मस्तिष्क विकास अपनी आयु के हिसाब से कम माना जाता है। बालक का कितना बौद्धिक स्तर है, इसकी जाँच वह रास्ता खोज निकालने में कितनी कम या अधिक गलती करता है, इस आधार पर की जाती है।

उपयोग (Uses)

1. गैरेट के अनुसार यह परीक्षण कम बौद्धिक स्तर वाले बालकों के स्तर का पता लगाने में काफी लाभदायक सिद्ध हो सकता है।

2. बालक की मानसिक योग्यता बनाने के साथ-साथ यह उसकी योजना बनाने सम्बन्धी योग्यता भी बताता है।

प्रयोग
(Experiment)

उद्देश्य (Object)—भूल-भुलैया सीखने पर प्रयोग करना तथा प्राप्त परिणामों की व्याख्या करना।

प्रयोगकर्ता का नाम — पी. सी. चड्ढा
परीक्षार्थी — राज कुमारी
आयु — 20 वर्ष
शैक्षिक योग्यता — बी. ए., बी. एड. (छात्रा)

यन्त्र (Apparatus)—एक विद्युत भूल-भुलैया (An electric Mage), 6.5 वोल्ट की शुष्क बैटरी, बैटरी-बल्ब, बल्ब-होल्डर, जोड़ने वाली तारें, पेचकस, कैंची, स्टाईलस (Stylus), स्टॉप-वॉच (Stop watch).

प्रारम्भिक-बातें (Preliminary set-up)—विद्युत भूल-भुलैया को बैटरी-सैल के एक सिरे के साथ जोड़ा जाता है। दूसरी तार बल्ब-होल्डर की एक तार के साथ जोड़ी

जाती है। बल्ब होल्डर की तार स्टाईलस (Stylus) के साथ जोड़ी जाती है। बैटरी-बल्ब को बल्ब होल्डर में लगाया जाता है। प्रयोग करने से पहले यन्त्र के विद्युत-सर्किट को पूरा करके उसका परीक्षण कर लिया जाता है।

परीक्षार्थी को दिये गये आदेश (Instructions given to the Subject)— परीक्षार्थी को भूल-भुलैया के आरम्भिक-स्थान के निकट आराम से बैठा दिया जाता है। प्रयोगकर्त्ता कहता है, ''देखो! अक्षर 'S' का अर्थ है, start कि यहाँ से तुमने आरम्भ करना है और अक्षर 'G' का मतलब है 'Goal' अर्थात् लक्ष्य—जहाँ तुमने पहुँचना है। यन्त्र के इस भाग का नाम स्टाईलस (Stylus) है, इसके साथ ठीक नॉब (Knob) को स्पर्श करो। जब तुम गलत नॉब का स्पर्श कर दोगे तो बल्ब की लाल रोशनी जल जाएगी जिससे तुम्हें मालूम हो जाएगा कि तुमने गलती की है। जैसे ही तुम्हें लाल बत्ती दिखाई दे, तुम्हें उस ठीक नॉब पर वापिस आ जाना चाहिए जिसके बाद तुमने गलत नॉब को छुआ था। लक्ष्य की ओर रास्ता ढूँढते समय तुम्हें नॉबों (Knobs) को छलांगना नहीं होगा।

इसी तरह एक नॉब से दूसरी नॉब की ओर बढ़ते जाओ और तुम्हें तब तक वापिस नहीं आना होगा जब तक तुमसे गलती नहीं हो जाती। लक्ष्य G तक जल्दी से जल्दी तथा कम से कम गलती किए पहुँचने की कोशिश करो।

एक बार जब तुम G तक पहुँच जाओ तो 30 सैकेण्ड का आराम करो और फिर उसके पश्चात् S से आरम्भ करो और समूची क्रिया को दोहराओ और यह पुनरावृत्ति तब तक करनी होगी जब तक बिना गलती के तीन प्रयास पूरे नहीं हो जाते।

तुम्हें तब आरम्भ करना होगा, जब Ready का सिग्नल दिया जाए। तुम्हें नॉब गिनने नहीं होंगे।

निरीक्षण सम्बन्धी लेखा-जोखा

प्रयासों की संख्या	जितना समय लिया गया सैकेण्डों में	गलतियों की संख्या
1	80	15
2	76	14
3	71	12
4	66	10
5	50	08
6	43	06
7	35	04
8	31	03
9	26	02
10	24	01
11	23	0
12	23	0
13	22	0
	570	75

परिणाम

(1) परीक्षार्थी ने 75 गलतियाँ और 10 प्रयास करने के पश्चात् तीन शुद्ध क्रमिक प्रयास किए। यह भूल-भुलैया उसने 570 सैकेण्ड में सीखी।
(2) लगभग हर दूसरे प्रयास में कम समय लगा।
(3) हर दूसरे प्रयास में परीक्षार्थी ने अपेक्षाकृत गलतियाँ भी कम की।
(4) भूल-भुलैया के सीखने में अभ्यास सहायक है।

सावधानियाँ

(1) उसी प्रयोगकर्ता के पहले रह चुके परीक्षार्थियों को नहीं चुना जाना चाहिए।
(2) व्यवधान के साधन जैसे शोर या अन्य आकर्षक चार्ट वगैरह प्रयोगशाला में नहीं होने चाहिए।
(3) उपकरणों को पहले ही चैक कर लेना चाहिए।
(4) परीक्षार्थी को नॉबों को गिनने तथा भूल-भुलैया को छूने के लिए मना कर देना चाहिए।
(5) परिणाम की व्याख्या करते समय परीक्षार्थी की आत्म विश्लेषणात्मक रिपोर्ट का भी ध्यान रखना चाहिए।

पियाजे के सिद्धान्तों पर आधारित शिक्षण सामग्री के द्वारा बालकों के व्यवहार का निरीक्षण करना।

समस्या—परिवर्तन के सिद्धान्तों को समझना।

सामग्री—दो बीकर, दो गिलास, तरल पदार्थ।

प्रयोग—एक बच्चे को दो बीकर दिखाए जिनमें तरल पदार्थ था। अध्यापक द्वारा बालक से पूछा गया कि क्या दोनों बीकरों में तरल की समान मात्रा है। फिर एक गिलास से दूसरे लम्बे एवं पतले आकार के गिलास में उस तरल को उड़ेल दिया और अब बालक से पूछा कि क्या अब भी दोनों गिलासों में समान मात्रा में तरल हैं तब बच्चे ने कहा कि लम्बे गिलास में अधिक है।

बाद में निष्कर्ष निकाला गया कि शायद बालक इसलिए विचलित हो गया होगा कि वह परिवर्तन के सिद्धान्त को समझ नहीं पाया होगा। इन विचारों की सहायता से बदलने वाले सिद्धान्तों की रचना की गई।

शोध से पता चलता है कि बालक से दो बार एक ही प्रश्न पूछ लिया जाए तो वह विचलित होकर उत्तर बदल देता है कि शायद उसका उत्तर गलत था।

अधिगम स्थानांतरण
(Transfer of Learning)

समस्या (Problem)—पानी के अन्दर निशाना लगा कर प्रकाश के आवर्तन के नियम का शिक्षण एवं अधिगम स्थानांतरण का अध्ययन करना।

प्रस्तावना (Introduction)—स्थानांतरण में सामान्यीकरण के सिद्धान्त का अर्थ बताइए एवं उदाहरण सहित स्पष्ट कीजिए।

सामग्री (Material)—पानी से भरी बाल्टी, निशाना लगाने के लिए उपकरण, निशान लगाने के लिए स्केल।

परीक्षण का विवरण (Description of the test)

निर्माण कर्ता : जड (Judd)

इस प्रयोग में पानी के अन्दर निशाना लगाना था जो कि बाहर निशाना लगाने से अधिक कठिन था, क्योंकि पानी में उस वस्तु से जिस पर निशाना लगाया जाता है प्रकाश का आवर्तन हो जाता है जड ने दो समूह पाँचवी और छठी कक्षा के बनाए। उसने परीक्षण के समय एक समूह को आवर्तन के नियमों में प्रशिक्षण दिया और दूसरे को नहीं दिया गया। जिस समूह को प्रशिक्षण दिया गया था वह अन्य स्थिति में भी अधिगम स्थानांतरण कर सका।

प्रयोग—बालकों के दो समूह लीजिए। एक समूह को प्रकाश के आवर्तन के नियम समझा कर पानी में निशाना लगाने को कहें। उदाहरण के लिए लक्ष्य 15 इंच पर रखा जा सकता है। अब लक्ष्य को 3 इंच पर रखिए और दोनों समूह को निशाना मारने को कहिए।

देखिए कि क्या जिस समूह को प्रकाश के आवर्तन के नियम बताए गये थे, वे दूसरी स्थिति में अधिगम स्थानांतरण कर सके या नहीं ?

सावधानियाँ

1. वातावरण शांत हो।
2. बीच में कोई व्यवधान न हो।
3. निर्देश सही रूप से दिए जाएं।
4. प्रयोग के समय किसी प्रकार की सहायता न की जाए।

समाजमिति
(Sociometry)

समाजमिति के द्वारा एक समूह के सदस्यों में पारस्परिक सम्बन्ध का पता लगाया जाता है। सामाजिक वातावरण में समायोजन स्थापित करने के लिए उसे अन्य व्यक्तियों के साथ मधुर सम्बन्ध बनाने पड़ते हैं। समाजमिति में सामाजिक संरचना का अध्ययन करने के लिए सोशियोग्राम (Sociogram) प्रयोग में लाया जाता है। इसके द्वारा तटस्थ नायक, गुटबन्दी एवं तिरस्कृत लोगों के बारे में जानकारी प्राप्त की जाती है। इस विधि का विकास 1934 में 'मुरेनों' ने किया। इस विधि में किसी समूह के सदस्यों से किसी गुण विशेष की दृष्टि से अपने लीडर या साथियों का चयन करने को कहा जाता है। सोशियोग्राम विधि का प्रयोग नेता का चयन, लोकप्रिय एवं कम लोकप्रिय व्यक्ति का चयन अथवा उपेक्षित बालक आदि का पता लगाने में किया जाता है।

एण्डू तथा विलि के अनुसार : समाजमिति एक रेखाचित्र है, जिसमें कुछ चिह्न और अंक किसी सामाजिक समूह के सदस्यों द्वारा सामाजिक स्वीकृति या त्याग का ढंग प्रदर्शित करने के लिए **जॉन डब्लयू बैस्ट**—"समाजमिति एक समूह के व्यक्तियों के बीच सामाजिक सम्बन्धों का वर्णन करने का एक साधन है।"

प्रयोग
(Experiment)

समस्या (Problem)—यह अध्ययन करना कि क्या समाजमिति विधि के द्वारा छात्रों के एक समूह के पारस्परिक सम्बन्धों का अध्ययन किया जाता है।

साम्रगी (Material)—परीक्षण पत्र, कागज, विभिन्न रंगों के पैन।

विधि—उदाहरण के तौर पर पसन्द जानने के लिए निम्न प्रश्न पूछे जा सकते हैं :

1. आप सहगामी क्रियाओं के लिए प्रधान किसको बनाना चाहते हैं?
2. आप शैक्षणिक यात्रा पर किस साथी के साथ बैठना पसन्द करेंगे?
3. ड्रामा में आप किस साथी के साथ अभिनय करेंगे?
4. किसी सामाजिक समारोह में आप किसके साथ अधिक आनन्द अनुभव करते हैं?

इसी प्रकार ना पसन्द भी जान सकते हैं।

(Administer)

1. कक्षा के साथ सम्बन्ध स्थापित करो।
2. यह निर्णय लें कि क्या जानकारी लेनी है?
3. प्रश्न स्पष्ट हों।
4. जिन कार्डों पर चयनों का संकेत दर्ज हैं बाँट दिए जाएं :

आपका नाम

आपका पहला चयन

आपका दूसरा चयन

आपका तीसरा चयन

तालिका तैयार करना—

(1) एक से दस तक ग्रुपों की संख्या हो।

(2) लम्ब रूप कालम में Chooser लिखो और क्षितिज कालम में Chosen लिखो।

(3) प्राप्त कुल चयनों का योग नीचे दिया जाता है।

(4) खाने में चैक निशान दिए जाएं।

(5) पहले चयन के लिए प्र०, दूसरे के लिए द्वि०, तीसरे के लिए तृ० लिखो।

(6) प्रत्येक चयन के अंकों का योग करो।

व्याख्या

(1) एक समय विद्यार्थी की ओर ध्यान दिया जाए।

(2) (Stars) नेता तथा (Isolates) तटस्थ की खोज की जाए। और इनके कारणों की खोज की जाए।

(3) ऐसे बालकों को देखो जो आपसी चुनाव करते हैं।

समाजमिति

(तालिका)

प्रश्न—आप सहगामी क्रियाओं में किसे अपना प्रधान बनाएंगे?

Choosen→ *Choosers ↓*	1	2	3	4	5	6	7	8	9	10
1				द्वि	तृ	प्र	प्र		प्र	प्र
2			प्र					द्वि	तृ	
3	प्र	दि			तृ				तृ	
4							दि		प्र	
5			प्र	दि	दि			दि	दि	प्र
6			दि							
7	दि				प्र	दि		प्र	प्र	
8		दि	प्र	दि	दि		तृ			दि
9	तृ			प्र		तृ		तृ	प्र	
10			दि							
प्रथम चयन	1	0	3	1	1	1	1	1	4	2
द्वितीय चयन	1	2	2	3	2	1	1	2	1	1
तृतीय चयन	1	0	0	0	2	1	1	1	2	0
योग	3	2	5	4	5	3	3	4	7	3

उपयोगिता—

(1) समाजमिति द्वारा एक ग्रुप के सदस्यों के बीच चयनों के नमूने, अस्वीकृति, आकर्षण तथा नफरत को जानने में सहायता मिलती है।

(2) इसके द्वारा व्यक्तियों के समूह में समायोजन तथा कुशलता के बारे में जानकारी मिलती है।

(3) इससे पता लगता है कि कौन बालक नेता, तटस्थ, आपसी चयन, तेलियो अथवा अस्वीकृत के वर्ग में आता है।

(4) इससे विभिन्न प्रोजैक्टों को चलाने के लिए समूह वर्गीकरण सरलता से किया जा सकता है।

मनोवैज्ञानिक परीक्षण
(Psychological Test)

* चिह्नांकन सूची (Check-List)
* वैयक्तिक अध्ययन (Case Study)
* संचयी अभिलेख (Cumulative Record)
* निष्पत्ति परीक्षण (Achievement Test)
* बुद्धि परीक्षण (Intelligence Test)
* व्यक्तित्व परीक्षण (Personality Test)

चिह्नांकन सूची
(Check-List)

चैक लिस्ट के द्वारा विभिन्न आयु के बालकों का व्यवहार निरीक्षण करके उनके व्यक्तित्व सम्बन्धी गुणों का पता लगाया जाता है।

चैक लिस्ट या चिह्नांकन सूची में मात्र ऐसे कथन होते हैं जो व्यक्तित्व से ही सम्बन्धित, वर्णनात्मक कथन या शीलगुणों के रूप में व्यक्त होते है अध्यापक यह जानने का प्रयास करता है कि ये गुण/विशेषताएँ बालक में विद्यमान हैं या नहीं। आप कह सकते हैं कि चैक लिस्ट एक प्रकार का विशिष्ट प्रश्न समूह होता है जिसमें स्वयं व्यक्ति से ही प्रश्न पूछ कर उसके व्यक्तित्व के पक्ष का मापन किया जाता है मिलान सूची के प्रश्नों का उत्तर देकर व्यक्ति यह निर्धारित करता है कि जीवन से सम्बन्धित विभिन्न परिस्थितियों में वह किस प्रकार का व्यवहार करेगा। **हार्टशोर्न** तथा **मे** ने इस विधि का प्रयोग बच्चों के चरित्र का मूल्यांकन करने के लिए किया। 80 लक्षणों के नाम छाँटे गए, जैसे—निर्दयी, सहयोगी, दयालु, लालची, एहसानमंद आदि। प्रत्येक निर्णायक ने यह जाँच की कि सूची के लक्षणों में कौन-कौन से बालक पर सही बैठते हैं। अंकों के संचय से बालक के गुणों के बारे में निर्णय किया गया। प्रत्येक अनुकूल लक्षण के लिए +1 तथा प्रतिकूल लक्षण के लिए -1 अंक दिया गया। इसे स्कूलों, कॉलेजों, ऑफिसों, औद्योगिक संस्थानों आदि पर सफलतापूर्वक लगाया जा सकता है। **हार्टशोर्न** तथा **मे** के अनुसार अध्यापक द्वारा विद्यार्थी के मूल्यांकन में इस विधि का विश्वसनीयता गुणांक .60 के लगभग है।

सूची का प्रारूप (Format)

नाम

कक्षा

संस्था

क्रम संख्या	व्यक्तित्व विवरण शीलगुण	आवृति	ग्रेड	विवरण

हस्ताक्षर

प्रश्नों के प्रकार

(क) निम्न प्रश्नों के उत्तर के लिए हाँ या नहीं में से एक को चुनें।

(*i*) क्या आप प्रतिदिन सैर करते है? हाँ / नहीं

(*ii*) क्या आपको कंप्यूटर पर काम करना अच्छा लगता है? हाँ / नहीं

(ख) आपके पुस्तकालय में जो समाचार पत्र एवं मैग्ज़ीन आते हैं उन पर सही (✓) का निशान लगाएं :

(1) दैनिक जागरण ()

(2) हिन्दुस्तान ()

(3) पंजाब केसरी ()

(4) नवभारत टाइम्स ()

(5) सरिता ()

(6) प्रतियोगिता दर्पण ()

(ग) निम्न प्रश्नों पर (✓) का निशान लगाएं :

(1) शिक्षा आजीवन चलती रहती है। ()

(2) विद्यालय में बालक का सामाजीकरण होता है। ()

जो उस पर प्रयुक्त होते हैं। ऐसा होने पर निर्णायक को प्रत्येक पद के सम्बन्ध में प्रतिक्रिया नहीं करनी पड़ती। अत: उसकी प्रतिक्रिया में अनावश्यक झुकाव या पक्षपात आ जाता है।

सुझाव (Suggestions)

(1) पहले यह निर्णय कर लेना चाहिए कि किन गुणों का मापन करना है।

(2) शीलगुणों को वस्तुनिष्ठ विधि से परिभाषित करना चाहिए।

(3) अवलोकन एवं अंकन ठीक प्रकार से किया जाना चाहिए।

(4) अधिक प्रश्न संख्या नहीं होनी चाहिए।

(5) प्रत्येक पद में दो से अधिक प्रतिक्रियाएँ हो तो फलांकन अधिक वैज्ञानिक रहता है।

चैक लिस्ट

(घ) उपयुक्त शब्द चुन कर (✓) का निशान लगाएं :

(1) वह फुटबाल खेलता है (प्रतिदिन, कभी नहीं, कभी-कभी)

(2) प्रधानाचार्य सभी बालकों की समस्याएँ सुनता है (साप्ताहिक, पाक्षिक, मासिक, नियमित)

व्यवहार सम्बन्धित प्रश्न

प्रश्न : मैं सदा चिंतित रहता हूँ।

प्रश्न : आपका मनपसन्द खेल कौन-सा है?

(क) फुटबाल, (ख) क्रिकेट, (ग) शतरंज

प्रश्न : आपको बाजार जाना अच्छा लगता है?

(क) अकेले, (ख) किसी के साथ

चैक लिस्ट के आँकड़ों का विश्लेषण (Interpretation)—चैक लिस्ट से प्राप्त आँकड़ों एवं सूचनाओं का सारणीकरण (Tabulation) करके उन्हें संख्याओं में परिवर्तित किया जाता है। बारम्बरताओं (Frequencies) को गिनकर मध्यमान (Mean), मध्यांक (Median) एवं सह-सम्बन्ध गुणांक (Co-efficient of Correlation) निकाला जाता है।

विशेषताएँ (Merits)

(1) इसकी संरचना एवं प्रशासन सरल है।

(2) फलाँकन भी सरल है।

(3) इसमें साक्षात्कार से कम समय लगता है।

(4) एक बार अंकन कुंजी बन जाने पर विभिन्न निरीक्षकों का मूल्यांकन समान होता है।

सीमाएँ (Limtations)

(1) व्यक्ति कई बार गलत उत्तर भी दे देता है।

(2) अनुमान के आधार पर भी उत्तर दे दिए जाते हैं।

(3) ऐसा भी हो सकता है कि परीक्षण में लिखी गई बातें प्रयोज्य के जीवन में होती ही न हो।

(4) इस विधि में निर्णायक से केवल उन्हीं पदों या कथनों की पड़ताल करने को कहा जाता है।

जीवन इतिहास
(Case Study)

परिभाषा (Definition)

व्यक्ति अध्ययन व्यवहार अध्ययन का वह रूप है जिसमें एक विशेष व्यक्ति का व्यक्तिगत रूप से उसके समग्र रूप में उसी परिवेश में भलीभाँति अध्ययन किया जाता है ताकि उसके व्यवहार एवं व्यक्तित्व के सभी पक्षों का संवांगचित्रण और स्पष्टीकरण सम्भव हो सके।

क्रो एवं क्रो के अनुसार—"व्यक्ति इतिहास में व्यक्ति का विगत इतिहास एवं वर्तमान स्थिति शामिल होते हैं। इस प्रकार के प्रयोग प्राय: छात्र की गम्भीर समस्याओं का समाधान करने के प्रयास तक सीमित है।"

परिचय

व्यक्तिगत अध्ययन वह अध्ययन है जिसके अन्तर्गत एक मनुष्य का व्यवहार सम्बन्धी ज्ञान या छानबीन की जाती है, उसका निरीक्षण किया जाता है ताकि व्यक्ति की सहायता की जा सके।

व्यक्तिगत अध्ययन व्यवहार अध्ययन का वह रूप हैं जिसमें किसी व्यक्ति विशेष का व्यक्तिगत रूप से उसके समग्र रूप में उसी के रूप में भलीभाँति अध्ययन किया जा सके या किया जाता है। ताकि उसके व्यवहार एवं व्यक्तित्व के सभी पक्षों का सर्वांगचित्रण एवं स्पष्टीकरण सम्भव हो सके।

व्यक्तिगत अध्ययन से अभिप्राय

हमारे जीवन में केस शब्द विभिन्न अर्थों में प्रयुक्त होता है जिस प्रकार वकील अपने केस की पैरवी करके उसकी सहायता करता है। एक डॉक्टर अपने रोगी के कष्ट के कारण को जानकर उसके लिए उचित औषधियाँ निर्धारित करता है और केस की ओर ध्यान देता है। डॉक्टर और वकील की भाँति जो व्यक्ति मनोवैज्ञानिक होता है वे मनोवैज्ञानिक समस्या से ग्रस्त व्यक्ति को केस समझकर उसकी सहायता करता है।

ऐसे अध्ययन में बीते हुए इतिहास, वर्तमान परिस्थिति तथा भविष्य की सम्भावनाएँ व्यक्त होती हैं। प्राय: इसी को व्यक्तिगत अध्ययन की संज्ञा दी जाती है।

तकनीकें उपकरण एवं विधियाँ

1. मनोवैज्ञानिक परीक्षण के आधार पर।
2. विद्यार्थी की आत्म रिपोर्ट, अध्यापकों एवं उसके माता पिता के द्वारा।
3. उसके घर जाकर।
4. जाँच सूचियों द्वारा।
5. साक्षात्कार द्वारा।
6. प्रत्यक्ष अवलोकन।
7. संचयी रिपोर्ट।

व्यक्तिगत अध्ययन के अन्दर उठाए जाने वाले कदम

1. केस की स्थानिकता जाँच करना।
2. विद्यार्थियों, माता-पिता, मित्रों, अध्यापकों, हैडमास्टर एवं समाज के आधार पर सामग्री इकट्ठी करना।
3. अनुमान लगाना।
4. आधार सामग्री का विश्लेषण अर्थात् परख कारक कारकों का इलाज के आधार पर प्रयोग करना।

5. समस्या का हल करना अर्थात् ईलाज तथा समायोजन साधनों का प्रयोग।
6. समायोजन के साधनों का विवरण देकर सहायता प्रदान करना।

व्यक्तिगत अध्ययनों के लिए किस प्रकार के प्रयोज्य लिए जाते हैं

व्यक्तिगत अध्ययन के लिए शारीरिक, मानसिक, सामाजिक, संवेगात्मक, नैतिक आदि में से विषय चुना जाता है। व्यक्तिगत अध्ययन के लिए केवल मात्र समस्यात्मक, विशिष्ट बालक या व्यक्ति तक ही सीमित रखने की आवश्यकता नहीं। एक सामान्य या औसत बालक या व्यक्ति का भी अध्ययन किया जाता है ताकि उसके विकास के कार्य में उसकी सहायता के उद्देश्य से उसका अध्ययन किया जा सके। निम्न प्रकार के बालकों या व्यक्तिगों के व्यक्तिगत अध्ययन तैयार किए जाते हैं—

1. सृजनात्मक बालक।
2. अपराधी बालक या व्यक्ति।
3. प्रतिभाशाली या मेधावी बालक।
4. पिछड़े हुए बालक।
5. संवेगात्मक, सामाजिक, शारीरिक एवं शैक्षिक समस्याओं से युक्त बालक।
6. व्यसनी एवं अन्य प्रकार के विरोधी व्यक्तित्व।

व्यक्तिगत अध्ययन के उद्देश्य

व्यवहारात्मक समस्याओं के निदान व उपचार

वे व्यक्ति जिनकी एक या दूसरी समायोजन समस्याएँ होती हैं, जैसे-शारीरिक, सामाजिक एवं संवेगात्मक इत्यादि उनकी समस्या की प्रकृति और सीमा, समस्या के कारणों का निदान और पता लगाए कारणों के अनुसार उपचारात्मक कार्य करने के लिए व्यक्तिगत अध्ययन किया जाता है।

अच्छा मार्गदर्शन एवं परामर्श देने के लिए

अच्छा मार्गदर्शन एवं परामर्श देना भी व्यक्तिगत अध्ययन का अहं हिस्सा है क्योंकि विद्यार्थियों को शैक्षिक, व्यावसायिक और निजी मार्गदर्शन की आवश्यकता होती है ताकि उनका उचित समायोजन हो सके ताकि उनका अपने स्कूल एवं भावी जीवन में अधिक अच्छा विकास हो सके। उसी प्रकार मानसिक व्याधानों तथा परेशानी से युक्त व्यक्तियों को भी अपने उचित समायोजन हेतु ऐसा परामर्श या मार्गदर्शन चाहिए। व्यक्तिगत अध्ययन माता-पिता, अध्यापकों, चिकित्सकों और मार्गदर्शन कर्मचारियों को अपने काम को प्रभावशाली ढंग से करने में सहायता करता है।

अच्छे उपचार के लिए सुझाव

व्यक्तिगत अध्ययन प्रणाली के अन्तर्गत न केवल किसी व्यक्ति की समस्याओं के बारे में अध्ययन किया जाता है बल्कि उन्हें उपचार के लिए भी सुझाव दिये जाते हैं। ताकि समस्या का निदान हो सके।

व्यक्तिगत अध्ययन के लिए आँकड़े

परिचायक विवरण—

नाम ....

आयु ....

पिता का नाम ....

पता ....

पारिवारिक इतिहास—

जाति ....

धर्म ....

माता-पिता ....

व्यक्तिगत इतिहास

जन्म ....

स्वास्थ्य ....

चिकित्सक रिपोर्ट ....

संवेगात्मक व्यवहार

सामाजिक विकास ....

शिक्षण इतिहास—

मनोवैज्ञानिक अध्ययन—

समस्यात्मक इतिहास—

कारण—इसमें बालक की समस्याओं को विभिन्न कोणों से जाँचा परखा जाता है ताकि कोई निदान निकाला जा सके।

उपचारात्मक सुझाव

1. उसके माता-पिता को बच्चे के लिए समय निकालना चाहिए।
2. उसके माता-पिता उसे पढ़ाई के लिए प्रेरित करें।
3. उसको जीवन में पढ़ाई के महत्व का ज्ञान कराएं।
4. माता का पुत्र-मोह छोड़कर उसके लिए अनावश्यक चीजों में खर्च होने वाले समय की महत्ता का समझाएं।
5. उसकी सभी इच्छाएँ जो अनावश्यक हो पूरी नहीं करनी चाहिए।

व्यक्तिगत अध्ययन के उपयोग

1. व्यवहार का निरीक्षण करने के लिए।
2. बालक की समस्या को दूर करने के लिए।
3. व्यक्तिगत आधार पर आँकड़े इकट्ठे करने के लिए अवसर।
4. यह एक लाभदायक शोध तकनीक है।

व्यक्तिगत अध्ययन के लाभ

1. व्यक्तिगत अध्ययन से किसी भी बालक के जीवन से जुड़ी सभी समस्याओं का उसके सम्पूर्ण परिवेश में अध्ययन किया जाता है। इस गहन और गम्भीर अध्ययन करने का श्रेय केवल इसी विधि द्वारा ही सम्भव है।
2. इस अध्ययन में व्यवहार और उसके कारणों की तह तक पहुँच पाना सम्भव हो सकता है।
3. समस्यात्मक एवं असमायोजित व्यवहार से ग्रस्त बालकों के व्यवहार का अध्ययन कर उन्हें उनके समायोजन में उचित सहायता प्रदान करने के कार्य में यह विधि एक सशक्त एवं सफल भूमिका निभा रही है।
4. इस विधि में अध्ययन का क्षेत्र काफी विकसित एवं विस्तृत है। बहुत से लोगों तथा बहुत प्रकार के रिकॉर्ड तथा सूचनाएँ स्रोतों का उसमें उपयोग कर विश्वसनीय जानकारी इकट्ठी करने का प्रयत्न किया जाता है। अत: उसके अध्ययन के परिणाम, परिश्रम से तैयार होने के कारण अत्यधिक विश्वसनीय एवं यथार्थ सिद्ध हो सकते हैं।
5. व्यक्तिगत अध्ययन के द्वारा बहुत सी ऐसी गुप्त बातों और अवचेतन व्यवहार की परतों को कुरेदा जा सकता है जिसके बारे में किसी और व्यवहार जाँच विधि द्वारा सहायता नहीं मिलती है।

व्यक्तिगत अध्ययन के दोष एवं सीमाएँ

अपने गुण तथा विशेषताओं के साथ-साथ व्यक्तिगत अध्ययन कुछ दोषों तथा प्रयोगों सम्बन्धी कठिनाइयों से भी ग्रस्त होता जाता है। जो कि निम्न हैं :

1. व्यक्तिगत अध्ययन एक तकनीकी कार्य है, इसे ठीक प्रकार से करने के लिए अच्छे प्रकार के प्रशिक्षण की आवश्यकता पड़ती है।
2. व्यक्तिगत अध्ययन में सूचना स्रोत काफी विस्तृत क्षेत्र में फैले होते हैं उन्हें इकट्ठा करना सहज नहीं है।
3. जिन स्रोतों द्वारा साधनों का उपयोग इसमें सूचना इकट्ठी करने में किया जाता है उनकी विश्वसनीयता एवं वस्तुगतता के बारे में किसी भी प्रकार की गारंटी नहीं दी जा सकती है। इसमें अधिकांश त्रुटि की आशंका रहती है।
4. इसका प्रयोग क्षेत्र भी सीमित है, प्राय: समस्यात्मक बालकों या व्यक्तियों के व्यवहार के अध्ययन क्षेत्र में ही इसका प्रयोग किया जाता है।

5. इसमें नियंत्रित या व्यवस्थित परिस्थितियों में अध्ययन होना सम्भव नहीं होता अत: वैज्ञानिकता या प्रमाणीकता का इस प्रकार के अध्ययन में लगभग अभाव ही पाया जाता है।
6. प्राप्त सूचना एवं जानकारी एवं सामग्री के आधार पर व्यवहार के कारणों की उचित व्यवस्था और फिर सर्वमान्य नियम स्थपित करने के कार्यों में अध्ययनकर्ता को काफी कठिनाई होती है और बहुधा गलत विश्लेषण की ही सम्भावना रहती है।

निष्कर्ष

अपने इन उपरोक्त दोषों के बावजूद व्यक्तिगत अध्ययन की महता से मुँह भी नहीं मोड़ा जा सकता। व्यक्तियों को उनके सम्पूर्ण रूप में जानने तथा समझने के लिए और व्यवहार सम्बन्धी मूल कारणों का पता लगाने के लिए इस तकनीक का मुकाबला नहीं। अत: व्यवहार के अध्ययन में इस तकनीक को सदैव उपयुक्त स्थान दिया जाता है।

वैयक्तिक अध्ययन विधि का प्रपत्र
(Form for Case Study)

सामान्य परिचयात्मक विवरण

नाम — जन्म के समय माता का स्वास्थ्य

लिंग

आयु

जन्म तिथि

विकास सम्बन्धी

बोलने की आयु

चलने की आयु

बचपन की कोई दुर्घटना

स्वास्थ्य सम्बन्धी जानकारी

वजन

ऊँचाई

बोलना

दृष्टि

दांत

गला

पारिवारिक जानकारी

पिता का नाम, आयु, व्यवसाय, स्वास्थ्य

भाई बहनों की संख्या
माता नाम, आयु-व्यवसाय, स्वास्थ्य
बालक का क्रमांक

परिवार की सामाजिक-आर्थिक स्थिति

परिवार की आय
आय स्रोत
पड़ोस का वातावरण
पड़ोसियों से सम्बन्ध
मनोरंजन के साधन

विद्यालीय विवरण

बालक के रुचिकर विषय
बालक की तीन वर्षों की शैक्षिक प्रगति का परिणाम
सहगामी क्रियाओं में भाग
सहपाठियों से सम्बन्ध

बालक के व्यक्तिगत गुण

बौद्धिक योग्यता
अभिक्षगता
अभिरुचि
व्यक्तित्व
समायोजन: घर में, कक्षा में, समाज में, खेल के मैदान में,

बालक की समस्या के प्रति अन्य व्यक्तियों का मत

पिता का मत
माता का मत
अध्यापक का मत
पड़ोसियों का मत
मित्रों का मत

बालक की समस्या पर परामर्श दाता का मत

समस्या का वर्णन
समस्या का कारण
समस्या निवारण हेतु मार्गदर्शन

संचित अभिलेख
(Cumulative Record)

अर्थ—संचित अभिलेख में छात्र के सम्बन्ध में समय-समय पर हो रही परीक्षाओं के परिणामफलों का ब्यौरा रखा जाता है। प्राय: यह ब्यौरा तीन वर्ष का होता है। इसमें छात्र के जीवन के विभिन्न पहलुओं के सम्बन्ध में जानकारी एकत्रित की जाती है। अभिलेखों में छात्र के जीवन के विभिन्न पहलुओं के सम्बन्ध में सामग्री इकट्ठी की जाती है। अभिलेखों में छात्र के सम्बन्ध में इस प्रकार की बातें होती हैं—उसकी सामाजिक, बौद्धिक, शारीरिक, शिल्पकार्य स्थिति, परिवार संबंधी तथा मनोविज्ञान सम्बन्धी तथ्य। यह अभिलेख छात्र के बहुमुखी शक्तियों के विकास पर प्रकाश डालता है।

जॉन्स के अनुसार, "संचित अभिलेख एक छात्र का स्थायी रिकॉर्ड है, जो विद्यालय के द्वारा वर्तमान समय तक ठीक-ठीक रखा जा सकता है, यह उसका शैक्षिक इतिहास है, जिसमें उसकी विद्यालय उपलब्धि, उपस्थिति, स्वास्थ्य परीक्षण, अंक और इसी प्रकार की अन्य सम्बन्धित सूचनाएँ होती हैं।"

यह अभिलेख प्रत्येक छात्र के बारे में विभिन्न शिक्षकों द्वारा निरन्तर दी जाने वाली रिपोर्ट होने के कारण उसके शारीरिक, सामाजिक, मानसिक और संवेगात्मक विकास का वास्तविक ज्ञान प्रदान करने का एकाकी आधार है।

राइस्टोन व अन्य, "संचित अभिलेख, छात्रों के निर्देशन के लिए आवश्यक सूचना को दर्ज करने, उसकी फाइल बनाने और उसका प्रयोग करने की एक विधि है। यह प्रत्येक छात्र के शैक्षिक, मानसिक, शारीरिक, सामाजिक तथा संवेगात्मक विकास की संक्षिप्त सूची है।"

डब्लयू. डी. एलिन (W. D. Allen) ने संकलित आलेख-पत्र की इस प्रकार परिभाषा दी—"संकलित आलेख-पत्र में व्यक्तिगत छात्र के मूल्यांकन से संबंधित सूचनाओं का आलेख होता है। सामान्यतया ये सूचनाएँ एक पत्र लिखकर एक स्थान पर ही रखी जाती है।"

जेन वार्टर्स (Jane Worters) के अनुसार—"परीक्षा, प्रश्नावली, अवलोकन, साक्षात्कार, व्यक्ति-वृत्त अध्ययन आदि विभिन्न विधियों के प्रयोग से प्राप्त छात्र से सम्बन्धित महत्वपूर्ण सूचनाएँ सारांश रूप में संकलित आलेख-पत्र में संग्रहीत करनी चाहिए।"

मुरे थामस (Murry Thomas) के अनुसार—"संकलित आलेख-पत्र किसी छात्र के बारे में लम्बी अवधि में एकत्रित की गई सूचना होती है।"

संचित अभिलेख का महत्व तथा इसकी आवश्यकता
(Meaning and Importance of Cumulative Records)

सबसे पहले 1928 में American Council of Education ने इसका प्रयोग किया। इस प्रकार के कार्ड की आवश्यकता को इसलिए अनुभव किया गया क्योंकि स्कूलों में छात्रों के अभिलेखों का अभाव था।

संयुक्त राज्य अमेरिका के शिक्षा कार्यालय की 'संकलित आलेखों की पुस्तिका' में संकलित आलेख-पत्र के महत्व को इस प्रकार व्यक्त किया गया है—

"निरन्तर विकसित होने वाले पाठ्यक्रम में आलेख महत्वपूर्ण स्थान रखते हैं। छात्रों की आवश्यकताओं, रुचियों और योग्यताओं में भी व्यक्तिगत विभिन्नताएँ विद्यालयों की क्रियाओं में भाग लेने पर प्रकट होती है, उनका आलेख रखना चाहिए। छात्रों के स्वयं के विकास के विभिन्न स्तरों पर आवश्यक निर्देशन की प्रकृति तथा भाग का संकेत इन विभिन्नताओं द्वारा मिलता है।"

माध्यमिक शिक्षा आयोग (1952-53) में कहा है, "छात्रों के कार्यों का उचित मूल्यांकन बाह्य या विद्यालयों की परीक्षाओं द्वारा सम्भव नहीं है। छात्र को भविष्य में नवीन विषय या व्यवसाय का चुनाव करने में सहायता देने के लिए उसके विकास का पूर्ण आलेख रखना चाहिए। विद्यालयों में रखे जाने वाले आलेख पत्र में छात्र द्वारा किये गये कार्यों का विवरण रखना चाहिए। इन आलेख-पत्रों में पढ़ाई में की गई प्रगति के अतिरिक्त व्यक्तित्व के गुण, सामाजिक समायोजन, रुचि तथा अभिवृत्ति तथा अन्य क्रियाओं का उल्लेख होता है। देश के सभी विद्यालयों में संकलित आलेख पत्र रखना अनिवार्य होना चाहिए।"

संचित अभिलेख के लाभ—

1. छात्र को ठीक प्रकार से समझने में सहायक सिद्ध होता है।
2. छात्र के बारे में अधिक से अधिक ज्ञान प्राप्त होता है।
3. छात्रों के शैक्षिक, व्यावसायिक तथा नैतिक निर्देशन में सहायक सिद्ध होता है।
4. शिक्षक इसकी सहायता से शीघ्र जान सकते हैं कि कौन से छात्र धीगी गति से उन्नति कर रहे हैं।
5. इस अभिलेख के आधार पर शिक्षक छात्रों के अभिभावकों से सम्पर्क स्थापित कर सकते हैं।
6. छात्रों के कल्याण में लगी हुई संस्थाओं के लिए इस प्रकार के अभिलेख पर्याप्त मात्रा में सामग्री दे सकते हैं।
7. छात्र के एक स्कूल छोड़ते समय और दूसरे स्कूल में प्रविष्ट होते समय यह अभिलेख उसके साथ ही भेज देना चाहिए ताकि नए स्कूल में छात्र को वातावरण के अनुकूल बनाने में वह सहायक हो।
8. इससे छात्र प्रतिभा की खोज में सहायता मिलती है। इसको देखने से पता चलता है कि कौन से छात्र विज्ञान, आर्ट्स अथवा कॉमर्स में प्रतिभा रखते है।

संचित अभिलेख में निहित तथ्य

संचित अभिलेख में इस प्रकार के तथ्य होने चाहिए:

1. व्यक्तिगत परिचय विवरण
2. परिवार का विवरण
3. उपस्थिति विवरण
4. मनोवैज्ञानिक विवरण

5. शैक्षिक उपलब्धि विवरण
6. सहगामी क्रियाओं का विवरण
7. छात्रों का उत्तरदायी कार्यों में स्थान
8. व्यक्तित्व का विकास

संचित अभिलेख-पत्र का नमूना
(Specimen of Cumulative Record Card)

..............................हाई / हायर सैकन्डरी स्कूल..............................

विद्यार्थी का नाम..

शनाखती नम्बर..

वर्ष.......................... श्रेणी .... रोल नम्बर.......................

शनाखती नम्बर..................

(1) माता/पिता/अभिभावक की पूर्ति के लिए व्यक्तिगत जानकारी

जन्म तिथि.......................

परिवार में बच्चों की संख्या.............बच्चों में छात्र का स्थान.......................

अनुसूचित जाति/पिछड़ी जाति आदि.............................

पिछले स्कूलों का ब्यौरा :

क्रम न०	स्कूल का नाम	पढ़ाई का समय		स्कूल छोड़ने के कारण
		से	तक	
1.				
2.				
3.				

पिता/अभिभावक का नाम एवं शैक्षिक योग्यता ....

पिता/अभिभावक का व्यवसाय ....

माता का नाम, शैक्षिक योग्यता एवं व्यवसाय ....

परिवार की मासिक आय ....

छात्र सम्बन्धी कोई विशेष कथन ....

छात्र को अथवा उसके परिवार में हुई किसी गंभीर बीमारी अथवा दुर्घटना का ब्यौरा ...

शनाखती नम्बर......

श्रेणी अध्यापक की पूर्ति के लिए

1. व्यक्तित्व चित्रण

श्रेणी	VI	VII	VIII	IX	X	XI
तिथि						
परिश्रम सहयोग-भावना नेतृत्व भावना						
कोई और महत्वपूर्ण गुण						
कोई और व्यवहार सम्बन्धी समस्या						

कोड—क: प्रमुख; ख: औसत से अधिक; ग: औसत; घ: निर्देशन की आवश्यकता है; ङ: उन्नति कर रहा है; च: निर्देशक की अत्याधिक आवश्यकता है।

2. स्कूल प्रगति रिकॉर्ड

श्रेणी VI वर्ष | श्रेणी VI वर्ष

क्रम न०	विषय	अंक कुल	अंक प्राप्त	श्रेणी में स्थान	क्रम न०	विषय	अंक कुल	अंक प्राप्त	श्रेणी में स्थान
1.	मातृ भाषा				7.	प्रैक्टीकल आर्ट्स			
2.	दूसरी भाषा				8.	चयन विषय नं० 1			
3.	गणित				9.	चयन विषय नं० 2			
4.	सामाजिक अध्ययन				10.	अंग्रेज़ी			
5.	साधारण विज्ञान				11.				
6.	मनोरंजन क्रियाएँ				12.				
	कुल जोड़					कुल जोड़			

श्रेणी अध्यापक के हस्ताक्षर............ श्रेणी में स्थान..........................

निष्पत्ति/उपलब्धि परीक्षण
(Achievement Test)

शिक्षित क्रिया के द्वारा, शिक्षक, छात्रों में ज्ञान तथा कौशल, अवबोध तथा श्लाघात्मक शक्तियों का विकास करता है। छात्रों ने शिक्षक से किस सीमा तक सीखा है। इसकी जानकारी अधिगम की मापन विधियों से होती है ये विधियाँ निष्पत्ति (Achievement) परीक्षण कहलाती है। फ्रीमैन के शब्दों में, एक निष्पत्ति परीक्षण वह है, जिसका निर्माण ज्ञान समूह में कौशल के मापन के लिए किया जाता है।

हेनरी चौनसी के अनुसार: प्रत्येक निष्पत्ति परीक्षण में छात्रों को किसी न किसी रूप में अपने प्राप्त ज्ञान का इस प्रकार प्रदर्शन करना पड़ता है, जिसका अवलोकन और मूल्यांकन किया जा सके।

निष्पत्ति परीक्षण के प्रकार
(Types of Achievement Test)

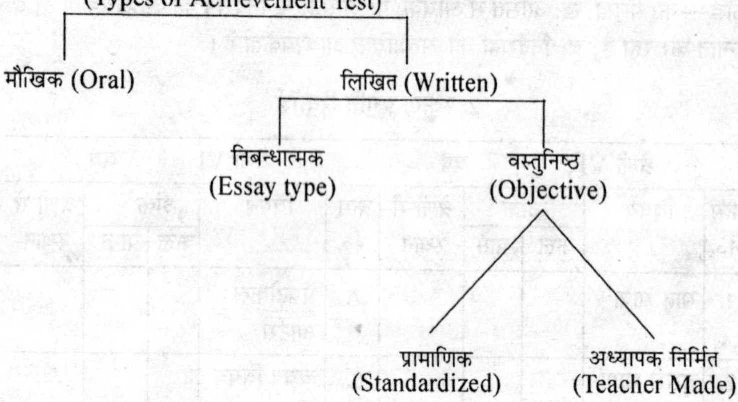

निष्पत्ति परीक्षण का निर्माण (Construction of Achievement)—निष्पत्ति परीक्षण के निर्माण में निम्नलिखित बातों पर ध्यान देना आवश्यक है—

1. उद्देश्य (Formulation of Objectives)—प्रत्येक विषय को पढ़ाने के भिन्न-भिन्न उद्देश्य हैं। जिस विषय में परीक्षा तैयार करनी है, उसके उद्देश्य का अध्ययन करना चाहिए। इसके पश्चात् यह निर्णय करना चाहिए कि निष्पत्ति परीक्षण के द्वारा किन उद्देश्यों की परीक्षा करनी है।

2. पाठ्यक्रम का विश्लेषण (Analysis of the Curriculum)—जिस विषय में निष्पत्ति परीक्षा बनानी है, उसके पाठ्यक्रम का अध्ययन करना आवश्यक है और पाठ्य-विषयों को क्रम से समझ लेना आवश्यक है।

3. पद-निर्माण (Items Construction)—पद निर्माण करते समय पाठ्य विषय तथा उनके उद्देश्यों को ध्यान में रखना चाहिए, तभी परीक्षण सार्थक होगा।

4. आदेश (Instruction)—पदों के निर्माण के पश्चात् आदेश बनाए जाएं।

5. परीक्षा लेना (Try Out)—प्रथम बार परीक्षा को छात्रों के एक समूह को दिया जाए, जिसमें सब प्रकार के छात्र सम्मिलित हों। इस परीक्षा के लिए कोई समय निश्चित

नहीं करना चाहिए। वह समय नोट कर लेना चाहिए जिसमें 75% छात्र परीक्षा को समाप्त कर लें।

6. अंक (Marks)—प्रथम बार परीक्षा को देने के पश्चात् समय, अंक सूचना आदि का निर्माण किया जाता है। कठिन पदों को हटा दिया जाता है या उनमें परिवर्तन कर लिया जाता है। जिन पदों का विभेदीकरण मान नकारात्मक होता है, उनको अलग कर दिया जाता है।

7. विश्वसनीय और वैधता (Reliability and Validity)—परीक्षा की विभिन्न विधियों द्वारा विश्वसनीयता तथा वैधता निकाली जाती है। इससे परीक्षण प्रामाणिक हो जाता है।

8. अन्तिम परीक्षा (Final test)—अन्तिम परीक्षण जिससे समय सूचना तथा अंक आदि निश्चित होते हैं, छात्रों के बहुत बड़े नमूने को दिया जाता है। इस परीक्षण में फिर से अंक दिए जाते हैं तथा उसकी विश्वसनीयता तथा वैधता निकाली जाती है।

9. सामान्य स्तर (Norms)—परीक्षा में दिए अंकों का मध्यमान (Average) निकाला जाता है। निष्पत्ति परीक्षा बनाने के लिए निम्न क्रियाओं को प्रमाणीकृत करना पड़ता है—(अ) परीक्षा सामग्री (Content), (ब) परीक्षण विधि (Administration) (स) अंक (Scoring) (द) सामान्य स्तर (Norms).

10. फल तथा उनका प्रयोग (Results and their interpretation)—प्रत्येक निष्पत्ति परीक्षा के निश्चित उद्देश्य होते हैं। परीक्षा के सामान्य स्तर के निर्धारित होने पर परीक्षक परीक्षा की व्याख्या करता है। जैसे- छात्रों की कठिनाई, निष्पत्ति उपलब्धि आदि।

निष्पत्ति लब्धि
(Achievement Quotient)

पहले हम किसी छात्र की निष्पत्ति आयु निकालते हैं यह आयु किसी विषय विशेष में छात्र की ज्ञान प्राप्ति है। इसको कभी-कभी मनोवैज्ञानिक विषय आयु (Subject Age) भी कहते हैं। निष्पत्ति लब्धि निकालने के लिए भिन्न-भिन्न विषय होते हैं।

$$\text{AQ निष्पत्ति लब्धि} = \frac{\text{शिक्षा आयु}}{\text{मानसिक आयु}}$$

$$\text{EQ शिक्षा लब्धि} = \frac{\text{शिक्षा आयु} \times 100}{\text{वर्ष आयु}}$$

नमूना

1. सत्य, असत्य परीक्षण (True, False test)—इस प्रकार के प्रश्न प्रत्येक वस्तुनिष्ठ परीक्षण में प्रयोग किए जाते हैं। इनका निर्माण बहुत सरल होता है। इसमें छात्रों को सत्य और असत्य की जाँच करनी पड़ती है जैसे – **आदेश :** नीचे के कथनों को ध्यान से पढ़ो। यदि कथन सत्य है तो (स) के चारों और, असत्य हो तो (अ) के चारों ओर घेरा खीचों।

(*i*) गौतम बुद्ध का जन्म लुम्बिनी में हुआ। स अ

(*ii*) पानीपत का पहला युद्ध 1526 ई० में हुआ। स अ

(*iii*) आलमगीर 39 वर्ष तक दिल्ली का सुलतान रहा। स अ

इस प्रकार के परीक्षणों में सबसे बड़ी त्रुटि यह है कि विद्यार्थी इनमें अनुमान से उत्तर दे सकते हैं।

2. बहुविकल्पीय परीक्षण (Multiple Choice test)—इस प्रकार के परीक्षणों में छात्रों को एक कथन दिया जाता है और उसके कई उत्तर दिए होते हैं, ठीक उत्तर को छाँटना पड़ता है।

(*i*) **निर्देश :** नीचे शब्दों में केवल एक शब्द का वर्ण विन्यास ठीक है—उस पर निशान लगाओ।

(अ) Mpc (ब) Tid (स) Fin (द) light

(य) Fert

(*ii*) **निर्देश :** नीचे कुछ वर्ण दिये जाते है। सही पर घेरा बनाओ।

3. मिलान पद (Matching test)—इस प्रकार के परीक्षणों में विद्यार्थी को एक ओर के पदों का दूसरी ओर के पदों से मिलान करना पड़ता है।

(*i*) **निर्देश :** कथनों का सही मिलान करके उनका नम्बर बायीं तरफ कोष्ठक में लिखें?

( )	(*i*) निर्मला	(*i*) तुलसीदास
( )	(*ii*) रामायण	(*ii*) विलियम शेक्सपीयर
( )	(*iii*) जूलीयस सीजर	(*iii*) कालिदास
( )	(*iv*) शकुन्तला	(*iv*) प्रेमचन्द

(*ii*) **निर्देश :** शहरों के नाम राजधानी से मिलाएं।

( )	(*i*) राजस्थान	(*i*) मुम्बई
( )	(*ii*) महाराष्ट्र	(*ii*) पटना
( )	(*iii*) हरियाणा	(*iii*) जयपुर
( )	(*iv*) बिहार	(*iv*) चण्डीगढ़

4. सरल प्रत्यास्मरण परीक्षण पद (Simple Recall test)

(*i*) गीतांजली के लेखक कौन थे? ()

(*ii*) विश्व की सबसे ऊँची मीनार कौन सी है? ()

(*iii*) चिल्का झील किस राज्य में है? ()

(*iv*) अन्तर्राष्ट्रीय महिला दिवस कब मनाया जाता है? ()

5. वाक्यपूर्ति (Sentence Completion)

(*i*) गाँधी जी ने 1942 में.......आन्दोलन प्रारंभ किया था।

(*ii*) हमारे मस्तिष्क में चेतना का स्थान.......है।

(*iii*) मैरी क्यूरी को...... क्षेत्र में नोबेल पुरस्कार मिला।

पद या प्रश्न लिखने के सिद्धान्त
(Principles of Making items or principles)

(1) प्रश्नों को इस प्रकार बनाएं कि सभी उत्तर दे सकें।

(2) प्रश्न निश्चित सरल एवं संक्षिप्त होने चाहिए।

(3) प्रश्नों की भाषा विद्यार्थियों के मानसिक स्तर के अनुकूल होनी चाहिए।
(4) प्रश्न अर्थपूर्ण होने चाहिए।
(5) प्रश्न एक दूसरे से संबंधित होने चाहिए।
(6) प्रश्न ऐसे होने चाहिए जो विद्यार्थियों के चिन्तन के लिए प्रोत्साहन प्रदान करें।
(7) प्रश्नों को दोहराना दोषपूर्ण है।
(8) प्रश्नों को स्वाभाविक ढंग से पूछना चाहिए।
(9) प्रश्न पूरी कक्षा को संबोधित करते हुए पूछा जाना चाहिए।
(10) प्रश्न आत्मविश्वास के साथ पूछे जाने चाहिए।
(11) प्रश्नों में पाठ्यपुस्तक की शब्दावली का प्रयोग नहीं करना चाहिए।
(12) प्रश्नों का वितरण समस्त कला में किया जाए।
(13) प्रश्न करने के उपरान्त विद्यार्थियों को सोचने के लिए पर्याप्त समय दिया जाना चाहिए।
(14) उत्तर मिलने के उपरांत विद्यार्थियों को तुरंत प्रतिपुष्टि दी जानी चाहिए।

विद्यालय के विभिन्न विषयों से सम्बन्धित परीक्षण पदों का विकास करना (Development of Test items of Various Types in School subjects)

भूगोल (Geography)

प्रश्न : पर्यावरण किसे कहते हैं?
प्रश्न : वायुमंडल की संरचना की व्याख्या करें?
प्रश्न : वनों के प्रकार बताएें?
प्रश्न : जलवायु के घटक कौन-कौन से हैं?

विज्ञान (Science)

प्रश्न : दिन और रात कैसे बनते हैं?
प्रश्न : सुचालक और कुचालक में अन्तर बताइये?
प्रश्न : पानी किन तत्वों से मिल कर बना है?
प्रश्न : लैंगिग और अलैंगिक जीवों में क्या अन्तर हैं?

अंक गणित (Arithmatics)

प्रश्न : 8 में 17 जोड़ें तो क्या आएगा?
प्रश्न : 19 को 7 से गुणा करें।
प्रश्न : 23 को 3 भाग करें।
प्रश्न : 67 में से 34 घटाएं।

हिन्दी (Hindi)

प्रश्न : सर्वनाम की परिभाषा दें।
प्रश्न : जातिवाचक और भाववाचक संज्ञा के दो-दो उदाहरण दें।
प्रश्न : कारक के भेद बताइए।

प्रश्न : समास किसे कहते हैं ?

निष्कर्ष—इस प्रकार एक अध्यापक अपने बच्चों में विभिन्न विषयों से सम्बन्धित परीक्षण पदों का निर्माण कर सकता है।

बुद्धि का सामूहिक परीक्षण

लेखक : आर. के. टंडन

परीक्षण का उद्देश्य : शैक्षिणक व्यवसायिक निर्देशन के लिए विद्यार्थियों की सामान्य मानसिक योग्यता का परीक्षण।

परीक्षार्थी/प्रयोज्य का परिचयात्मक विवरण:

नाम :

कक्षा :

आयु :

पता :

स्वास्थ्य :

परीक्षण का विवरण

यह आर. के. टंडन द्वारा निर्मित बुद्धि का शाब्दिक सामूहिक परीक्षण है। इसका नाम सामूहिक मानसिक योग्यता परीक्षण 1/61 है। इसमें कुल 100 प्रश्न हैं। परीक्षण सरल से कठिन की ओर व्यवस्थित है। इसमें लगभग 20 मिनट का समय लगता है। इसमें शब्दावली, संख्या, तर्क व समानता पर आधारित प्रश्न हैं। प्रत्येक प्रश्न में एक से ज्यादा विकल्प है। जिनमें से सही उत्तर का चयन करना है। यह परीक्षण हिन्दी भाषी क्षेत्रों के लिए हैं। परीक्षण की भाषा सरल है। परीक्षण का निर्माण मुरादाबाद में हुआ है। यह परीक्षण 16 वर्ष से अधिक आयु के व्यस्कों के लिए है।

प्रतिदर्श आकार (Size)—यह परीक्षण 1500 प्रयोज्यों पर किया गया। मुरादाबाद के बी. एड. डिग्री तथा पी. जी. और इंटरमीडिएट स्कूल के छात्रों पर अध्ययन करके यह परीक्षण किया गया। इस परीक्षण की विश्वसनीयता 0.91 एवं वैधता 0.23 से 0.80 है।

परीक्षण की सामग्री—पुनः उपयोगी प्रश्न पुस्तिका, उत्तर पुस्तिका, निर्देशन पुस्तिका, पैन, पैंसिल, घड़ी आदि।

व्याख्या—सर्वप्रथम प्रयोज्य को आराम से बैठने के लिए कहा जाता है उन्हें सूचित किया जाता है कि उनकी बुद्धि का मापन किया जाएगा। तत्पश्चात् उन्हें परीक्षण पुस्तिका में दिए गए निर्देश समझाएं जाते हैं प्रयोज्य की सभी प्रकार की शंकाओं का समाधान किया जाता है। समूह की संख्या 20 से 25 हो सकती है।

सावधानियाँ (Precautions)

(1) परीक्षार्थी को शांत वातावरण दिया जाए।

(2) प्रकाश का उचित प्रबन्ध हो।

(3) परीक्षा हल करने में कोई सहायता न की जाए।

(4) समय की जानकारी पहले से ही दे दी जाए।

(5) 20 मिनट समाप्त होते ही उत्तर पुस्तिका ले ली जाए।

अंकन (Scoring)

फलांकन कुंजी द्वारा सरलता से अंकन किया जाता है। इसे उत्तर पुस्तिका पर ठीक से रख कर मिलान करके सही उत्तरों के आगे 1 लिखकर गिन लिया जाता है। कुल प्राप्त अंकों को मूल अंक कहा जाता है।

वर्गीकरण के आधार पर व्याख्या

0 – 4	अति निम्न
5 – 6	निम्न
17 – 28	औसत से कम
29 – 52	औसत
60 – 76	श्रेष्ठ
77 से अधिक	अति श्रेष्ठ

प्रयोज्य का जो भी अंकन आएगा उसके आधार पर उसको उसी वर्ग में रखा जाएगा।

बुद्धि परीक्षण (गैर मौखिक)

पिंटनर-कनिंघम प्राइमरी परीक्षण

विवरण : इस परीक्षण में सात गैर-मौखिक उप-परीक्षण होते हैं, जिनका विवरण निम्न प्रकार है :

1. सामान्य पर्यवेक्षण—बच्चा यदि दिये हुए सेट में उन समस्त वस्तुओं को चिह्नित करता है जो किसी न किसी वर्ग में आते हैं।

2. सौन्दर्यगत भेद—बच्चे से कहा जाता है कि वह एक ही वस्तु के 3 चित्रों में से ''सर्वाधिक सुन्दर चित्र'' को अंकित करें।

3. सम्बन्धित वस्तुएँ—बच्चा उन दो वस्तुओं को चिह्नित करता है जो चित्रों की प्रत्येक पंक्ति में परस्पर सम्बन्धित होती हैं, जैसे टोप और कोट।

4. आकार का अन्तर—बच्चे से कहा जाता है कि उन वस्त्रों को चिह्नित करें जो चित्र में दिये गये व्यक्ति के लिए उपयुक्त आकार के हैं। चूँकि वस्त्रों की प्रत्येक वस्तु—जूते, टोप, दस्ताने आदि में एक बहुत बड़ी, एक बहुत छोटी और एक सही आकार ही है।

5. चित्र में भाग—इस परीक्षण में उन चित्रों की श्रृंखला प्रदर्शित की जाती है, जो अधिकाधिक जटिल होती जाती है। इन चित्रों में बच्चे, खिलौने और अन्य वस्तुएँ होती है। ये ही वस्तुएँ ''मानक'' चित्र के बाहर अन्य वस्तुओं में मिलाकर दिखाई जाती है। बच्चे को आदेश दिया जाता है कि इस समूह में उन समस्त वस्तुओं को चिह्नित करें जो चित्र में प्रदर्शित हैं।

6. चित्र पूर्ति—प्रत्येक अपूर्ण चित्र में विद्यार्थी से कहा जाता है कि वह अनेक प्रस्तुत अवयवों का पता लगाये और उनके स्थानों पर चिह्न लगाये जो उस चित्र में गुम हैं।

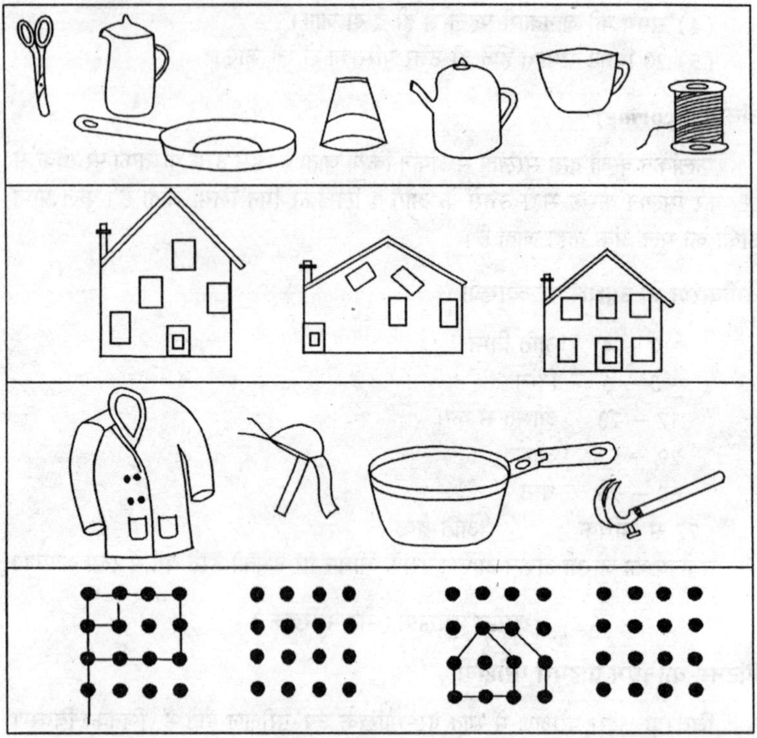

7. बिन्दु-प्रचना—बच्चों को उन प्रचनाओं की नकल करनी पड़ती है जिनका निर्माण बिन्दुओं को जोड़ कर होता है।

समस्त परीक्षण अ-शाब्दिक होते हैं क्योंकि जिन बच्चों के लिए इस परीक्षण का आयोजन किया जाता है, उनमें से अधिकांश बच्चे ऐसे होते हैं जिन्होंने अभी पढ़ना नहीं सीखा हैं। निर्देश मौलिक रुप से दिये जाते हैं।

क्षेत्र—किंडरगार्टन, श्रेणी 1 और श्रेणी 2 का पूर्वार्द्ध पिंटनर-कनिंघम प्राइमरी परीक्षण के अंतर्गत आते हैं। इनके समकक्ष तीन रूप हैं : अ, ब और स।

प्राप्तांक—सात उप-परीक्षणों से उपलब्ध अंकों को जोड़कर कुल बिन्दु अंक प्राप्त किया जाता है। बिन्दु प्राप्तांकों के संदर्भ में मानसिक आयु नियमावली की सारणी से ज्ञात की जा सकती है। पिंटनर-कनिंघम मा. आ. वर्षानुसार आयु होती है जिसके लिये दिये हुए बिन्दु प्राप्तांक अपनी विशेषता रखते हैं। बु.ल. प्राप्त करने के लिए इस मा. आ. का बच्चे की व. आ. से विभाजन किया जाता है। इसकी विकल्प और श्रेष्ठतर पद्धति यह है कि वेशलर-वैलेव्यू पद्धति में प्रयुक्त होने वाली रीति का अनुसरण करते हुए बिन्दु प्राप्तांकों को विचलन बु. ल. में परिवर्तित कर लिया जाये। निःसन्देह मध्यवर्ती बु. ल. 100 हैं और मा. वि. 16 है जो स्टैनफोर्ड-बिने मा. वि. के सदृश हैं। पिंटनर कनिंघम बु. ल. सटैनफोर्ड-बिने बु. ल. के पूर्णतया समकक्ष नहीं होती, यद्यपि ऐसा प्रतीत होता है कि दोनों मानों से एक ही योग्यताओं का मापन होता है। किंडरगार्टन और प्राइमरी स्कूल के

बच्चों के लिए दोनों परीक्षण-प्रगतियों में सह-सम्बन्ध 70 से 60 तक होता है। इससे ज्ञात होता है कि पिंटनर-कनिंघम स्टैनफोर्ड-बिने द्वारा मापी गई अमूर्त बुद्धि का वैध माप है। जैसा कि एक रूप से दूसरे रूप के घनिष्ठ सम्बंध से ज्ञात होता है, पिंटनर-कनिंघम के प्राप्तांकों की विश्वसनीयता अथवा स्थायित्व उच्च कोटि का होता है।

व्यक्तित्व (Personality)

परीक्षण का नाम : व्यक्तित्व विभा मापनी

लेखक का नाम : डा. एस. पी. कुल श्रेष्ठ एवं आर. पी. कोठियाल

परीक्षण का उद्देश्य : परीक्षार्थी/प्रयोज्य के व्यक्तित्व का मापन

परीक्षण सामग्री— व्यक्तित्व विभा मापनी पुस्तिका
उत्तर पुस्तिका
अंकन तालिका
पैन या पेंसिल

सावधानियाँ—

(1) प्रकाश का उचित प्रबन्ध।

(2) परीक्षार्थी/प्रयोज्य के साथ उचित सम्बन्ध स्थापित करना।

(3) विद्यार्थी द्वारा उत्तर दिए जाने पर यह जाँचना चाहिए कि उत्तर पुस्तिका पर सभी उत्तर दिये हैं या नहीं ।

निर्देश :

(*i*) यह परीक्षण पुस्तिका है। इस पर किसी भी प्रकार का निशान न लगाइए। आपको अलग से उत्तर पुस्तिका दी जा रही है। आप उस पर नाम,पता तथा अन्य आवश्यक सूचनाएँ अंकित कर दीजिए।

(*ii*) जब आपको 'आरम्भ' करने के लिए कहा जाए तो आप यथा सम्भव शीघ्रता एवं सावधानी से आरम्भ कीजिए।

(*iii*) प्रथम प्रश्न से आरम्भ कीजिए तथा एक के बाद एक लगातार प्रश्नों के उत्तर देते जाएं।

(*iv*) कोई भी उत्तर सही या गलत नहीं है।

(*v*) यदि आप कोई उत्तर बदलना चाहें या आपसे उत्तर देते समय निशान गलत लग जाए तो ठसे इस प्रकार काटिए तथा उचित गोले में सही का निशान अपनी पसंदानुसार लगा दीजिए।

(*vi*) परीक्षा आरम्भ होने के बाद किसी प्रकार का प्रश्न न पूछिए।

(*vii*) जब तक आपसे कहा न जाए इस पुस्तिका के पृष्ठ न पलटिए।

विधि एवं अंकन

अंकन कुंजी के सहायता से उत्तरों को 0 या 1 से फलांक दिया जाता है। 1 से 10 कारकों के अन्तर्गत प्राप्तांकों को 12 वर्गों में अलग-अलग जोड़ दिया जाता है। जिन्हें (रॉ स्कोर्ज) (Raw Scores) का नाम दिया। फिर इन्हें उत्तर पुस्तिका पर दिए गए क्रम के अनुसार Stanine Scores में परिवर्तित किया जाता है। जिनके आधार पर उत्तर पुस्तिका के पिछले पृष्ठ पर दी गई व्याख्या के अनुसार प्रयोज्य का व्यक्तित्व विश्लेषण किया जाता है।

परीक्षण का विवरण (Description of the test)

इस टैस्ट का निर्माण हिन्दी भाषी विद्यार्थियों/व्यक्तियों (जिनकी आयु 16 वर्ष से अधिक हो) के व्यक्तित्व मापन हेतु बनाया गया है। इसे मनोवैज्ञानिक परीक्षण संस्थान देहरादून द्वारा प्रकाशित किया गया है।

परीक्षण सामग्री

(*i*) परीक्षण पुस्तिका (Test Booklet) इसमें 122 प्रश्न हैं, जिनमें से (31, 32) को हटा दिया गया है। प्रत्येक प्रश्न के साथ दो विकल्प हैं।

(*ii*) उत्तर पत्र (Answer Sheet) इसमें 1 से 122 प्रश्नों तक को उत्तर देने के लिए दो कालम बने हैं। जिनमें से किसी एक पर (✓) चिह्न लगाया जाता है।

(*iii*) उत्तर तालिका, कोई भी उत्तर सही या गलत नहीं है उत्तर तालिका के हिसाब से 0 या 1 अंक गिना जाएगा। 10-10 प्रश्नों को जोड़कर 12 वर्ग बना लिए जाएंगे।

(*iv*) परीक्षण निर्देशिका। (Test mannual) इसके द्वारा पता लगाया जाएगा कि 12 वर्गों के कारकों से प्राप्त (रॉ स्कोर्ज) (Raw Scores) को stanine अंकों में कैसे परिवर्तित करके व्यक्ति के गुणों की व्याख्या कैसे की जाएगी।

परीक्षण प्रशासन (Administration of the test)

(1) विद्यार्थी को उचित एवं शांत वातावरण में बैठा कर उसे सभी निर्देश दिए गए। जैसे कि परीक्षण पुस्तिका पर कुछ नहीं लिखना है। जब प्रारम्भ करने को कहा जाए तभी प्रारंभ करें। बीच में कुछ न पूछें। कोई भी उत्तर सही या गलत नहीं है। यदि आपको उत्तर बदलना है तो निशान लगा कर (✓) का निशान लगाएं। यह भी देख लें कि प्रयोज्य ने सभी प्रश्नों के उत्तर दिए हैं या नहीं।

अंक लगाना (Scoring) मैनुअल की सहायता से प्रयोज्य के उत्तरों को 0 तथा 1 अंक प्रदान करके अंक प्रदान किए जाएंगे।

प्रश्न क्रमांक	कारक का नाम
1 से 10	A
11 से 20	B
21 से 30	C
33 से 42	D
43 से 52	E
53 से 62	F
63 से 72	G
73 से 82	H
83 से 92	I
93 से 102	J
103 से 112	K
113 से 122	L

निष्कर्ष (Interpretation)—विभिन्न 12 कारकों के अन्तर्गत प्राप्तांकों को स्टैनाईन अंकों में परिवर्तित करके प्रयोज्य के व्यक्तित्व की व्याख्या की जाएगी।

कारक (Factors)	A	B	C	D	E	F	G	H	I	J	K	L
पूर्ण अंक												

प्रत्येक कारक के नीचे प्रयोज्य द्वारा प्राप्त किए गए अंकों का योग किया जाएगा जिन्हें निम्न तालिका की सहायता से स्टेनाईन स्कोर्स (Stanine Scores) में परिवर्तित करके जो जिस प्रकार वर्ग में आता है उसी के अनुसार उसका व्यक्तित्व विश्लेषण होगा।

कारक	रॉ स्कोर्स	निम्न अंक व्याख्या	Stanine Scores I	II	III	IV	V	VI	Average VII	VIII	IX	उच्च अंक व्याख्या
A		संवेगात्मक रूप से कम स्थिर										संवेगात्मक रूप से अधिक स्तर
B		विनम्र										अधिकार जमाने वाला
C		निष्क्रिय										अधिक सक्रिय
D		कम बुद्धिमान										अधिक बुद्धिमान
E		अन्तर्मुखी										बर्हिमुखी
F		चिन्तित										चिंता रहित
G		निम्न मानसिक स्वास्थ्य										अच्छा मानसिक स्वास्थ्य
H		कम समायोजन										अच्छा समायोजन
I		असुरक्षित										सुरक्षित
J		अंधविश्वासी										अंधविश्वासों से दूर रहने वाला
K		कम सृजनशील										अधिक सृजनशील
L		कम अच्छे चरित्र वाला										अधिक अच्छे चरित्र वाला

अभ्यास के प्रश्न

इकाई–I

शिक्षा मनोविज्ञान का अर्थ, प्रकृति, कार्यक्षेत्र महत्व एवं विधियाँ

अभ्यास के प्रश्न

1. शिक्षा का अर्थ स्पष्ट करते हुए शिक्षा मनोविज्ञान की परिभाषा बताएं।
2. शिक्षा मनोविज्ञान की प्रकृति को स्पष्ट करें।
3. शिक्षा मनोविज्ञान के क्षेत्र की चर्चा करें।
4. आपके विचार में शिक्षा मनोविज्ञान का अध्ययन एक अध्यापक के लिए किस प्रकार लाभकारी है ?
5. शिक्षा मनोविज्ञान की विभिन्न विधियों के नाम बताएँ। किसी एक विधि की विस्तार पूर्वक चर्चा करें।
6. साक्षात्कार विधि का अर्थ एवं प्रकारों की विवेचना करें।
7. निरीक्षण विधि की विस्तारपूर्वक व्याख्या करें।
8. अध्येता के व्यवहार को समझने की विभिन्न विचारधाराएँ/ उपागम कौन-कौन से हैं ? वर्णन करें।
9. प्रयोगात्मक विधि की विस्तृत विवेचना करें।

लघु प्रश्न

1. शिक्षा मनोविज्ञान का क्या अर्थ है ?
2. आप शिक्षा मनोविज्ञान को विज्ञान कहेंगे या कला ?
3. शिक्षा मनोविज्ञान का अध्ययन प्राथमिक स्तर के अध्यापक के लिए क्या लाभ हैं ?
4. साक्षात्कार विधि के दोष बताएं।
5. प्रयोगात्मक विधि के गुण कौन कौन से हैं ?
6. व्यक्तिगत अध्ययन की सीमाएँ बताएं।
7. बर्हिनिरीक्षण विधि के गुण बताएं।

इकाई–II

वृद्धि एवं विकास

अभ्यास के प्रश्न

1. वृद्धि और विकास का क्या अर्थ है ? वृद्धि और विकास में अन्तर बताएं। वृद्धि और विकास के सामान्य सिद्धान्तों का वर्णन करें।

2. विकास की अवस्थाओं का क्या अर्थ है ? विभिन्न अवस्थाओं के नाम बताएं। और उनकी विशेषताएं भी बताएं।
3. विकास को प्रभावित करने वाले मुख्य कारकों की विवेचना कीजिए।
4. वृद्धि और विकास के सिद्धान्तों का शैक्षिक महत्व क्या है ? चर्चा करें।
5. बाल्यकाल की अवस्था कौन सी होती है ? बाल्यकाल की विशेषताओं की व्याख्या कीजिए ?
6. बाल्यकाल की शारीरिक विकास की अवस्थाओं की व्याख्या करें।
7. सामाजिक विकास से आप क्या समझते हैं ? बाल्यकाल में सामाजिक विकास की चर्चा कीजिए।
8. संवेग क्या है ? संवेगों की विशेषताएँ कौन-कौन सी हैं ? बालक के संवेगात्मक विकास को प्रभावित करने वाले विभिन्न कारकों की चर्चा भी कीजिए।
9. बाल्यकाल में संवेगात्मक विकास की चर्चा कीजिए।
10. भाषा विकास से आप क्या समझते हैं ? भाषा विकास के विभिन्न चरण कौन-कौन से हैं ?
11. पूर्व किशोरावस्था कौन सी है ? इसके विभिन्न पहलुओं की चर्चा करें।
12. संवेगात्मक विकास का अर्थ स्पष्ट कीजिए। इसको प्रभावित करने वाले कारकों की चर्चा करें।
13. पूर्व किशोरावस्था में सामाजिक विकास व इसको प्रभावित करने वाले कारकों की विवेचना कीजिए।
14. पूर्व किशोरावस्था में भाषीय विकास कैसे होता है ? चर्चा कीजिए।
15. संज्ञानात्मक विकास/ बौद्धिक विकास का अर्थ स्पष्ट कीजिए। इसके आधारों की चर्चा कीजिए।
16. जीन पियाजे के अनुसार बौद्धिक विकास की अवस्थाएँ कौन-कौन सी हैं ? एक शिक्षक के लिए इनका क्या लाभ है ?
17. संज्ञानात्मक विकास से आप क्या समझते हैं ? इसके विभिन्न सोपानों की चर्चा करें।
18. बौद्धिक विकास के कारक एवं इसके लिए कैसी शिक्षा हो ? विवेचना करें।
19. खेल से आप क्या समझते हैं ? खेल एवं कार्य में अन्तर स्पष्ट करें।
20. खेल के प्रसार एवं विशेषताएँ कौन-कौन सी हैं। स्पष्ट कीजिए।
21. खेल का अर्थ बताइए। खेल को प्रभावित करने वाले कारक कौन-कौन से हैं ?
22. बच्चों के सर्वांगीण विकास में खेलों की भूमिका स्पष्ट कीजिए।

लघु प्रश्न

1. वृद्धि से क्या अभिप्राय हैं ?
2. विकास का क्या अर्थ हैं ?
3. वृद्धि और विकास में अन्तर बनाएं।
4. विकास को प्रभावित करने वाले कारक बताएं।
5. वृद्धि और विकास के सिद्धान्तों का शैक्षिक महत्व क्या है ?
6. विकास क्रम की विभिन्न अवस्थाओं की चर्चा करें।
7. बाल्यकाल की चर्चा करें।

8. बाल्यकाल की विशेषताएँ कौन सी हैं ?
9. बाल्यकाल की शारीरिक विशेषताएँ बताएं।
10. बाल्यकाल की सामाजिक विशेषताएँ बताएं।
11. बाल्यकाल की संवेगात्मक विशेषताएँ कौन सी हैं ?
12. बाल्यकाल में भाषीय विकास से आप क्या समझते हैं ?
13. पूर्व किशोरावस्था किसे कहते हैं ?
14. पूर्व किशोरावस्था में शारीरिक विकास को प्रभावित करने वाले कारक कौन से हैं ?
15. पूर्व किशोरावस्था में संवेगात्मक विकास से आप क्या समझते हैं ?
16. पूर्व किशोरावस्था में सामाजिक एवं भाषीय विकास की चर्चा करें।
17. संज्ञानात्मक / मानसिक विकास के पहलु कौन-कौन से हैं ?
18. जीन पियाजे के अनुसार बौद्धिक विकास की अवस्थाएँ कौन- कौन सी हैं ?
19. संज्ञानात्मक विकास की जानकारी अध्यापक के लिए कैसे लाभकारी हैं ?
20. खेल एवं कार्य में अन्तर बताएं।
21. खेलों की विशेषताएँ बताएं।
22. बाल विकास में खेलों की क्या भूमिका है ?

इकाई-3
व्यक्तित्व

अभ्यास प्रश्न

1. व्यवितत्व का क्या अर्थ है ? व्यक्तित्व को परिभाषित करें।
2. व्यक्तित्व से क्या अभिप्राय है। व्यक्ति की विशेषताओं का उल्लेख करें।
3. व्यक्तित्व की कौन सी परिभाषा आपको सबसे सही लगती है ? व्यक्तितव के विकास को प्रभावित करने वाले कारकों की चर्चा करें।
4. आदतों का क्या अर्थ है ? आदतों को परिभाषित करें। आदतों के प्रकार भी बताएं।
5. आप आदत से क्या समझते हैं ? आदतों का निर्माण कैसे होता है ?
6. गुणों से आप क्या समझते हैं ? गुण कौन-कौन से होते हैं ? उल्लेख करें।
7. गुणों की विशेषताएँ बताएं। गुणों का निर्माण करने में अध्यापक की क्या भूमिका है ?
8. आत्म संपत्यय का अर्थ बताएं। इसके कौन-कौन से घटक हैं ?
9. आत्म संप्रत्यग से आप क्या समझते हैं ? व्यक्ति के आत्म संप्रत्यय की अवस्थाएँ बताएं।
10. आत्म संप्रत्यय का अर्थ बताएं, इसको प्रभावित करने वाले कारकों का उल्लेख करें।
11. आत्म संप्रत्यय को परिभाषित करें। इसके निर्माण में अध्यापक की भूमिका बताएं।
12. रुचि से आप क्या समझते हैं। इसकी प्रकृति एवं विशेषताओं का उल्लेख करें।
13. रुचियों के प्रकार कौन से हैं ? इनके मापन की विधियाँ कौन-कौन सी हैं।
14. रुचि का क्या महत्व हैं ? बालकों में रुचि का विकास कैसे होता है ?
15. मूल्य से आप क्या समझते हैं ? उनकी प्रकृत्ति की चर्चा करें।
16. मूल्य मापन की विधियाँ कौन सी हैं ? मूल्यों का विकास आप कैसे करेंगे ?
17. अभिवृत्ति एवं शिक्षा का वर्णन करें।
18. अभिवृत्ति एवं शिक्षा का वर्णन करें।

19. समायोजन से आप क्या समझते हैं? एक समायोजित व्यक्ति की विशेषताएँ कौन सी होती हैं?

लघु प्रश्न

1. आदतें क्या हैं?
2. आदतों की उपयोगिता बताएं।
3. व्यक्तित्व का क्या अर्थ है?
4. गुणों की कोई चार विशेषताएँ बताएं।
5. आत्म संप्रत्यय का क्या अर्थ है?
6. रुचि का अर्थ स्पष्ट करें।
7. मूल्य से आप क्या समझते हैं?
8. अभिवृत्ति की विशेषताएँ बताएं।
9. समायोजन का क्या अर्थ है?

इकाई–4
व्यक्तिगत भेद

अभ्यास के प्रश्न

1. व्यक्तिगत विभिन्नता का अर्थ बताते हुए परिभाषाओं की चर्चा करें।
2. व्यक्तिगत विभिन्नता के आधारों की विवेचना करें।
3. व्यक्तिगत विभिन्नता से आप क्या समझते हैं? इनके प्रकार कौन–कौन से हैं?
4. व्यक्तिगत विभिन्नताओं के कारणों की व्याख्या करें।
5. व्यक्तिगत विभिन्नताओं का क्या शैक्षिक महत्व है? स्पष्ट करें।
6. उपलब्धि परीक्षण से आप क्या समझते हैं? इस परिभाषित करें।
7. उपलब्धि परीक्षणों के प्रकार की चर्चा करें।
8. उपलब्धि परीक्षणों के प्रयोग बताएं।
9. अभिक्षमता का अर्थ एवं विशेषताएँ बताएं।
10. अभिक्षमता परीक्षणों के उपयोगों का वर्णन करें।
11. बुद्धि का अर्थ एवं परिभाषा बताएं।
12. बुद्धि के प्रमुख सिद्धान्तों की व्याख्या करें।
13. बुद्धि परीक्षणों के प्रकारों का वर्णन करें।
14. बुद्धि परीक्षणों के गुण एवं दोष कौन–कौन से हैं?
15. सृजनात्मक चिन्तन क्या है? बालकों में सृजनात्मकता का विकास करने में सहायक तत्वों का वर्णन कीजिए?
16. सृजनात्मकता के अर्थों तथा विशेषताओं की व्याख्या कीजिए।
17. सृजनात्मक चिन्तन में अनेक चरण कौन–कौन से हैं? अध्यापक अपने विद्यार्थियों में सृजनात्मकता का विकास कैसे कर सकता है?
18. सृजनात्मक बच्चों की क्या विशेषताएँ हैं? सृजनात्मकता के शैक्षिक निहितार्थ क्या हैं?
19. सृजनात्मक का क्या अर्थ हैं? सृजनात्मक प्रक्रिया का उल्लेख कीजिए।
20. सृजनात्मक वृद्धि की कुछ तकनीकों का वर्णन करें।

लघु प्रश्न

1. व्यक्तिगत विभिन्नता का क्या अर्थ है?
2. व्यक्तिगत विभिन्नता के मुख्य कारण कौन-कौन से हैं?
3. व्यक्तिगत विभिन्नता का शिक्षा में क्या महत्व है?
4. उपलब्धि परीक्षण का क्या अर्थ हैं?
5. आत्मनिष्ठ परीक्षण से आप क्या समझते हैं?
6. अभिक्षमता और बुद्धि में क्या अन्तर हैं?
7. अभिक्षमता परीक्षणों के कोई चार दोष बताएं।
8. बुद्धि का क्या अर्थ है?
9. बुद्धि लब्धि का क्या अर्थ है?
10. सृजनात्मक का अर्थ बताएं।
11. सृजनात्मकता के अध्ययन की क्या शैक्षिक उपयोगिता है?
12. मस्तिष्क उद्वेलन तकनीक का अर्थ बताएं।

इकाई-5
मानसिक स्वास्थ्य

अभ्यास प्रश्न

1. मानसिक स्वास्थ्य से आप क्या समझते हैं? इसका क्या स्वरूप है?
2. मानसिक रूप से स्वस्थ व्यक्ति की विशेषताओं का वर्णन करें।
3. मानसिक स्वास्थ्य में बाधक तत्वों की चर्चा करें।
4. एक शिक्षक बालक के मानसिक स्वास्थ्य को किस प्रकार प्रभावित करता है? स्पष्ट करें।

लघु प्रश्न

1. मानसिक स्वास्थ्य का अर्थ बताएं।
2. मानसिक स्वास्थ्य में बाधक कोई चार तत्व बताएं।
3. बालक की मानसिक स्थिति पर समाज का क्या प्रभाव पड़ता है?

इकाई-6
विशिष्ट बालक और उनकी शिक्षा

अभ्यास प्रश्न

1. विशिष्ट बालकों से हमारा क्या तात्पर्य हैं?
2. समस्यात्मक बालक कौन से होते हैं? उनके निदान की क्या आवश्यकता है? उन विधियों का भी उल्लेख करें।
3. प्रतिभाशाली बालकों की विशेषताएँ एवं पहचान बताएं।
4. प्रतिभाशाली बालकों के समायोजन की समस्याओं पर प्रकाश डालें । उनकी शिक्षा कैसे की जाएँ, यह भी स्पष्ट करें।

5. मन्द बुद्धि वाले बालक कौन से होते हैं? उनकी पहचान कैसे की जाए? उनकी शिक्षा के बारे में भी वर्णन करें।
6. धीमी गति से सीखने वाले और अल्प उपलब्धियों वाले बालक कौन से होते हैं? इनके कारणों का वर्णन करें।
7. सीखने से सम्बन्धित अयोग्यता वाले कारकों की विशेषताएँ बताएं, उनकी पहचान कैसे की जाए?
8. अधिगम अशक्तता के कारणों का उल्लेख करें। उनकी शिक्षा कैसे की जाए, यह भी स्पष्ट करें।
9. दृष्टि दोष से पीड़ित बालकों की विशेषताएँ कौन सी होती हैं? आप उनकी पहचान कैसे करेंगे?
10. दृष्टि बाधित के कारणों की चर्चा करें। ऐसे बालकों की शिक्षा कैसे की जाए?
11. श्रवण दोष से पीड़ित बालकों की विशेषताएँ एवं शिक्षा का वर्णन करें।
12. शारीरिक अंग से ग्रस्त/अपंग बालक कौन से होते हैं? आप उनकी पहचान कैसे करेगें?
13. अपराधी बालक कौन से होते हैं? बाल अपराध के प्रकार की चर्चा करें।
14. बाल अपराध के कारण व रोकथाम का वर्णन करें।
15. पिछड़े बालक कौन से होते हैं? इनके कारणों का उल्लेख करें।
16. पिछड़े बालकों की विशेषताएँ बताएं। इन बालकों की शिक्षा कैसे की जाए इसकी चर्चा करें।

लघु प्रश्न

1. विशिष्ट बालकों से आप क्या समझते हैं?
2. आप प्रतिभाशाली बालकों की पहचान कैसे करेंगे?
3. मन्द बुद्धि बालकों की शिक्षा की चर्चा करें।
4. अल्प बुद्धि वाले बालकों के कारणों को स्पष्ट करें।
5. अधिगम अशक्तता से आप क्या समझते हैं?
6. दृष्टि दोष से पीड़ित बालकों की विशेषताएँ कौन सी होती हैं?
7. श्रवण दोष से आप क्या समझते हैं?
8. आप अपंग बालकों की पहचान कैसे करेंगे?
9. अपराधी बालकों से आप क्या समझते हैं?
10. पिछड़ेपन के कारण बताएं।

इकाई–7
सीखना

अभ्यास के प्रश्न

1. अधिगम / सीखना का क्या अर्थ है? इसकी विशेषताएं कौन–कौन सी हैं?
2. सीखने की परिभाषाओं की विवेचना करें।